Essentials of Marketing Research

工商管理经典译丛·市场营销系列
Business Administration Classics·Marketing

营销调研精要

纳雷希·马尔霍特拉（Naresh K. Malhotra）/ 著
张　婧 / 译

中国人民大学出版社
·北京·

图书在版编目（CIP）数据

营销调研精要/马尔霍特拉著；张婧译. —北京：中国人民大学出版社，2016.3
（工商管理经典译丛. 市场营销系列）
ISBN 978-7-300-22656-9

Ⅰ.①营… Ⅱ.①马…②张… Ⅲ.①市场营销学-调查研究 Ⅳ.①F713.50

中国版本图书馆CIP数据核字（2016）第053404号

工商管理经典译丛·市场营销系列
营销调研精要
纳雷希·马尔霍特拉 著
张　婧 译
Yingxiao Diaoyan Jingyao

出版发行	中国人民大学出版社			
社　址	北京中关村大街31号	邮政编码	100080	
电　话	010-62511242（总编室）	010-62511770（质管部）		
	010-82501766（邮购部）	010-62514148（门市部）		
	010-62515195（发行公司）	010-62515275（盗版举报）		
网　址	http://www.crup.com.cn			
经　销	新华书店			
印　刷	北京七色印务有限公司			
规　格	185 mm×260 mm　16开本	版　次	2016年4月第1版	
印　张	25.5 插页1	印　次	2021年5月第2次印刷	
字　数	534 000	定　价	65.00元	

版权所有　　侵权必究　　印装差错　　负责调换

《工商管理经典译丛·市场营销系列》
出 版 说 明

　　随着我国市场经济的不断深化，市场营销在企业中的地位日益突出，高素质的市场营销人才也成为企业的迫切需要。中国人民大学出版社早在1998年就开始组织策划了《工商管理经典译丛·市场营销系列》丛书，这是国内第一套引进版市场营销类丛书，一经推出，便受到国内营销学界和企业界的普遍欢迎。

　　本丛书力图站在当代营销学教育的前沿，总结国际上营销学的最新理论和实践发展的成果，所选图书均为美国营销学界有影响的专家学者所著，被美国乃至世界各国（地区）的高校师生和企业界人士所广泛使用。在内容上，涵盖了营销管理的各个重要领域，既注意与国内营销学相关课程配套，又兼顾企业营销的实际需要。

　　市场营销学是实践性很强的应用学科，随着我国企业营销实践的日渐深入和营销学教育的快速发展，本丛书也不断更新版本，增加新的内容，形成了今天呈现在读者面前的这一较为完善的体系。今后，随着营销学的发展和实践的积累，本丛书还将进行补充和更新。

　　在本丛书选择和论证过程中，我们得到了国内营销学界著名专家学者的大力支持和帮助，原我社策划编辑闻洁女士在早期的总体策划中付出了大量的心血，谨在此致以崇高的敬意和衷心的感谢。最后，还要特别感谢为本丛书提供版权的培生教育出版集团、约翰威立公司、麦格劳-希尔教育出版公司、圣智学习出版公司等国际著名出版公司。

　　希望本丛书对推动我国营销人才的培养和企业营销能力的提升继续发挥应有的作用。

中国人民大学出版社

译者序

随着经济全球化、市场竞争加剧、消费升级带来消费需求的多样化和个性化，以及互联网时代媒体话语权的重构与变革，营销调研职能在当代企业与组织中的重要性日益凸显。建立健全完善的市场营销信息系统和开展科学严谨的营销调研活动，有利于企业及时、全面、准确地收集、处理、分析和分配内外部相关信息，从而为企业的营销决策提供客观依据，有利于企业发现市场机会，开拓新市场，进行准确的市场地位，更好地满足顾客的需要，从而增强竞争力。在此背景下，我们将纳雷希·马尔霍特拉博士的《营销调研精要》引入我国，目的就在于帮助国内企业改进营销调研工作的技术和质量，更好地满足高等院校营销调研专业人才培养的迫切需求。

马尔霍特拉博士是佐治亚理工学院国际商务教育与研究中心高级研究员，佐治亚理工学院舍勒商学院校级荣誉退休教授。作为营销学界德高望重的学者和教授，他在科研、教学、社会服务、企业咨询、政府顾问等各个领域都取得了令人瞩目的成就。本书是马尔霍特纳博士在营销调研领域的又一部著作。在华中科技大学管理学院的MBA课程上，我们采用《营销调研：应用导向》已经有八个年头，取得了良好的教学效果，得到了同学们的赞誉和积极的反馈。

具体而言，《营销调研精要》有如下三个鲜明的特色：

第一，深入浅出。本书以一种相对简明和基础的方式清晰阐述了营销调研的重要概念和主要步骤，而不过分纠结于技术细节和统计方法。从结构上看，依据实施营销调研的六步框架，全书13章分为三篇：第1篇（第1～第2章）介绍了营销调研导论、定义问题（第1步）、确定调研方案（第2步）；第2篇（第3～第9章）阐述了调研设计（第3步）的三大类别、问卷开发、抽样设计；第3篇（第10～第13章）讨论了现场工作（第4步）、数据的准备和分析（第5步）、报告的准备与提交（第6步）。

第二，与时俱进。除了一般性的营销调研的概念和技术之外，本书特别关注国际营销调研、社交媒体和新技术、企业营销调研伦理等前沿问题，所以有很强的与时俱进的特色。尤其是，全书贯穿了基于互联网的营销调研的应用，创新性地突出了作为新领域和新应用的社交媒体研究，以便学生全方位、多角度地反复学习和领会这些重要的新概念。

第三，实践导向。本书不但有鞭辟入里的理论讲解，而且包含大量生动有趣的说明性案例。每章都展示了数个企业实际案例。这些例子详细描述了为解决具体管理问题所做的各种营销调研，以及基于这些调研结果的决策。此外，书中融合了一些其他的实例和例证，书末还提供了带有真实数据和问卷的运营案例、综合的批判性思维案例以及其他案例，进一步增强了教材的应用和管理导向。尤其值得一提的是，本书还介绍了使用 SPSS 和 Excel 所必需的定量知识和技能。SPSS 和 Excel 演示视频、屏幕截图、分步指南及网上的学生资源手册，为学生自主学习这些程序提供了清晰的指南和丰富的资源。

鉴于马尔霍特拉博士在学界的巨大影响力，我们在翻译时诚惶诚恐，不敢有丝毫懈怠，力图原汁原味地展现作者的深邃思想。翻译过程中，我所指导的博士、硕士研究生给予了大力支持，热忱百倍地参与了初译工作。其中，朱苗翻译第 1～第 3 章，杜明飞翻译第 4～第 7 章，毛念程翻译第 8～第 10 章，何爽翻译第 11～第 13 章，张与广翻译序言、前言和书末的四个案例。我对全部的初译稿进行了细致的校对和修改，力图按照严复先生倡导的"信达雅"翻译准则，不仅要保证译文的严谨性、用语和体例的一致性、阅读的通畅性，还要兼顾中国读者的语言习惯和国内营销调研课程的教学需要，力求文字简练优美。历时三个多月，三易其稿，按期完成了终稿。在此，对各位同学（尤其是承担组织和协调任务的杜明飞同学）表示感谢，是他们牺牲了休息时间辛勤工作，为本书的成稿和出版奠定了坚实的基础。

本书的主要目标读者是企业市场营销管理人员、市场研究公司管理者和员工、市场营销领域的教学和研究人员、工商管理专业的本科生，以及不强调统计分析技术细节的 MBA、EMBA 和研究生课程的教师和学生。本书也适用于对营销调研和社会科学研究的基础性知识感兴趣的其他读者。我们建议读者最好具备一定的市场营销基础知识或者实践经验，这样阅读本书时会有更深刻的体会。

由于本书涉及面非常广泛，且译者时间、精力和水平有限，书中肯定存在各种各样的问题或不妥之处。在此恳请广大读者不吝批评指正，以便我们做进一步的修改和提高。

张　婧

2015 年 10 月于喻园

序 言

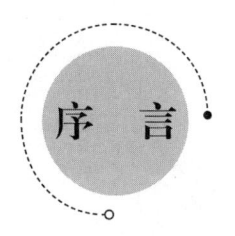

我很高兴撰写这篇序言。纳雷希·马尔霍特拉博士是一位非常著名并且德高望重的作者、研究员和教师，我认识他已经超过33年了。《营销调研精要》是他撰写的又一本出色的教材。他的另外两本营销调研教材——《营销调研基础：结合社会化媒体》（已推出第4版）和《营销调研：应用导向》（已推出第6版）——非常成功，已被翻译成多种语言并且发行了多个英文版本。这些书籍是全球的领跑者，我相信他的这本书也是如此。

《营销调研精要》以一种清晰、简明、基础的方式呈现了营销调研的重要概念，而没有过多地关注技术细节、统计方法和公式。它以简单而强有力的笔触介绍了马尔霍特拉博士在营销调研和教学技能方面的专业知识。因为聚焦于诸如国际营销调研、社交媒体和新技术、伦理等前沿问题，所以本书和当下的环境密切相关。基于互联网的营销调研的应用普遍地融入整本书，为学生提供了充足的机会来体会这些概念。本书引领营销调研领域的另一个方面就是创新性地突出了社交媒体，这既是营销调研的一个研究领域，又是对营销调研的一种应用。

本书含有丰富的有意义的说明性案例，它们显示了调研人员是如何捕捉市场的现状以及管理者是如何据此做出决策的。互联网调研、应用题、互联网练习提供了丰富的实践经验。调研实践、案例等是很好的学习工具，可以进一步增强教材的应用和管理导向。尤其值得注意的是带有真实数据和问卷的运营案例、综合的批判性思维案例以及其他案例。本书有大量能真正促进学习的图表和数据。马尔霍特拉博士成功地用简明清晰的方式描述了基础性的调研概念，同时仍保持了他最为著名的技术精确性。本书强调了定性概念并介绍了使用SPSS和Excel所必需的定量知识和技能。SPSS和Excel演示视频、屏幕截图、分步指南及网上的学生资源手册，为学生学习这些程序提供了随处可得的最好的资源。

《营销调研精要》为学生和从业者奠定了理解和管理营销调研职能所需的无比牢固的基础。

威廉·尼尔
SDR咨询公司高级合伙人
美国营销学会前董事长
查尔斯·库利奇营销调研奖（2001年）获得者

前 言

讲授营销调研课程对于教师来说是一项具有挑战性的任务,学习这门课程对于学生而言同样不轻松,对那些学习营销调研的基础入门课程的人来说更是如此。我们通过给出基本概念的简单、易于理解的阐述,并采用亲身实践、自己动手的方式来引导学习。本书与时俱进,深入浅出,理解本科生的需求,并以一种普遍的方式整合了互联网、社交媒体和新技术、国际营销调研与伦理等问题。

感谢读者的反馈和鼓励,使《营销调研精要》在我的《营销调研基础:结合社会化媒体》(已推出第4版)与《营销调研:应用导向》(已推出第6版)的基础上得以完成。

读 者

《营销调研精要》适用于大学本科阶段入门级营销调研课程,也适合那些不强调技术和统计方法,而以管理导向来讲授营销调研的院校使用。由于为学生提供了大量自主学习的内容,本书不仅方便课堂学习,而且适合网上的营销调研课程。我用一种通俗易懂的方式介绍了营销调研的基础的概念和理论。书中有大量的图表、例证、实例来帮助解释这些基本的概念。

结 构

依据实施营销调研的六步框架,我将本书分为三篇。第1篇介绍了营销调研导论(第1章),也论述了定义问题(第1步也是最重要的一步)以及确定解决问题的方案(营销调研过程中的第2步)(第2章)。

第2篇阐述了调研设计(第3步),详细地描述了如下调研设计:探索性调研设计(二手数据和辛迪加数据,定性调研,第3~第4章);描述性调研设计(调查与观察,第5章);因果性调研设计(实验,第6章)。然后描述了营销调研中通常获得的信息的类型,以及获取这些信息的合适的量表（第 7 章）。最后给出了设计问卷的准则（第 8 章），并阐述了抽样设计与步骤（第 9 章）。

第 3 篇以实践与管理为导向，讨论了现场工作（营销调研过程中的第 4 步），解释了数据的准备和分析（第 5 步）（第 10 章）。接下来详细论述了基本的统计方法，重点说明了步骤，解释了结果以及理解其启示的意义（第 11～第 12 章）。本书推荐了两个统计软件，即 SPSS 和 Excel。书中对 SPSS 软件的使用提供了详细的分步的指导，包括图解、演示视频及屏幕截图，也对 Excel 提供了详细的使用说明、数据文档、演示视频和屏幕截图。第 3 篇还讨论了如何通过准备与演示一份正式的报告来就该调研进行沟通，这构成了营销调研过程中的第 6 步（第 13 章）。

本书的特色

本书具有一些显著或独有的特征，使其在众多类似的教材中独树一帜。

1. **实践导向**。本书重视实践、自己动手的方法，为学生提供多种机会来体会营销调研。互联网调研场景要求学生真实地进行调研，并通过实践导向做出营销调研和营销管理决策。案例、复习题和应用题等进一步增强了这一实践导向。

2. **为学生提供广泛的自主学习机会**。与同类教材相比，本书为学生提供了大量的自主学习机会，公开发布在辅导网站上（不需要密码）。其中包含综合的学生资源手册、SPSS 和 Excel 演示视频、带注解的 SPSS 和 Excel 屏幕截图以及后面会提到的其他资源。这使得本书非常适合在课堂上和网上营销调研课程中使用。

3. **说明营销调研决策与营销管理决策之间的相互作用**。本书的另一特色在于阐明了营销调研决策与营销管理决策之间的相互作用。每章都说明了营销调研决策是如何影响营销管理决策的，反之亦然。我们通过先前提到的教学工具说明了上述相互作用。因此，本书具有高度的应用和管理导向。在本书中，举例说明了营销调研人员是如何应用各种营销概念和方法的，以及管理者是如何实施营销调研结果来改善营销实践的。

4. **大量贯穿全书的社交媒体内容**。本书创新性地广泛整合了社交媒体与新技术。书中集中讨论了社交媒体，将其视为营销调研的一种应用和实施营销调研的一个领域。除了第 11、第 12 章外，其他各章都有标题为"营销调研和社交媒体"的一节。但是，社交媒体的使用并不局限在这一节，在各章其他的小节也有述及。

5. **国际焦点**。除了第 11、第 12 章外，其他各章都有标题为"国际营销调研"的一节以及一个实例来说明国际背景下的这些概念。

6. **伦理焦点**。伦理问题在营销调研中比较普遍。每章都有标题为"营销调研伦理"的一节以及一个实例来说明营销调研的伦理问题。书中从四类利益相关者——客户、营销调研公司、调查对象、公众——的视角讨论伦理问题。

7. **当代焦点**。全书把营销调研应用于当下受关注的话题，包括顾客价值、满意度、忠诚度、顾客资产、品牌资产和管理、创新、创业、营销回报、关系营销、可持续性以及社会责任营销。

8. **六步营销调研过程**。本书是根据公认的实施营销调研的六步框架来进行编排的。六步过程图出现在每一章中,展示了该章内容是如何与这一框架相关联的。所以,六步营销调研过程作为一个统一的框架来形成本书的结构。大量的证据表明,本科生学习结构性的资料更为轻松。

9. **大量贯穿全书的互联网内容**。本书阐述了怎样将互联网融入营销调研过程的每一步,以及如何利用互联网来实践每章论及的概念。关于互联网的讨论贯穿全书,因此未将其单独列出。书中互联网的应用无处不在。例如,所有的互联网调研练习都要求学生做网上调查(包括社交媒体)。

10. **鼓励批判性思维**。批判性思维准则(包括苏格拉底式提问、批判性阅读和写作、高层次思维、评估)在综合的批判性思维案例(案例2.1《美国偶像》)、章末的复习题和应用题中得以体现。这些资料是依据"批判性思维基础"提供的原则而设计的。

11. **实际案例**。每一章都设有"调研实践"专栏,展示了数个现实生活中的例子。这些例子详细描述了为解决具体管理问题所做的各种营销调研,以及基于这些调研结果的决策。在合适的地方,辅以额外的营销调研的信息来补充引用文献,以增强这些实例的实用性。此外,书中还介绍了一些其他的实例和例证。

12. **调研概要**。每一章的每一个重要小节结尾处都有总结性的"调研概要"。这一部分不仅概括了该节的主要概念,而且为如何在实践中实施这些概念提供了指导。

13. **带有真实问卷和实际数据的综合案例**。每一章都包括了带有真实数据和问卷的戴尔运营案例(案例1.1)。与戴尔相关的问题出现在每一章中,而案例本身放在本书末尾处。书中还收录了其他综合案例(案例3.1摩根大通集团、案例3.2温迪国际快餐连锁集团)。

14. **学习目标和开篇调研实践案例**。每一章开篇列出了一组学习目标来激发学生的兴趣并展示该章的结构,还包括一个调研实践,该案例贯穿全章。

15. **SPSS和Excel**。本书说明了使用SPSS和Excel进行数据分析的步骤,并提供了所有数据集的SPSS和Excel文件。

16. **SPSS和Excel计算机演示视频**。书中为学生使用SPSS和Excel进行数据分析提供了计算机演示视频,这些视频可以在本书提供的网站(见资料10—1)上下载或在线观看。学生可以观看这些视频以帮助自学,也可以在课堂上播放这些视频。

17. **带注解的SPSS和Excel屏幕截图**。除了演示视频外,书中还提供了带注解的屏幕截图,分步演示本书中使用SPSS和Excel进行数据分析操作的每个步骤。可以在本书的网站上下载这些屏幕截图。

18. **SPSS和Excel的分步指南**。每一章都含有单独的SPSS和Excel的分步指南,便于学生掌握该章展示的数据分析。

19. **AACSB学习标准**。本书设计的所有教学工具、章末的练习以及测试项目文件融合了如下方面的AACSB学习标准:书面与口头交流,伦理理解与推理,信息技术,分析思维,多元化与跨文化工作环境,反省性思维,知识应用,人际关系与团队合作。

学生可以独立学会 SPSS 和 Excel

本书提供了所有章节的数据集的 SPSS 和 Excel 文件，输出结果和屏幕截图发布在辅导网站（www.pearsonhighered.com/malhotra）上。以下四种方式对每一章数据分析的 SPSS 和 Excel 程序运行有帮助：

1. 各章给出了详细的分步指南。
2. 登录 www.pearsonhighered.com/malhotra 下载或在线观看解说这些分步指南的计算机演示视频。对于每个数据分析步骤，提供了相关的视频来说明 SPSS 和 Excel。
3. 下载说明这些分步指南的带注解的屏幕截图。
4. 发布在辅导网站上不需要密码就能获取的学生资源手册给出了 SPSS 和 Excel 的使用说明。

因此，我们为学生提供了随处可得的最广泛的帮助来学习 SPSS 和 Excel！

对教师的教学帮助

设有密码的教师资源中心提供了只有教师才能获取的多种教学支持。包括：

PPT 展示

全套幻灯片可以被教师用于课堂展示或者被学生用于课程预习或复习。这些幻灯片含有大量的资料，包括本书每一章的重要概念和全部图表。这些幻灯片具有以下明显的特征：(1) 一些幻灯片包含用红色边框标识的注解；(2) 一些幻灯片包含图片；(3) 附加的幻灯片包含本书没有涉及的资料，这些幻灯片可用 PPT 的 "Review Contents"（评论意见）这一功能进行识别。

教师手册

教师手册可用于备课或者课堂展示、查找答案，甚至设计课程教学大纲。作者亲自编写了整本教师手册，因此它和教材的内容密切相关。每一章包含学习目标、作者的注解、章节纲要、根据学习目标编写的教学建议，以及章末所有复习题、应用题的答案，也为互联网调研提供了答案。此外，为所有的案例提供了解答，包括那些涉及数据分析的案例。教师手册中的每一章都有题为"决策研究"的特色内容（教材中没有），它描述了带有具体问题的现实生活中的情境，要求学生进行营销调研并做出营销管理决策，并且给出了答案。此外，还提供了"角色扮演"、"现场工作"、"小组讨论"等补充练习及其答案。

试题集

试题集包含每一章的多项选择题、是非题与问答题。作者亲自编写了试题集。这份宝贵的资源包含每一章的各种试题，便于教师编制自己的试卷。

这个试题集支持国际高等商学院协会（AACSB）的国际认证。试题集中的每一章都是遵循 AACSB 的学习标准来准备的。每道题的解答思路中标出了该问题所属的类型。参考 AACSB 有助于教师识别支持该组织的学习目标的那些测试题目。

先前已经明确了 AACSB 学习标准的八种类型。测试与这些标准相关的技能的问题都做了标记。例如，一道测试与外部效应相关的道德问题的题目会用"伦理理解和推理能力"的标签进行标记。

要如何使用这些标签呢？带标签的题目帮助你度量学生是否理解与 AACSB 指南相匹配的课程内容。此外，这些带标签的题目可以帮助识别对这些技能潜在的应用。这也说明，丰富的活动或其他教育经历可以帮助学生实现这些目标。

其他教学帮助

教师资源中心还提供以下内容：
- 本书给出的案例 1.1 戴尔、案例 3.1 摩根大通集团与案例 3.2 温迪国际快餐连锁集团的数据文件（SPSS 和 Excel）；
- 所有应用题的数据文件（SPSS 和 Excel）；
- 在每个进行数据分析的章节里用到的数据集的数据文件（SPSS 和 Excel）；
- SPSS 和 Excel 计算机演示视频；
- SPSS 和 Excel 带注解的屏幕截图；
- 在第 10～第 12 章中的数据分析以及所有应用题和案例（案例 1.1 戴尔、案例 3.1 摩根大通集团、案例 3.2 温迪国际快餐连锁集团）的解答中用到的 SPSS 和 Excel 输出文件；
- 补充本书讨论的主题的附加资料。

学生资源手册

学生资源手册可以让学生更有效地学习。这本在线资源手册包含本章纲要、根据学习目标整理的学习建议、是非题、多项选择题、补充的图表以及部分应用题的提示。这本手册也为使用 SPSS 和 Excel 进行数据分析的步骤提供了详细的指导，并含有附加的练习数据集。

对学生的学习帮助

辅导网站

www.pearsonhighered.com/malhotra 上为教师和学生提供了《营销调研精要》宝贵的附加资源。该网站不设密码，因此可以免费获取这些资料。这个辅导网站提供视频案例，包括流媒体视频。该网站也提供数据文件及与教材结合使用的附加资料供下载。具体而言，辅导网站包括以下资料：
- 学生资源手册；
- 本书给出的案例 1.1 戴尔、案例 3.1 摩根大通集团与案例 3.2 温迪国际快餐连锁集团的数据文件（SPSS 和 Excel）；
- 在线视频案例，包括流媒体视频；
- 所有应用题的数据文件（SPSS 和 Excel）；
- 在每个进行数据分析的章节里用到的数据集的数据文件（SPSS 和 Excel）；
- 在每个进行数据分析的章节里分析的输出文件（SPSS 和 Excel）；
- SPSS 和 Excel 计算机演示视频；
- SPSS 和 Excel 带注解的屏幕截图；
- 补充本书讨论的主题的附加资料。

关于学生使用本书的建议

下面给学生提供几条如何使用本书以及如何掌握书中呈现的资料的建议。
- 阅读章节内容。一定要看本章概要、学习目标以及开篇调研实践案例，然后再次阅读本章概要，这样你就能知道本章有哪些内容。这一步通常被跳过去了，因为学生认为这不重要。把调研概要阅读两遍。每个调研概要很简短，但有效地概括了该章的内容，并且为你如何在实践中应用这些概念提供了指导。
- 复习关键术语。通读这些新的术语确保你理解了每个术语，这很重要。关键术语通常被列为测验和考试的重要内容。
- 解答复习题。从头到尾阅读一遍复习题，看看你在不看课本的情况下能否解答。当你做完题后，翻书检查每道题是否答对了。对于你不能解答的题目，在书中相应的章节中标出正确答案。
- 做应用题。挑选几道你认为有意思的题目。花一些时间思考你正在探索的问题和概念。当你在更深的层次上分析这些概念时，做这些应用题会变得更有乐趣。
- 通过批判性思维获得乐趣。阅读批判性思维案例（案例 2.1《美国偶像》）。该案例具有综合性且包含除了数据分析章节以外其他所有章节的问题。根据你所了解的知识和案例信息，回答批判性思维问题和技术性问题。该案例将有助于你以一种批判性思维的角度在现实情境中理解和应用所学概念。
- 磨炼你的网络技能。挑选几个你感兴趣的互联网调研的练习并完成它们。这将磨炼你的网络营销调研技能。
- 体验案例分析和问题的解决。挑选一个你最感兴趣的带有真实数据和问卷的综合性案例。回答每一章的营销调研问题。这将帮助你把营销调研的概念应用到现实情境中，也能让你体验案例分析和问题解决的过程。

对于学生准备考试的建议

如果你按照上述技巧学习,你就几乎已经为考试做好了准备。你需要做的仅仅是简要复习关键术语、调研概要以及浏览各章内容。但是,若你没有遵循所有的技巧,则可以按照以下建议来帮助复习。

- 阅读章节内容。
- 复习调研概要。
- 复习关键术语。
- 阅读本章概要。
- 阅读本章小结。
- 解答复习题。
- 浏览整章内容。阅读每个术语的上下文确保你理解了该术语。
- 从每一章的开头开始看起,阅读每段的主题句。这些语句应该可以很好地概括那一段的大意。再次阅读调研概要。
- 再次阅读本章小结。

你现在已经为考试做好了准备。放松,你会考出好成绩!

纳雷希·马尔霍特拉

目 录

第1篇 营销调研导论和初始阶段

第1章 营销调研导论 ······ 3
- 营销调研的定义 ······ 5
- 营销调研的分类 ······ 6
- 营销调研过程 ······ 8
- 营销调研在营销决策中的作用 ······ 10
- 制定营销调研决策 ······ 12
- 营销调研行业 ······ 12
- 调研供应商的选择 ······ 16
- 营销调研相关职业 ······ 17
- 营销调研在MIS和DSS中的作用 ······ 19
- 国际营销调研 ······ 19
- 营销调研和社交媒体 ······ 21
- 营销调研伦理 ······ 23

第2章 定义营销调研问题与确定调研方案 ······ 27
- 定义问题的重要性 ······ 29
- 定义问题和确定调研方案的过程 ······ 30
- 问题定义的相关工作 ······ 31
- 问题的环境背景 ······ 36
- 管理决策问题和营销调研问题 ······ 39
- 定义营销调研问题 ······ 40
- 调研方案的组成部分 ······ 43
- 国际营销调研 ······ 47
- 营销调研和社交媒体 ······ 48
- 营销调研伦理 ······ 50

第2篇 调研设计

第3章 调研设计、二手数据和辛迪加数据 ······ 57
- 调研设计的定义 ······ 59

基本的调研设计 ……………………………………………………………… 60
　　原始数据和二手数据 …………………………………………………………… 64
　　二手数据的优点与缺点 ………………………………………………………… 65
　　二手数据的评价标准 …………………………………………………………… 66
　　二手数据的分类 ………………………………………………………………… 67
　　内部二手数据 …………………………………………………………………… 68
　　外部二手数据 …………………………………………………………………… 69
　　辛迪加数据的性质 ……………………………………………………………… 72
　　辛迪加服务的分类 ……………………………………………………………… 72
　　消费者数据的辛迪加服务 ……………………………………………………… 73
　　机构数据的辛迪加服务 ………………………………………………………… 80
　　整合不同来源的信息：单一来源数据 ………………………………………… 82
　　如何进行在线搜索获得外部二手数据 ………………………………………… 83
　　国际营销调研 …………………………………………………………………… 84
　　营销调研和社交媒体 …………………………………………………………… 86
　　营销调研伦理 …………………………………………………………………… 87

第4章　定性调研

　　原始数据：定性调研和定量调研 ……………………………………………… 94
　　定性调研方法的分类 …………………………………………………………… 95
　　焦点小组座谈 …………………………………………………………………… 96
　　在线焦点小组座谈 ……………………………………………………………… 100
　　深度访谈 ………………………………………………………………………… 102
　　投影法 …………………………………………………………………………… 104
　　其他定性调研方法 ……………………………………………………………… 108
　　国际营销调研 …………………………………………………………………… 109
　　营销调研和社交媒体 …………………………………………………………… 111
　　营销调研伦理 …………………………………………………………………… 113

第5章　调查与观察

　　调查法 …………………………………………………………………………… 119
　　调查方法的分类 ………………………………………………………………… 120
　　电话访谈 ………………………………………………………………………… 121
　　人员访谈 ………………………………………………………………………… 124
　　邮件访谈 ………………………………………………………………………… 127
　　电子访谈 ………………………………………………………………………… 129
　　其他调查方法 …………………………………………………………………… 132
　　调查方法的选择标准 …………………………………………………………… 133
　　提高调查应答率 ………………………………………………………………… 135
　　观察法 …………………………………………………………………………… 136
　　调查法和观察法的比较 ………………………………………………………… 139

国际营销调研 ··· 141
　　营销调研和社交媒体 ·· 142
　　营销调研伦理 ··· 144

第6章　实验和因果性调研　148
　　因果关系的概念 ··· 149
　　因果关系存在的条件 ·· 150
　　什么是实验 ·· 152
　　定义与概念 ·· 153
　　符号的定义 ·· 155
　　实验的效度 ·· 156
　　控制外生变量 ·· 157
　　实验设计的分类 ··· 157
　　预实验设计 ·· 158
　　真实验设计 ·· 160
　　统计设计 ··· 162
　　选择一个实验设计 ··· 163
　　网络实验 ··· 164
　　实验设计与非实验设计 ·· 164
　　实验的局限性 ·· 165
　　应用：试销 ·· 165
　　国际营销调研 ·· 166
　　营销调研和社交媒体 ··· 167
　　营销调研伦理 ·· 168

第7章　测量与量表　172
　　测量与标度 ·· 174
　　测量的主要尺度 ··· 174
　　比较量表技术和非比较量表技术 ····································· 180
　　比较量表技术 ·· 181
　　非比较量表技术 ··· 184
　　多项量表 ··· 192
　　量表的评价 ·· 192
　　量表技术的选择 ··· 194
　　国际营销调研 ·· 194
　　营销调研和社交媒体 ··· 195
　　营销调研伦理 ·· 196

第8章　问卷与表格设计　201
　　问卷和观察表格 ··· 204
　　问卷的定义 ·· 204
　　问卷的目标 ·· 205

问卷设计过程 ·················· 205
　　问卷设计软件 ·················· 221
　　观察表格 ······················ 222
　　国际营销调研 ·················· 222
　　营销调研和社交媒体 ············ 224
　　营销调研伦理 ·················· 225

第9章　抽样设计与步骤 ············ 230
　　抽样还是普查 ·················· 232
　　抽样设计过程 ·················· 233
　　抽样技术的分类 ················ 237
　　非概率抽样技术 ················ 238
　　概率抽样技术 ·················· 242
　　互联网抽样 ···················· 247
　　国际营销调研 ·················· 247
　　营销调研和社交媒体 ············ 249
　　营销调研伦理 ·················· 250

第3篇　数据收集、分析与报告

第10章　数据收集与准备 ··········· 257
　　现场工作/数据收集的性质 ······· 259
　　现场工作/数据收集过程 ········· 259
　　数据准备过程 ·················· 264
　　国际营销调研 ·················· 273
　　营销调研和社交媒体 ············ 274
　　营销调研伦理 ·················· 276
　　软件应用 ······················ 277
　　SPSS 窗口 ····················· 278
　　Excel ························· 281

第11章　数据分析：频数分布、假设检验和列联表 ············ 287
　　频数分布 ······················ 290
　　与频数分布有关的统计量 ········ 292
　　假设检验简介 ·················· 295
　　假设检验的一般步骤 ············ 296
　　假设检验过程的分类 ············ 301
　　列联表 ························ 302
　　与列联表有关的统计量 ·········· 304
　　列联表的实际应用 ·············· 306
　　软件应用 ······················ 307
　　SPSS 窗口 ····················· 308

　　　　Excel ·· 309
第12章　数据分析：关于差异的假设检验、相关分析和回归分析 ············ 315
　　　　关于差异的假设检验 ·· 317
　　　　单样本检验 ·· 320
　　　　两个独立样本的检验 ·· 321
　　　　配对样本检验 ·· 326
　　　　相　关 ·· 328
　　　　回归分析 ·· 330
　　　　软件应用 ·· 332
　　　　SPSS 窗口 ·· 332
　　　　Excel ·· 335
第13章　报告准备与演示 ·· 344
　　　　报告和演示的重要性 ·· 346
　　　　报告准备和演示过程 ·· 346
　　　　报告的准备 ·· 347
　　　　口头演示和传播 ··· 354
　　　　调研的后续工作 ··· 355
　　　　国际营销调研 ·· 356
　　　　营销调研和社交媒体 ·· 357
　　　　营销调研伦理 ·· 359
　　　　软件应用 ·· 360

案例 1.1　戴　尔 ·· 363
案例 2.1　《美国偶像》 ·· 368
案例 3.1　摩根大通集团 ·· 372
案例 3.2　温迪国际快餐连锁集团 ·· 378

第1篇 营销调研导论和初始阶段

第1章 营销调研导论

第2章 定义营销调研问题与确定调研方案

第1章 营销调研导论

营销调研人员的工作,要求他们具备咨询技巧、专业技术能力和良好的管理能力。他们的工作重点是为识别和解决市场营销问题提供信息,以便采取行动。

——伯克公司董事长兼首席执行官杰克·米勒(Jeff Miller)

本章概要

营销调研是市场营销最重要、最令人着迷的一个方面。本章介绍营销调研的正式定义,并将营销调研分为两大类,即问题识别调研和问题对策调研;描述营销调研过程和开展调研的六大步骤,讨论营销调研的性质,强调其在为营销决策提供信息方面所起的作用;对构成营销调研行业的营销调研供应商进行概括性的介绍,并提供选择服务供应商的指南;对高质量的营销调研的需求产生了许多令人兴奋的工作机会,本章对这些机会进行了介绍;最后说明营销调研与营销信息系统和决策支持系统的关系。

本书每一章将讨论互联网在营销调研中的应用。除了介绍营销调研和社交媒体外,各章还将系统地介绍与讨论国际营销调研的主题。本书将社交媒体整合作为营销调研的新领域,并在这方面引领了前沿。全书将详细提出和阐述营销调研的伦理问题以及营销调研利益相关者对自己、相互之间和对调研过程所承担的责任。重要章节的主要观点在"调研概要"部分进行总结。各章以"调研实践"、"互联网调研"、案例、复习题、应用题的形式,展示了营销调研的一些互联网应用和实际应用。为进一步强化学生学习效果,在各章末尾处展示了戴尔公司的运营实例。也许最好的方式莫过于通过案例来体会营销调研的本质。

学习目标

阅读本章后,学生应当能够:
1. 定义营销调研,区别问题识别调研和问题对策调研。
2. 描述营销调研的框架以及营销调研过程的六大步骤。
3. 理解营销调研的性质和范围及其在制定与实施成功的市场营销方案中的作用。
4. 解释如何做出有关营销调研的决策。
5. 讨论营销调研行业和调研供应商的分类,包括内部与外部、全部服务与有限服务的供应商等。
6. 描述营销调研职业生涯及其成功必备的专业背景和技能要求。
7. 解释营销调研在决策支持系统中的作用。
8. 理解国际营销调研的国际维度，并认识到国际营销调研的复杂性。
9. 描述如何使用社交媒体这一新平台来进行营销调研。
10. 理解营销调研的伦理问题及营销调研利益相关者对自己、相互之间和调研项目所承担的责任。

> **调研实践**
>
> ### 苹果：营销调研与技术创新的结合
>
> 苹果公司在2010年发布iPad，并在发布当日就售出30万台，在28天内卖出100万台——尚不到卖出100万部iPhone手机花费的74天时间的一半。一个月内，消费者观看在线视频突破300亿次。与苹果过去所发布的其他创新性产品（iPod、iTunes音乐商店、iPhone）一样，营销调研在iPad的设计和成功发布过程中发挥了重要的作用。营销调研以焦点小组座谈（与少数消费者访谈）、社交媒体分析和调查的方式进行，结果显示：在多任务的电子时代，消费者一直在寻找可以将多种功能整合在一个平台上的电子设备。消费者也一直在寻找可以填补智能手机和笔记本电脑之间空白的设备。iPad的设计就满足了这种需求，并成功创造了一种新的移动设备品类。在其发布后的9个月内，超过1 500万台iPad销售一空，已故的苹果CEO史蒂夫·乔布斯称2010年是"iPad元年"。之后，苹果在2011年3月发布了iPad 2。2012年3月16日，苹果发布了iPad的新版本，并在4天内售出300多万台，这是苹果平板电脑最成功的一次发布。2012年9月12日，苹果发布了更薄的iPhone 5系列，并在一小时内预售一空。iPhone 5创造了一个新的销售纪录，因为消费者在其上市第一天就预订超过200万台，是以前型号销量的两倍且超过了该智能手机的初始供应量。
>
> 苹果公司进行广泛的调研以确认营销机会，并开发产品和营销活动来利用那些机会。公司拥有进行营销调研的内部人员，同时也高度依赖外部营销调研供应商。所有通过营销调研产生的信息都成为公司决策支持系统的一部分。
>
> 尽管乔布斯于2011年10月5日去世，由于公司持续依赖营销调研和技术创新，消费者仍然期待苹果公司持续发布创新性的新产品。事实上，苹果公司有望发布许多创新产品，包括备受瞩目的苹果电视机，该产品也是根据广泛的营销调研而研发出来的。[1]

这个例子说明了营销调研在设计和执行成功的营销方案中所起的关键性作用。该例仅仅列举了进行营销调研的少数几种方法：焦点小组座谈、社交媒体分析和调查。本书将介绍所有类型的营销调研技术，并说明它们在制定有效的营销策略方面的应用。通过其定义，我们能够更好地理解营销调研的作用。

营销调研的定义

本书中，我们强调制定决策过程中对信息的需求，因此将营销调研定义为：

营销调研（marketing research）是指系统地、客观地识别、收集、分析、分配和使用信息，以改善与识别、解决营销问题和机遇有关的决策。

这一定义有以下几点值得注意。首先，营销调研是系统的。因此，在营销调研过程的所有阶段都需要系统地计划，在每一阶段所遵循的流程在方法论上应是正确的，且有详细的记录，并尽可能事先计划。营销调研使用科学的方法来收集和分析数据，以检验事先提出的具体假设。

营销调研努力提供真实地反映客观事实的准确信息。它是客观的，应该公正地予以执行。尽管调研不可避免地受调研人员的理念的影响，但它不应当受调研人员或管理层的个人或政治偏见的干扰。"寻求并还原事实真相"应当成为每个调研人员的座右铭。

营销调研涉及信息的识别、收集、分析、分配和使用，如图1—1所示。

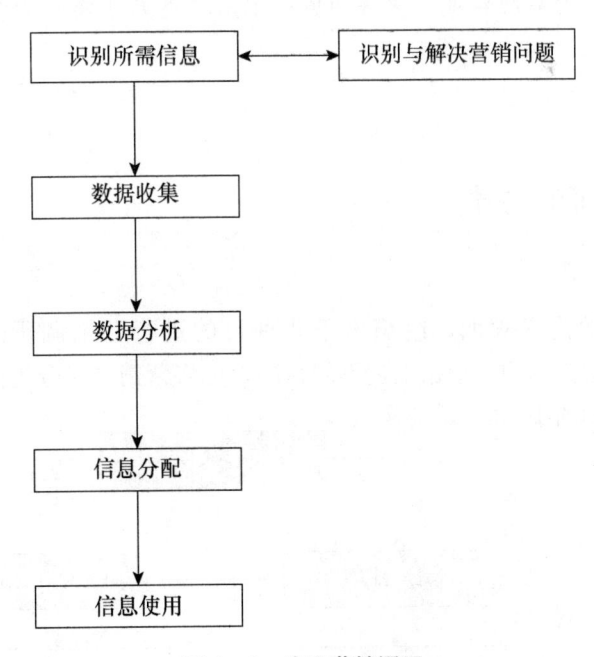

```
识别所需信息 ←→ 识别与解决营销问题
      ↓
   数据收集
      ↓
   数据分析
      ↓
   信息分配
      ↓
   信息使用
```

图1—1 定义营销调研

这一过程的每一个步骤都很重要。我们首先识别或定义营销调研问题或机会，然后决定研究该问题/机会需要什么信息。因为每个市场营销机遇都可以转化有待考察的调研问题，所以本书将"问题"与"机会"这两个术语交替使用。接着，我们识别有关信息的来源，对不同复杂程度的各种类型数据收集方法的适用性进行评估。然后，使用最合适的方法收集数据，分析和解释数据，进行推论。最后，以经理们能够将信息用于决策并采取正确行动的方式，提交调研结果、结论和对策建议。

调研概要

应当以客观和系统的方式进行营销调研。它不应当受调研人员和管理层的个人或政治偏见的干扰。所使用的流程应该在方法论上是正确的，有详细的记录，且尽量提前计划。

互联网正快速成为营销调研中识别、收集、分析和分配信息的有用工具。营销调研协会（Marketing Research Association, www.marketingresearch.org）作为一个世界性的调研人员联合会，致力于提供一个开放式论坛，以讨论通过互联网、社交媒体和传统方法进行调研的最佳实践和职业道德。下节通过对营销调研进行分类，进一步说明营销调研的这一定义。

互联网调研

可口可乐网页

访问可口可乐公司网站 www.coca-cola.com。此网站是如何收集营销调研信息的？怎样改善该网站以收集更多或更好的营销调研信息？

作为可口可乐的品牌经理，你将如何使用从该网站收集到的信息以更有效地营销该品牌？

营销调研的分类

我们的定义表明，组织出于两种目的进行营销调研：（1）识别营销问题；（2）解决营销问题。根据上述不同目的，可将营销调研分为问题识别调研和问题对策调研，如图1—2所示。

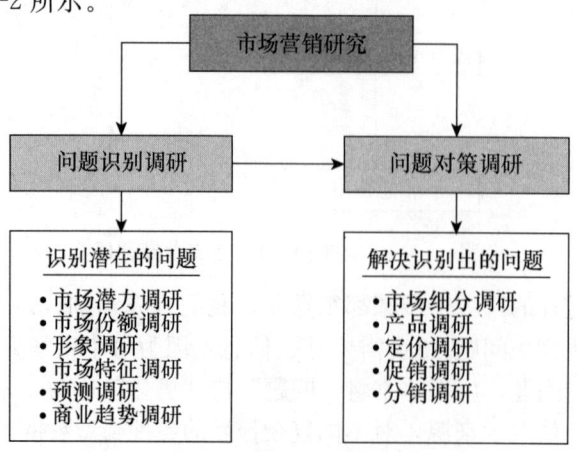

```
              市场营销研究
              /          \
       问题识别调研 ——→ 问题对策调研
            |                |
       识别潜在的问题     解决识别出的问题
       •市场潜力调研      •市场细分调研
       •市场份额调研      •产品调研
       •形象调研          •定价调研
       •市场特征调研      •促销调研
       •预测调研          •分销调研
       •商业趋势调研
```

图1—2　营销调研的分类

问题识别调研（problem-identification research）是为了帮助识别存在的问题而进行的调研，这些问题表面上也许并不明显，但确实存在或即将发生。问题识别调研的例子包括市场潜力、市场份额、品牌或公司形象、市场特征、销售分析、近期预测、远期预测和商业趋势调研等。对进行营销调研的公司的一项调查表明：回答了问卷的公司中，有97%进行了市场潜力、市场份额和市场特征调研，大约90%的公司报告它们使用了其他类型的问题识别调研。这类调研提供有关营销环境的信息，帮助诊断问题。例如，市场容量下降意味着公司在实现其增长目标上遇到问题，它很难在一个衰退的市场上成长。同样，如果市场容量上升而公司正在失去市场份额的话，也会存在问题。这正是斯科特（Scott）面临的情形。作为金伯利-克拉克公司（www.kimberly-clark.com）的子品牌，斯科特产品的销量在上升，但是其品牌市场份额在下降。这表明虽然品牌的产品销量一直在增加，却不像竞争对手增加得那么快。根据进一步分析，确认了问题源于区域品牌以更低价格参与竞争。同样，对经济、社会或文化趋势（例如消费者行为的变化）的认识也有助于发现潜在的问题或机会。

一旦识别了问题或机遇，就需要进行**问题对策调研**（problem-solving research），以便找到解决方案。因此，在问题识别调研之后通常应跟进问题对策调研。问题对策调研的结果可用于制定决策，以解决具体的营销问题。大多数公司都开展问题对策调研。问题对策调研包括市场细分、产品、定价、促销和分销调研，涉及不同类型的问题。

将营销调研分为两种主要类型，不仅在理论上而且在实践上都有意义。然而，问题识别调研和问题对策调研是密不可分的，某一营销调研项目可能将两者合在一起。一旦确认问题是来自区域品牌的价格竞争，金伯利-克拉克公司就进行了问题对策调研，具体而言就是产品调研。根据产品调研的结果，在其面临来自区域品牌的激烈竞争的市场上，公司在新的品牌下推出了低价格的纸产品线。正如前面的"调研实践"专栏中提到的，苹果公司同时采取问题识别调研和问题对策调研。下面有关凯洛格公司（kellogg）的案例也诠释了这一点。

调研实践

营养谷物棒增加凯洛格的销量

截至2014年，凯洛格公司（www.kelloggs.com）已在180多个国家销售其产品。在2009—2012年的经济衰退期，公司面临着增加谷物销量的严峻挑战。通过问题识别调研，凯洛格能够确定问题，并通过问题对策调研，提出了提升谷物销售量的若干解决方案。

凯洛格通过多种方法来确认问题。调研人员与公司的决策者沟通，访问行业专家，分析可利用的包括社交媒体在内的二手数据，开展焦点小组讨论，对谷物的消费者感知和偏好展开调查。通过上述调研，确定了几个重要的事项或问题。目前的产品主要集中在儿童目标市场，百吉饼和小松饼成为受欢迎的早餐食品，而高价格使得消费者转向普通品牌。在调研过程中也发现了其他有用信息。成年人想买到无须加工的快速食品。这些信息帮助凯洛格确认了问题，即在推出新产品满足成年人市场需求方面，公司并未表现出足够的创造力。

在问题确认之后，凯洛格公司开展了问题对策调研并提出了解决方案。具体而言，产品调研的过程是：对成年消费者进行商城拦截访谈，来形成并测试谷物的多种新口味。根据上述调研的结果，凯洛格推出了更适合成年人的新口味，取代了过去多种淡而无味的产品。比如，公司推出了凯洛格黑莓营养谷物棒（Nurti-Grain Cereal Bar Blackberry），这是一种加入黑莓的新谷物棒。对新谷物棒主要通过广告和大型店内促销来宣传。截至2014年，凯洛格成功地拓展了该产品线，并且开发了七种不同的营养谷物棒产品。

通过创造性的问题识别调研以及随后的问题对策调研，凯洛格不仅使销售额得以增长，而且提升了在早晨之外的其他时间谷物产品的消费量。[2]

调研概要

企业需要持续性地进行问题识别调研。一般而言，在问题识别调研之后应当跟随问题对策调研。

互联网调研

国际足球联盟喜出望外

访问 www.nfl.com，并搜索互联网，包括社交媒体和图书馆在线数据库，获取关于女性对国际足球联盟（National Football League，NFL）的态度的信息。

作为 NFL 的营销经理，针对女性球迷，你将制定什么样的市场营销战略？

NFL 想要吸引更多的女性球迷，你将推荐何种营销调研方案？

正如有关凯洛格的案例所表明的，问题识别调研和问题对策调研不仅是密不可分的，还遵循同样的市场调研过程。

营销调研过程

整个**营销调研过程**（marketing research process）包括六大步骤（见图1—3）：定义问题；确定调研方案；进行调研设计；现场工作或收集数据；准备与分析数据；准备与演示报告。后续的各章会对每一个步骤进行详细讨论，因此本节只对它们做简要的介绍。

```
┌─────────────────────────────────────────────────────────────┐
│                    第1步：定义问题                           │
└─────────────────────────────────────────────────────────────┘
┌─────────────────────────────────────────────────────────────┐
│                  第2步：确定调研方案                         │
└─────────────────────────────────────────────────────────────┘
┌─────────────────────────────────────────────────────────────┐
│                  第3步：进行调研设计                         │
│ 二手和辛迪 │ 定性 │ 调查与  │ 实验 │ 测量与 │ 问卷与  │抽样过程与│数据分析的│
│ 加数据分析 │ 调研 │观察研究 │ 研究 │ 量表   │表格设计 │样本大小 │初步计划 │
└─────────────────────────────────────────────────────────────┘
┌─────────────────────────────────────────────────────────────┐
│                第4步：现场工作/数据收集                      │
└─────────────────────────────────────────────────────────────┘
┌─────────────────────────────────────────────────────────────┐
│                第5步：准备与分析数据                         │
└─────────────────────────────────────────────────────────────┘
┌─────────────────────────────────────────────────────────────┐
│                第6步：准备与演示报告                         │
└─────────────────────────────────────────────────────────────┘
```

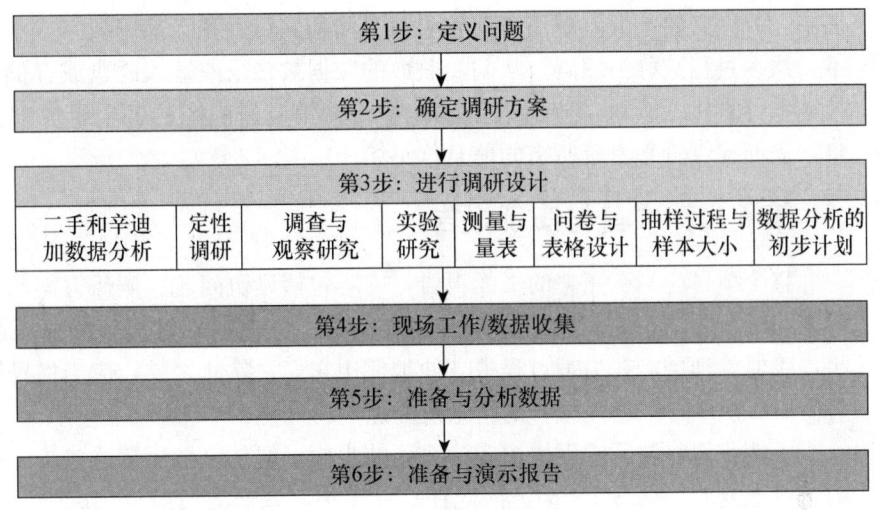

图1—3 营销调研过程

第1步：定义问题

任何营销调研项目的第一步都是定义问题。定义问题时，调研人员应当考虑调研的目的、相关的背景信息、所需信息及其在决策中的用途。一旦准确地定义了问题，就能够正确地设计和开展调研（见第2章）。

第2步：确定调研方案

确定调研方案是指总体上确定如何解决该问题，而不涉及具体细节。它包括制定分析框架和模型，提出研究问题和假设，以及识别所需的信息（见第2章）。

第3步：进行调研设计

调研设计详细描述了为获取所需信息必须执行的程序，其目的是设计一项能够检验有关假设、确定调研问题的可能答案、提供管理者决策所需信息的调研。确定所要进行的调研的类型、准确地定义变量和设计合适的量表来测量这些变量也是调研设计的一部分。调研设计中还必须考虑如何从调查对象那里获取信息（如通过开展调查或实验）、设计问卷、制定抽样计划以规定如何选择调查对象，并准备一份数据分析的初步方案。

第4步：现场工作或收集数据

现场工作或数据收集涉及在现场（人员访谈的情形下），或者在办公室通过电话、邮件或利用电子手段（电子邮件和互联网调查的情形下）开展工作的现场工作人员。正确挑选、培训、督导和考核现场执行人员有助于减小数据收集误差（见第10章）。

第5步：准备与分析数据

数据准备包括充分地准备数据以供分析。必须审阅或编辑每份调查问卷或观察表格，并做必要的误差更正。问卷中每个问题的每一答案都用数字或字母代码来表示，这一过程被称为编码。从问卷获取的数据被转录或键入磁盘或存储设备，或直接输入计算机。然后，分析数据以获得与营销调研问题的各个组成部分有关的信息，进而提供管理决策所需的信息（见第10～第12章）。

第6步：准备与演示报告

整个项目应当有完整的书面报告，内容包括调研问题、调研方案与设计、数据收集与分析方法，以及调研结果与主要结论。应当以容易理解的方式报告调研结果，以便管理层能在决策过程中方便地使用它们。除此之外，应当借助图表向管理者做口头演示，以增强报告的清晰度与影响力（见第13章）。

虽然我们将调研过程描述成一系列的步骤，但是应当注意这些步骤是相互联系的、可重复的（见图1—3）。因此在每一步中，调研人员既要回顾前一步，也要兼顾下一步。许多大型企业也在实践着我们所描述的营销调研过程，比如前面的"调研实践"专栏中提到的苹果公司。

调研概要

应当系统地遵循营销调研过程。所有六个步骤都很重要，应当认真执行以获得能为客户增加价值的高质量的发现。尽管存在逻辑顺序，但这些步骤是相互联系的，应当重复执行。

营销调研在营销决策中的作用

图1—4展示的市场营销基本范式可以帮助我们更好地理解营销调研的性质和作用。

市场营销的重点在于识别和满足顾客的需求。为了确定顾客需求，并实施以满足顾客需求为目的的营销策略与活动，营销经理需要有关顾客、竞争对手和市场上其他方面的信息。近年来，许多因素使得企业对更多和更好的信息的需求与日俱增。随着消费者变得更富裕和更复杂，营销经理需要更精准地了解消费者如何对产品和营销方式产生反应。随着竞争的加剧，经理们需要获得其营销工具相对于竞争对手的有效性方面的信息。由于环境变化加快，营销经理需要更实时的信息。

营销调研的任务是评估信息需求，并向管理层提供相关、准确、可靠、有效、实时和可行的信息。当今竞争激烈的营销环境和不断上升的决策失误成本，要求营销调研提供可靠的信息。正确决策不能依靠直觉或单纯的判断。缺乏可靠的信息会导致管理决策的错误。

在识别和满足顾客需求的过程中，营销经理要进行许多的战略和战术决策。正

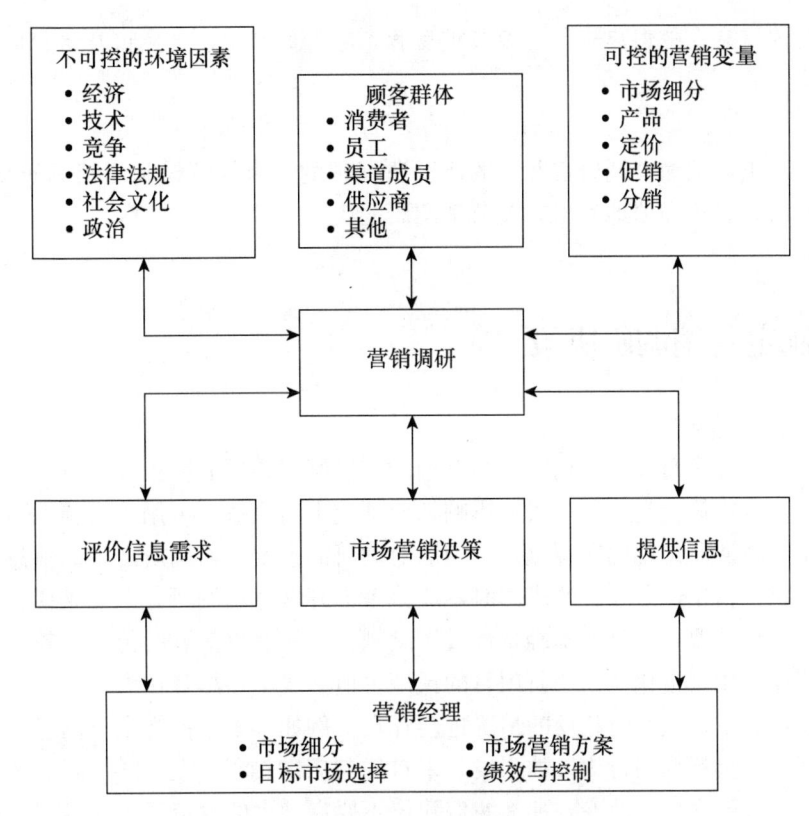

```
┌─────────────────┐   ┌─────────────┐   ┌─────────────────┐
│ 不可控的环境因素 │   │  顾客群体   │   │ 可控的营销变量  │
│ • 经济          │   │ • 消费者    │   │ • 市场细分      │
│ • 技术          │   │ • 员工      │   │ • 产品          │
│ • 竞争          │   │ • 渠道成员  │   │ • 定价          │
│ • 法律法规      │   │ • 供应商    │   │ • 促销          │
│ • 社会文化      │   │ • 其他      │   │ • 分销          │
│ • 政治          │   │             │   │                 │
└────────┬────────┘   └──────┬──────┘   └────────┬────────┘
         │                   │                   │
         └──────────────┐    │    ┌──────────────┘
                        ▼    ▼    ▼
                    ┌─────────────┐
                    │  营销调研   │
                    └──────┬──────┘
         ┌──────────────┬──┴──┬──────────────┐
         ▼              ▼           ▼
  ┌────────────┐ ┌────────────┐ ┌────────────┐
  │ 评价信息需求│ │市场营销决策│ │  提供信息  │
  └──────┬─────┘ └──────┬─────┘ └─────┬──────┘
         │              │             │
         └──────────────┼─────────────┘
                        ▼
              ┌─────────────────────────────────┐
              │          营销经理                │
              │ • 市场细分      • 市场营销方案  │
              │ • 目标市场选择  • 绩效与控制    │
              └─────────────────────────────────┘
```

图 1—4　营销决策中营销调研的作用

如图 1—4 所示，他们需要就潜在的机遇、目标市场的选择、市场细分、营销方案的制定与实施、营销绩效与控制等问题做出决策。产品、定价、促销与分销等可控营销变量（即处于营销经理控制之下的变量）之间的相互作用使得这些决策变得非常复杂。而总体经济形势、技术、公共政策和法律、政治环境、竞争以及社会和文化变化等不可控的环境因素，使得这些决策更加复杂化。这些因素不在营销经理的控制之下。组合中的另一个因素是包括消费者、员工、渠道成员、股东和供应商等在内的不同顾客群体的复杂性。营销调研有助于营销经理将营销变量与环境和顾客群体相联系。它通过提供营销变量、环境和顾客群体的有关信息，来帮助消除一些不确定性。没有这些信息，营销经理将无法可靠或准确地预测消费者对营销活动的反应。持续的营销调研工作提供了有关可控的和不可控的因素以及消费者的信息，从而提高营销经理决策的有效性。营销调研人员也会参与到决策制定中。

本质上，营销调研必须为营销决策的制定甚至整个组织增加价值。应当强调的是，营销经理的工作与组织中的其他职能并不是相分离的，相反，营销导向体现为跨职能视角从而满足消费者需求并长期盈利。因此，营销调研应该与组织的制造、研发、财务、会计等职能以及可能和某一项目相关的其他领域相互联系。

调研概要

市场营销人员应该评估组织的信息需求，为管理者提供相关、准确、可靠、有效、实时和可行的信息。他们应该积极参与市场营销决策的制定，这应该与组织的其他职能相互联系。

正如前面"调研实践"的例子所展现的，市场营销和营销调研日益相互融合。然而，必须谨慎地做出有关营销调研的决策。

制定营销调研决策

在许多情况下营销调研是有用的，但制定调研的决策并非不假思索做出的。相反，该决策会受多种因素的影响，包括成本与收益、可用于实施调研的资源、可用于实施调研发现的资源以及管理层对调研的态度。当调研产生的信息的预期价值超过执行营销调研项目的成本时，应该考虑开展营销调研。一般来说，管理层要做的决策越重要，面临的不确定性或风险越大，所获得信息的价值也越大。有一些正式流程可用来量化营销调研项目的预期价值和成本。尽管在大多数情况下信息的价值超过成本，但有时相反的情况也会存在。例如，一家蛋糕生产商想了解消费者在便利店的蛋糕购买行为。如果发现来自便利店的销量不足1%，而且这一情形在未来五年都不太可能改变，那么我们建议不要启动大的营销调研项目。

资源（尤其是时间和经费）总是有限的。但是，如果没有足够的时间或经费开展高质量调研，此调研项目就不应当启动。与其在缺乏足够资源的情况下启动一个项目而在调研的完整性上做出妥协，还不如不启动这个正式的项目。还有一些不应该进行营销调研的情形。如果组织内部已经拥有了所需的信息，或者即将启动的项目所涉及的决策已经敲定了，或者管理层对调研没有一个积极的态度，或者调研将用于达到政治目的，那么所产生的信息的价值将大大降低，该调研项目通常也没有什么意义。然而，一旦决定开展营销调研，管理层可能还需要依靠营销调研行业的供应商及其服务去获得所需的具体信息。

调研概要

有关营销调研的决策并非不假思索做出的，应当审慎。大体而言，当其产生的价值超过做此项调研的成本，并且没有严格的限制因素时，才可以进行营销调研。

营销调研行业

营销调研行业（marketing research industry）由提供营销调研服务的所有内部和外部供应商组成。营销调研供应商及其服务提供营销决策所需的大部分信息，对它们进行分类是有用的。一般地，调研供应商可以分为内部与外部两大类（见图1—5）。**内部供应商**（internal suppliers）是企业内部的营销调研部门，许多公司尤其是大公司，从汽车制造商（通用、福特）到消费品企业（宝洁、高露洁、可口可乐），再到银行（花旗银行、美洲银行），都设有自己的营销调研部。营销调研部在组织结构中的位置可能有很大差别。一个极端是调研职能高度集中并属于总部；另一个极端是分权的结构，营销调研职能按不同分支部门进行设置。尽管近年来有一种集中化和精简营销调研部门的趋势，但是对某一公司而言，最佳的组织结构取决于它对营销调研的需求，以及市场营销和其他职能的结构。内部客户人员的参与是一项营销调研项目取得成功的关键。内部供应商通常依赖外部供应商来完成具体的营销调研任务。

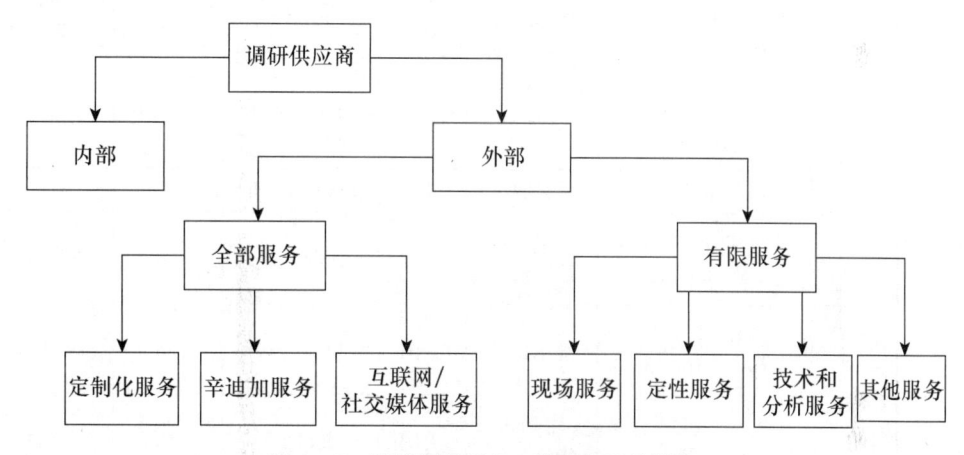

图1—5 营销调研行业：供应商及其服务

外部供应商（external suppliers）是受雇提供营销调研服务的外部公司。这些外部供应商包括从小公司（一个或几个人）到大型的全球性公司。表1—1列出了排名全球前十位的营销调研供应商。外部供应商又可进一步分为全部服务供应商或有限服务供应商。**全部服务供应商**（full-service suppliers）提供全部范围的营销调研服务，包括问题的定义、方案的形成、问卷设计、抽样、数据收集、数据分析和解释、报告准备和提交。因此，这些供应商应具备执行营销调研过程的所有步骤的能力。由这些供应商提供的服务可进一步分为定制化服务、辛迪加服务、互联网/社交媒体服务（见图1—5）。

表 1—1　　　　　　　　　　全球前十位调研供应商

排名 2012年	排名 2011年	组织	总部	母国	网站	子公司或分支机构所在的国家数	全球收入（百万美元）	全球收入中海外收入占比（%）
1	1	尼尔森(Nielsen)	纽约	美国	nielsen.com	100	5 429.0	51.2

续前表

排名 2012年	排名 2011年	组织	总部	母国	网站	子公司或分支机构所在的国家数	全球收入（百万美元）	全球收入中海外收入占比（%）
2	2	凯度（Kantar）	伦敦和康涅狄格州费尔菲尔德	英国	kantar.com	80	3 338.6	72.2
3	3	Ipsos SA	巴黎	法国	lpsos.com	85	2 301.1	93.2
4	4	GfK SE	纽伦堡	德国	gfk.com	68	1 947.8	70.0
5	6	IMS Health Inc.	新泽西州帕西帕尼	美国	imshealth.com	74	775.0	65.0
6	5	Information Resources Inc.	芝加哥	美国	iriworldwide.com	8	763.8	37.3
7	8	INTAGE Inc.	东京	日本	intage.co.jp	7	500.3	2.6
8	7	维思达特（Westat Inc.）	马里兰州罗克维尔	美国	westat.com	8	495.9	1.0
9	9	阿比创（Arbitron Inc.）	哥伦比亚	美国	arbitron.com	3	449.9	1.3
10	10	The NPD Group Inc.	纽约州华盛顿港	美国	npd.com	13	272.0	29.5

资料来源：*Marketing News*（August 2013）：24，American Marketing Association.

定制化服务（customized services）提供种类繁多的定制的营销调研服务以适合某一客户的具体需要。每个营销调研项目的设计都是为了满足客户的独特需求。客户支付所有的成本，对所产生的信息拥有知识产权。提供这类服务的营销调研企业有凯度、维思达特和伯克（Burke）等。

辛迪加服务（syndicated services）是收集和销售公用数据库以满足许多客户共享信息的需求的公司。这些数据主要通过抽样调查、购买固定样本组和媒体固定样本组、扫描仪和审计来收集。例如，尼尔森公司提供观看特定电视节目的家庭收视人数和人口统计特征的信息，还提供扫描仪跟踪数据，比如超市收银台处电子扫描仪产生的数据。NPD集团公司（www.npd.com）是辛迪加服务的另一个例子，该公司拥有美国最大的消费者固定样本组之一。第3章将会详细讨论辛迪加服务。

一些营销调研企业，包括一些专门在互联网上进行营销调研的公司，提供包括社交媒体调研在内的**互联网服务**（Internet services）。例如，2009年收购了Greenfield Online和Ciao Surveys的Toluna集团公司（www.toluna-group.com）为消费者、B2B和专业市场提供范围广泛的定制化的定性或定量在线营销调研。该公司在其安全网站上利用专有的大型数据库开展调研。2008年收购了JUPITER调研公司的 Forrester 调研公司（www.forrester.com）提供聚焦于消费者在线行为和互动技术的调研和咨询服务。互联网服务的一个特殊类型是社交媒体调研，这些公司将在本章后续部分讨论。

有限服务供应商（limited-service suppliers）专门从事营销调研项目中的某一部分或某几部分工作。有限服务供应商专门提供现场服务、定性服务、技术和分析服务以及其他服务。**现场服务**（field services）可以使用全方位的数据收集方法（即邮件、人员、电话和电子访谈）或专门使用一种方法来收集数据。一些现场服务组织在全国各地设有许多访谈设施，供调查商场购物者时使用。提供现场服务的公司包括 Field Work Inc.（www.fieldwork.com）、Booth Research Services（www.boothresearch.com）和 WorldOne（www.worldone.com）。

定性服务（qualitative services）为焦点小组座谈和其他形式的定性调研，比如一对一深度访谈（将在第4章中讨论）提供设施并招募调查对象。有些企业还可能提供额外服务，比如提供主持人和准备焦点小组报告。此类企业包括 Jackson Associates（www.jacksonassociates.com）和 20|20 调研公司（www.2020research.com）。

技术和分析服务（technical and analytical services）由专门从事设计以及对定性和定量数据（比如通过大型调研获取的数据）进行计算机分析的公司所提供。如亚特兰大的 SDR（www.sdr-consulting.com）这样的企业利用先进的统计技术提供复杂的数据分析服务。Sawtooth 技术公司（www.sawtooth.com）提供调研数据收集和分析的软件。统计软件包使得企业可以自己完成数据分析。然而，外部供应商的**数据分析服务**（data analysis services）能提供专业化数据分析，因此仍有大量的需求。其他服务包括**品牌营销调研产品**（branded marketing research products），即为特定类型的营销调研问题而开发专门的数据收集和分析流程。比如，Survey Sampling 国际公司（www.surveysampling.com）专门从事样本设计和分发。有些企业聚焦于专业化服务，比如种族市场研究（即西班牙裔、非洲裔、多文化）。聚焦种族市场研究的两个企业是：Facts 'n' Figures 公司的子公司 Latin Facts Research（www.factsniguresinc.com）和 Multicultural Insights（www.multicultural-insights.com）。

没有内部营销调研部门或专业人员的企业就必须依赖于外部的全部服务供应商。拥有内部营销调研人员的企业可以使用全部服务供应商和有限服务供应商。苹果公司既利用自己的营销调研人员，同时也高度依赖全部服务供应商和有限服务供应商。无论选择全部服务供应商还是有限服务供应商，都要遵循一些基本的原则。

调研概要

内部客户人员的参与对营销调研项目的成功至关重要。通常请外部供应商执行营销调研过程中的一个或几个步骤是可取的。可以考虑选择全部服务供应商和有限服务供应商的服务，以最好地满足营销调研项目的需求。

调研供应商的选择

一个不能自行完成整个营销调研项目的公司必须选择外部供应商来完成调研项目的一个或更多阶段的工作。企业应当根据行业出版物、专业目录或口碑等，编制一张备选供应商清单。在确定外部供应商的选择标准时，企业应当问问自己，为什么要寻求外部营销调研公司的支持。例如，需要进行一项调研的小企业，可能发现请外部专业公司在经济上更有效率；一家企业可能缺乏资源或技术专家来完成项目的某些阶段；由于存在政治利益冲突，需要请外部供应商来执行项目。

在制定外部供应商的选择标准时，企业应当注意一些基本问题：供应商的声誉如何？他们能否按时完成项目？能否遵守伦理标准？是否有灵活性？所做调研项目的质量高吗？供应商做过哪些项目？是否有类似的项目经验？供应商的人员是否具备技术性和非技术性的专业能力？也就是说，除了技术技能以外，负责项目的人员是否理解客户的需要并认同客户的调研理念？他们是否通过了营销调研协会（www.marketingresearch.org）的专业调研人员资格认证？他们能否很好地与客户沟通？你也可以在有名的营销调研协会的网站（如 www.esomar.com）上找到有资格成为营销调研供应商的条件清单。

竞争性招标通常被用来作为选择外部供应商的方法，尤其是大型项目。通常，拟将调研委托给外部供应商的组织发布需求建议书（request for proposal，RFP）或类似的请求书，邀请供应商来投标。你也可以输入"RFP"或"营销调研"等关键词汇，通过谷歌高级搜索在互联网上找到实际的需求建议书。有些营销调研企业，比如营销调研服务公司（Marketing Research Service, Inc.，www.mrsi.com）将需求建议书模板公布在其网站上，供其潜在客户用来发布RFP。依据最低报价来委托项目并非有用的经验法则。调研提案的完整性以及上述标准都必须被纳入雇用决策的考虑范围。相对于以单个项目为基础进行选择，与调研供应商签订长期合同是更为可取的方式。

调研概要

基于最低报价来委托营销调研项目并非有用的经验法则。相反，应该在选择供应商时考虑多种因素。一般而言，与调研供应商签订长期合同比以单个项目为基础进行选择更为可取。

互联网是寻找提供特定服务的营销调研公司的有效工具。用搜索引擎（例如雅虎）可以找到一些营销调研公司，在其网站上可以很容易地获得相关信息。许多公司网站都提供公司历史、产品、客户和员工的信息。比如，www.greenbook.org列出了几千家营销调研公司，利用其搜索程序可以很方便地找到具体的公司。

在营销调研供应商以及营销和广告公司可以得到就业机会。

互联网调研

谷歌：购买购物者信息

访问 www.greenbook.org，并找到你所在地区开展互联网调查的所有营销调研公司。

作为谷歌公司的调研主管，你需要选择一家专业研究消费者网络购物的营销调研公司。列出包括五家这样的公司的清单。你会选择哪一家？为什么？

作为市场营销总监，你会如何使用消费者网络购物的信息来加强谷歌对这一细分市场的渗透？

营销调研相关职业

营销调研公司（如尼尔森、伯克、凯度等）可以提供很有前途的工作机会。商业和非商业企业和机构（如宝洁公司、可口可乐公司、通用汽车公司、美国联邦贸易委员会、美国普查局）内部的营销研究部门也可以提供同样有吸引力的工作。广告公司（如 BBDO 国际、智威汤逊、威雅）也开展大量的营销调研并雇用这一领域的专业人员。营销调研的相关职位包括营销调研副总裁、调研总监、调研副总监、项目经理、统计师/数据处理专家、高级分析师、分析师、初级分析师、现场经理和作业督导等。

大学本科毕业生（如工商管理学士，BBA）在营销调研领域最常见的入门职位是作业督导，负责管理一系列严格定义的操作，包括现场工作、数据编辑、编码，也可能参与编程和数据分析。但是，营销调研行业越来越倾向于雇用拥有硕士学位的人员。拥有工商管理硕士（MBA）或同等学力的人一般被聘为项目经理。在商业性公司，典型的初始职位是初级调研分析师（对 BBA 而言）或调研分析师（对 MBA 而言）。初级分析师和分析师要熟悉某一行业并接受来自高级人员（通常是营销调研经理）的培训。初级分析师要参加一个培训项目，为承担调研分析师的工作（包括与营销部和销售部相协调以确定产品宣传目标）做好准备。调研分析师的职责包括：核对所有数据是否准确，将新的调研发现与现有标准进行比较，分析原始数据和二手数据进行市场预测。

正如这些职位名称所示，营销调研需要有不同背景和技能的人。要了解关于其他营销调研职位和目前薪酬的描述，可以访问 www.marketresearchcareers.com。如果准备从事营销调研工作，你应当：

- 选修可选的所有的市场营销课程；
- 选修一些统计学和定量方法课程；
- 掌握互联网、社交媒体和计算机技术，以及程序语言方面的知识；

- 选修一些心理学、社会学和消费者行为学课程；
- 掌握良好的书面和口头沟通技能；
- 培养创造性思维的能力，创造性与常识将使你在营销调研领域位居上游。

营销调研人员应当受过良好的教育，以便能够很好地理解经理所面临的问题，并以开阔的视野来解决问题。接下来的"调研实践"专栏展现了成功的营销调研人员和营销经理所需的特质。

调研实践

艾瑞克·金姆：市场营销及营销调研职业能带你到达巅峰

艾瑞克·金姆（Eric B. kin）在加利福尼亚州克莱尔蒙特的哈维姆德学院获得了物理学学士学位，在加州大学洛杉矶分校获得了工程学硕士学位，在哈佛大学获得了MBA学位。他在莲花软件公司（Lotus Development Corporation）、D&B公司以及Spencer Trask软件集团（纽约的一家科技型风险投资公司）学到了现有的专业技能。Spencer Trask的CEO凯文·金伯林（Kevin Kimberlin）认为金姆是少有的既懂软件与电子，同时又擅长市场营销和营销调研的经理。

在1999年加入三星公司时，金姆意识到公司的基本问题是品牌形象，而三星被认为比同类产品的其他品牌逊色。为了证实自己的直觉，并提出具体可行的方案，他开展了包括对渠道合作伙伴和顾客的焦点小组座谈、深度访谈和调查在内的营销调研。结果表明，三星的品牌形象很模糊且在不同市场不统一。原因之一是，三星雇用了55家广告代理公司。金姆委托位于麦迪逊大道的博达大桥广告公司（Foote, Cone & Belding Worldwide）协调三星的全球营销，以统一广告策略。金姆的另一个明智之举是赞助大型活动，例如2002年盐湖城奥林匹克运动会，从而获得快速、有效的全球覆盖。2004年金姆离开三星时，公司当年的净利润达120.4亿美元（其他许多零售科技明星企业的业绩惨淡），而且在美国的业务量是1999年的3倍多。

2004年11月4日，英特尔挖走了时任三星总经理的艾瑞克·金姆，请他增加公司广告的活力，并将更多的消费者价值注入这个芯片巨人的品牌。金姆的秘诀在于其多领域的教育背景以及丰富的市场营销和营销调研知识。2010年6月，金姆成为致力于清洁技术的半导体公司Soraa的CEO兼总裁。的确，与市场营销和营销调研相关的职业会将你带到巅峰![3]

调研概要

为了给有关营销调研的职业生涯做准备，你应该学习市场营销、心理学和定量方法方面的课程，并获得口头和书面沟通技能以及互联网技能。自由和多样的教育经历将对你大有裨益。

营销调研在 MIS 和 DSS 中的作用

如前所述，我们将营销调研定义为系统地、客观地识别、收集、分析、分配和使用信息以做出市场营销决策。将外部市场信息与内部账单、生产及其他记录相结合，会形成强大的营销信息系统（MIS）（见图 1—6）。

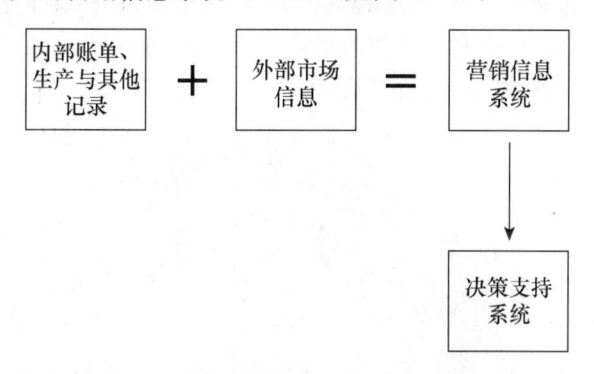

```
内部账单、
生产与其他    +    外部市场    =    营销信息
记录              信息             系统
                                   ↓
                              决策支持
                              系统
```

图 1—6　MIS 和 DSS 的开发

营销信息系统（marketing information system，MIS）是持续产生、分析、存储和向营销决策者提供信息的一整套正式流程。与营销调研不同，该系统是持续运行的。MIS 旨在突出决策者的责任、风格与信息需求。MIS 的功能在于通过将生产、发票、账单信息与包括营销调研在内的营销情报相结合，并输入中心数据仓库，让经理们获得大量信息。MIS 可以比专门的营销调研项目提供更多的信息。但由于所提供的信息有固定的结构，而且不便于处理，因此其潜在作用往往受到限制。为了克服 MIS 的局限而开发的**决策支持系统**（decision support system，DSS）能让决策者与数据库和分析模型直接交互，从而具有内在的灵活性。正如前面的"调研实践"专栏中苹果公司的例子所体现的那样，由营销调研产生的信息应该成为 MIS 和 DSS 的一部分。所有这些系统可以显著地提高市场营销决策的有效性。

调研概要

营销调研产生的信息应当成为营销信息系统（MIS）和决策支持系统（DSS）的一部分。这些系统的整合可以极大地提升营销调研的价值并改善决策。

国际营销调研

我们使用国际营销调研来广泛地表示在委托调研的组织的国外市场进行的所有

调研。美国的营销调研支出占全球相关支出的40%。所有的营销调研中，大约40%在西欧进行，10%在日本，10%在其他国家。欧洲的大多数营销调研是在德国、英国、法国、意大利和西班牙进行的。随着市场的全球化，营销调研越来越具备国际性的特点，这一趋势将会持续下去。进行国际营销调研的美国公司包括尼尔森、IMS Health 和 Symphony IRI，他国的公司包括英国的凯度、德国的 GfK 和日本的 INTAGE（见表1—1）。

国际营销调研比国内营销调研要复杂得多。所调研的国家或国际市场的环境会影响营销调研过程的六大步骤的执行方式。这些环境因素包括：营销、政府、法律、经济、结构、信息和技术以及社会文化（见图1—7）。后续的各章将详细讨论这些环境因素对营销调研过程的影响。

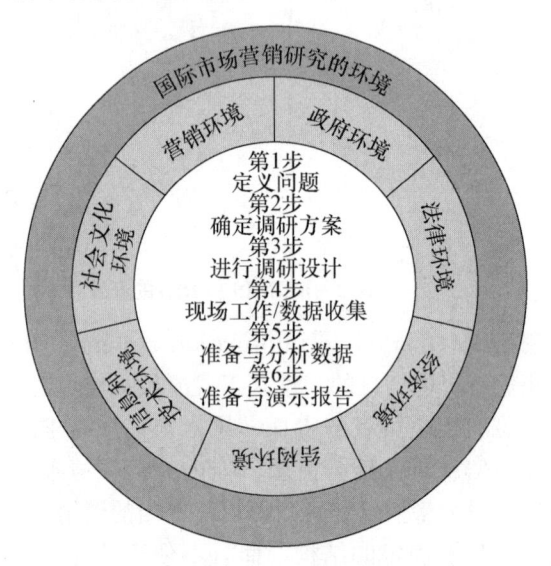

图1—7 国际营销调研框架

尽管非常复杂，国际营销调研仍将以比国内营销调研快得多的速度增长，这主要是由于在美国许多产品的国内市场已趋于饱和。相比之下，这些产品在其他国家的市场还处于早期发展阶段，正如以下"调研实践"专栏中的例子所述。

调研实践

麦当劳：全球形象与当地文化相适应

在全球市场上，麦当劳尊重当地文化，并提供符合当地偏好的菜单和就餐体验。营销调研表明，在印度，食品消费受到人们的宗教信仰的影响。因此，考虑到占印度人口大多数的印度教和穆斯林教徒的宗教信仰，麦当劳将牛肉和猪肉从其菜单中撤掉，增加了很多美国经典食品的素食版本（如麦当劳素食汉堡包）以及麦咖喱印度奶酪堡和鸡肉产品。在菜单中，由土豆饼做成的麦香薯堡是最畅销单品，在印度餐厅的总销售额中占25%。

营销调研也显示，印度的素食主义者严格遵守其饮食习惯。因此，在该国，麦当劳的厨房被分为烹制素食餐和非素食餐的两个独立区域。2012年9月，这个快餐业巨头宣布，在印度的一些朝拜区域开设的新餐厅将是纯素食餐厅，以迎合当地消费者的饮食偏好。

麦当劳在全球获得的成功一部分归功于其适应当地文化和偏好，同时保持其全球品牌形象的能力。而这一切都源于其对营销调研的依赖。[4]

调研概要

在国际营销调研中，要考虑开展调研的公司所在的国家的环境因素。同样必须执行营销调研过程中的六个步骤，只不过是在国际市场或国家等环境中。

互联网调研

李维斯：提升全球市场份额

访问www.levis.com，并搜索互联网，包括社交媒体和图书馆的在线数据库，找到消费者的牛仔裤偏好的信息。李维斯想要开展营销调研来扩大其在美国和印度牛仔裤市场上的份额。你将如何在这两个国家进行营销调研？

作为李维斯的营销主管，你需要哪些信息来制定旨在扩大全球市场份额的战略？

营销调研和社交媒体

社交媒体是社会化计算机工具的代表，通常称为Web 2.0。这些网络应用促进了万维网上的互动式信息分享、以用户为中心的设计以及合作。社交媒体的例子包括：社交网站（如Facebook）、视频分享网站（如YouTube）、照片分享网站（如Flickr、Instagram）、音乐分享网站（如Last FM）、书签网站（如Delicious）、语音网络（如Skype）、维基百科（如Wikipedia）、产品和服务评价网站（如TripAdvisor）、虚拟世界（如Second Life）、多人游戏（如Farmville）、网络社区（如ivillage）、博客（如Direct2Dell）和微博（如Twitter）。

营销调研人员可以利用这些新的社交网络来进行营销调研，作为对传统方法的补充。这些社交社区为理解、解释、影响和预测市场上的消费者行为开辟了新的途径。因此，社交网络可以用于多种营销调研应用，包括：市场细分、创意产生、产品开发与测试、品牌发布、定价和整合营销沟通。

社交媒体也并非没有局限性。尽管对记者的客观性的要求较高，但是对于博客主与其他社交媒体用户的客观性的期望较低。在许多营销调研应用中，社交媒体用户可能对目标总体没有代表性。社交媒体作为样本来源，至少有自选（调查对象可以将自己选为样本）和主张这两个方面的偏差。然而，只要能够理解这些局限性,从来自社交媒体的见解中能够发现对市场营销决策有益的信息。本书中,我们倡导将社交媒体作为实施营销调研的一个领域,以补充而非取代进行调研的传统方式。我们将举例说明星巴克如何使用社交媒体来获取信息并与目标市场的消费者相互联系。

> **调研实践**
>
> ### 星巴克:社交媒体的明星
>
> 星巴克有一个博客 My Starbucks Idea(MSI)(mystarbucksidea.force.com),它不仅将公司与消费者联系起来,而且让他们一起共创公司的未来。消费者可以分享观点,对他人的想法进行投票,与其他消费者讨论观点,关注星巴克发布的创意。来自公司不同部门的星巴克创意合伙人参与回复问题并提供讨论的视角。然后,星巴克可以获得如何改善其产品来满足顾客需求方面的创意及反馈。它认真采纳网站上顾客提出的建议,并将已实施的建议公之于众。通过提供虚拟充值或购物返点等形式的在线激励,星巴克鼓励顾客积极反馈。这使得星巴克可以与忠诚的顾客互动。星巴克还在博客边栏上以公众投票的形式提出定性和定量类型的调查问题,以获得营销调研数据。MSI产生了重要影响:平均1/3的建议被采纳。所有建议都在发布一小时内被认可和评价,平均每小时有4条建议发布。
>
> 星巴克的 Facebook 主页(www.facebook.com/starkbucks)有超过3 400万名粉丝,并且这一数字还在增大。星巴克使用这一网址来推广其新产品并获得顾客的反馈。它还组织了活动并使用 Facebook 来邀请顾客参与。它有一个关于其产品和活动的照片册,其中的许多照片是粉丝上传的。星巴克大约每两天更新一次 Facebook 页面,每次更新都有上千用户回应。公司积极评论或回复粉丝的帖子或他们的照片标签,这些都提升了其社交媒体形象。星巴克也使用其 Facebook 主页来了解目标市场的概况。
>
> 星巴克也使用 Twitter(www.twitter.com/starbucks)宣传产品并与消费者联系。它使用 Twitter 以短信的形式向消费者发布新产品和服务的信息。比如 retweets 这样的工具允许用户将星巴克最初在 Twitter 上产生的信息传播给其他人。星巴克的 Twitter 账号经常引导其粉丝到 MSI 上参与民意调查、调研或意见收集。
>
> 星巴克还使用许多其他形式的社交媒体。社交媒体帮助星巴克改善其服务的一个例子是:为了回应顾客对免费上网的要求,星巴克采取行动,向所有顾客提供免费无限制的无线网络。与此相类似,MSI 社区的一些成员发帖要求星巴克提供新鲜水果。作为回应,星巴克开始提供新的果汁饮品和新的加冰咖啡饮料,以便顾客更好地消暑。从位于南回归线的巴哈马到北京的紫禁城,社交媒体帮助星巴克运用企业品牌与现磨的咖啡一起来满足顾客需求。截至2014年,星巴克已经在60多个国家设有分店,且这一数字还在增大。[5]

> **调研概要**
>
> 只有理解了社交媒体的局限性,它们作为执行营销调研的一个领域才会很有价值。对社交媒体的分析可以作为调研的传统方法的补充,并且给营销调研项目增加价值。

营销调研伦理

营销调研通常涉及四类利益相关者(见图1—8):(1)营销调研人员;(2)客户;(3)调查对象;(4)公众。这些利益相关者相互之间以及对调研项目负有一定的责任。当这些利益相关者有利益冲突或者其中一方或多方未尽责时,就产生了伦理问题。例如,如果调研人员不遵循正确的营销调研程序,或者客户在公司广告宣传中歪曲了调研结果,伦理规范就遭到了破坏。伦理问题的最佳解决途径是利益相关者都按诚信原则行事。专业协会的行为准则,如美国营销协会的职业准则,可以作为行动指南并帮助解决伦理难题。伦理问题在后续章节中将做详细讨论。在下面的"调研实践"专栏中,我们给出提供了伦理规范的重要营销调研协会的网址。

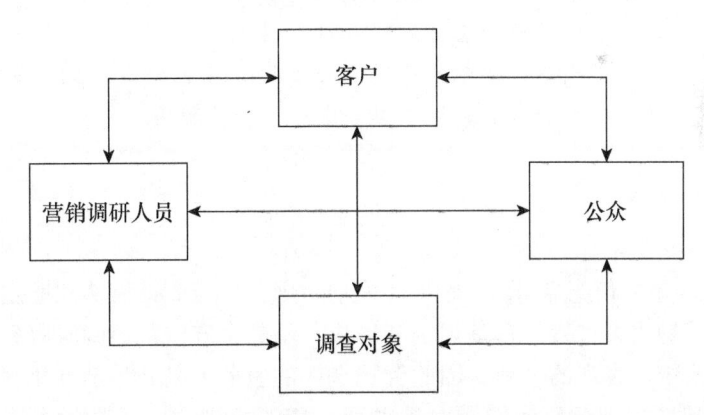

图1—8 营销调研中的利益相关者:伦理视角

> **调研实践**
>
> **在线营销调研协会**
>
> **美国**
> AAPOR:美国公众民意调查协会(www.aapor.org)
> AMA:美国营销学会(www.marketingpower.com)
> ARF:广告研究基金会(www.thearf.org)
> CASRO:美国调查研究组织委员会(www.casro.org)
> MRA:营销调研协会(www.marketingresearch.org)
> QRCA:定量研究咨询师协会(www.qrca.org)

国际
ESOMAR：欧洲民意与市场调研协会（www.esomar.org）
MRS：市场调研协会（英国）（www.mrs.org.uk）
AMSRS：澳大利亚市场和社会研究协会（www.amsrs.com.au）
CMA：加拿大营销协会（www.the-cma.org）

调研概要

营销调研人员务必对客户、调查对象和公众等其他利益相关者表现出合乎伦理的行为。营销调研公司应该遵循不同专业协会的行为准则。其他利益相关者也有责任按伦理规范行事。

戴尔运营案例

阅读本书末尾给出的戴尔直销案例（案例1.1）和问卷。回答下列问题：

1. 讨论营销调研在帮助戴尔维持并建立其在个人电脑市场上的领先地位方面所起的作用。
2. 戴尔应该开展什么样的问题识别调研？
3. 戴尔应该开展什么样的问题对策调研？
4. 你是否愿意在戴尔开启你的营销调研职业生涯？请解释原因。
5. 戴尔可以如何使用社交媒体来获得营销调研信息？

本章小结

营销调研评估信息需求并提供有关信息，以改进营销决策过程。它是识别和解决营销问题的系统、客观的过程，因此营销调研可以分为问题识别调研和问题对策调研。营销调研过程包括六个应当遵循的步骤。

营销调研可以提供关于消费者、渠道成员、竞争者、市场变化和趋势、企业环境的其他方面的信息。制定营销调研决策受制于一些因素，包括：成本与利益、进行调研可用的资源、应用调研结论可用的资源以及管理者对调研的态度。

营销调研可由公司自己进行，也可向外部供应商购买。外部供应商可以提供全部服务或专注于该过程的一个或更多方面。全部服务供应商提供从问题定义到报告准备与演示的全方位营销调研服务，这类供应商提供的服务可以分为定制化服务、辛迪加服务或互联网服务。有限服务供应商专门从事营销调研项目中的某一个或几个阶段的工作。这类供应商可以提供现场服务、定性服务、技术和分析服务以及其他专业服务，比如抽样。

营销调研行业的公司和独立调研组织有许多工作机会。营销研究公司、商业性和非商业性公司、广告公司等都雇用调研专业人员。通过营销调研获得的信息成为MIS和DSS的一部分。

国际营销调研比国内营销调研更复杂，

因为调研人员必须考虑所研究的国际市场上的环境。社交媒体正成为进行营销调研的重要领域。营销调研的伦理问题涉及四类利益相关者：(1) 营销调研人员；(2) 客户；(3) 调查对象；(4) 公众。

关键术语

营销调研（marketing research）
问题识别调研（problem identification research）
问题对策调研（problem-solving research）
营销信息系统（marketing information system，MIS）
决策支持系统（decision support system，DSS）
内部供应商（internal suppliers）
外部供应商（external suppliers）
全部服务供应商（full-service suppliers）
辛迪加服务（syndicated services）
定制化服务（customized services）
有限服务供应商（limited-service suppliers）
互联网服务（internet services）
现场服务（field services）
定性服务（qualitative services）
技术和分析服务（technical and analytical services）
数据分析服务（data analysis services）
品牌营销调研产品（branded marketing research product）
营销调研过程（marketing research process）

复习题

1. 描述营销调研的任务。
2. 营销经理做哪些决策？营销调研如何帮助他们做出这些决策？
3. 给出营销调研的定义。
4. 描述营销调研的一种分类。
5. 描述营销调研过程的主要步骤。
6. 解释营销调研供应商和服务的一种分类方式。
7. 什么是辛迪加服务？
8. 全部服务供应商和有限服务供应商的主要区别是什么？
9. 什么是品牌产品？
10. 列出选择外部营销调研供应商的五项指导原则。
11. 营销调研领域的就业机会有哪些？
12. 什么是营销信息系统？
13. DSS 与 MIS 有何区别？
14. 列出使用社交媒体来进行营销调研的两种可能的局限性？
15. 讨论营销调研中与以下利益相关者相关的伦理问题：(1) 客户；(2) 供应商；(3) 调查对象。

应用题

1. 搜索互联网，包括社交媒体，找出五个问题识别调研和五个问题对策调研的例子。
2. 列出对下列组织有用的一种类型的营销调研：

a. 大学书店；
b. 你所在城市的公共交通部门；
c. 你所在区域的一家大型百货商店；
d. 学校附近的一家餐厅；
e. 大城市的动物园。

注释

[1] Mark Prigg, "Apple will launch FIVE new products in 2013 (including their first TV), analysts claim," online at **www.dailymail.co.uk/sciencetech/article-2260097/5-new-Apple-products-coming-2013-including-TV--analysts-claim.html**, accessed May 5, 2013; Philip Elmer-DeWitt, (September 14, 2012), "Pre-orders for Apple's iPhone 5 Sell Out in Less Than an Hour," online at **http://tech.fortune.cnn.com/2012/09/14/pre-orders-for-apples-iphone-5-sell-out-in-less-than-an-hour/?iid=HP_LN**, accessed May 6, 2013; David Goldman, "Apple sells 3 million new iPads in 4 days," online at **http://money.cnn.com/2012/03/19/technology/apple-ipad-sales/index.htm?iid=Lead**, accessed March 20, 2013; and Yukari I. Kane and Geoffrey A. Fowler, "Steven Paul Jobs, 1955–2011," *Wall Street Journal* (October 6, 2011): A1, A7.

[2] **www.kelloggs.com**, accessed May 5, 2013; and Catherine Boal, "Kellogg Rolls Out New Cereal and Snacking Options," *Bakery & Snacks*, online at **www.bakeryandsnacks.com/news/ng.asp?id=74110-kellogg-leatherhead-breakfast-snacks**, accessed May 5, 2013.

[3] "Soraa Hires Eric Kim As New President, CEO," online at **www.freshnews.com/news/340726/soraa-hires-eric-kim-new-president-ceo**, accessed January 10, 2013; and "CEO Interview: Eric Kim of Twylah," online at **www.rickliebling.com/2011/09/05/ceo-interview-eric-kim-of-twylah/**, accessed January 10, 2013.

[4] Annie Gasparro and Julie Jargon, "McDonald's to Go Vegetarian in India," *Wall Street Journal* (Wednesday, September 5, 2012): B7.

[5] Starbucks Facebook page, online at **www.facebook.com/Starbucks**, accessed May 5, 2013; My Starbucks Idea, online at **http://mystarbucksidea.force.com/** accessed April 8, 2013; and Seattle's Best Coffee Introduces New Specialty Iced Drinks to Help Beat the Summer Heat, online at **http://news.starbucks.com/article_display.cfm?article_id=394**, accessed October 8, 2012.

第2章 定义营销调研问题与确定调研方案

> 任何调研项目最具挑战性的部分是以管理层理解的语言和确保获得所需信息的方式来定义问题。
>
> ——CMI公司总裁切特·札勒斯基（Chet Zalesky）

本章概要

本章将讨论第1章所描述的营销调研过程六大步骤中的前两步：定义营销调研问题和确定解决问题的方案。定义问题是第一步也是最重要的一步，因为只有清晰、准确地识别问题，才可能正确地实施调研项目。定义营销调研问题将确定整个调研项目的路线。本章将通过识别定义问题所涉及的工作和需考虑的因素来帮助读者理解其复杂性，并提出正确定义营销调研问题和避免常见错误的指南。本章还会详细论述问题解决方案的组成部分：分析框架和模型、研究问题和假设以及所需信息的说明。对国际营销调研中定义问题和确定调研方案时需考虑的一些特殊事项也做了论述。最后，我们讨论了社交媒体的影响以及在营销调研过程的这一阶段产生的伦理问题。

图2—1给出了本章和第1章所讨论的营销调研过程的关系。让我们从需要具体的顾客信息的哈雷·戴维森公司（Harley-Davidson）的例子开始进行讨论。

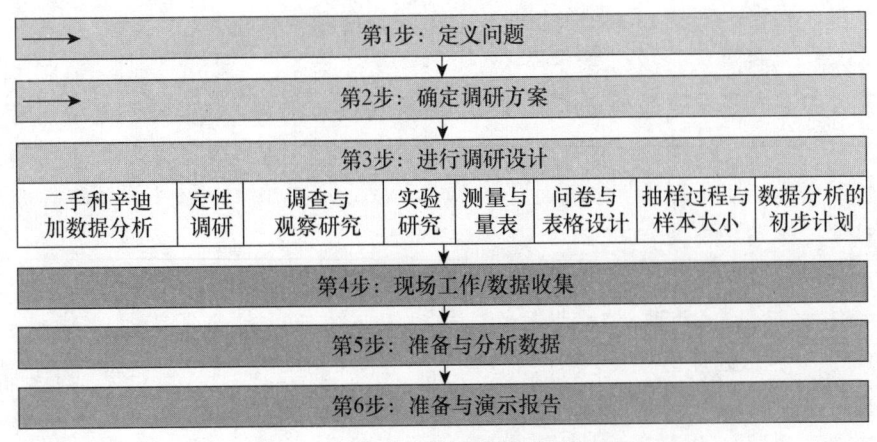

第1步：定义问题							
第2步：确定调研方案							
第3步：进行调研设计							
二手和辛迪加数据分析	定性调研	调查与观察研究	实验研究	测量与量表	问卷与表格设计	抽样过程与样本大小	数据分析的初步计划
第4步：现场工作/数据收集							
第5步：准备与分析数据							
第6步：准备与演示报告							

图2—1 本章与营销调研过程的关系

学习目标

阅读本章后，学生应当能够：

1. 理解定义营销调研问题的重要性和过程。
2. 描述定义问题所涉及的相关工作，包括同决策者讨论、行业专家访谈、二手数据分析和定性调研。
3. 讨论影响调研问题定义的环境因素，包括历史信息和预测、资源和约束、决策者的目标、购买者行为、法律环境、经济环境、公司的营销和技术能力。
4. 明确管理决策问题和营销调研问题之间的区别。
5. 解释定义明确的营销调研问题的结构，包括总体陈述和具体组成部分。
6. 详细阐述调研方案的不同组成部分，包括分析框架和模型、研究问题和假设，以及所需信息的说明。
7. 充分理解在国际营销调研中定义问题和确定调研方案的复杂性。
8. 描述如何使用社交媒体来识别与定义营销调研问题以及辅助确定调研方案。
9. 理解在定义问题和确定调研方案时引起的伦理问题和冲突。

调研实践

哈雷·戴维森开足了马力

摩托车生产商哈雷·戴维森公司（www.harleydavidson.com）在21世纪初重新崛起，以致顾客要等待很久才能提到车。2012年，哈雷·戴维森公司的销售收入达55.8亿美元。2013年，哈雷·戴维森在大排量摩托车市场上成为领导者。尽管分销商鼓动哈雷·戴维森公司增加产量，但公司对投资新的生产设备举棋不定。

过去那段销量下降的日子让公司的高层管理者学会了规避风险而不是偏好风险。哈雷·戴维森公司现在的经营日见起色，但投资新设备意味着要冒风险。市场需求能否长期维持？在下一个时尚潮流到来之时顾客是否会离它而去？过去几年，由于业务迅速增长而导致的摩托车质量下降曾让哈雷·戴维森公司付出了惨痛的代价。为此，公司高层担心投资决策为时过早。然而，投资将有可能帮助哈雷·戴维森公司扩张业务并成为大排量摩托车市场毋庸置疑的领导者。公司管理者与业内专家的讨论表明，品牌忠诚度是影响摩托车销售和重复销售的重要因素。二手数据显示，绝大部分摩托车主同时也拥有汽车（轿车、SUV和卡车）。与摩托车主的焦点小组座谈进一步显示，在美国摩托车主要用于休闲娱乐，而不是作为基本的交通工具。焦点小组座谈和社交媒体也凸显了品牌忠诚度在摩托车购买中的作用。

预测表明，消费者在休闲娱乐方面的支出的增长将持续至2020年。由于互联网和社交媒体的作用，21世纪的消费者变得越来越复杂，价值意识越来越强。但是，品牌形象与品牌忠诚度对于购买行为仍有显著影响，知名品牌依然继续保持溢价。哈雷·戴维森公司显然拥有成为全球性的摩托车领导品牌所需的资源以及营销和技术能力。

上述举措和由此产生的结果有助于定义管理决策问题和营销调研问题。管理决策问题是：哈雷·戴维森公司是否应该投资生产更多的摩托车？营销调研问题是：确定顾客是不是哈雷·戴维森产品长期的忠实购买者？具体地说，调研需要回答以下问题：

(1) 谁是顾客？他们的人口统计和心理统计（生活方式）特征是什么？
(2) 能否区分不同类型的顾客群体？是否可能进行有效的市场细分？
(3) 顾客对他们所拥有的哈雷摩托车感觉如何？所有顾客都是被同一诉求所吸引的吗？
(4) 顾客对哈雷·戴维森公司是否忠诚？他们的品牌忠诚度如何？

其中一个研究问题（RQ）及其相关的假设（H）如下：

研究问题（RQ）：摩托车购买者能否按心理统计特征进行细分？
假设1（H1）：摩托车购买者中存在不同的细分群体。
假设2（H2）：每一细分群体出于不同的原因而购买哈雷摩托车。
假设3（H3）：所有细分群体中哈雷·戴维森的顾客的品牌忠诚度都较高。

这一调研的理论基础是：品牌忠诚度是对某一品牌正面的信念、态度、情感和体验的反映。公司同时开展了定性调研和定量调研。首先，对拥有者、潜在拥有者和其他品牌拥有者进行焦点小组座谈，了解他们对哈雷·戴维森的感觉。然后，通过问卷调查了解顾客的人口统计和心理统计特征概况，以及他们对哈雷·戴维森的主观评价。

下面是一些主要的调研结果。

● 顾客可以分为以下七类：(1) 爱冒险的传统主义者；(2) 敏感的实用主义者；(3) 时尚追逐者；(4) 悠闲的露营者；(5) 有品位者；(6) 头脑冷静的独行者；(7) 自大的不合群者。由此，H1得到支持。

● 所有的顾客具有相同的愿望，即想拥有一辆哈雷摩托车：它是独立、自由和力量的象征。（不同细分群体在这一点上表现出惊人的一致，于是拒绝H2。）

● 所有顾客都是哈雷·戴维森产品长期的忠实购买者，H3得到支持。

根据这些调研结果，哈雷·戴维森公司决定投资以扩大产能，同时提升产品质量。[1]

这个例子说明了正确定义营销调研问题和确定恰当的调研方案的重要性。

定义问题的重要性

虽然营销调研项目的每一步都很重要，但定义问题是最重要的一步。正如第1章所述，营销调研人员认为管理层面临的问题和机会是可以互换的，因为每一项调查遵循相同的调研过程。**问题定义**（problem definition）包括陈述经理们面临的问题（管理决策问题）和调研人员将要解决的营销调研问题。后者应该被分解为营销调研问题的总体陈述和具体组成部分，正如前面的哈雷·戴维森案例所阐述的。这个案例提供了哈雷·戴维森的管理层所面临的问题和对营销调研问题的总体陈述，并确认了其四个具体的组成部分。调研人员和客户方的关键决策者应该对问题的定义达成一致。这里的客户是委托此项调研的个人或组织。客户可以是内部人员，比如调研主管，需要处理自己所在组织的决策。客户也可能是外部机构，如果调研是由营销调研公司来实施的话（见第1章）。只有当双方清楚地定义营销调研问题并达成一致后，才能正确地设计和实施调研。也就是说，清晰地识别与定义营销调研问题至关重要。问题定义的过程提供了如何正确定义营销调研问题的指导原则。

调研概要

如果客户和调研组织没有对管理决策问题和相应的营销调研问题达成一致并形成书面陈述，就最好不要启动项目。

定义问题和确定调研方案的过程

问题定义和方案确定的过程如图2—2所示。为了正确地定义调研问题，调研人员必须执行许多任务。他们必须与客户组织的决策者讨论问题，访问行业专家与其他知情人士，分析二手数据，有时还需要进行定性调研。这些非正式的数据收集可以帮助调研人员理解问题产生的情境或环境。对营销环境的清晰理解也为确定管理决策问题（即管理者应该做什么）提供了框架。然后将管理决策问题转变为调研人员需要解决的营销调研问题。根据营销调研问题的定义，调研人员设计正确的调研方案。下面将进一步解释**问题定义的过程**（problem-definition process）并讨论所涉及的任务。

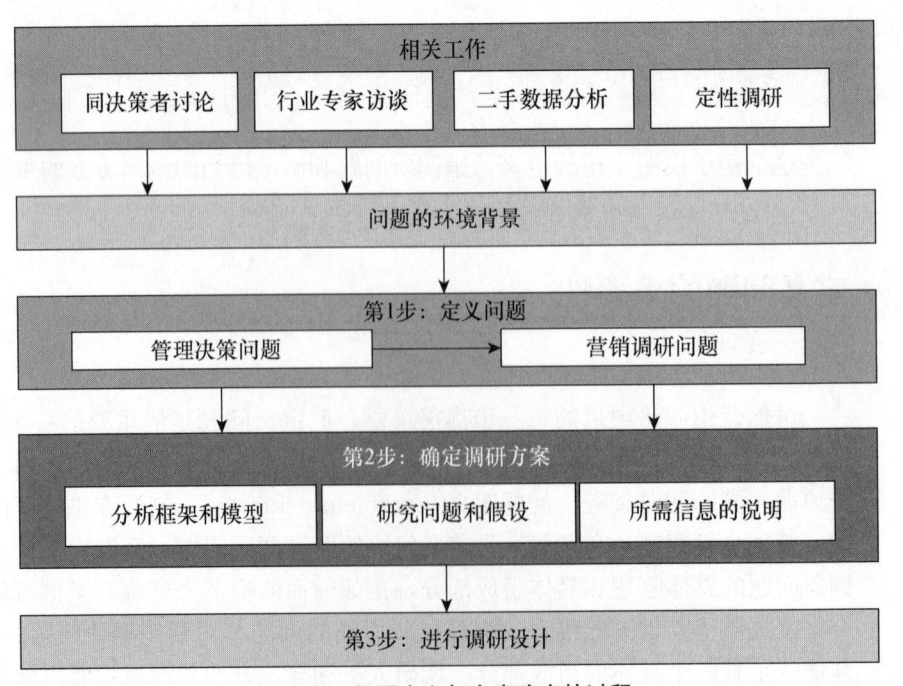

```
相关工作
┌──────────┬──────────┬──────────┬──────────┐
│同决策者讨论│行业专家访谈│二手数据分析│ 定性调研 │
└──────────┴──────────┴──────────┴──────────┘
                      ↓
              问题的环境背景
                      ↓
            第1步：定义问题
        ┌──────────────┬──────────────┐
        │ 管理决策问题 │→│营销调研问题 │
        └──────────────┴──────────────┘
                      ↓
           第2步：确定调研方案
      ┌────────────┬────────────┬────────────┐
      │分析框架和模型│研究问题和假设│所需信息的说明│
      └────────────┴────────────┴────────────┘
                      ↓
            第3步：进行调研设计
```

图2—2　问题定义与方案确定的过程

问题定义的相关工作

如前所述,问题定义所涉及的工作包括:同决策者讨论、行业专家访谈、二手数据分析和定性调研。执行这些任务的目的是获取与问题相关的环境因素信息,帮助定义管理决策问题和相应的营销调研问题,并确定调研方案。我们将详细讨论每个任务。

同决策者讨论

调研人员有必要了解公司经理所面临的决策(管理决策问题)的本质,以及管理者对调研的期望。同决策者讨论可以使调研人员建立可以实现的预期。决策人员需要了解调研的作用和局限。调研不能自动提供问题解决方案,而是为经理提供决策时应当考虑的信息。

为了识别管理决策问题,调研人员必须具备相当强的同决策者互动和在整个组织中进行协调的能力。当决策者是高层执行官时,调研人员可能很难与之接触。更复杂的情形也许是最终的关键决策者不止一个。在项目早期就应该与所有负责解决营销问题的人进行沟通。当调研人员有机会与关键决策者直接互动时,就能发现关键的观点,并显著提升项目的质量。在哈雷·戴维森的例子中,高层管理者变得更加厌恶风险而非偏好风险,并担心投资决策是否为时过早。

同决策者讨论可以围绕**问题审计**(problem audit)来组织,这有助于识别问题的潜在原因。与其他任何类型的审计一样,问题审计是为了理解问题的根源和本质而对营销调研问题进行的一项综合性的检查。

进行问题审计,需要调研人员同决策者讨论问题的历史、决策者可采用的备选行动方案,以及回答决策者的问题所需的信息。

进行问题审计,对于决策者向调研人员澄清问题十分重要。毫不奇怪的是,它对决策者起到了同样的作用。决策者对真正的问题往往只有一个模糊的认识。比如,决策者也许知道公司正在丢失市场份额,但不知道原因何在。这是因为大多数决策者聚焦于病症而不是病因。低于预期的销售额、市场份额丢失和盈利下降等都只是症状而已。决策者关注症状(销售额、市场份额、利润等)的原因是其绩效是依据这些方面判断的。能够增加价值的调研不仅描述症状,而且会找到潜在的原因。例如,丢失市场份额的原因可能是对手采取更高明的促销手段、公司产品的分销渠道不足、产品质量下降、主要竞争对手降价或者其他因素(见图2—3)。问题审计可以帮助确认这些潜在的原因。如表2—1所示,基于症状的问题定义具有误导性。只有确定了这些潜在的原因,才能成功地解决问题,如下面的零售商品牌牛仔裤的案例所示。

```
┌─────────────────────┐          ┌─────────────────────────┐
│ 决策者的关注点：    │          │ 调研人员的关注点：      │
│ 症状                │          │ 潜在原因                │
│  ● 市场份额丢失     │ ←─讨论─→ │  ● 竞争对手更高明的促销 │
│                     │          │    手段                 │
│                     │          │  ● 公司产品的分销渠道不足│
│                     │          │  ● 产品质量下降         │
│                     │          │  ● 主要竞争对手降价     │
└─────────────────────┘          └─────────────────────────┘
```

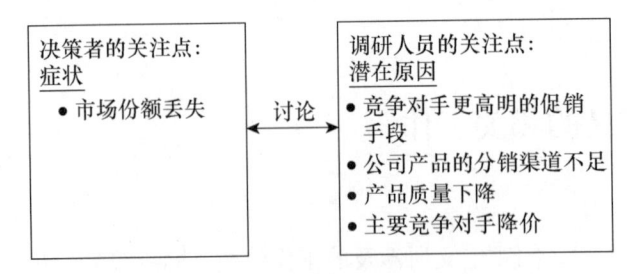

图 2—3　调研人员和决策者之间的讨论

表 2—1　基于症状的问题定义可能会有误导性

企业	症状	问题定义	
		基于症状	基于潜在原因
橘子软饮料制造商	消费者认为糖的含量太高	确定消费者对不同含糖水平的偏好	颜色。饮料是暗橙色，给人的感觉是产品太甜。
机械工具制造商	消费者抱怨价格太高	确定需求的价格弹性	渠道管理。分销商并没有充足的产品知识向顾客沟通产品利益。

调研实践

将落伍变为潮流：形象是关键

很多年来，青少年都认为零售商品牌很落伍。而低价的零售商品牌，比如JC彭尼的Arizona或者Gap自有品牌，一直以来都吸引着价值敏感的父母们。年轻人更偏好大品牌，比如李维斯、Lee和Wrangler。因此，大品牌一直都统治着这个110亿美元的市场。通过营销调研问题审计，自有品牌发现其市场份额低的真正原因是缺乏品牌形象。因此，营销调研问题被定义为提升其在目标市场消费者——有利可图的年轻人眼中的形象。

在众多自有品牌中，Arizona和Gap自有品牌率先行动起来改变自己的形象。现在这些零售商品牌与其他零售商品牌一起都利用迎合潮流的广告瞄准青少年市场。这类广告往往利用诸如摇滚乐队以及高科技形象来吸引年轻人。这些品牌也进一步增加其网站的时尚色彩，让目标消费者在访问时会觉得很酷。

Gap也大展宏图，其连锁战略是，将其零售商品牌与商店本身区分开来。青少年认为，Gap是年长的人或者他们的父母购物的地方，因此认为该品牌"一点也不酷"。Gap的营销活动旨在将其商店名称和形象与其定位于青少年的牛仔裤品牌区分开来。这与更典型或传统的品牌杠杆策略背道而驰。结果，全球领先的年轻人调研机构TRU（www.tru-insight.com）的调查表明：青少年并没有把零售商品牌与商店本身混在一起。

该结果对零售商品牌牛仔裤而言意味着巨大的成功。根据营销调研公司NPD集团的数据，自有品牌牛仔裤的市场份额在上升，而李维斯这个市场领导者的市场份额在下降，这也反映了全国范围内大品牌的趋势。这一引人注目的结果激励着其他零售商考虑引入自己的品牌牛仔裤来占据一部分青少年市场份额。[2]

正如上述自有品牌牛仔裤的案例所述，问题审计包含决策者与调研人员之间广泛的互动，通过确定潜在的原因极大地促进了问题的定义。当客户组织中的一个或多个人充当联络人员并与营销调研人员形成团队时，将促进调研人员和决策者之间的互动。

互联网提供了帮助调研人员与决策者沟通的几种机制。首当其冲的就是电子邮件。调研人员可以通过电子邮件在任何地点或时间与决策者联系。聊天室也是与决策者讨论的好平台。例如，围绕问题审计可与多个决策者在聊天室进行讨论。调研人员可以在聊天中介绍审计问题，然后决策者可以回复这些问题并互相交换意见。如果讨论的内容需要保密，可以为聊天室设置密码保护。

调研概要

决策者关注症状。然而，根据潜在的原因而不是症状来定义营销调研问题更为关键。问题审计可以帮助确认潜在的原因。

行业专家访谈

除了同决策者进行讨论外，对行业专家、具有丰富公司和行业知识的人进行访谈将有助于确定营销调研问题。这些专家既可能是公司内部的，也可能是公司外部的。通常来讲，从专家那里获取信息可采取非结构化的人员访谈方式，不需要进行正式的问卷调查。但是，为访谈准备一份主题清单是非常有用的。讨论主题的顺序和要问的问题不必事先确定，可根据访谈进程而定。这样可以使调研人员更加灵活地捕捉到专家的真知灼见。访问专家的目的是更好地定义营销调研问题，而不是找到结论性的答案。在哈雷·戴维森的例子中，通过行业专家访谈，发现品牌忠诚度是购买摩托车的主要因素。因此，对于品牌忠诚度的调查成为问题定义的一个主要组成部分。

在为工业企业和技术类产品开展营销调研时，专家访谈就显得更加有用，因为在这种情况下相对比较容易识别和找到相应的专家。在很难从其他途径找到信息如全新产品的情况下，专家访谈也是有用的。

调研人员也可以使用互联网来提升他们从某一特定行业专家处获取信息的能力。找到专家的一种方法是使用新闻组。由于有大量可获取的信息，彻底地搜索新闻组获得具体信息是一项艰巨的任务。一个好的开端是 Google Groups（groups.google.com）提供了新闻组的分类列表。在找到相关新闻组之后，再去新闻组搜索你感兴趣的话题的帖子。调查新闻组的帖子可以为接触该行业的专家提供一个良好的起点。

调研概要

应当对专家进行访谈，尤其是在为工业企业和技术类产品开展营销调研时，以及在很难从其他途径获取信息如全新产品的情形下进行营销研究时。

互联网调研

沃尔玛：世界上最大的零售商

访问 www.walmart.com，并搜索互联网，包括社交媒体和图书馆在线数据库，来确认美国乃至全球最大的零售商沃尔玛所面临的挑战和机遇。

访问 groups.google.com 并且浏览零售业新闻组来确认一位在线零售业专家。电话或在线访问这位专家来确认沃尔玛所面临的挑战和机遇。你也可以通过搜索互联网和社交媒体来寻找和分析该专家的意见。

作为沃尔玛的 CEO，你将制定怎样的市场营销战略来应对和利用营销调研人员所识别的挑战和机遇呢？

二手数据分析

二手数据可以作为调研人员从决策者和行业专家那里获取的信息的补充。**二手数据**（secondary data）是为某些其他目的而不是手头的问题所收集的数据，比如贸易组织、美国人口普查局（www.census.gov）和互联网提供的数据。相反，**原始数据**（primary data）则是调研人员专门针对调研的特定问题收集的数据，比如调查数据。二手数据包括商业和政府来源、社交媒体和计算机数据库提供的信息。二手数据是获取背景信息的一种经济快捷的来源。

分析现有的二手数据是问题定义过程的一个重要步骤，应当永远先于原始数据收集。二手数据可以为问题情境提供有价值的视野，并帮助确定创新性的行动路径。在哈雷·戴维森的例子中，二手数据揭示了大多数摩托车车主也拥有汽车，例如轿车、SUV 和卡车。在另一个例子中，美国劳工部声称美国的中年劳动力正在增加。部分原因是"婴儿潮"一代（生于 1965—1976 年）正年富力强，这会引起刚进入职场的年轻工作者（年龄在 16～24 岁之间）数量下降。年轻工作者的潜在短缺会导致许多营销人员（尤其是服务行业的营销人员）减少，因此有些公司开始调查消费者对自助服务的反应。有些公司，例如快餐店，已经从高接触导向转向高技术服务导向。通过利用高科技设备，现在消费者自己完成以前由店员提供的许多服务，比如通过直接将订单输入电子终端的方式来自行点单。正是由于二手数据如此重要，因此我们将在第 3 章详细讨论这一主题。

调研概要

先分析可利用的二手数据。其所需要的成本和努力是微不足道的，但从中获得的视野在定义问题时是无价的。

互联网调研

温蒂为市场份额而战

作为温蒂的营销总监，你认为揭示美国人口老龄化的二手数据重要吗？这些数据对于增加温蒂的市场份额有何意义？

确认二手数据的来源对定义"温蒂增大其在快餐市场上的份额"这一问题非常有益。访问 www.wendys.com，并搜索互联网，包括社交媒体与图书馆在线数据库，以确定过去 3 年温蒂的市场份额。

定性调研

从决策者、行业专家和二手数据那里获取的信息可能还不足以定义调研问题。有时还必须进行定性调研以获得对问题及其潜在原因的理解。**定性调研**（qualitative research）是探索性的、基于小样本的，可以使用流行的定性方法，包括焦点小组座谈（小组形式的座谈）、词语联想（让调查对象回答他们对于刺激词语的第一反应）和深度访谈（深入了解调查对象想法的一对一访谈）。还可以采取其他探索性调研方法，如对小样本调查对象进行预调查。我们将在第 3 章详细讨论探索性调研，在第 4 章详细讨论定性调研。尽管此阶段的调研可能不以正式的方式进行，但定性调研确实可以提供有价值的见解。在哈雷·戴维森的例子中，定性调研发挥了重要的作用。与摩托车车主的焦点小组座谈表明，在美国摩托车并不主要用作基本交通工具，而是用于休闲娱乐。定性调研也重新确认了品牌忠诚度在摩托车购买和持有方面所发挥的作用。

下面有关美铁的案例进一步阐述了执行这些任务对正确定义问题的重要性。

调研实践

定性调研帮助美铁走上正轨

美国国家铁路客运公司（Amtrak，简称美铁）为其波士顿——纽约——华盛顿线路创造了高速、优质的铁路服务。在设计这项服务时，调研人员咨询了公司内部的决策者以及行业专家。行业专家指出，为了在该线路上获得成功，美铁必须与航空公司竞争，这成为问题的一个重要组成部分。对内部和外部的二手数据分析表明，美铁在波士顿——纽约——华盛顿线路上有很大的潜力。焦点小组座谈形式的定性调研帮助确定了此问题的重要方面。最初的焦点小组讨论发现，对于寻找舒适和享受旅途的乘客而言，旅行时间、座位、灯光、色彩设计以及餐饮服务很重要。确定在选择旅行方式时乘客对上述因素的重视程度成为问题的另一个组成部分。调研人员开展了另外的焦点小组讨论，进一步探索了这些因素，之后又进行了几次大的抽样调查。总之，在设计其新的铁路服务的过程中，美铁采纳了两万多名乘客的意见。

该项调研表明，为与航空公司竞争，旅行时间需少于 3 小时。参与者看重的座位特征包括：靠背支撑、适合人体体型、提供个人空间、舒适度。调研结果使得美铁考虑设计舒适、宽敞的座位。调研也表明，参与者更喜欢便于阅读和工作的灯光，但也不能太亮。他们更喜欢经典的颜色设计。具体而言，大多数人喜欢白色或者灰白色的墙，以及绿色、栗色和蓝色的内部装饰。为解决有关餐饮服务的问题，美铁设计了酒吧风格的餐车以及类似航空公司提供的周到服务。

> 美铁继续进行调研，包括社交媒体分析，这使它能够一直了解乘客的偏好及其对服务的意见，并在必要时做出调整。2010年9月28日，美铁首次展示了在东北地区如何成功地为下一代高速铁路提供服务，该线路最高时速达220英里/小时（354千米/小时），在华盛顿和波士顿之间的旅行时间为3~4小时，可快速、安全、高效地将乘客在他们要求的时间内送达目的地。美铁第一批70辆高科技新式火车由西门子公司生产，于2013年下线使用。截至2013年，过去的10年里美铁有9年创造了客运量的新纪录。2014年美铁继续从繁忙的旅客运输中受益。持续依赖营销调研，美铁的未来将会更加美好。[3]

调研概要

在大多数营销调研项目中，进行某种形式的定性调研是必要的。它使你能够更好地理解可能并不明显的潜在问题。

通过定性调研、同决策者讨论、行业专家访谈和二手数据分析等获得的对问题的见解，将有助于调研人员理解问题的环境背景。

问题的环境背景

为了理解营销调研问题的背景，调研人员必须理解客户公司及其所处的行业。调研人员尤其应当分析影响营销调研问题定义的因素。**问题的环境背景**（environmental context of the problem）的构成因素包括关于行业与公司的历史信息与预测、公司的资源与约束、决策者的目标、购买者行为、法律环境、经济环境、公司的营销与技术能力，如图2—4所示。下面简要地阐述每一个因素。

历史信息与预测
资源与约束
决策者的目标
购买者行为
法律环境
经济环境
营销与技术能力

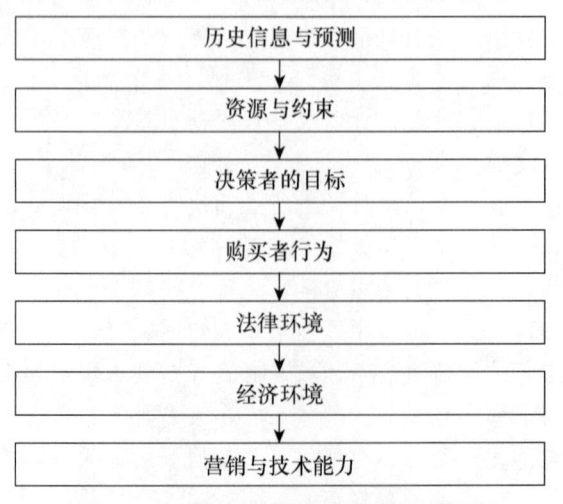

图2—4　问题的环境背景中应考虑的因素

历史信息与预测

销售额、市场份额、盈利、技术、人口、人口统计和生活方式等方面的历史信息和趋势预测可以帮助调研人员理解潜在的营销调研问题。如果可能的话,这种分析应该分别在行业和公司两个层面进行。例如,如果公司的销售额下降而行业的销售额上升,此时的问题就与行业销售额也同时下降的情况有很大的不同。前一种情况可能是这一公司的特定问题。后一种情况则可能是全行业的问题,既影响公司也影响竞争者。

历史信息与预测在发现潜在的机会和问题方面很有价值,如同快餐行业所揭示的那样。快餐连锁、比萨店以及其他终端提供外卖食品,就是为了在外卖和送货上门的趋势中发现潜在机会。例如,必胜客开了几家专门的外卖店(不提供店内就餐服务),以更好地服务该市场。在哈雷·戴维森的例子中,预测表明,消费者在休闲娱乐方面支出的增长将持续至2020年。

当资源有限且组织中还有其他约束时,历史信息与预测会特别有价值。

资源与约束

为了形成合理范围内的营销调研问题,考虑资金和调研能力等可得资源,以及成本和时间等组织约束是非常必要的。当预算只有40 000美元时,计划一个成本为100 000美元的大型项目显然不会得到管理层的批准。在很多情况下,必须缩小营销调研问题的范围以符合预算约束。例如,通过将调查局限于主要的地区市场而不是全国,或者聚焦于定义的问题等来做到这一点。

相反,也有可能增加较小的边际成本来显著拓展调研项目的范围。这将极大地增强项目的实用性,由此增大管理层批准的可能性。当必须尽快做出决策时,时间约束就显得很重要。大型玩具生产商Fisher-Price的一个项目需要在六周内完成六个主要城市(芝加哥、弗雷斯诺、堪萨斯城、纽约、费城和圣迭戈)的商场拦截访谈。为什么如此仓促呢?因为调研结果必须在即将举行的董事会上展示,会上要就是否引进新产品做出重要决策。当依照组织和决策者的目标来思考时,就可以更好地理解这些资源和约束。

目标

决策是为了达到一定的**目标**(objectives)而做出的。形成管理决策问题必须基于对以下两类目标的清晰理解:(1)组织目标(组织要达到的目的);(2)决策者个人的目标。为了使调研项目能够成功,项目必须服务于组织和决策者的目标。在前面的"调研实践"专栏中,哈雷·戴维森的目标就是成为全球摩托车品牌的领导者。

购买者行为

购买者行为(buyer behavior)是环境背景的核心组成部分。在大多数营销决策中,问题最终可以追溯为:预测购买者对营销人员的特定行动的反应。理解潜在的购买者行为可以为了解问题提供有价值的见解。应考虑的购买者行为因素包括：
1. 购买者和非购买者的数量和地理分布。
2. 人口统计和心理统计（生活方式）特征。
3. 产品消费习惯和对相关产品类别的消费情况。
4. 媒体消费行为和对促销的反应。
5. 价格敏感度。
6. 光顾的零售终端。
7. 购买者偏好。

哈雷·戴维森的例子表明，在定义调研问题时考虑购买者行为很有价值。由于互联网的作用，21世纪的消费者变得越来越老练和具有价值意识。但是，品牌形象和品牌忠诚度对购买者的行为仍有显著影响，知名品牌能持续索取溢价，品牌对摩托车制造商而言是非常重要的一个因素。彪马的调研实践给出了另一个例证。

调研实践

彪马：始于运动止于时尚

彪马（www.puma.com）是全球领先的运动系列产品生产商，主要是设计和开发鞋类、服装和配饰。公司依靠营销调研了解其目标市场消费者的行为并制定相应的营销战略，从而获得了目前的地位。二手数据表明，只有20%的消费者穿鞋是为了实现其方便打网球、跑步等功能。定性调研表明，大多数人在日常生活中也会穿运动鞋，并且想通过鞋子彰显其时尚品位。于是，彪马调查了"确定时尚运动鞋的需求潜力"这一营销调研问题。调研结果十分振奋人心。因此，彪马不与耐克、阿迪达斯这些大品牌在增强功能方面直接竞争，而是决定聚焦于满足消费者的需求，设计和生产时尚的运动鞋。此战略帮助公司取得了成功。彪马不断地进行营销调研来监测消费者品位及偏好的变化。2012年，公司引进了 The Balze of Glory LWT 系列，采用自然舒适的软面料及大量的流行色，基本囊括了彰显时尚的所有元素。这款鞋子很符合那些时尚爱好者与周末出游者的需求。沿用这一战略，2013年彪马针对"上网的一代"设计了 Social 系列。截至2014年，彪马的产品在120多个国家销售。[4]

除了购买者行为，法律环境和经济环境也对消费者的行为和营销调研问题的定义产生影响。

法律环境

法律环境（legal environment）包括影响和规制社会上的不同组织与个人的公共政策、法律、政府机构和压力集团。法律涉及的重要领域包括专利、商标、版权、贸易合同、税收和关税等。美国联邦法律对营销组合的每个要素都有影响。另外，还有一些法律被用于管制特定行业。法律环境对于营销调研问题的定义具有很重要的影响。

经济环境

除了法律环境,环境背景的另一个重要组成部分就是**经济环境**(economic environment),包括购买力、总收入、可支配收入、可自由支配收入、价格、储蓄、可用信贷和总体经济状况。经济的总体态势(高增长、低增长或衰退)影响消费者和企业使用贷款和在大额项目上支出的意愿,2008—2010年的全球经济衰退就证明了这一点。为了刺激不愿意买车的消费者购买汽车,2009年美国政府提出了"以旧换新"(Cash for Clunkers)计划。该计划给汽车购买者高达4 500美元的折扣,前提是他们用高油耗汽车换购符合节能要求的新汽车。为此,政府共花费了30亿美元。所以,经济环境对于营销调研问题有重要的影响。

营销与技术能力

公司在营销组合每个要素上的专业技能,及其营销与技术能力的总体水平都将影响到营销调研项目的性质和范围。例如,如果公司缺乏生产和营销的能力,那么引入需要复杂技术的新产品就是不可取的。在开篇的"调研实践"专栏中,哈雷·戴维森有必要的资源以及营销与技术能力来实现其成为全球摩托车主导品牌的目标。

在确定问题的环境背景时需要考虑许多因素,可以通过互联网对这些因素进行研究。通过搜索引擎搜寻,可以获得历史信息和趋势预测。调研人员可以在公司主页上查到与客户或其竞争者有关的特定公司的信息。

调研概要

如果想正确地定义问题,就需要对环境背景有全面的理解。环境背景中的所有因素都很重要,应当彻底地研究并理解它们。

在充分理解问题的环境背景之后,调研人员就可以定义管理决策问题和营销调研问题了。

管理决策问题和营销调研问题

管理决策问题(management decision problem)是决策者需要做什么的问题,**营销调研问题**(marketing research problem)则是需要什么信息以及如何最有效地获取这些信息的问题(见表2—2)。调研的目的是为制定正确的决策提供必要的信息。管理决策问题是行动导向的,它关心的是决策者应当采取什么样的行动。比如,如何才能夺回丢失的市场份额?是否可以不同的方式进行市场细分?是否应该推出一种新产品?是否应该增加促销预算?

表 2—2　　　　　　　　　管理决策问题与营销调研问题的比较

管理决策问题	营销调研问题
● 决策者需要做什么	● 需要什么信息和如何获得信息
● 行动导向	● 信息导向
● 关注症状	● 关注潜在原因

相反，营销调研问题是信息导向的，旨在提供必要的信息以做出正确的决策。管理决策问题关注的是症状，而营销调研问题关注的是潜在原因（见表2—2）。当然，营销调研问题应该与管理决策问题紧密相连。如果调研人员解决了营销调研问题，此结果就应当帮助决策者解决管理决策问题，即有效地制定决策。

为进一步说明这两种导向的区别，考虑一个示例性问题："老香料"（Old Spice）产品线（剃须水、花露水、除臭剂）正在丢失市场份额。管理者面临的问题是如何夺回这些丢掉的市场份额（管理决策问题）。可选择的行动方案包括调整现有产品、引入新产品、降低价格、改变营销组合中的其他要素、细分市场。假设决策者和调研人员相信，问题的根源在于市场细分；也就是说，老香料产品应该锁定某一特定的细分市场。他们决定进行调研来探讨此问题。那么，营销调研问题就是识别和评价细分市场的不同方式。随着调研过程的推进，问题定义可以根据新产生的信息予以修正。表2—3提供了一些例子，包括哈雷·戴维森的例子，进一步说明了管理决策问题和营销调研问题的不同之处。

表 2—3　　　　　　　　　管理决策问题和相应的营销调研问题

管理决策问题	营销调研问题
● 是否应该推出新产品？	● 确定消费者对计划中的新产品的偏好和购买倾向。
● 是否应该改变广告活动？	● 确定现有广告活动的有效性。
● 是否应该提升该品牌的价格？	● 确定需求的价格弹性以及不同水平的价格变化对销售和利润的影响。
● 哈雷·戴维森是否应该投资生产更多的摩托车？	● 确定顾客是不是哈雷·戴维森的长期的忠诚购买者。

调研概要

定义营销调研问题，使其答案能直接帮助决策者解决管理决策问题。营销调研问题关注潜在原因，同时也应该与管理决策问题表现出的症状紧密相连。

定义营销调研问题

在定义营销调研问题时，遵循的一般准则是：该定义应当使调研人员获得解决管理决策问题所需的所有信息，并指导调研人员推进该项目。调研人员在定义问题时会犯两类常见错误（见图2—5）。第一类错误是营销调研问题定义得过于宽泛。宽泛的定义不能为项目的后续步骤提供清晰的指导原则。下面是一些定义得过于宽泛的营销调研问题的例子：（1）为品牌制定营销战略；（2）提高公司的竞争地位；（3）改善公司形象。这些问题的定义不够具体，所以无法据此确定问题的调研方案或调研设计。

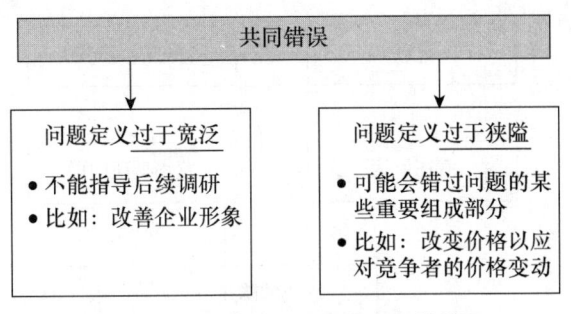

```
                    共同错误
                   ↙      ↘
        问题定义过于宽泛      问题定义过于狭隘
        ● 不能指导后续调研    ● 可能会错过问题的某
        ● 比如：改善企业形象     些重要组成部分
                             ● 比如：改变价格以应
                               对竞争者的价格变动
```

图2—5　定义营销调研问题出现的错误

第二类错误恰恰相反，即营销调研问题定义得过于狭隘。定义过窄会将一些行动方案，尤其是那些创新性的但并非显而易见的想法排除在外，也会妨碍调研人员注意到管理决策问题中的重要组成部分。例如，在为一家主要消费品企业实施的一个项目中，管理问题是如何对竞争者率先降价做出反应。公司调研人员最初确定的备选行动方案有：（1）按竞争者降价的幅度降价；（2）维持现有价格，但大力增加广告投放；（3）略微降价而不必达到竞争者的幅度，同时适当增加广告投放。但上述三种方案好像都不会有明显的效果。当请来外部的营销调研专家后，问题被重新定义为增加产品线的市场份额和提高利润率。定性调研表明，在盲测中，消费者不能区分在不同品牌名称下提供的产品。消费者还将价格视为产品质量的标志，因为他们认为一分钱一分货。这些调研结果产生了一个颇具创意的方案：提高现有品牌的价格，同时引进两个新的品牌——一个品牌的价格同竞争者的价格相当，另一个品牌的价格则低于竞争者。实施了这个策略之后，公司的市场份额和利润均有所增加。

可以通过先对营销调研问题做宽泛的、一般化的陈述，然后确定问题的具体组成部分来减少犯上述两类错误的可能性（见图2—6）。**宽泛的陈述**（broad statement）

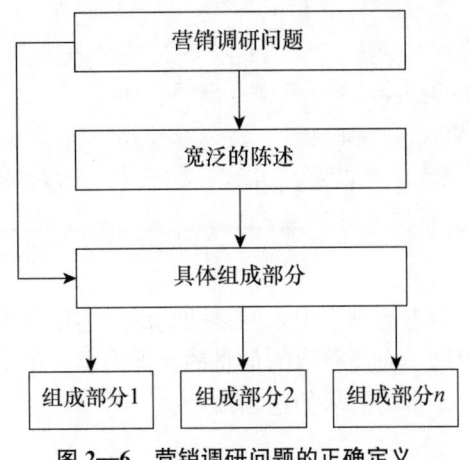

```
        营销调研问题
              ↓
          宽泛的陈述
              ↓
         具体组成部分
         ↙    ↓    ↘
   组成部分1 组成部分2 组成部分n
```

图2—6　营销调研问题的正确定义

可以提供看待问题的视角并避免犯第二类错误。**具体组成部分**（specific components）则聚焦于问题的关键方面，同时也为如何进行调研提供清晰的指导，以避免犯第一类错误。

图2—7进一步阐述了营销调研问题和管理决策问题之间的关系。哈雷·戴维森公司和《网球》（Tennis）杂志的调研实践提供了正确定义营销调研问题的例子。

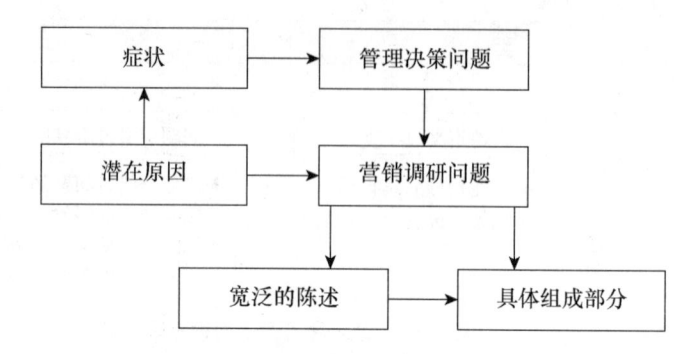

图 2—7 管理决策问题和营销调研问题

调研实践

调研为《网球》杂志服务

米勒体育集团（Miller Sports Group）出版的《网球》杂志（www.tennis.com）想要获得关于其读者的信息。它雇用 Signet Research 公司（www.signetresearch.com）来进行营销调研，这是一家位于新泽西州克利夫赛德帕市的独立调研公司。管理决策问题是：《网球》杂志应该进行怎样的改变来增加其对读者的吸引力？

广义的营销调研问题被定义为收集与《网球》杂志订阅者有关的信息。问题的具体组成部分包括以下内容：

1. 人口统计资料。哪些人订阅该杂志？
2. 心理特征和生活方式。订阅者如何支配其金钱与休闲时间？有关生活方式的指标有：健身、旅行、租车、服饰、电子产品消费、信用卡以及财务投资。
3. 网球活动。订阅者在哪里及多久打一次网球？能力水平怎样？
4. 与《网球》杂志的关系。订阅者花多长时间阅读杂志？他们会将杂志保留多长时间？他们会与其他网球运动者分享该杂志吗？

因为这些问题被定义得如此清晰，所以此项调研提供的信息帮助管理者围绕网球教学、器械、著名的网球运动员以及打网球的场所等进行了有特色的设计，以满足读者的特定需求。这些改变使得《网球》杂志对其读者更有吸引力。[5]

在《网球》杂志的例子中，问题的宽泛陈述聚焦于收集关于订阅者的信息，具体组成部分则识别了应当获取的信息的具体内容。正确的问题定义帮助《网球》杂志做出了满足特定市场需求的适当改变。

> **调研概要**
>
> 以宽泛的一般性语言定义营销调研问题，并确定其具体组成部分。宽泛的陈述提供了关于问题的视角，并避免将问题定义得过于狭隘。具体组成部分聚焦于问题的关键方面，并为如何进一步推进调研提供清晰的指导。

> **互联网调研**
>
> **TiVo：世界上首台智能 DVR**
>
> TiVo 数字视频录像机（DVR）和磁带录像机（VCR）类似，但是不必用录像带或计时器。请浏览 TiVo 的网站（www.tivo.com）来获取创新性产品/服务的更好的创意。
>
> 作为营销经理，你想要增加 TiVo 的市场份额。你需要哪些信息来实现这一目标？请宽泛地定义 TiVo 所面临的营销调研问题，并确定问题的具体组成部分。

在对营销调研问题进行宽泛的陈述并确定了其具体组成部分后，调研人员就可以确定合适的调研方案了。

调研方案的组成部分

前面完成的任务对确定调研方案也有帮助。营销调研问题的解决方案应该包括以下组成部分：分析框架和模型、研究问题和假设以及所需信息的说明（见图 2—2）。下面将逐一阐述每个组成部分。

分析框架和模型

一般而言，营销调研应该基于客观证据并且得到理论的支持。通过编辑来自二手来源的相关发现，可以收集到**客观证据**（objective evidence）（指不失偏颇并被经验结果所支持的依据）。**理论**（theory）是建立在假定正确并指导数据收集的基本陈述的基础之上的一个概念框架。理论可能来自书籍、杂志和专著等学术文献。例如，根据态度理论，对某一品牌（如耐克运动鞋）的态度可以由对该品牌的显著特征（如价格、性能、耐用性及款式）的评价来决定。相关理论提供了依据来确定应该调查哪些变量，哪些应被视为因变量（即其取值取决于其他变量的取值）以及哪些应被视为自变量（即其取值影响其他变量的取值）。因此，对于耐克的态度是因变量；价格、性能、耐用性和款式是自变量。品牌忠诚度是对该品牌积极的信念、态度、情感和体验的反映，这一理论指导了哈雷·戴维森的调研。调研方案应该基于某种理论或分析框架。**分析框架**（analytical framework）是对应用于营销调研问题的理论的陈述。这对于形成正确的模型也是有帮助的。

分析模型（analytical model）包括以特定方式相互关联的一组变量，用来表示某些实际系统或过程的整体或局部。模型可以有不同的形式，这里我们主要介绍图示模型。**图示模型**（graphical model）是可视化的，用图来展示理论。它们可用来区分变量并说明关系的方向，但是不能提供数字结果。图示模型特别有助于针对概念化问题制定调研方案，下面的新车购买决策模型表明了这一点。

> **调研实践**
>
> ### 奢华的真实定义
>
> 如下图所示的模型阐述了新汽车的购买决策过程。人们最初都是消极的消费者（"我对购买新车并不感兴趣"）。当消费者主动对购买新车感兴趣时，首先会创造一个考虑集（限制考虑的品牌）。接下来就是选购、买入（销售）以及评估产品和服务的价值。汽车企业比如宝马使用该新车购买决策模型来制定符合消费者潜在决策过程的营销战略。在此模型中，对奢华和创新感兴趣的特定消费者群体会将宝马作为其考虑集的一部分。2013年宝马的营销方案中，"宝马高效动力，更少排放，更多驾驶乐趣"便是基于此模型提出的（www.bmwusa.com）。[6]
>
> ```
> ┌─────────────────┐
> │  消极的消费者   │
> └────────┬────────┘
>          ↓
> ┌─────────────────┐
> │  积极的消费者   │
> └────────┬────────┘
>          ↓
> ┌─────────────────┐
> │     考虑集      │
> │     选购        │
> └────────┬────────┘
>          ↓
> ┌─────────────────┐
> │     销售        │
> └────────┬────────┘
>          ↓
> ┌─────────────────┐
> │ 对产品/服务的评价 │
> └─────────────────┘
> ```
>
> **新车购买决策模型**

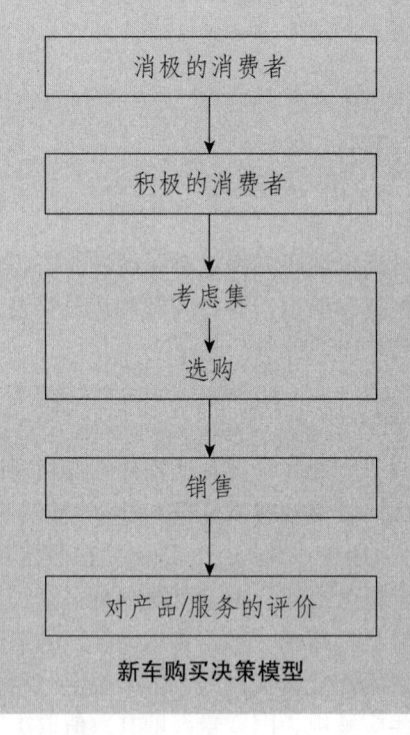

互联网调研

通用汽车：锁定汽车购买者

访问www.gm.com并且撰写一份关于通用汽车品牌的报告。构建一个图示模型来解释消费者对汽车品牌的选择。

作为通用汽车的营销总监，你如何构建一个解释消费者对汽车品牌的选择的图示模型，来帮助你定位通用汽车的各种品牌？

研究问题和假设

研究问题（research question，RQs）是对营销调研问题的具体组成部分的精练陈述。问题的组成部分可以进一步细分。研究问题旨在寻求解决每个组成部分时所需的具体信息。如果研究问题能够成功地阐明问题组成部分，就可以为决策者提供有价值的信息。

研究问题的确定不仅由问题定义所指导，还要受分析模型和所采纳的其他模型的引导。在新车购买决策模型中，根据理论框架，可以假定影响消费者选择汽车品牌的因素包括品牌名称、价格、性能、款式、选项（特征）和质量。可以提出与这些因素相关的如下几个问题：影响消费者选择汽车的上述因素的相对重要性如何？哪个因素是最重要的？哪个因素是最不重要的？这些因素的相对重要性在不同消费者之间是否不同？

假设（hypothesis，H）是关于调研人员所感兴趣的某个要素或现象的未经证实的陈述或主张。假设可以是理论或分析框架所讨论的或分析模型所代表的某些关系的初步论述。假设也可以表述为研究问题的一种可能的答案。假设是关于推测的关系的论述，而不仅仅是需要回答的问题。它们反映了调研人员的预期，并可以由实证检验（见第11～第13章）。假设的另一个重要作用是，为调研设计所要包含的变量提供参考。在商业性营销调研中，假设的形成并不像学术研究中那样严谨。图2—8描述了营销调研问题、研究问题和假设之间的关系以及框架和模型的影响。本章关于哈雷·戴维森的调研实践说明了研究问题和假设的作用。对摩托车购买者提出了一个研究问题和三个相关的假设。

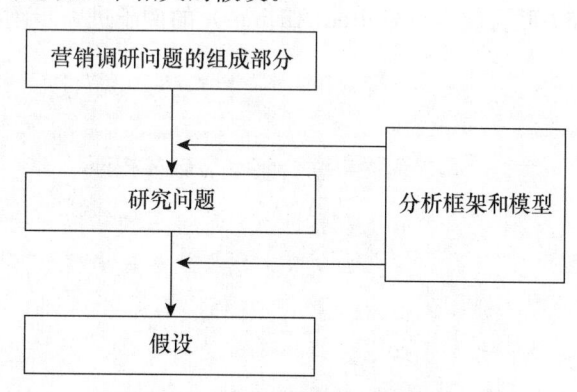

图2—8 研究问题和假设的形成

所需信息的说明

通过考虑问题的每个组成部分、研究问题与假设，调研人员可以确定应当收集什么信息（见图2—9）。对问题的每个组成部分逐一执行上述操作，并列出应当收集的所有信息的清单是很有用的。我们以哈雷·戴维森为例，说明这一过程。

组成部分1所需信息：

- 摩托车的保有情况（哈雷·戴维森及其竞争者）。现在没有摩托车但是有潜在兴趣拥有摩托车的人。

```
营销调研问题  →  研究问题（RQs）  →  假设  →  所需信息的说明
```

- 组成部分1
- 组成部分2
- ⋮
- 组成部分n

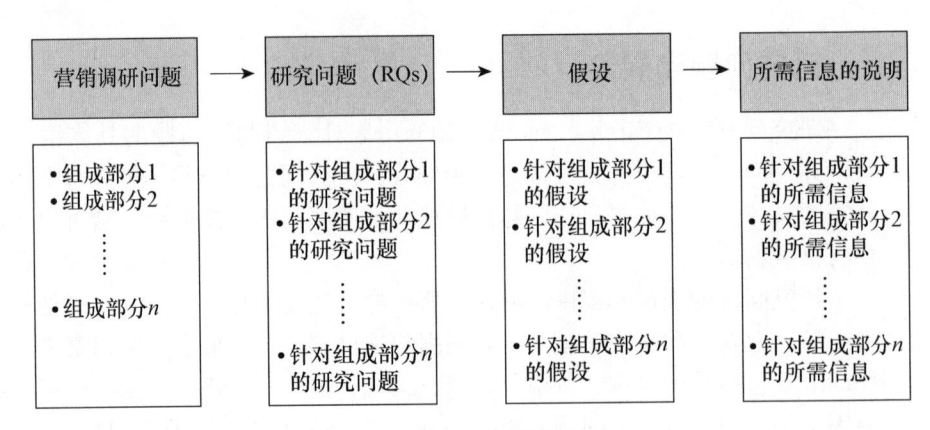

- 针对组成部分1的研究问题
- 针对组成部分2的研究问题
- ⋮
- 针对组成部分n的研究问题

- 针对组成部分1的假设
- 针对组成部分2的假设
- ⋮
- 针对组成部分n的假设

- 针对组成部分1的所需信息
- 针对组成部分2的所需信息
- ⋮
- 针对组成部分n的所需信息

图2—9　所需信息的说明

- 标准的人口统计特征（如性别、婚姻状况、家庭规模、年龄、受教育程度、职业、收入、所拥有汽车的类型和数量）和心理统计特征。心理统计特征包括户外及休闲活动、家庭导向、对待冒险的态度。

组成部分2所需信息：

- 没有需要收集的新信息。根据为组成部分1所收集的信息，可以进行市场细分。

组成部分3所需信息：

- 对哈雷·戴维森摩托车在形象、特征、品牌名和主观感知方面的评价。

组成部分4所需信息：

- 对购买哈雷·戴维森摩托车的态度、偏好和重购意向。

下面有关联合航空（United Airlines）的例子进一步阐述了上述过程。

调研实践

食物将联合航空与旅客相连

联合航空是一家全球领先的航空公司，它不得不和其他大型航空公司一样面对旅客忠诚度问题。其管理决策问题是：如何吸引越来越多的忠诚旅客？宽泛的营销调研问题是确认影响航空旅客忠诚度的因素。基本的答案就是提升服务。探索性调研、理论框架与实证数据表明，消费者对于航空公司的选择受到安全性、票价、常旅客计划、时间表和品牌名称等因素的影响。

图示模型显示，消费者根据确定首选航空公司的标准时考虑的因素来评估竞争性航空公司。问题是：大型航空公司在这些因素上都非常相似。事实上，"航空公司提供相同的时间表、相同的服务和相同的票价"。因此，联合航空不得不找出一种差异化的方式。于是，食物成为解决方案。

如 J. D. Power & Associates 对"航空食品产业的现状及未来趋势"的调查等二手数据以及对社交媒体的分析表明，"食物是影响旅客忠诚度的重要因素"。此项调查也强调了食物品牌的重要性。有关航空公司的市场追踪调查使联合航空了解到，"旅客需要的是更多样化、更新鲜的食物"。

相应地，可以提出以下研究问题与假设：

研究问题：食物对航空公司的旅客有多重要？

假设1：食物对航空旅客而言是一项重要因素。

假设2：旅客很在意品牌食物。

假设3：旅客喜欢更大的食物量以及稳定的质量。

假设4：旅客喜欢异国风味的食品。

所需信息的详情包括：确定竞争性航空公司（达美航空、美国航空等）、选择标准的相关因素（已经确认）、航空旅程的测量、忠诚度。

这类调研帮助联合航空定义了其营销调研问题并确定了调研方案。通过焦点小组座谈和问卷调查，公司确认了旅客对联合航空食物的感知。结果支持了所有假设（假设1～假设4）。然后，联合航空做出了一系列的改变：新的"烹饪菜单"、更大份的食物、新咖啡品种以及品牌食品（如歌帝梵巧克力）。截至2014年，在大多数时长超过两小时的航班上都有零食可供购买。这一举措改善了服务，进而提升了旅客满意度和忠诚度。[7]

调研概要

确定宽泛的调研方案包括三个组成部分：

1. 建立一个图示模型，形象地描述调研中最核心的基础过程或现象。
2. 通过形成一个或多个研究问题与相关假设，进一步提炼营销调研问题的每一个具体组成部分。
3. 说明解决营销调研问题所需的所有信息。最好在各个组成部分的基础上逐一确定。

国际营销调研

进行国际营销调研通常意味着在陌生的环境中工作。不熟悉调研所在国家的环境因素，将极大地增加准确定义问题的难度。许多国际市场营销工作的失败就是因为在进入国外市场之前没有进行问题审计，也没有考虑相关的环境因素，从而没能正确地定义营销调研问题和确定调研方案。在形成模型、研究问题和假设时，要记住，环境因素的差异（尤其是社会文化环境的差异）会导致认知、态度、偏好与选择行为的差异。

例如，不同文化中的时间观念差异很大。在亚洲、拉美和中东地区，人们不像西方人那样有较强的时间意识，这会影响对冷冻食品和熟食等方便食品的感知和偏好。在定义问题和确定方案时，调研人员必须敏锐地识别影响消费和购买行为的潜在因素，苹果手机在印度的例子就说明了这一点。

> **调研实践**
>
> ### 苹果手机：在印度的另一番情景
>
> 苹果的 iPhone 手机在全球的许多地区都取得了惊人的成功。遗憾的是，在印度却并非如此。iPhone 手机未获得成功是因为在印度上市时，苹果没能正确地评估问题的环境背景。
>
> 苹果以为，印度的移动手机市场和美国市场类似。然而，印度市场与美国市场大相径庭。印度基本上是一个预付费市场，消费者购买手机不会选合约套餐。这一区别导致 iPhone 在印度的价格高达约 700 美元。而美国是一个后付费市场，允许服务提供商将 iPhone 以 199 美元的价格与其服务计划捆绑销售。另外，公司宣布 iPhone 手机的全球销售价格是 199 美元，而在印度并未以此价格售出，导致消费者认为他们被骗了。
>
> 苹果的另一个错误在于没有做广告和开展营销活动。与公司在美国长达一个月的营销活动相比，苹果未在印度开展任何营销活动，而是选择将其留给运营商——沃达丰和 Airtel。这两家运营商都没有在印度充分地推广 iPhone，使得印度的消费者对此产品并不狂热追捧。
>
> 此问题在印度一直存在。2011 年 11 月 26 日 iPhone 4S 在印度发布时遇冷。另外，价格也是导致这一情况的一个主要因素。16G 内存的 iPhone 4S 在印度的售价为 44 500 卢比（约 900 美元），32G 的为 50 900 卢比，64G 的高达 57 500 卢比。
>
> 二手数据显示，印度的手机市场上，定价超过 300 美元的手机仅占总销量的 2%，但是预计会在接下来的 5 年内增长到将近 20%。苹果若想在印度市场取得成功，就应当持续进行营销调研。[8]

调研概要

在国际市场上定义问题与确定方案时，要考虑环境因素尤其是社会文化环境的差异。

营销调研和社交媒体

社交媒体可以用来辅助完成在定义问题时需要执行的所有任务。如果决策者开通了博客或者拥有 Facebook 账号，这些来源可为理解决策者及其目标提供额外的信息。社交媒体也可用来识别行业专家，通过分析其社交媒体网站来了解他们对相关问题的思考。社交媒体天生就是定性二手数据和定性调研的来源，这一点将在第 3 章和第 4 章进一步讨论。

社交媒体也有助于理解问题（尤其是消费者行为）的环境背景。我们可以观察消费者随着时间的推移是如何互动的。我们也可以分析他们互动所处的环境背景，以及环境变化如何导致其行为发生变化。

在定义营销调研问题时，对社交媒体内容的分析有助于正确了解问题的整体范围并确认具体的组成部分。比如，对博客和Fcaebook的帖子进行分析，可以向惠普公司揭示许多购买其电脑的顾客对服务支持有意见。因此，对惠普及其竞争者在服务支持方面的评价被确认为问题的一个重要组成部分。实际上，后续调研确认了最初的这一发现，促使惠普更新了其服务功能。

问题的调研方案

在确定问题的调研方案时，对社交媒体数据进行分析也非常有用。通过使用相关媒体，比如博客、Facebook或Twitter，调研人员可以向消费者更新正在进行的调研和已经采取的行动的信息。因此，这些媒体的使用可以延伸至整合消费者反馈，以确认该项调研是否在正确进行，即企业形成的分析模型和提出的研究问题是否符合和基于消费者的想法和见解。然后，调研人员可以评估模型的正确性，或者他们是否正在询问正确的研究问题。营销调研人员也可以选择在封闭性的社交媒体消费者固定样本组中开放性地讨论从反馈中得出的假设。因此，社交媒体的使用促进了问题的定义与调研方案的形成，正如下面有关戴尔的案例所阐述的。

调研实践

从"戴尔去死"到告诉戴尔利用社交媒体

由于公众对戴尔产品糟糕的功能和安全性能十分不满——发生网卡错误乃至电池爆炸，2005年6月戴尔的利润下降，股价大跌。知名博主杰夫·贾维斯（Jeff Jarvis）用"戴尔去死"描述了消费者对戴尔产品的体验。然而，这些还只是冰山一角，是戴尔所面临的潜在问题的症状。因此，对戴尔公司来说，关键在于确定问题并形成调研方案。

在负面报道和在线评论扩散之际，戴尔分析了社交媒体网站上可以获取的二手数据。社交媒体数据的分析显示，潜在的问题是：(1) 戴尔笔记本电脑质量低劣的配件（产品故障）；(2) 戴尔对于消费者投诉糟糕的支持和响应。产品故障是技术问题，所以营销调研人员决定聚焦于戴尔的其他问题。管理决策问题是：戴尔应该怎样做来解决消费者投诉？宽泛的营销调研问题是：确定传统媒体和社交媒体作为消费者投诉的支持和响应平台的有效性。问题的具体组成部分是：

1. 确定解决消费者投诉的现有系统的有效性。
2. 确定社交媒体是不是解决消费者投诉的有效支持系统。
3. 确定社交媒体是否可以满足其他的消费者需求。

对社交媒体的分析以及传统来源的二手数据帮助戴尔构建了如下图所示的模型，来解释消费者如何选择所青睐的媒体来解决他们的投诉。

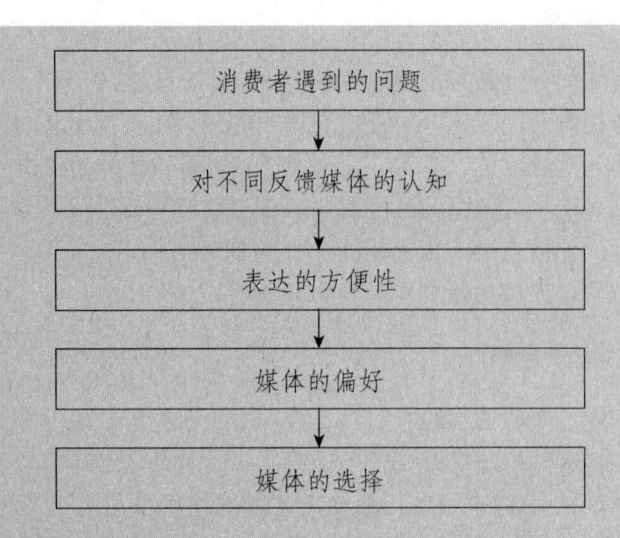

```
┌─────────────────────┐
│  消费者遇到的问题    │
└──────────┬──────────┘
           ↓
┌─────────────────────┐
│ 对不同反馈媒体的认知 │
└──────────┬──────────┘
           ↓
┌─────────────────────┐
│    表达的方便性      │
└──────────┬──────────┘
           ↓
┌─────────────────────┐
│    媒体的偏好        │
└──────────┬──────────┘
           ↓
┌─────────────────────┐
│    媒体的选择        │
└─────────────────────┘
```

根据此图示模型，公司形成了具体的研究问题和假设。当这项调研的结果支持使用社交媒体时，戴尔通过社交媒体成立了在线技术支持小组，来为消费者提供帮助。2006年7月，公司开通了Direct2Dell博客，以了解消费者的反馈并建立与消费者的联系。Direct2Dell成为戴尔与消费者直接联系、倾听他们的抱怨，并以最快捷的方式给消费者提供反馈和支持的媒介。

随着Direct2Dell在收集反馈和控制负面评论方面的成功，2007年2月公司创建了IdeaStorm（www.ideastorm.com）作为消费者参与产生创意与提出建议的社交媒体平台。到2008年，通过将社交媒体工具用作营销调研工具，戴尔摆脱了2005年的公愤，成功地将网上负面评论从49%降至20%。2008年初，戴尔表示，多达27项产品创新和流程创新直接来源于IdeaStorm上消费者提交的创意。比如，戴尔在台式电脑上提供Linux操作系统就是因为受到了IdeaStorm上的几条建议的启发。截至2013年5月31日，戴尔社区通过IdeaStorm贡献了18 886条建议，有531条建议被公司采纳。[9]

调研概要

分析相关的社交媒体内容，来获取有助于定义问题和确定调研方案的更多见解。

营销调研伦理

如果定义问题和确定调研方案的过程要照顾到客户（决策者）或调研人员的个人目的，就会产生伦理问题。当决策者隐藏了其目的，如获得晋升或证明已经做出的某个决策是正确的时，上述过程将受到负面影响。决策者应该是坦诚的，并且有义务向调研人员提供有助于正确定义营销调研问题的所有相关信息。同样,调研人员有伦理上的责任去定义问题,从而使客户的利益而不是调研公司的利益最大化。很多时候,这意味着调研公司的利益屈从于客户的利益,从而导致伦理上的两难境地。

> **调研实践**
>
> ### 合乎伦理还是获得更多利润
>
> 一家大型消费电子产品公司(如飞利浦)雇用一家营销调研公司进行一项大规模的市场细分研究,目的是增加公司的市场份额。调研人员遵循本章描述的程序,确定了问题之所在不是市场细分而是分销。委托公司似乎缺乏一个有效的分销系统,因此市场份额受到了限制。但是,针对分销问题采用的调研方法简单得多,因此会大大减少项目的成本和调研公司的利润。调研人员应当如何做?调研公司应当做客户想做的项目还是客户需要的项目?职业道德准则指出,调研公司有义务向客户揭示真正的问题。如果讨论了分销问题之后,客户仍然希望做市场细分研究,调研公司可以没有顾虑地开展这项调研,因为调研人员无法确切地知道客户的真正动机是什么。[10]

有些伦理问题也与确定调研方案有关。如果客户招标并不是为了把调研项目转包给该公司,而是为了免费获取该调研公司的专业建议,就有悖伦理了。如果客户拒绝了一家调研公司的投标,就不应实施标书中的方案,除非客户已为此项方案付费。同样,调研公司也有伦理上的责任来拟定合适的方案。如果该方案将使用在其他项目中建立的模型,则调研公司应向客户说明。比如,如果调研人员要在一家银行的顾客满意度调查中使用以前为一家保险公司建立的顾客满意度模型,则调研人员应当披露这一信息。由调研公司建立的专利模型和方案是这家公司的资产,如果没有该调研公司的允许,则客户不应该在后续调研中再次使用。

调研概要

当应对定义问题和确定调研方案中产生的伦理问题时,应该考虑客户和调研公司的权利和责任。

戴尔运营案例

回顾本书末尾给出的戴尔案例(即案例1.1)和问卷。

1. 搜索互联网包括社交媒体,查找关于戴尔的信息,简要描述公司所面临问题的环境背景。

2. 戴尔试图维持其在个人电脑市场上的领先地位,定义此时戴尔所面临的管理决策问题。

3. 定义与你所界定的管理决策问题相对应的一个恰当的营销调研问题。

4. 建立一个图示模型,描述消费者对个人电脑品牌的选择。

5. 描述三个研究问题，以及与每个问题相关的一个或多个假设。

本章小结

定义营销调研问题是整个调研项目中最重要的一步，也是困难的一步，因为管理层通常并不能确定真正的问题，或者对真正的问题只有一个模糊的认识。调研人员的作用就是帮助管理人员识别并分解问题。

定义营销调研问题的工作包括：与包括关键决策者在内的管理层讨论、访问行业专家、分析二手数据和定性调研，这些工作可以使我们对问题的环境背景有一定的了解。应当分析问题的环境背景，评估某些关键因素。这些关键因素包括关于行业和公司的历史信息与预测、决策者的目标、购买者行为、公司的资源与约束、法律与经济环境、公司的营销与技术能力。

分析环境背景有助于识别管理决策问题，随后管理决策问题将被转化为营销调研问题。管理决策问题关注的是决策者需要做什么，营销调研问题关注的则是需要什么样的信息以及如何有效和高效地获取这些信息。调研人员应该避免将营销调研问题定义得过于宽泛或者过于狭隘。定义营销调研问题的一种正确方法就是：先对问题做一个宽泛的陈述，然后确定问题的具体组成部分。

确定问题的调研方案是营销调研过程的第二步。调研方案的组成部分包括分析框架和模型、研究问题和假设、所需信息的说明。在理论或者分析框架的基础上确定调研方案是很有必要的。相关的变量以及它们之间的相互关系可以通过图示模型很好地加以总结。研究问题是关于营销调研问题的具体组成部分的精练陈述，以探询针对问题的组成部分应需要哪些具体信息。研究问题可以进一步形成具体的假设。最后，在给定的问题定义、研究问题和假设下，说明所需的信息。

在国际营销调研中定义问题或确定方案时，调研人员必须考虑国内市场和国外市场的环境差异。对社交媒体内容的分析可以促进问题的定义和方案的确定。在这个阶段，将会出现一些影响客户和调研人员的伦理问题，但可以通过遵循营销调研协会的伦理规范予以解决。

关键术语

问题定义（problem definition）
问题定义过程（problem-definition process）
问题审计（problem audit）
二手数据（secondary data）
原始数据（primary data）
定性调研（qualitative research）
问题的环境背景（environmental context of the problem）
目标（objectives）
购买者行为（buyer behavior）
法律环境（legal environment）
管理决策问题（management decision-problem）
营销调研问题（marketing research problem）
宽泛的问题陈述（broad statement of the problem）
问题的具体组成部分（specific components of the problem）
理论（theory）

客观证据（objective evidence）
分析模型（analytical model）
分析框架（analytical framework）

图示模型（graphic model）
研究问题（research questions，RQs）
假设（hypothesis，H）

复习题

1. 执行营销调研项目的第一步是什么？
2. 为什么正确定义营销调研问题非常重要？
3. 管理人员通常不太清楚真正的问题，原因是什么？
4. 调研人员在问题定义过程中的作用是什么？
5. 什么是问题审计？
6. 症状和原因之间有何不同？一个老练的调研人员应如何区别它们并且确定真正的问题？
7. 管理决策问题和营销调研问题之间有哪些不同？
8. 在定义营销调研问题时有哪些常见的错误类型？如何避免这类错误的发生？
9. 研究问题与营销调研问题的组成部分有何关联？
10. 研究问题与假设之间的区别是什么？
11. 有必要为每个调研项目建立一套假设吗？为什么？
12. 分析模型最常用的形式有哪些？
13. 讨论社交媒体在调研人员定义营销调研问题和形成方案时所起的作用。

应用题

1. 说明对应于下列管理决策问题的营销调研问题：
   a. 是否应该引进新产品？
   b. 是否应该改变已经开展3年的广告活动？
   c. 是否应该为现有的产品线增加店内促销活动？
   d. 新产品应采取什么样的定价策略？
   e. 是否应当改变薪酬方案以更好地激励销售团队？
2. 说明下面的营销调研问题可以为哪些管理决策问题提供有用的信息：
   a. 估计某个大城市的百货商店的销售额和市场份额。
   b. 确定可能占有最大市场份额的新产品的设计特征。
   c. 评估备选电视广告的有效性。
   d. 评估现有的和计划的销售领域的销售潜力和工作量。
   e. 为某一产品线的每一种产品定价以保证该产品线的总销售额最大。
3. 识别五种症状，每一种与一个管理决策问题有关，并分别给出一个可能的原因。
4. 在《网球》杂志的调研实践中，针对营销调研问题的第二个组成部分，确定两个相关的研究问题并提出合适的假设。
5. 假设你在为达美航空公司做一个项目。根据二手资料和社交媒体分析，确定旅客在选择航空公司时考虑的特征或因素。

注释

[1] www.harley-davidson.com, accessed February 4, 2013; Henny Ray Abrams, "Harley-Davidson Increases U.S. Market Share," *Cycle News*, January 25, 2011, online at **www.cyclenews.com/articles/industry-news/2011/01/25/harley-davidson-increases-u-s-market-share**, accessed February 11, 2012; and Ian Murphy, "Aided by Research, Harley Goes Whole Hog," *Marketing News* (December 2, 1996): 16–17.

[2] "Upscale Jeans Focused on Market Share Gains," online at **www.retailwire.com/Discussions/sngl_discussion.cfm/13079**, accessed May 16, 2013; Ellen Neuborne and Stephanie Anderson Forest, "Look Who's Picking Levi's Pocket," *Business Week* (September 8, 1997): 68, 72.

[3] www.amtrak.com, accessed February 3, 2013; Associated Press, "Amtrak Says Ridership Reaches a New Record," *Wall Street Journal*, (October 14, 2011): A6; and "Obama talks up high speed rail, Amtrak," online at **http://trains4america.wordpress.com/2008/05/03/obama-talks-up-high-speed-rail-amtrak/**, accessed 2009May 16, 2013.

[4] **www.puma.com**, accessed March 23, 2013.

[5] www.tennis.com, accessed January 2, 2013.

[6] **www.bmwusa.com**, accessed May 12, 2013.

[7] "Choice Menu—onboard meals," online at **https://store.united.com/traveloptions/control/category?category_id=UM_CHOICEMEU**, accessed January 2, 2012.

[8] "Pricey iPhone 4S Gets Tepid Response on First Day of Launch," online at **www.indianexpress.com/news/pricey-iphone-4s-gets-tepid-response-on-first-day-of-launch/880669**, accessed May 16, 2013.

[9] **www.dell.com**, accessed May 9, 2013.

[10] Anonymous, "Closing the Gap Between the Ethical and Profitable," *Marketing Week* (October 16, 2003): P32.

第 2 篇 调研设计

第3章 调研设计、二手数据和辛迪加数据

第4章 定性调研

第5章 调查与观察

第6章 实验和因果性调研

第7章 测量与量表

第8章 问卷与表格设计

第9章 抽样设计与步骤

第3章 调研设计、二手数据和辛迪加数据

> 开放性来源的信息——也叫二手数据——是任何竞争情报工作的基础,如果分析得当,它们会非常有用。
>
> ——战略与竞争情报专业公司前总裁保罗·迪什曼(Paul Dishman)

本章概要

第2章讨论了如何定义营销调研问题以及如何拟定恰当的调研方案,这分别是营销调研的第1步和第2步。这两步对于整个营销调研项目的成功至关重要。一旦完成这两步,调研人员就应当着重通过细致的调研设计来设计正式的调研项目(见第2章的图2—2)。本章对调研设计进行定义与分类。我们将描述两种主要的调研设计:探索性调研设计与结论性调研设计。我们进一步将结论性调研设计分为描述性调研设计与因果性调研设计,并加以详细讨论。接着,我们详细讨论包括辛迪加来源的二手数据。

我们将讨论原始数据和二手数据之间的区别,考察二手数据的优点与缺点,提出评价二手数据的标准,并对二手数据进行分类。本章还会描述内部二手数据,并讨论外部二手数据(包括辛迪加服务)的主要来源。我们将给出对外部二手数据进行网络搜索的实践流程,探讨在国际市场营销中有用的二手数据的来源,解释社交媒体分析如何帮助进行调研设计和收集二手数据,识别二手数据的使用可能引起的若干伦理问题。

图3—1显示了本章与第1章描述的营销调研过程的关系。我们通过一个例子让你体会一下二手数据的特色。

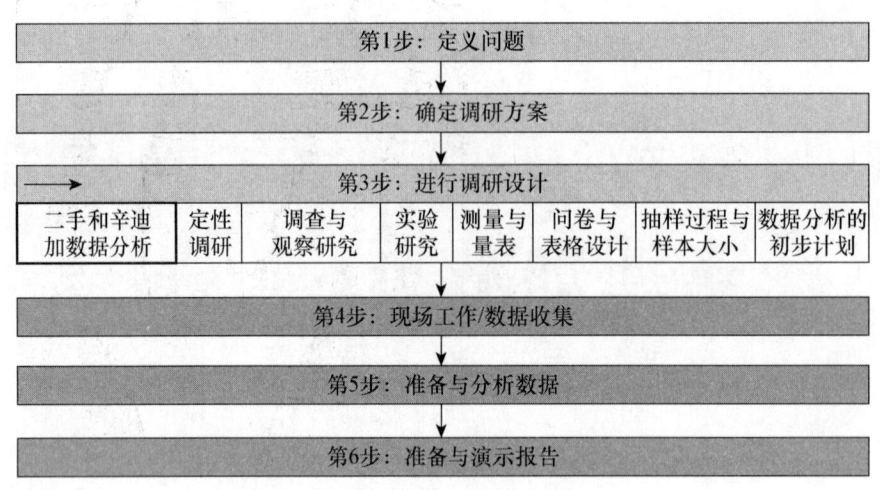

```
┌─────────────────────────────────────────────────┐
│           第1步：定义问题                         │
└─────────────────────────────────────────────────┘
                     ↓
┌─────────────────────────────────────────────────┐
│           第2步：确定调研方案                     │
└─────────────────────────────────────────────────┘
                     ↓
┌─────────────────────────────────────────────────┐
│           第3步：进行调研设计                     │
├──────┬──────┬──────┬──────┬──────┬──────┬───────┤
│二手和 │定性  │调查与│实验  │测量与│问卷与│抽样过程│数据分析的
│辛迪加 │调研  │观察研│研究  │量表  │表格设│与样本  │初步计划
│数据分析│     │究    │      │      │计    │大小    │
└──────┴──────┴──────┴──────┴──────┴──────┴───────┘
                     ↓
┌─────────────────────────────────────────────────┐
│        第4步：现场工作/数据收集                   │
└─────────────────────────────────────────────────┘
                     ↓
┌─────────────────────────────────────────────────┐
│        第5步：准备与分析数据                     │
└─────────────────────────────────────────────────┘
                     ↓
┌─────────────────────────────────────────────────┐
│        第6步：准备与演示报告                     │
└─────────────────────────────────────────────────┘
```

图 3—1 本章与营销调研过程的关系

学习目标

阅读本章后，学生应当能够：

1. 对调研设计进行定义和分类，并且解释探索性调研与结论性调研的区别。
2. 定义二手数据的性质和范围，区分二手数据与原始数据。
3. 分析二手数据的优点与缺点，以及它们在营销调研过程的不同步骤中的运用。
4. 运用说明、误差、时效性、目的、性质和可靠性等标准评价二手数据。
5. 详细描述二手数据的不同来源，包括内部来源和外部来源。
6. 详细讨论二手数据的辛迪加来源，包括通过调查、邮寄固定样本组与电子扫描服务所获得的家庭/消费者数据，以及关于零售商、批发商和工业品/服务型企业的机构数据。
7. 解释为什么需要使用二手数据的多种来源，并描述单一来源数据。
8. 讨论国际营销调研中的调研设计，确定并评估国际营销调研中有用的二手数据和辛迪加数据的来源。
9. 讨论社交媒体内容的分析如何促进调研设计以及二手数据和辛迪加数据的收集。
10. 理解在调研设计的确定以及二手数据与辛迪加数据的使用过程中产生的伦理问题。

调研实践

星巴克：VIA 速溶咖啡旗开得胜

2009 年，星巴克推出了一种新产品：星巴克 VIA 速溶咖啡。根据包括二手数据分析在内的广泛的营销调研，星巴克决定冒险进入速溶咖啡市场。然而，在使用二手数据之前，公司仔细地评估了其相关性、时效性、准确性和可靠性。对内外部二手数据、社交媒体以及辛迪加数据的分析结果如下：

- 在许多市场,麦当劳、帕尼罗面包公司(Panera Bread Co.)与唐恩都乐(Dunkin' Donuts)正在争夺星巴克的市场份额。麦当劳推出了McCafe浓咖啡饮品,帕尼罗面包公司也在提供新型咖啡和早餐。
- 全球速溶咖啡市场价值170亿美元。这一市场基本上被雀巢公司的雀巢咖啡和卡夫食品公司的Sanka咖啡等已有品牌占领。对其他主要竞争者而言,也还有进入该市场的可能。
- 速溶咖啡在美国并不是特别流行,但在美国以外的市场占到咖啡销量的40%。这一比例在英国市场高达81%,在日本达到63%。
- 顾客想要价格更低的高质量咖啡。

星巴克并未大幅降低咖啡价格来与麦当劳和唐恩都乐直接竞争,而是在2009年创造了一种新的产品。其VIA免煮咖啡准备在一个全新的速溶咖啡市场上参与竞争。独立包装的VIA免煮3件套售价2.95美元。12件套售价9.95美元。与麦当劳售价2.29美元和星巴克售价3.1美元的浓咖啡(在芝加哥是12盎司一杯)相比,VIA速溶咖啡是便宜得多的替代品。该产品的上市取得了巨大的成功,星巴克在10个月内在全球的销售额达到1亿美元。[1]

星巴克的案例说明了二手数据的有用性。当理解了调研设计以及二手数据的分析如何成为进行调研设计不可或缺的一部分时,二手数据的性质和作用就很清楚了。

调研设计的定义

调研设计(research design)是开展营销调研项目时所要遵循的一个框架或计划,它详细描述了获取识别和解决营销研究问题所需信息的必要程序(见第1章)。虽然已经形成了解决问题的宽泛方案,但调研设计详述了执行这一方案的细节。

设计过程始于定义营销调研问题(营销调研过程的第1步)。接着是确定解决问题的方案,包括框架与模型、研究问题与假设、所需信息的说明(营销调研过程的第2步)(见第2章)。调研设计建立在这两步的结果的基础之上,是营销调研过程的第3步。但随着调研设计向前面的步骤进行反馈,这一过程会反复进行(见图3—2)。调研设计为实施研究项目奠定了基础。对于给定的营销调研问题,许多不同的调研设计都可能是恰当的。一个好的调研设计要确保所收集的信息与管理相关且有用,并且要收集到所有必要的信息。

调研设计一般包括下列所有的或大部分的组成部分或任务:
1. 二手数据与辛迪加数据的分析(第3章);
2. 定性调研(第4章);
3. 调查与观察研究(第5章);
4. 实验研究(第6章);
5. 测量与量表(第7章);

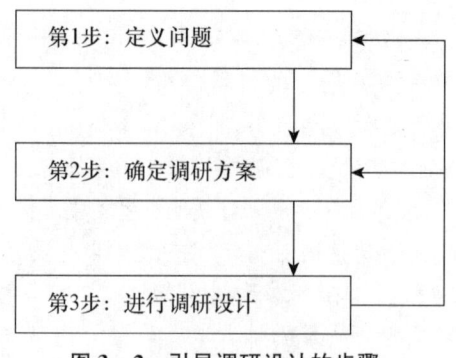

```
第1步：定义问题
      ↓
第2步：确定调研方案
      ↓
第3步：进行调研设计
```

图3—2　引导调研设计的步骤

6. 对用于数据收集的问卷（访谈形式）或观察表进行设计与预测试（第8章）；
7. 抽样过程与样本大小的确定（第9章）；
8. 形成数据分析的初步计划（第10章）。

根据调研项目的本质，并非要包括所有八项任务，并且这些任务的执行顺序也可以变化。每一个组成部分都会在后续章节详细描述。首先，让我们从基础的分类开始进一步理解调研设计。

调研概要

只有在定义问题与形成调研方案之后才能进行调研设计。然而，随着调研设计向前面的步骤进行反馈，这一过程会反复进行。

基本的调研设计

调研设计可以分为两大类：探索性调研设计与结论性调研设计。结论性调研设计是描述性或因果性的。探索性调研设计、描述性调研设计与因果性调研设计是本章要讨论的基本调研设计类型（见图3—3）。描述性调研设计可以进一步分为横向设计或纵向设计。

```
           调研设计
          /       \
   探索性调研设计   结论性调研设计
                  /        \
              描述性调研    因果性调研
              /     \
          横向设计  纵向设计
```

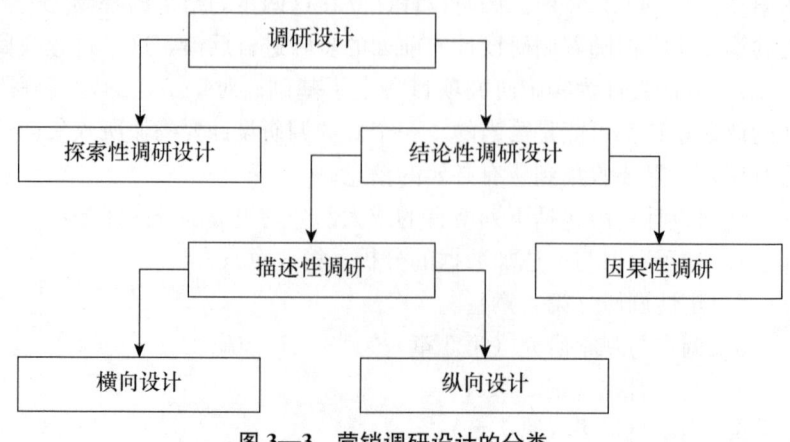

图3—3　营销调研设计的分类

探索性调研

表 3—1 概括了探索性调研与结论性调研的区别。**探索性调研**（exploratory research）的主要目标是针对调研人员所面临的问题提出看法与见解。当需要更准确地定义问题、确定相关的行动方案，或者在提出调研方案之前获得更多的见解时，就需要进行探索性调研。在这一阶段只是大体定义所需的信息，采用的研究方法是灵活的、非结构化的。例如，调研可以包括对行业专家进行访谈（见第 2 章）。虽然期望所选取的样本产生尽可能多的见解，但这些样本通常较小且没有代表性。原始数据从性质上看属于定性数据，并用相应的定性方法进行分析。考虑到调研过程中的这些特征，探索性调研的结果应当看成是初步的。一般来说，在这样的调研之后是进一步的探索性调研或者结论性调研。因此，在营销调研项目开始时采用探索性调研，然后采用某种形式的结论性调研是可取的。有时探索性调研被用于整个调研过程。在这种情况下，应当谨慎地利用所得到的结果。社交媒体和定性调研（见第 4 章）是探索性调研的主要方法。星巴克为了推出 VIA 而进行的调研中就对二手数据进行了分析。

表 3—1　　　　　　　　　探索性调研与结论性调研的比较

	探索性调研	结论性调研
目的	提供看法和见解	检验具体的假设和关系
特征	只是大体定义所需的信息	清晰定义所需的信息
	调研过程是灵活的和非结构化的	调研过程是正式的和结构化的
	样本较小且没有代表性	样本较大且具有代表性
	数据分析是定性分析	数据分析是定量分析
发现	试验性	结论性
结果	一般跟随着进一步的探索性或者结论性调研	将发现用于制定决策

从探索性调研中得到的观点可以通过结论性调研予以验证，因为结论性调研的目的是检验特定的假设和考察特定的关系。这就要求清晰说明所需信息。**结论性调研**（conclusive research）通常比探索性调研更加正式和结构化。它建立在有代表性的大样本的基础之上，对所得到的数据进行定量分析。这种调研所得到的结果从性质上来看是结论性的，因为它们可以用做管理决策的依据。如图 3—3 所示，结论性调研设计可以是描述性调研设计或因果性调研设计。

> **调研概要**
>
> 大多数营销调研项目在开始时先进行探索性调研，然后采用某种形式的结论性调研。探索性调研往往是必要的，因为它可以获得对问题情境的充分了解，进而开展有意义的结论性调研。

描述性调研

顾名思义，**描述性调研**（descriptive research）的主要目的是描述某事——通常是诸如消费者、销售人员、组织或市场区域等相关群体的特征。例如，我们可以描述诸如萨克斯第五大道（Saks Fifth Avenue）与尼曼（Neiman Marcus）等豪华百货商店的"重度使用者"（频繁购物者）的特征。大多数营销调研包括描述性调研，以调查和观察为主要方法。**调查**（surveys）包括通过填写问卷对调查对象进行提问。**观察**（observations）包括记录人们的行为，但不问问题。（这些方法将在第5章中进一步讨论。）描述性调研可以进一步分为横向调研和纵向调研（见图3—3）。

横向设计（cross-sectional design）是指一次性地从总体中个体的特定样本中收集信息。比如，可能是在某一给定的时点进行调查，分析数据，准备报告。横向调研是营销调研中最常用的描述性调研设计。**纵向设计**（longitudinal design）是指对总体中个体的固定样本的相同变量进行重复（两次或多次）测量。纵向设计与横向设计不同，因为纵向设计中即使时间变动，样本仍保持不变。也就是说，随着时间的延续，对同样的调查对象和同样的变量进行测量（见图3—4）。典型的横向设计是在某一时点上给出感兴趣的变量的一张快照，相比之下，纵向调研是提供一系列图片来描述随着时间的推移所发生的变化。因此，纵向设计可以让我们考察随着时间的推移发生的变化。比如，"2014年初，美国人如何评价美国的经济状况？"这一问题就要使用横向设计来回答。仅需要在2104年初对具有代表性的美国人样本展开调查。然而，为了回答"在2014年内，美国人如何改变他们对经济形势的看法？"这一问题，应当使用纵向设计。需要在2014年初对具有代表性的美国人样本展开调查，并在2014年末对相同的样本重复相同的调查。纵向设计可以使用固定样本组。有时，"固定样本组"与"纵向设计"可互换使用。**固定样本组**（panel）一般是以家庭作为调查对象而组成的样本，他们同意在特定的时间段内提供信息。固定样本组由营销调研公司来维护，样本组成员通常会得到礼物、优惠券、信息或者现金作为他们参加样本组的报酬。固定样本组将在本章的后面部分进一步讨论。

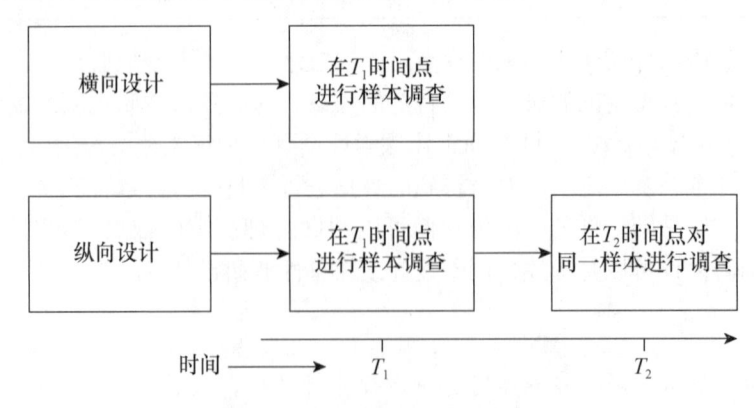

图3—4 横向设计与纵向设计

调研概要

在执行描述性调研时，纵向设计可以观测随着时间的推移发生的变化。反之，则可采用横向设计。

因果性调研

因果性调研（causal research）被用来获得原因和结果（因果）关系的证据。营销经理总是依据所假设的因果关系做出决策。这些假设可能未被证实，应当通过正式的调研对因果关系的有效性加以检验。例如，通常假设降价会导致销量和市场份额增加，而在特定竞争环境下这一假设并不一定成立。

与描述性调研相同，因果性调研也需要预先确定结构化的设计。虽然描述性调研能够确定变量之间的关联度或相关性（即两个变量共同变化或相互关联），但它不适合检验因果关系（即一个变量是另一个变量发生变化的原因）。这样的验证需要使用因果性设计（见图3—5）。因果性调研的主要方法是实验法，这将在第6章中进一步讨论。

```
              结论性调研设计
              /            \
         描述性调研        因果性调研
            |                |
          关联性          原因和结果
            |                |
       X与Y同时变化     X是Y发生变化的原因
```

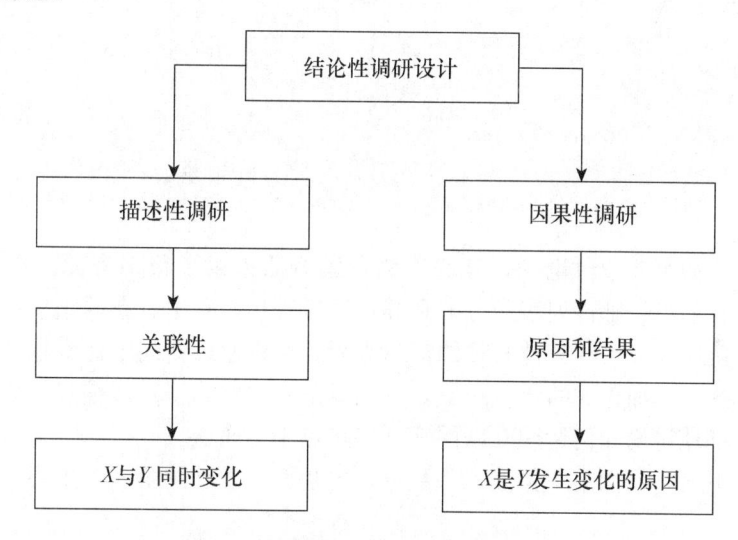

图3—5 描述性调研与因果性调研

调研概要

如果要检验原因和结果之间的关系，应当使用因果性设计而不是描述性设计。可以通过做实验来进行因果性设计。

像宝洁这样的公司都在使用探索性调研和描述性调研，以更好地理解消费者和形成目标市场营销战略，如下面的"调研实践"专栏所示。

调研实践

宝洁瞄准拉丁裔消费者

宝洁公司（www.pg.com）为设法扩大其萎缩的美国业务，瞄准了西班牙裔的消费者。公司开展了包含探索性和描述性的营销调研来指导这一战略。

探索性调研包括对二手数据和辛迪加数据的分析以及焦点小组座谈。根据美国人口普查局（www.census.com）的二手数据（公开发布），2000—2010年，西班牙裔新增人口占整个美国人口增量的一半以上。西班牙裔在2010年消费了1万亿美元，约占美国消费者总购买力的9%，预计在2015年将支出1.5亿美元，其增速超过非西班牙裔消费者的支出增速。来自Packaged Facts（www.packagedfacts.com）的辛迪加研究成果（以订阅形式购买）显示，2000—2010年，西班牙裔家庭在洗衣店服务、家居清洁设备、个人护理产品上的开销的增长比非西班牙裔家庭要快将近3倍。宝洁也利用焦点小组座谈和深度访谈等定性方法开展了自己的调研。

描述性调研中对西班牙裔社交媒体进行了计算机分析，采用了大量的调查方法（电话访谈、商场拦截访谈与互联网访谈）。宝洁公司发现，尽管西班牙裔是节俭型的消费者，但他们也愿意在宝洁的高端日用品上花钱享受，按他们的说法，"便宜没好货"。

根据上述发现，宝洁公司调整产品，重新设定营销目标，改变代言人组合，在产品上更多地使用西班牙语。比如，邀请演员伊娃·门德斯（Eva Mendes）以及歌手兼演员珍妮弗·洛佩兹（Jennifer Lopez）分别担任宝洁的潘婷洗发水与吉列维纳斯剃须刀的代言人。这一尝试产生了很好的效果，使得其在美国的销量回升。[2]

正如第2章讨论的，互联网为营销调研提供了很多资源。在调研的探索性阶段，新闻组、邮件列表服务器和其他论坛等相当有用。新闻组中所发布的消息可以指导调研人员关注其他有效的信息来源。可以通过新闻组让专家或代表目标受众的个人建立更加正式的焦点小组，从而就某一主题获得初步信息。在第4章，我们将更详细地讨论如何运用互联网来开展焦点小组座谈。

下面，我们集中关注二手数据，这是调研设计的第一个主要组成部分。

原始数据和二手数据

调研过程的早期成果是定义营销调研问题和确定具体的研究问题与假设（见第2章）。**原始数据**（primary data）是调研人员为了解决具体的营销调研问题而专门收集的数据。获取原始数据成本高且费时，因为这涉及营销调研过程的六个步骤（见图3—1）。

在开始收集原始数据之前，调研人员应该记住，正在调研的问题并不是独一无二的。可能有其他人已经调查过同样的或相似的营销调研问题。收集现有的数据可能会得到相关信息。**二手数据**（secondary data）是指出于解决当前的调研问题以外的其他目的收集的数据。相对于原始数据的收集，这些数据可以快速地以低成本找到，如星巴克的调研实践所示。表3—2总结了原始数据和二手数据之间的区别。

表 3—2　　　　　　　　　　　　原始数据和二手数据的比较

	原始数据	二手数据
收集的目的	解决现在的问题	解决其他的问题
收集的过程	非常费力	快且容易
收集的成本	高	相对较低
收集的时间	长	短

二手数据的优点与缺点

二手数据的主要优势是节省时间和金钱，因为调研人员不需要将营销调研过程的六个步骤全部执行一遍，有的步骤已被一些人执行。有些二手数据（如美国劳工部或美国人口普查局提供的二手数据）的收集对通用或福特这样的单个企业而言是不可能完成的。对有些项目，尤其是经费有限的项目而言，调研基本上局限在对二手数据的分析上，因为有些常规问题只需要基于二手数据就可以解决。尽管二手数据往往不能为非常规的调研问题提供所有的答案，但是二手数据的分析始终应当是解决任何调研问题的第一步。由于二手数据有上述优点和用途，我们提出调研的一项基本原则：

首先考察可得的二手数据。只有当二手数据的来源已经完全用尽或者产生的边际回报很小时，调研项目才应当进展到原始数据的收集。

本章开头给出了二手数据的应用实例，其中，星巴克广泛使用二手数据和辛迪加数据，成功推出了 VIA 免煮咖啡。二手数据的分析能提供有价值的见解，为进行更正式的调研（如焦点小组座谈与调查）打下基础。然而，调研人员在使用二手数据时应该十分谨慎，因为它们也有一些缺点。

二手数据的价值通常由于它们与当前调研问题的匹配程度而受到限制。因为二手数据不是为了解决当前面临的特定问题，而是为了解决其他问题由其他人收集的，所以它们对于当前问题的适用性有限。收集二手数据的目标、性质和采用的方法可能不适合当前情形。此外，二手数据可能缺乏准确性以及测量单位或时间框架的匹配性。在使用二手数据之前，评价它们的有效性和适用性十分重要。

调研概要

在收集原始数据之前分析可利用的二手数据。二手数据充分可得，且能快速地以较低成本获取。

二手数据的评价标准

用来评价二手数据的标准包括：说明、误差、时效性、目的、性质和可靠性。为推出 VIA 而进行的调研中，星巴克使用相似的标准对二手数据进行了评价。

说明：收集数据所用的方法

应当考虑调研设计说明——收集数据时所用的方法——以识别误差的可能来源。确定数据的潜在误差和相关性的重要因素包括：样本的大小和性质、应答率和质量、问卷设计与填写、现场工作程序、数据分析和报告程序。这些都将在后续章节中详细讨论。使用来自源头的原始数据是有好处的，因为关于调研设计的描述被作为最初公布的研究结果的一部分。

误差：数据的准确性

二手数据和原始数据都会有误差，但是二手数据的准确性更难评价，因为调研人员并没有直接参与相关调研。确定准确性的方法之一就是从多种来源查找数据并进行比较。不同来源的一致性程度决定了数据的准确性程度。但是，从不同来源获取的数据可能并不一致。在这种情况下，调研人员应该通过开展预调研或者其他适当的方法来核实二手数据的准确性。如果发挥创造力，通常不太费钱费力就能完成核实工作。

时效性：数据是什么时候收集的

二手数据可能并不是当前的数据。数据收集和公布之间可能存在时滞，普查数据就是如此。数据更新可能不够快，无法回答手头的问题。例如，2010 年的普查数据可能时效性不足，很难被家得宝公司用来预测 2015 年的潜在需求。幸运的是，有多家营销调研机构定期更新普查数据，并提供最新的信息供订阅。

目的：收集数据的原因

理解当初收集二手数据的原因，可以帮助调研人员理解使用它们解决当前的营销调研问题的局限性。《时代》（$Time$）杂志对其续订读者的文章阅读和广告回忆情况进行调查。该调研的目的之一是使用该信息来出售广告位。考虑到这一点，该调研的结果就可以为广告经理所用，他们将有可能针对广告位做出决策。这种类型的二手信息可能与在哪里投放未来的广告这个问题相关。然而，《时代》杂志的这项调研结果可能存在偏差，因为它们仅仅反映了续订用户的行为，这一群体可能会比一般订阅者更多地关注该杂志。为了正确地理解二手数据，广告经理必须了解续订《时代》杂志的细分顾客在多大程度上代表了总体订阅顾客。

性质：数据的内容

应该检验数据的性质或内容，特别要注意关键变量的定义、测量单位、分类方法以及所检验的关系。二手数据最大的局限性在于定义、测量单位或考察的时间范围的差异性。如果没有定义关键变量或者该定义与调研者的定义不一致，那么数据的有用性是有限的。如果梅赛德斯公司对家庭年总收入超过 10 万美元的高收入消费者感兴趣，那么按低于 15 000 美元、15 001～35 000 美元、35 001～50 000 美元和 50 000 美元以上分类的二手数据就没有太大的用处。

可靠性：数据有多可靠

通过检查二手数据来源的专业水平、声誉和可信度，可以获得对数据可靠性的总体认识。可以通过向使用过此来源信息的人进行核实以获得上述信息。应该用质疑的眼光看待为了促销、增加特定的利益或进行宣传而公布的数据。相比之下，由权威组织（如美国人口普查局）发布的二手数据是相当可靠的高质量数据。

调研概要

在使用二手数据之前一定要进行评价，以确定它们对手头问题的适用性。这是必不可少的，因为二手数据是出于解决当前的问题之外的某种目的而收集的。因此，就你的特定目的而言，它们的相关性和适用性可能是有限的，你应当提前确定这些信息。

互联网调研

家得宝

作为家得宝的 CEO，你无意中看到一份盖洛普的民意调查报告，报告指出，越来越多的女性正在购买家居装饰产品和服务。你将如何利用这一信息提升家得宝的竞争力？

访问 www.gallup.com。考察盖洛普如何进行民意调查的相关信息。通过应用我们讨论过的标准，评价盖洛普民意调查的质量。你是否会利用盖洛普的数据来制定适合家得宝的市场营销决策？你如何应用这些标准来评估社交媒体中二手数据的质量？

在形成正式的调研设计时，很容易忽略许多二手数据的来源。然而，一旦开始搜寻二手数据，就会发现现有信息的数量是巨大的。为了在众多的信息中高效地浏览，调研人员熟悉二手数据的不同来源就非常重要。对数据来源进行分类是很有用的。

二手数据的分类

如图 3—6 所示，二手数据的两种主要来源是内部数据与外部数据。**内部数据**（internal data）是指调研的委托组织内部产生的数据。许多组织致力于建立大型顾客数据库和数据仓库，应用数据挖掘、客户关系管理（CRM）系统和数据库营销。它们也使用社交媒体来产生内部二手数据。**外部数据**（external data）是由组织之外的来源产生的数据。这些数据来自企业/非政府来源、政府来源、辛迪加服务和社交媒体。因此，社交媒体是内部和外部二手数据的共同来源，这将在本章后半部分讨论。下面集中讨论内部二手数据的来源。

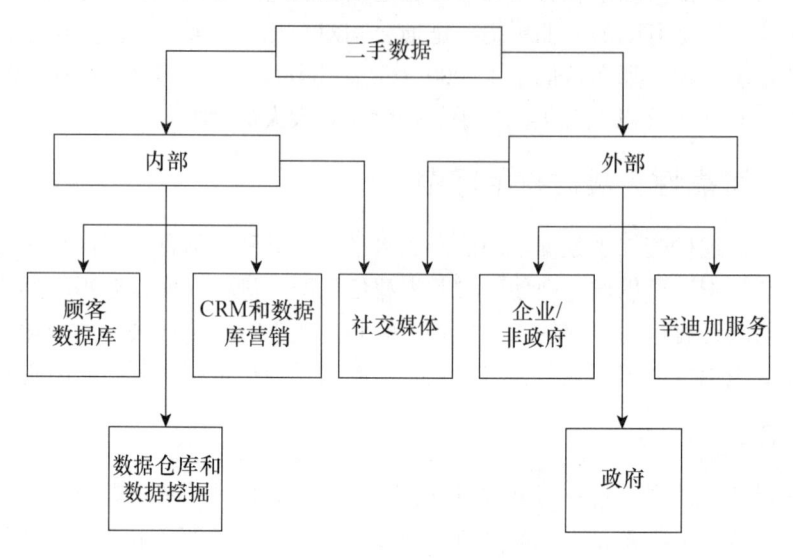

图 3—6　二手数据的分类

内部二手数据

在收集外部二手数据之前，分析内部二手数据总是有用的。内部数据的产生通常被视为持续性经营流程的一部分。这些数据来源于财务记录、销售报告、生产或运营报告、内部专家。尽管内部二手数据能以可用的形式获得，但更常见的情形是，在使用这类数据之前有大量的处理工作要做。比如，一家百货商店的收银凭据可能含有大量的信息，诸如不同产品线的销售额、具体门店的销售额、不同地理区域的销售额、现金和信用卡结算的销售额、不同时段的销售额、不同订单的销售额，等等。然而，为了获得这些信息，必须将信息从纸质销售收据转录到计算机数据库中并进行广泛的分析。许多组织正在建立复杂的顾客数据库，将它作为营销工作的平台。

顾客数据库

对许多公司而言，创建顾客数据库的第一步就是将诸如销售电话报告或发票上的原始信息转移到个人电脑上。顾客信息也可以通过其他来源获得，比如保修卡或忠诚计划（即航空公司的常旅客计划）。从外部二手来源可以获得关于顾客的人口统计与心理统计信息。**心理统计**（psychographics）是指被量化的个人心理特征。提供此类服务的公司比如益百利（www.experian.com）编制了涵盖名字、住址、大量个人具体数据的家庭清单。这些顾客数据库的规模相当惊人。比如，西尔斯（Sears）的顾客数据库中有 75% 以上美国家庭的信息。在前面的"调研实践"专栏中，星巴克通过分析其顾客数据库，确定了消费者想要价格更低的高质量咖啡。这些顾客数据库被存放在一个数据仓库中。

数据仓库和数据挖掘

数据仓库是集中化的数据库，可以整合全公司来源于各种运营系统的数据。分析这样的大型数据库被称为数据挖掘，要求有特殊技能和资源。**数据挖掘**（data mining）包括使用强大的具有先进统计软件包和其他软件的电脑来分析大型数据库，以发现数据背后隐藏的模式。所发现的模式对确定营销工作的定位很有帮助。比如，数据挖掘显示丈夫们倾向于在第一个小孩出生之后立即购买额外的人寿保险。因此，好事达保险公司（www.allstate.com）的广告语是"你找对人了"，这尤其适用于瞄准那些初为人父的群体来推销人寿保险产品。

CRM 和数据库营销

顾客数据库和数据挖掘是**客户关系管理系统**（customer relationship management (CRM) systems）的组成部分。客户关系管理系统是用来管理组织与顾客之间互动的决策支持系统（见第 1 章）。**数据库营销**（database marketing）是指使用 CRM 数据库与个人和顾客群体培养关系并形成极具针对性的营销方案。例如，惠而浦（Whirlpool）使用其大型数据库，来确认在 5 年前购买了惠而浦洗衣机/烘干机的有 4 个或更多成员的家庭，并向他们提供以旧换新的特殊折扣。这一活动非常成功，因为这些目标家庭意识到他们的机器已经超过平均使用年限，需要更换了。

调研概要

在收集外部二手数据之前，先分析内部二手数据。组织应该处理日常产生的内部二手数据。建立大型顾客数据库会产生很高的效益。

外部二手数据

如前文所述，外部二手数据可以分为企业/非政府数据、政府数据与辛迪加数据（见图 3—6）。在过去的 20 多年里，外部二手数据，尤其是来自企业/非政府来源的外部二手数据迅速增加。部分原因是工作中互联网和个人电脑的应用使得员工更容易获得商业数据库。下面是对外部二手数据的一些企业/非政府来源的概述。

企业/非政府数据

企业/非政府来源作为一个广泛的类别，包括非营利组织（例如商会）、贸易和专业组织、商业出版社、投资经纪公司、营利性企业。大多数这类来源可以很方便地在互联网上找到。企业以书籍、杂志、报纸、报告和行业文献等形式公开大量的信息。穆迪（www.moodys.com）和标准普尔（www.standardandpoors.com）提供关于美国和外国公司的信息。另一种有用的产业品牌和贸易信息来源是托马斯奈特（www.thomasnet.com）。有价值的市场营销及营销调研信息可以从Secondary-Data.com（www.secondarydata.com）上获得。

大量的商业性网站可以为美国企业提供销售机会、邮寄名单、企业名录和信用评分。许多网站提供特定行业的商业信息。例如，美国市场营销协会的所有出版物都可以通过关键词在www.marketingpower.com搜索到。《不列颠百科全书》将其32卷放在网上供免费在线浏览（www.britannica.com）。美国制造商和关键决策者的数据可以从Hoovers（www.hoovers.com）上获得，这是邓白氏（D&B）旗下的一家公司。另一个好的信息来源是Infogroup（www.infogroup.com）。

通过使用文献目录和索引，可以很方便地找到企业/非政府数据。文献目录是按主题的字母顺序排列的，它是开始搜索的良好开端。对某个感兴趣话题的现在或过去的讨论的索引都被列入这些参考文献，可帮助你得到大量的作者信息。有些索引可同时查询学术和商业类主题。商业期刊检索（www.ebscohost.com）是文献型数据库，引用在美国或其他地方出版的英文期刊上的篇幅至少为一个专栏的文章。社会科学引文索引（www.thomsonreuters.com）向你提供快速、强大的途径以获得所需的文献和引用信息，方便寻找调研数据、期刊和研究者。一些报纸，比如《华尔街日报》（*Wall Street Journal*，www.wsj.com）有进行引导式搜索的索引。CI资源索引（www.bidigital.com/ci）以其竞争性情报信息网站为特色。

网站"ipl2：你可以相信的信息"（www.ipl.org）于2010年1月开通，合并了互联网公共图书馆（IPL）和图书管理员网络索引（LII）的资源集。这个新的ipl2网站是一个公共服务组织，以"求助ipl2图书管理员"服务为特色，这是索引和文献目录的一个有用来源。

公司统计学相当于企业界的人口统计学。它们包括诸如市场份额、公司地址、产业分类和员工数量等变量。邓白氏（www.dnb.com）提供这类数据。2012年5月开通的YP（www.yellowpages.com）拥有美国公司的一个大型数据库。

调研实践

市场调查图书馆

顾客可以从LexisNexis（www.lexisnexis.com）这一市场调查图书馆分章节在线购买报告信息，省去了购买整个报告的成本。在购买信息之前，使用者可以浏览完整的目录，研究大部分报告中使用的方法并查看没有数据的真实表格。LexisNexis市场调查产品上所提供的营销调研报告的子章节已经被营销调研提供商设计成完整独立的信息单元。该产品提供从诸如尼尔森公司、Datamonitor、Euromonitor以及Packaged Facts等来源获得的调研数据。请访问公司网站了解更多信息。[3]

政府来源

美国政府是美国及全世界最大的二手数据来源。美国政府收集的数据不可能由私人企业收集。它的用途广泛，从用于形成销售预测和市场潜力估计到简单地查找特定零售商、批发商或制造商。政府来源的广泛性和准确性使得其成为二手数据的丰富来源。政府来源的数据可以分为普查数据和其他类型。

普查数据 在大量的营销调研项目中，普查数据都是有用的。由美国人口普查局收集的人口统计信息包括：家庭类型、性别、年龄、婚姻状况和种族。与所拥有汽车相关的消费详情、住房特征、工作状态、职业等只是可获得信息中的几类。这种人口统计信息对营销人员尤其有价值，原因在于它可以基于多种具体层次按地理区域进行分类。这些数据可以在多个层次上进行分类，比如城市街区、街区群、普查地段、都市统计区域（MSA）、联合大都市统计区（CMSA）和区域（东北部、中西部、南部和西部），也可以在整个国家层面上对数据进行汇总。

总之，普查的质量很高且往往非常详细。重要的普查数据包括住房普查、制造商普查、人口普查、零售贸易普查、服务产业普查、批发贸易普查。尼尔森（www.nielsen.com）使用普查数据与其他生活方式数据开发了大量的调研工具。将强化版的普查数据与公司内部数据相结合是对多个二手数据来源的有效应用。这种二手数据的整合将在本章后面部分进行讨论。

互联网调研

美国人口普查局

2010年美国普查数据提供的人口统计状况不仅仅是关于整个美国的，还涉及更小的美国区域，比如州和都市统计区域。访问美国人口普查局的主页（www.census.com）并找出下面这些问题的数据：

1. 目前全美有多少人口？全世界有多少人口？
2. 对比某个州与全美的"2000—2010年人口变化的百分比"。谁增长得更快？
3. 根据2010年的普查数据找出你所在的行政区域内有多少"空巢单身人士"。

其他政府来源 除了普查以外，联邦政府还收集与出版大量统计数据，其中很多与企业相关。美国、墨西哥和加拿大创建了一个新的共同分类系统来取代之前每个国家各自的分类。六位数的北美产业分类系统（North American Industry Classification System，NAICS）已经取代了美国四位数的标准产业分类（Standard Industrial Classification，SIC）编码。在NAICS中增加的两位数字适用于更多的部门，使得分类系统在设定子部门时更加灵活。NAICS按照垂直结构进行组织，这一点非常类似于SIC。新的编码每五年审核一次。

其他有用的政府出版物包括 Country and City Data Book、Statistical Abstract of the United States、State and Metropolitan Area Data Book 和 World Factbook。一些美国政府来源可以在 Fedworld（www.fedworld.com）上找到。广泛的商业统计数据可以从 FedStats（www.fedstats.gov）上获得。FedStats 汇集了来自100多个机构的统计

信息。美国商务部的信息可以通过 www.doc.gov 获得。美国劳工统计局（www.bls.org）也提供了有用信息，尤其是消费者支出调查数据。大范围的经济统计数据可以从美国经济分析局（www.bea.gov）获得。关于上市公司的信息可以从 EDGAR 企业信息数据库获得，其中包括证券交易委员会（SEC）文件档案（www.sec.gov/edgar.shtml）。关于小企业的信息可以在 www.sbaonline.sba.gov 上获得。

调研概要

外部二手数据可以分为企业/非政府数据、政府数据和辛迪加数据。从企业/非政府来源获得的数据增长迅猛。美国政府是全球最大的二手数据来源，这些数据的质量较高。

辛迪加数据的性质

除了来源于企业和政府的数据之外，辛迪加来源构成外部二手数据的另一个主要来源。**辛迪加来源**（syndicated sources），也称辛迪加服务，是收集和出售具有商业价值的共用数据库，以满足许多客户（包括同一行业中的竞争性企业）共享信息的需求的公司。这些数据不同于定制化调研获得的数据，因为调研的目标对几家客户公司而言是相同的（见第 1 章）。辛迪加企业的盈利方式是收集数据并设计能够满足多家组织的信息需求的调研产品。任何客户，即使是同一行业中的两个竞争者（比如可口可乐和百事可乐），都可以通过订阅流程购买同样的辛迪加数据。星巴克购买的辛迪加数据也可以被其竞争者如雀巢和卡夫食品公司获得。辛迪加服务提供给客户公司的数据和报告也可以是个性化的，以满足它们的特定需求。比如，可以按照按客户的销售区域或产品线撰写报告。辛迪加数据的成本比收集原始数据的成本低。因此，在收集原始数据之前考察适用的辛迪加数据是非常有用的。

调研概要

辛迪加数据是一种特殊形式的二手数据，可以被多个客户同时使用，可以通过订阅的方式购买。因此，辛迪加数据的成本通常比收集原始数据的成本低。在收集原始数据之前，可先分析适用的辛迪加数据。

辛迪加服务的分类

图 3—7 呈现了根据家庭/消费者或机构测量单位对辛迪加来源进行的分类。家庭/消费者数据可通过调查来收集，或者由固定样本组调查对象在日记（纸质的或电子）上记录，或者通过电子扫描仪来获得。消费者调查可用来获取关于信念、

价值观、态度、偏好或意向类的信息。在消费者调研中使用的固定样本组侧重于收集购买信息或媒体消费信息。电子扫描仪服务可以在销售点或者在家中通过手持扫描仪来跟踪购买情况。也可以整合这些数据收集技术，将电子扫描仪数据与固定样本组、调查数据或有线电视定向广告相结合。

图 3—7　辛迪加服务的分类

当辛迪加服务从机构而不是家庭获得数据时，所追踪的主要对象是整个分销渠道（零售商和批发商）中产品的移动或者公司统计数据。稍后会讨论这些来源，接下来先讨论消费者数据的辛迪加服务。

消费者数据的辛迪加服务

辛迪加消费者数据主要通过调查、购买/媒体固定样本组以及电子扫描仪服务进行收集（见图 3—8）。

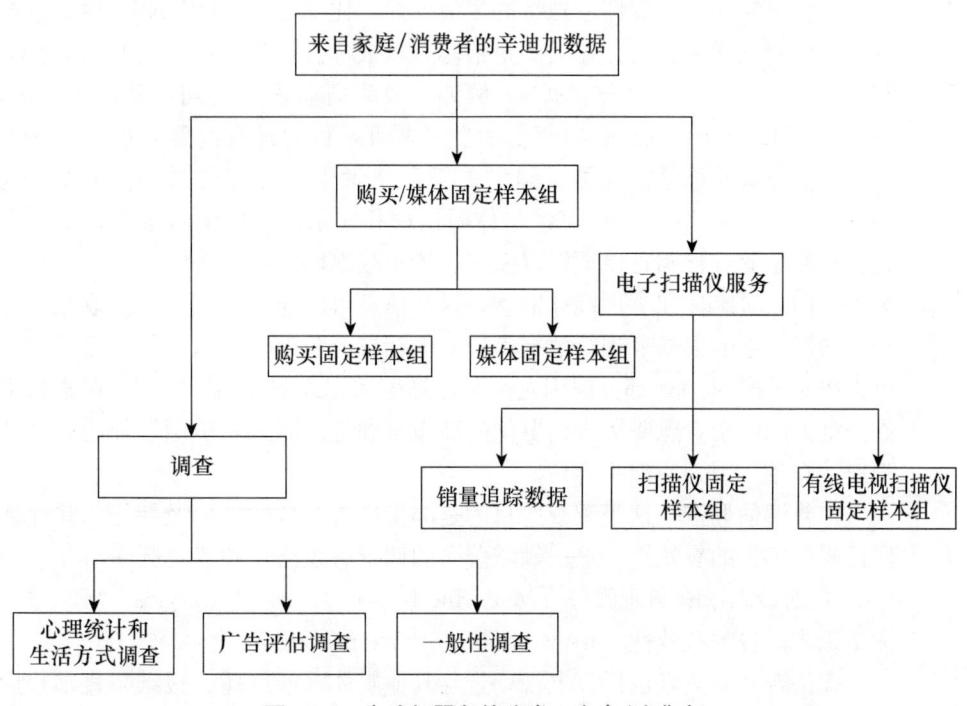

图 3—8　辛迪加服务的分类：家庭/消费者

调查

大体而言，调查有两种类型：定期调查和固定样本组调查。

定期调查 定期调查（periodic surveys）定期收集关于相同变量的数据，每次从目标总体中抽取新的一组调查对象。与纵向调研一样，定期调查跟踪随时间的推移发生的变化。然而，因调查对象的差异而产生的变化不能像真正的纵向调研那样被控制。每一次调查都要选择新的调查对象样本。分析之后，数据就可为订阅者使用。

固定样本组调查 辛迪加固定样本组调查（panel surveys）是在一段时间之内对相同的受访者进行测量，但并不一定是针对相同的变量。大量的调查对象被招募参与固定样本组。从样本库中抽取不同的调查对象子样本来参与不同的调查。可以使用任何调查技术，包括电话访谈、人员访谈、邮件访谈或电子访谈。调查的内容和主题大相径庭且范围广泛。也有综合性固定样本组，这些固定样本组常被用于在不同时点为不同的调查进行不同的横向设计。综合性固定样本组不同于在本章前面讨论的纵向设计中使用的固定样本组。回顾一下，在纵向设计中，对相同的样本和相同的变量进行重复测量。这样的固定样本组通常被称作真正的固定样本组，以区别于综合性固定样本组。

不管是定期调查还是固定样本组调查，都可以根据其内容大致分类为心理统计和生活方式调查、广告评估调查、一般性调查（见图 3—8）。

心理统计和生活方式调查 如前所述，心理统计是指对个人的心理特征和基于心理的生活方式（比如品牌忠诚度和风险偏好）进行测量。生活方式是指一个社会或者社会中某一细分群体的独特的生活模式，比如丁克（DINKS）生活方式以金钱富裕和时间匮乏为特征。这类测量指标一般被称为行为（activity）、兴趣（interest）和意见（opinion），简称 AIOs。例如，战略商业视角公司（www.strategicbusinessinsights.com）进行一项年度消费者调查，目的是对消费者进行 VALS（价值观与生活方式）细分，也可以提供关于消费者生活方式的某一方面的信息。GfK（www.gfk.com）对 5 000 名参与休闲运动和娱乐活动的消费者进行了一项年度调查。几家企业进行调查以汇编以家庭、子邮政编码（如 30308－11149）和邮政编码为单位的人口统计和心理统计信息，这些信息可以通过订阅方式获取。对那些努力获取内部产生的数据来进行数据库营销的客户企业而言，这些信息尤其有价值。星巴克决定推出 VIA，部分原因是受辛迪加生活方式调查的影响，该调查指出世界上许多地方的消费者想要买价格更低的高质量咖啡。同时，美国以外的许多消费者在喝速溶咖啡，因为冲泡很容易。

广告评估调查 这类调查的目的是测量广告受众的规模及特征，并评估印刷和广播媒体广告的有效性。这一领域著名的调查有盖洛普和罗宾逊（Gallup and Robinson）的杂志影响调研服务（Magazine Impact Research Service，MIRS），该服务测量杂志广告的有效性（www.gallup-robinson.com）。

盖洛普和罗宾森也提供电视广告与其他媒体（如广播、报纸与直邮）广告的测试。益百利西蒙斯（www.experian.com）在大样本调查对象中进行四种不同的调查来监控杂志、电视、报纸与广播等媒体。Gfk MRI（www.gfkmri.com）是另一家可以提供媒体、产品与服务的家庭消费信息的公司。

一般性调查 调查也可能是出于多种其他目的，包括了解购买和消费行为。盖洛普（www.gallup.com）通过电话访问对 1 000 个家庭随机样本进行多个主题的调查。由 Harris Interactive（www.harrisinteractive.com）每周开展的哈里斯民意调查也是基于对 1 000 名 18 周岁及以上的成人这一全国代表性样本进行电话访谈，它同样涵盖了广泛的主题。盖普索（www.ipsos.com）也使用综合性固定样本组对多个主题进行一般性调查，详见接下来的"调研实践"专栏。

调研实践

治疗流感

每年大约有 20 万人因流感并发症而住院，大约有 36 000 人死于流感并发症。大多数死者和患病者是老人和慢性病患者。在美国感染流感的可能性高达 20%。

益普索保健（Ipsos Healthcare，一家全球保健市场调查企业）通过其综合服务，对 18 岁及以上的 879 位家庭户主的全国代表性样本进行了调查。其目标是确定人们接种流感疫苗的地点和频率。

结果显示，家中至少有一个受抚养人的调查对象中，少于半数（42%）的人表示，在过去六个月内受抚养人接种过流感疫苗。在过去六个月内接种疫苗的人群中，大部分人声称去医生（43%）或其雇主（23%）处接种，较少有人（尤其是 18～44 岁的人群）去药店与大商场的零售诊所接种，这表明人们对这些保健服务场所的认知度和接受度较低。鉴于只有不到一半的人接种了流感疫苗，政府应该开展一项教育活动，引用流感统计数据以促使人们去接种流感疫苗。药店和大商场的零售诊所应该举办营销活动，以提升人们对在这些场所接种疫苗的认知度和接受度。[4]

调查的用途与优缺点 调查是获取消费者动机、态度与偏好信息的主要手段。为收集心理统计和生活方式数据而设计的调查可以用来进行市场细分、描述消费者特征或确定消费者偏好。调查最大的优势是灵活：访谈中可以问大量的问题，可以使用视觉辅助、包装、产品或其他道具。抽样过程也允许瞄准具有非常具体的特征的调查对象。

因为调查人员主要依赖调查对象的叙述（自我报告），所以以这种方式收集的数据也有很大的局限性。人们所说的并不总是他们实际所做的。如果调查对象记忆有误或者感到压力而给出"正确"的答案，就会产生误差。此外，样本可能会有偏差，问题可能表达不当，访谈人员可能没有正确地说明或指导，调研结果可能被错误地理解。

尽管在收集原始数据和二手数据时，调查仍然十分流行，但是购买固定样本组和媒体固定样本组在追踪消费者的行为方面表现更佳。

调研概要

当查找有关活动、兴趣、观点、信念、态度、动机和偏好的数据时，调查是最好的选择。要收集原始数据、二手数据、辛迪加数据，调查法仍然十分流行。调查可以在对一般总体或指定的目标总体具有代表性的样本中进行。

互联网调研

J. D. Power 助力福特

作为福特汽车公司的 CEO，你将采用怎样的市场营销战略来提升福特车的可靠性和形象？

访问 J. D. Power 的网站 www.jdpower.com 并写一份简短的报告，汇报其最近的汽车可靠性调研的结果和方法。你将如何利用 J. D. Power 的汽车可靠性调研以及其他二手数据和辛迪加数据，来帮助福特公司提升其汽车的形象？你将如何利用社交媒体向福特公司推荐市场营销战略？

购买/媒体固定样本组

购买/媒体固定样本组是由在一定时间内，用日记本或互联网记录其购买和行为的个人、家庭或组织群体构成的。与为了进行调查而建立的固定样本组不同，购买/媒体固定样本组最显著的特点是调查对象或电子设备在特定行为发生（如产品购买或媒体消费）时就将之记录下来，这使得信息更为准确。以前是将发生的行为记在日记本里，然后每隔 1~4 个星期将日记本返还给研究机构。如今，纸质日记本已经逐渐被电子日记本取代。现在，大部分固定样本组都是在线的，用电子手段将行为记录下来（由调查对象在线录入或由电子设备自动记录）。根据所记录信息的类型，这些固定样本组可以分为购买固定样本组或者媒体固定样本组。媒体固定样本组可以进一步按所记录的媒体消费的类型分为电视、广播、互联网、移动终端或社交媒体等几类。

值得一提的是，调查固定样本组、购买固定样本组、媒体固定样本组并不是相互独立的类别。有些固定样本组也可以包含两种甚至所有三种类型。比如，索福瑞集团（www.tnsglobal.com）（凯度集团成员）使用电子固定样本组将调查信息与被动测量实际行为的点击流数据相结合，从而得到关于消费者行为及其原因的更精准和更完整的信息。

购买固定样本组 从购买固定样本组（purchase panels）获取的数据通常可作为调查数据的补充。购买固定样本组中的调查对象在日记本或互联网上记录其购买行为。NPD 集团（www.npd.com）是为众多行业和市场收集及在线交付市场信息的领先供应商。NPD 集团将调查所得信息与调查对象对其行为的记录相结合，产生有关消费行为、行业销售、市场份额、关键人口统计趋势的报告。通过大约 200 万注册的成年人和青少年的在线固定样本组，可以获取包括时尚、食品、娱乐、房产、技术与汽车在内的诸多产品类别的消费者信息。调查对象提供关于购买品牌和数量、支付价格、是否有特价、购买点、产品的预期用途方面的详细信息。固定样本组的结构对美国整体人口具有代表性。由固定样本组提供的信息可以被消费产品企业（如高露洁-棕榄）用于确定品牌忠诚度和品牌转换以及各个品牌的重度使用者的特征。

媒体固定样本组 在**媒体固定样本组**（media panels）中，电子设备自动记录成员的媒体消费行为，以补充日记记录。媒体固定样本组可根据测量的电视、广播、互联网、移动终端和社交媒体的消费分类。同样，这些分类并不是相互排斥的，可以建立一个固定样本组监控多个媒体的消费，以便客户公司能决定最优的媒体组合。随着一些形式的娱乐可以通过多种媒体进行消费，这一点变得更为重要。比如，可以在电视机、移动终端或互联网上观看电视节目。也许最广为人知的是尼尔森公司（www.nielsen.com）的电视固定样本组。尼尔森监控每档节目每分、每秒的观众数，测量观众观看一档节目的时长以及多久再回看该节目。这种类型的信息使得电视台能够培育关系、最大化节目有效性并确定广告费率。因其固定样本组的广泛性以及所采用的方法，尼尔森电视观众测量数据提供了关于电视观众的更为丰富的观点。

通过尼尔森在线服务，尼尔森实时跟踪与收集家庭用户和企业用户的互联网使用情况。它报告以下内容：网站和电子商务活动，包括属性、域名、独特站点的访问次数；按照站点与类别的排序；时间与频率的统计数据；信息流模式；电子商务交易。2010年9月27日，尼尔森宣布开发出"尼尔森网络活动评分"（Nielsen Online Campaign Ratings），首次提供了类似于尼尔森电视收视率的用户数据。尼尔森的移动部门利用选择性加入的固定样本组来测量50 000多个移动订阅者的账单活动。依据这些账单数据，尼尔森报告许多内容，从移动用户发送多少短信到他们下载什么样的铃声和游戏。

购买/媒体固定样本组的用途与优缺点 购买固定样本组提供的信息有助于预测销售，估计市场份额，评估品牌忠诚度和品牌转换行为，确定特定用户群的特征，测量促销的有效性以及控制门店的试销。在星巴克的调研实践中，来自购买固定样本组的数据显示，在美国以外的市场，速溶咖啡占咖啡销量的大约40%。媒体固定样本组产生的信息有助于确定广播和电视网络的广告费率，选择适当的节目，描述观众或者听众子群的特征。广告主、媒体计划人员和购买者会发现固定样本组信息特别有用。

与调查数据相比，固定样本组数据的优点在于数据准确、能产生纵向数据。购买固定样本组成员在有购买行为时记录信息，排除了回忆误差。电子设备记录的信息会更准确，因为设备排除了人为误差。

固定样本组数据的缺点包括：固定样本组成员可能对更大的总体不具备代表性，维护固定样本组的过程中存在回答偏差。购买/媒体固定样本组的招募者试图使固定样本组的构成能够完全反映总体。然而，某些群体往往不能被充分代表，比如少数族裔和受教育程度低的人群。这些因素会改变固定样本组成员的行为，从而产生回答偏差。

调研概要

从固定样本组中可以很好地获得关于某种购买和媒体消费习惯的信息。固定样本组产生的纵向数据有助于检测诸如品牌忠诚度和品牌转换等在一段时间内的变化。

互联网调研

尼尔森在线

尼尔森在线报告超过90%的全球互联网活动,并提供关于互联网世界的见解,包括观众、广告、视频、电子商务和消费者行为。

访问尼尔森的主页www.nielsen.com。在顶部的菜单栏上,选择"Measurement",再选择"Online"(如果有所变化,就在尼尔森网站搜索"online measurement")。回答下列问题:

1. 描述尼尔森在线测量的方法。
2. 尼尔森如何招募在线固定样本组成员?
3. 在页面底部的"Feature News & Insights"下,确定并讨论尼尔森在线测量的一个最近的应用。

电子扫描仪服务

我们现在描述不同形式的扫描仪数据,并讨论其用途及优缺点。通过在收银机上使用电子扫描仪读取顾客所购物的通用产品代码(Universal Product Code,UPC),可以获取**扫描仪数据**(scanner data)。专业收集此类数据的最大的辛迪加企业是尼尔森(www.nielsen.com)和信息资源公司(Information Resources,www.iri-worldwide.com)。这些公司汇编并出售数据,这些数据告诉订阅者其产品相较于竞争者的销售状况。可以利用唯一的条形码为每一个品项进行这类分析。能够收集的信息类型包括品牌、口味和包装大小等。有三种扫描仪数据可供使用:销量追踪数据、扫描仪固定样本组数据、有线电视扫描仪固定样本组数据(见图3—8)。

销量追踪数据 销量追踪数据(volume-tracking data)由拥有电子结账柜台的超市或其他终端收集。当收银员扫描消费者购买的商品时,数据就被自动地录入电脑。从电子扫描仪记录上收集的销售数据提供不同品牌、尺寸、价格、口味或配方的购买信息。然而,这些信息并不能与消费者的背景特征相结合,因为在购买信息被扫描时消费者的身份信息并未被记录。这些信息是在全国范围内从安装了电子扫描仪的超市样本中收集到的。提供销量追踪数据的扫描服务包括SCANTRACK(尼尔森公司)和InfoScan(信息资源公司)。SCANTRACK每周从4 800多家门店的样本中收集数据,这代表了52个主要市场的800多家零售店。InfoScan监控超过34 000家超市、药店以及大众商品零售终端。

扫描仪固定样本组数据 扫描仪固定样本组(scanner panels)中的每个家庭成员得到一张可以在收银机上被电子扫描仪读取的身份卡。每次购物时,扫描仪固定样本组成员在结账柜台出示身份卡。这样消费者的身份可以与购买的产品、购物的日期和具体时间相关联。这使得公司可以建立该顾客的购物记录，从而生成纵向数据。有些公司给固定样本组成员分发手持扫描仪，让他们可以在家扫描所购物品。尼尔森的"家庭扫描"（Homescan）全球消费者固定样本组记录全球 27 个国家超过 25 000 个家庭的购买行为。

有线电视扫描仪固定样本组数据 有线电视扫描仪固定样本组（scanner panels with cable TV）是扫描技术的一种更为先进的应用，它将扫描仪固定样本组与有线电视业的新技术相结合。这些固定样本组中的家庭是市场上某个有线电视系统的付费用户。利用有线电视的"划分"方式，调研人员把不同的广告分配至固定样本组成员的家庭中。例如，一半家庭在下午六点的新闻节目中看到测试广告 A，另一半家庭则看到测试广告 B。两个群体的购买行为都通过扫描数据跟踪并相互比较，以确定哪个测试广告更有效。这使得营销调研人员能够在一种相对自然的环境中进行很有效的对照试验。这种技术也提供了一种开展目标营销的方法。比如，可以只给可口可乐的消费者播放，来确定他们是否会被诱导而更换品牌。信息资源公司的行为扫描（Behavior Scan）系统包含这样的固定样本组。目前已经开发的一些系统，可允许广告传送到没有使用有线电视系统的家庭中。因为这些固定样本组可以从所有有电视的家庭，而并不只是安装了有线电视的家庭中选择，所以可以避免仅测试安装有线电视的家庭所带来的误差。

扫描仪数据的用途与优缺点 扫描仪数据可以用于许多目的。全国性的销售跟踪数据能够用于追踪销售、定价、分销以及对早期预警信号进行建模和分析。有线电视扫描仪固定样本组能够用于测试新产品、重新定位产品、分析促销组合以及进行广告和定价决策。这种对销售点的营销活动的即时反馈有助于经理评价现有的市场营销方案并制定新方案。

与调查或购买固定样本组收集的数据相比，扫描仪数据不仅获取速度更快，而且往往更准确。可以减少因人工数据收集导致的回答偏差，因为调查对象较少意识到他们自己是固定样本组成员。电子数据的收集也消除了由于回忆有误带来的误差。扫描仪提供了研究相当短时间内的销售活动的能力。

扫描仪的另一个优点是能记录定价、促销和陈列等店内变量。最后，有线电视扫描仪固定样本组提供了一个高度可控的环境来测试备选的促销信息。

扫描仪数据的一个主要缺点是缺乏代表性。只有配备了扫描仪的零售商才被包含在调研中。诸如食品仓储店和量贩商等零售业态可能被排除在外。此外，在某些地理区域很少使用扫描仪。尽管扫描仪数据可以提供购买行为和销售方面的信息，但是它们并不提供特定选择背后的态度、偏好和原因方面的信息。

调研概要

扫描仪服务是获得消费类包装商品购买信息的快速、准确的来源。扫描仪固定样本组可以收集纵向数据，因为购买数据与消费者特征相关联，所以可以非常详细地分析这些数据。

互联网调研

扫描薯片

作为乐事薯片的市场营销经理,你将如何制定正确的价格?

访问尼尔森公司的网站 www.nielsen.com,撰写一份关于其 SCANTRACK 服务的简要报告。你将如何使用 SCANTRACK 确定乐事薯片的最优价格?在这方面对社交媒体进行分析是否有用?为什么?

机构数据的辛迪加服务

我们已经讨论了从消费者和家庭处收集的辛迪加数据。电子系统与人工系统也可以用来收集机构和行业数据。如图 3—9 所示,可以通过对零售商和批发商进行审计来收集辛迪加数据,也可以通过行业服务收集有关行业企业和组织的数据。

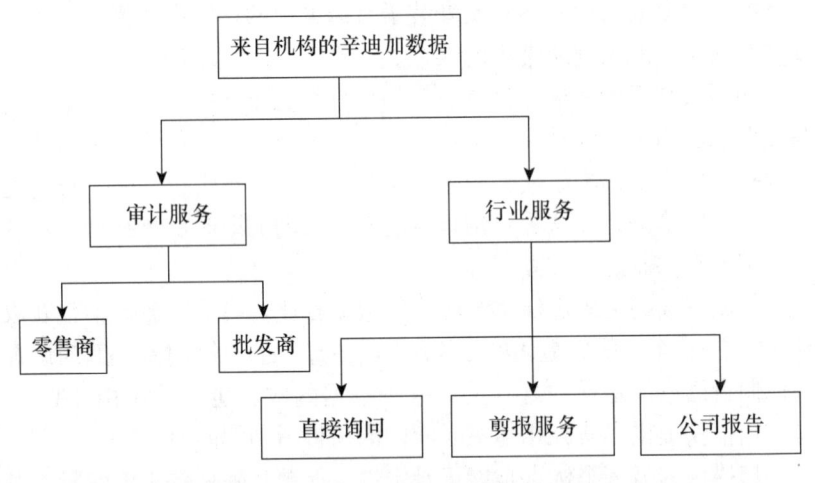

```
           来自机构的辛迪加数据
           ┌──────┴──────┐
        审计服务         行业服务
        ┌──┴──┐      ┌────┼────┐
      零售商  批发商  直接询问 剪报服务 公司报告
```

图 3—9 辛迪加服务的分类:机构

零售商和批发商审计

为批发商和零售商收集产品移动数据被称作**审计**(audit)。这些定期审计可以是对库存进行实物清点,也可以通过与扫描过程的连接来进行管理。这些审计跟踪库存流、现有库存水平以及促销与定价方案对库存水平的影响。

实物审计是通过检查实物记录或分析库存来对产品移动进行正式的检查与确认。传统审计的一个例子是尼尔森的便利店追踪,该项目对 30 个当地市场上的便利店进行零售审计。GfK(www.gfk.com)也提供零售审计,提供对所有类型的零售和服务终端上的产品分销的最新测量。其审计包括销售点(POS)审计、销售点陈列、品牌审计、价格核查、促销规范、产品审计与库存供应审计。为了使结果更加迅速与准确,店内审计使用掌上电脑以电子方式追踪 UPC 信息。零售商审计数据对消费品公司很有帮助。比如，假设宝洁公司正考虑推出一个新的牙膏品牌，那么零售审计可以帮助其确定总体市场的规模以及不同类型终端和不同区域的销量分布。

批发审计与零售审计相类似，可以监测仓库货物的提取。参加审计的经营者包括连锁超市、批发商和冷冻食品仓库在内，通常占当地总量的80%以上。现在，审计越来越多地通过扫描仪数据与电子记录而不是实物检查和确认来进行。

审计数据的用途与优缺点 审计信息可用于：(1) 确定不同类型的终端、区域或城市各种品类和品牌的市场规模和市场份额；(2) 评估竞争活动；(3) 识别分销问题，包括货架空间分配和存货问题；(4) 确定销售潜力与预测；(5) 根据销量来计划和监控促销资源的分配。审计提供零售和批发层面上的许多产品的相对准确的移动信息。这些信息可以按若干重要的变量（比如品牌、终端类型、市场规模等）来分类。在星巴克的调研实践中，零售审计确定了全球速溶咖啡的市场规模高达170亿美元。

然而，实物审计的主要缺点在于其有限的覆盖面以及汇编和报告库存数据所导致的延迟。通常在审计周期结束和报告发布之间有两个月的间隔。实物审计的另一个缺点是，与扫描仪数据不同，审计数据不能够与消费者特征相关联。实际上，将审计数据同广告费用和其他营销努力相联系是很困难的。

调研实践

与隐形眼镜市场保持联系

全球对隐形眼镜的需求保持强劲，美国、欧洲和亚洲的市场价值持续增长。GfK对这些地区进行的隐形眼镜的零售审计显示，从2011年7月到2012年6月的12个月内，市场呈全面持续的扩张之势。

根据调研结果，被追踪的亚洲国家和地区——中国大陆、马来西亚、韩国、中国台湾、中国香港、新加坡——的价值增长率为三大地区中最高，达7.4%。美国和欧洲分别以4.8%和3.2%的增长率居于其后，但仍然尽力实现了比上一年上升大约1个百分点的业绩。对诸如博士伦（www.bausch.com）这样正致力于渗透南亚市场的隐形眼镜公司来说，这样的调研发现很有价值。[5]

调研概要

使用审计服务可获得关于零售商和批发商的辛迪加信息。审计信息在确定市场潜力、规模和份额以及评估竞争性活动方面很有帮助。

行业服务

行业服务（industry services）提供关于工业企业、商业企业和其他机构（包括非营利组织）的辛迪加数据。这些辛迪加调研服务还收集北美行业分类系统（NAICS）中几乎每个类别的财务、运营和雇用数据。这些数据是通过直接询问、监控报纸的剪报服务、行业刊物或广播以及公司报告中收集到的。与消费品公司相比，机构企业可利用的辛迪加数据的范围和来源更加有限。邓白氏公司提供关于美国及国外的企业的报告。

邓白氏（www.dnb.com）全球商业数据库提供全球超过 2.25 亿家上市和私人公司的一键式访问。找到某家公司后，你可以获取关键的公司数据，包括完整的地址信息、基于北美行业分类系统的业务详情、企业规模（销售额、净价值、员工数）、主要负责人的姓名、总部所在地、国内母公司/全球母公司等。

这些数据在形成 B2B 销售计划和直销清单、估计行业内市场潜力和份额，以及设计总体营销战略时非常有帮助。与年销售额、地理覆盖、供应商关系和分销渠道相关的企业统计数据仅仅是 B2B 市场计划人员可获得的信息类别的一小部分。

行业服务的用途与优缺点 行业服务提供的信息有助于制定销售管理决策，包括识别前景、定义销售范围、规定配额，以及按照地理区域估计市场潜力。它还能够辅助广告决策，如确定预期目标、分配广告预算、选择媒体、评估广告效果。这类信息还有助于细分市场，并为目标市场上的细分群体设计特定的产品和服务。

由行业服务提供的信息对形成 B2B 营销中的调研设计很有帮助。这些数据非常准确，但是通常仅局限于上市公司，并且数据的传播往往受到公司自身的控制。调研人员必须留意报告数据的完整性，以及这种形式的调查对象自我报告带来的偏差。这些数据在信息的性质、内容、数量和质量方面有一定的局限性。

调研概要

使用行业服务可获得工业企业和机构的信息。这类信息对在 B2B 市场上进行调研很有帮助。

整合不同来源的信息：单一来源数据

将不同来源的数据整合到一起可以提升二手数据的价值。这种做法在辛迪加服务中被称为单一来源研究。单一来源研究跟踪从最初的广告沟通到产品购买的全部营销过程。这些过程将人们的人口统计和心理统计信息与其看电视、阅读和购物的习惯相关联。综合使用调查、购买/媒体固定样本组、电子扫描仪来整合上述信息。制造商的定价和促销活动也与这些消费者数据相结合。因此，**单一来源数据**（single-source data）提供有关家庭变量和营销变量的整合信息，家庭变量包括媒体消费和购买，营销变量包括产品销售、价格、广告、促销和店内营销活动。

信息资源公司从覆盖地区、全国和个体市场层面的由大约 70 000 个招募的家庭组成的全国代表性家庭固定样本组中收集消费者购买信息。通过聚焦于影响品牌和品类绩效的消费者动态，这些信息可用于为营销人员提供战略指导。通过电子手段可跟踪这些家庭完整的多渠道购买的信息。固定样本组家庭使用被称为 ScanKey 的简单家用扫描设备，来记录其在所有终端的购买行为。固定样本组成员未被要求记录除生产商优惠券以外的任何有因果关系的信息。降价信息由扫描仪记录，特征和陈列由信息资源公司的店内人员记录，以确保销售记录准确、无偏差。单一来源数据的其他例子包括由 GfK MRI（www.gfkmri.com）提供的"消费者洞察"和"尼尔森细分解决方案"（www.nielsen.com）。尼尔森将普查数据、关于购物和生活方式的消费者调查以及购买数据相结合来识别市场细分。星巴克在决定推出 VIA 时，也使用了单一数据来源。

调研概要

在使用辛迪加服务时，可考虑单一来源数据以获取有关家庭的整合信息。单一来源数据通过以边际附加成本提供更完整的消费者"画像"来增加价值。如价格和促销等营销管理变量往往是单一来源数据的组成部分，将进一步提升此类数据的有效性。

如何进行在线搜索获得外部二手数据

以下是利用在线搜索（包括社交媒体）获得相关的外部二手数据的一般性搜索流程：

1. 利用关键词搜索图书馆的在线数据库。图书馆可以提供丰富的数据库信息。这应当是调研的起点。

2. 在谷歌（www.google.cn）、雅虎（www.yahoo.cn）、知乎（ask.com）、必应（www.bing.com）和其他可能的搜索引擎上进行搜索。使用高级搜索选项来进行更具体的查询，缩小搜索范围。

3. 为获取行业和公司财务信息，搜索财经网站，如谷歌财经（www.google.com/finance）、CNNMoney（money.cnn.com）、雅虎财经（finance.yahoo.com）、彭博社（www.bloomberg.com）、Wikinvest（www.wikinvest.com）或类似的网站。为了获取某个特定公司的信息，可使用交易代码来获得股价报价。股价信息包括与其他财务数据相关的资料。这里所列出的每个财经网站都能获得某个具体公司的交易代码。

4. 垂直搜索引擎可以用来查询特定行业的信息。比如，ChemIndustry.com 可以搜索关于化工行业的文章，Ebuild（www.ebuild.com）可以搜索建筑行业的信息，ThomasNet（www.thomasnet.com）可以搜索工业企业的情况，Lawyers.com 和 Findlaw.com 可以搜索法律信息。

5. 如果需要的话，对社交媒体进行搜索：

a. 可以使用以下博客搜索引擎来查找博客：Technorati（www.technorati.com）、IceRocket（www.icerocket.com）、Bloglines（www.bloglines.com）或谷

歌博客搜索（www.google.com/blogsearch）。Blogpulse（blog.pulse.me）是由尼尔森在线运营的，跟踪1亿多个博客。

　　b. 搜索Facebook和MySpace。Facebook致力于为网页主、广告主与平台开发者开发分析工具。IceRocket致力于MySpace.com（经典或新版的MySpace）上的搜索。

　　c. 进行Twitter搜索。社交媒体的流行趋势汇总在"Twitter流行话题"（www.twitter.com）上，包括Twitter上的常用语。

　　d. 搜索YouTube（www.youtube.com）可获取视频，搜索Flickr（www.flickr.com）可获得有关照片。如果对照片特别感兴趣，可搜索其他的照片分享网站，比如Snapfish（www.snapfish.com）、Shutterfly（www.shutterfly.com）、Photobucket（www.photobucket.com）。

　　e. 如果对播客感兴趣，可搜索苹果的iTunes（www.apple.com/itunes）、播客中的"Who's who"。也可以搜索Podnova（www.podnova.com）与Podcast Alley（www.podcastalley.com）。

　　f. 搜索社交书签网站，比如Delicious（www.delicious.com）、Digg（www.digg.com）、Mixx（www.mixx.com）、Chipmark（www.chipmark.com）、Linkroll（www.linkroll.com）与StumbleUpon（www.stumbleupon.com）。

　　g. 网站新闻聚合器（比如博客订阅）通过使用简易信息聚合（RSS）可便利地收集和阅读出版信息。可使用它们来聚合和简化你的研究。

　　6. 可以从敏特公司（www.mintel.com）和MarketResearch.com获得营销调研报告。其他公司可提供更专业的报告。比如，Packaged Facts（www.packaged-facts.com）编制与食品、饮料、消费性包装产品和特定人口群体相关的营销调研报告。大众新闻网站比如道琼斯路透商业资讯（www.dowjones.com/factiva）上也提供一些有用的信息。

　　7. 从本章中所描述的辛迪加企业处购买报告和信息。

调研概要

当在线搜索外部二手数据时，应当从搜索图书馆数据库入手，然后使用流行的搜索引擎。搜索财经网站，并使用垂直搜索引擎来搜索特定行业。如果适合的话，可对社交媒体进行搜索。可搜索营销调研报告和辛迪加来源。

国际营销调研

　　对于本章所讨论的调研设计的每个步骤中所使用的各种方法，在应用于全球前都必须在存在文化差异的情况下重新评估。考虑到环境和文化的差异性，在某国适用的调研设计可能并不适用于另一个国家。以在美国和沙特阿拉伯确定家庭对于大家电的态度为例。在美国进行探索性调研时，可以让丈夫和妻子一起参加焦点小组座谈。但是在沙特阿拉伯就不适合这样做。因为在他们的传统文化中，妻子不可能随意参与丈夫出席的活动。此时，更有用的方式是与样本家庭中的男主人和女主人实施一对一的深度访谈。在国际营销调研中可获得大量的二手数据。与国内调研的情况一样，问题不是缺少数据，而是可得数据太多，因此需要将各种来源进行分类。二手的国际数据来自国内的政府和非政府来源。最重要的政府来源包括美国商务部（www.commerce.gov）、美国国际开发总署（www.usaid.gov）、美国小企业管理局（www.sba.gov）、美国进出口银行（www.exim.gov）、美国农业部（www.usda.gov）、美国国务院（www.state.gov）、美国劳工部（www.dol.gov）、纽约和新泽西港口管理局（www.panynj.gov）。美国商务部不仅提供大量的出版物，还提供多种其他的服务，如为出口商提供国外购买者项目、中介事务、贸易访问、出口合同清单、国外商务和海关统计等方面的服务。另一个非常有用的来源是中情局"世界概况"（World Factbook）（http://www.cia.gov）。

非政府组织，包括位于美国的国际组织，也能够提供关于国际市场的信息。这些数据来源包括联合国（www.un.org）、经济合作与发展组织（www.oecd.org）、国际货币基金组织（www.iccwbo.org）、世界银行（www.worldbank.org）、国际商会（www.iccwbo.org）、欧盟驻美办事处（www.eurunion.org）和日本对外贸易组织（www.jetro.org）。最后，可从外国政府、位于海外的国际组织、行业协会、辛迪加企业等处获得本地来源的二手数据。

国际调研项目中二手数据的评估比国内调研项目更加重要，但难度也更大，因为有关测量方法的具体信息可能无法得到。幸运的是，有些辛迪加企业正在开发大型国际二手数据来源，从知名企业那里获得信息会比自己收集信息更加理想。

调研实践

唐恩都乐向亚洲扩张

在进入韩国之前，唐恩都乐开展了探索性调研以及随后的描述性调研，以了解韩国人的心理统计和生活方式趋势。探索性调研包括二手数据和辛迪加数据的分析以及随后的焦点小组座谈。描述性调研包括在重要的购物场所和街道进行个人访谈。这些调研有一些重要的发现：

- 韩国人习惯在家里吃早餐。
- 年轻男女和青少年在下午或晚上逛街。
- 韩国人喜欢仔细品尝他们的饭菜和饮料。
- 年轻的韩国人是技术迷，是社交媒体的重度使用者，互联网的渗透率很高。
- 18~29岁的韩国人对试用新产品更加开放。原因是他们"（想要）与其父母区别开"。他们的品牌意识也很强。
- 韩国人并不像美国人那样大量消费咖啡，他们更爱喝茶。

基于这些观点，公司的产品最初定位于 18~29 岁的年轻人。于是，唐恩都乐在商店配置了毛绒椅、Wi-Fi 接入和等离子显示屏电视。在其他咖啡促销活动中，公司邀请了名人为品牌代言。在保持产品形象和外观的过程中，唐恩都乐以"天然和有机"为亮点来吸引具有健康意识的消费者。诸如绿茶拿铁和美味的当地口味的大豆甜圈也包含在菜单中。

截至 2014 年，唐恩都乐在除美国以外的 30 个国家拥有 3 100 多家门店。由于公司使用了探索性调研和描述性调研，因此韩国的连锁店获得了很大的成功。[6]

调研概要

在收集国际二手数据时，可尝试辛迪加企业以及其他国内和国外的来源。关键的一点是，在评价国际二手数据的相关性和适用性时，要使用评价国内二手数据所用的相同标准。

营销调研和社交媒体

社交媒体在探索性、描述性和因果性调研中都是适用的。社交网络适用于营销调研的一个原因在于，它消除了建立和维护传统的固定样本组所需的大量成本。比如，在 Facebook 上众多星巴克社区的成员数超过 10 万，没有一个社区是由星巴克发起的。这种基于品牌社区的固定样本组可能并不适用于所有类型的营销调研。然而，这种固定样本组可用于调查许多营销调研问题，诸如针对品牌的核心用户开发新产品。关键在于分析每个社交网络的特征，选择与你的调研目标最匹配的网络。比如，MySpace 的用户群大部分在 20 岁以下，而 Facebook 的用户有 40% 在 35 岁以上，Facebook 社区的用户比 MySpace 的用户更加富裕，受教育程度更高。这些网络社区可以用来招募营销调研固定样本组，正如迪士尼案例所示。

调研实践

迪士尼妈妈们

迪士尼建立了沃特·迪士尼妈妈固定样本组，来自潜在游客群的妈妈们回答有关公司主题公园和度假地的问题。2008 年，迪士尼建立了米老鼠妈妈俱乐部，这是一个上限为 10 000 个会员的在线社区。该社区成为所有迪士尼网站中访客最多的一个。访客每次访问平均花上 8~10 分钟，多于他们在任何其他迪士尼网站上花费的时间。网站访客也会比非会员花费更多的时间在迪士尼度假。迪士尼使用从此网站上收集的信息来纵向监控访客对其主题公园与度假地的反应和反馈。[7]

如图 3—6 所示，社交媒体可以是内部和外部二手数据的丰富来源。公司的博客、Facebook 网页或 Twitter 账户可以产生丰富的内部二手数据。外部社交媒体工具和网站提供有价值的数据库，调研人员可以筛选该数据库并分析相关的消费者信息。诸如博客或 Facebook 等社交媒体上的档案信息和帖子对于正在调研的问题给出了有关消费者感知和偏好的信息。尽管对调研人员而言，从期刊和互联网等常用的和传统的来源分析二手数据至关重要，但同样关键的是，社交媒体在反映消费者心声方面的重要性也不容忽视。社交媒体中有关不同讨论主题的观点为营销人员提供了在分析二手数据时应当关注的信息。

社交媒体的出现极大地提升了辛迪加企业接触到曾经难以接触的人群并倾听他们的对话的能力，而这些对话过去局限于邻里之间或个人真实的社交网络。技术的快速进步已经为诸如尼尔森这样的企业创造了信息的新来源。社交媒体富含大量定性和定量数据，传统的数据收集方法可能难以收集这些数据，而且使用传统数据收集方法收集此类数据更加费时费钱。辛迪加企业使用在社交媒体上收集的信息来了解市场、回答客户的问题、联系消费者与潜在参与者、实施在线调研，以及公布报告和公司信息。

调研概要

在社交媒体上可以实施所有类型的调研设计——探索性、描述性和因果性调研。社交媒体是内部和外部二手数据的来源。社交媒体已经为辛迪加企业创造了信息的新来源。

营销调研伦理

调研人员必须确保调研设计能够提供回答营销调研问题所需的信息。客户应该足够诚实，不曲解项目，应该对调研人员必须在何种约束下运作项目进行描述，并且不提不合理的要求。如果与客户联系不得不受到限制或者时间上有问题，客户应当在项目开始时就告知。客户从一家调研公司提交的方案中窃取具体细节，并将其转给真正为该客户执行项目的公司，就是不合乎伦理的。方案是属于准备该方案的调研公司的财产，除非客户已经为之付费。客户不应该对调研公司做出关于未来调研合同的错误承诺，来请求其在现在的项目上做出让步，以利用调研公司。

调研人员有伦理上的责任来确保二手数据与手头问题的相关性和有用性。应该用本章前面讨论的标准对二手数据进行评估。只有认定为合适的数据才能使用。用合乎道德的程序收集数据同样很重要。如果数据的收集伤害了调查对象或者侵犯了他们的隐私，数据可判定为不合乎伦理的。如果二手数据的使用者对不支持其利益或者观点的数据过于挑剔，同样也会产生伦理问题。

> **调研实践**
>
> ### 伦理之药会苦得难以下咽
>
> 美国最大的三家广播公司——美国广播公司（ABC）、美国全国广播公司（NBC）、哥伦比亚广播公司（CBS），一些广告机构以及主要的广告商不认同尼尔森的收视率调查结果。它们指责尼尔森的抽样方案和入侵式数据记录方法不妥。指责尼尔森主要是由于三大广播公司的收视率下降。2013年，广播电视网络的黄金时段收视率下降。比如，根据尼尔森的数据，2013年3月4日至10日这一周内，NBC的黄金时段平均收视率骤降至最低点。
>
> 广播电视网络并没有接受其受众数正在减少的观点，而是倾向于更加谄媚地评价其观众。收视率直接与广告收入挂钩，电视节目吸引的观众越多，在该时段播放广告收取的广告费就越高。广告费用在不同时段的差别很大，因此从广播电视网络的角度来说，它们期待准确的（或积极的）收视率数据。
>
> 像广播电视网络这样的垄断者常常拒绝创新并缺乏动力来改善流程。只要有钱赚，它们就会志得意满。但是，作为一个专业的营销调研供应商，尼尔森从伦理上讲应当尽其所能地提供准确的具有代表性的数据。使用者也有伦理责任，不能简单地因为数据不支持其观点就批评二手数据。最终，广播电视网络的主管们将不得不吞下现实的苦药：有线电视、直播卫星电视和互联网正在赢得广播电视的受众。[8]

考虑到二手数据的局限性，通常有必要收集原始数据，从而获得回答管理决策问题所需的信息。当调研问题要求收集原始数据时，单独使用二手数据会导致伦理问题。在客户为此项目支付固定费用，以及项目方案并没有详细规定数据收集方法的情况下，这一伦理问题会加剧。另一方面，在有些情况下，可能会单独从二手数据中获得所需信息，而没必要收集原始数据。仅基于二手数据就可以回答调研问题时，以高成本收集原始数据也是不合乎伦理的。如果以牺牲客户利益为代价提高调研企业的报价，就会使伦理问题变得更加严重。

调研概要

调研人员有伦理上的责任去进行调研设计，以一种有效和高效的方式获得所需信息。还应当评价二手数据的相关性，确保以合乎伦理和道德的方式收集数据。对于二手数据、辛迪加数据和原始数据的收集应该符合第一线客户的利益。二手数据的用户也有责任以一种合乎伦理的方式来使用它们。

戴尔运营案例

回顾本书末尾给出的戴尔案例（案例1.1）和问卷。回答下列问题：

1. 戴尔如何使用探索性调研去了解家庭消费者是怎样购买个人电脑和相关产品的？

2. 描述戴尔使用描述性调研的一种方法。

3. 描述戴尔使用因果性调研的一种方法。

4. 搜索互联网，查找戴尔和其他个人电脑经销商在美国的市场份额方面的最新信息。

5. 访问美国人口普查局的网站 www.census.gov。当戴尔寻求加强对美国家庭的渗透时，从美国人口普查局获取的哪些信息会有用？

6. 当戴尔寻求加强对美国家庭的渗透时，从社交媒体获取的哪些信息会有用？

7. 从辛迪加企业处可获取关于消费者技术应用的哪些信息？戴尔可以如何使用这些信息？（提示：访问 www.npd.com；在"Industries"下选择"Technology"。）

8. 从尼尔森的网站 www.nielsen.com 上获取的什么信息能够帮助戴尔评估其网站的有效性。

本章小结

调研设计是开展营销调研项目的框架或计划。它详细说明了项目应如何进行的具体事宜。调研设计可大致分为探索性的或结论性的。探索性调研的主要目的是提供对问题的见解。结论性调研被用来检验具体的假设和考察具体的关系。从结论性调研得出的结论可被用作管理决策的依据。结论性调研可能是描述性调研或因果性调研。

描述性调研的主要目的是描述市场特征或功能。描述性调研可以进一步分为横向调研和纵向调研。横向调研设计包括在某个单一时点从总体中个体的一个样本中收集信息。在纵向调研设计中，对固定样本进行重复测量。因果性调研设计的主要目的是获得关于原因和结果（因果）关系的证据。

与调研人员为解决手头的问题而专门收集的原始数据不同，二手数据起初是为其他目的而收集的。二手数据可以迅速获得，而且成本相对较低。但是，它们也有局限性，应该仔细加以评估，以确定是否适用于手头的问题。评估标准包括说明、误差、时效性、目的、性质和可靠性。

有大量的信息存在于客户组织内部，这些信息构成了内部二手数据。外部数据是由组织之外的来源产生的。这些数据可以分为企业/非政府数据、政府数据和辛迪加数据。政府来源可以大致分为普查数据和其他数据。

辛迪加来源是收集和出售为多家客户服务的共用数据库的公司。可以根据测量单位（家庭/消费者或者机构）对辛迪加来源进行分类。家庭/消费者数据可通过调查、购买/媒体固定样本组或者电子扫描仪服务来获得。当以机构作为测量单位时，数据可以从零售商、批发商或者工业企业和组织处获得。最好能将从不同来源获取的二手信息整合起来。

如果存在文化差异，本章中所讨论的调研设计的每个步骤中所采用的各种方法必须重新评估，之后才能在国际营销调研中应用。二手数据的几个专业来源对进行国际营销调研很有用。但是，二手数据的评估显得更加重要，因为这些数据的有用性和准确性变动很大。社交媒体适用于进行探索性调研、描述性调研和因果性调研。社交媒体是内部和外部二手数据的来源，也可用来收集原始数据。调研人员有伦理责任来确保调研设计能提供解决营销调研问题所需的信息。可能产生的伦理困境包括收集不必要的原始数据、当需要原始数据时只使用二手数据、使用不恰当的二手数据,以及使用在道德上有争议的方法收集二手数据。

关键术语

调研设计(research design)
探索性调研(exploratory research)
结论性调研(conclusive research)
描述性调研(descriptive research)
横向设计(cross-sectional design)
纵向设计(longitudinal design)
固定样本组(panel)
因果性调研(causal research)
原始数据(primary data)
二手数据(secondary data)
内部数据(internal data)
外部数据(external data)
数据库营销(database marketing)
辛迪加来源(syndicated sources)
调查(surveys)
观察(observations)
心理统计(psychographics)
购买固定样本组(purchase panels)
媒体固定样本组(media panels)
扫描仪数据(scanner data)
销量追踪数据(volume tracking data)
扫描仪固定样本组(scanner panels)
有线电视扫描仪固定样本组(scanner panels with cable TV)
审计(audit)
行业服务(industry services)
单一来源数据(single-source data)

复习题

1. 用你自己的语言定义调研设计。
2. 进行调研设计与确定调研方案有何不同?
3. 列出调研设计的主要组成部分。
4. 阐述探索性调研与结论性调研的区别。
5. 比较横向设计与纵向设计的区别。
6. 什么是因果性调研设计?它的目的是什么?
7. 原始数据与二手数据的区别是什么?
8. 评价二手数据的标准是什么?
9. 阐述内部二手数据与外部二手数据的区别。
10. 列举并描述二手数据的各种辛迪加来源。
11. 通过调查收集的信息有哪些特征?
12. 解释什么是固定样本组。购买固定样本组和媒体固定样本组之间有什么区别?
13. 与调查相比,购买/媒体固定样本组的相对优势是什么?
14. 通过电子扫描仪服务能够收集哪几种数据?
15. 什么是审计?讨论审计的优点和缺点。
16. 描述行业服务提供的信息。
17. 为什么最好使用二手数据的多种来源?
18. 在社交媒体中如何实施探索性调研与描述性调研?
19. 讨论社交媒体作为二手数据的来源的应用。

应用题

1. 甜味曲奇公司计划推出一款新的曲奇饼干，想评估市场规模。新款曲奇为混合的巧克力和菠萝口味，定位于高端市场。对社交媒体进行分析，确定消费者对曲奇的偏好。讨论应该采用的调研设计。

2. 从二手来源获取最近5年内汽车行业销售数据以及主要汽车制造商的销售数据。

3. 选择一个行业。利用二手来源，获取去年行业销售数据以及行业中主要厂商的销售数据。估计每一个主要厂商的市场份额。从另一个来源获取关于这些厂商所占市场份额的信息。这两种估计值一致吗？

注释

[1] www.reuters.com/article/rbssRestaurants/idUSN1733179320090217, accessed May 22, 2013; and http://foodbeverage.about.com/od/Food_Entreprenur_Spotlight/a/Most-Memorable-New-Product-Launches-Part-2_3.htm, accessed March 22, 2012.

[2] Ellen Byron, "Hola: P&G Seeks Latino Shoppers," *Wall Street Journal* (September 15, 2011): B1–B2.

[3] www.lexisnexis.com, accessed May 4, 2013.

[4] www.ipsos.com, accessed May 20, 2013; Synovate, "New Survey: Flu Shot Still Not Catching on, Especially at Retail Clinics," www.synovate.com/news/article/2009/02/new-survey-flu-shot-still-not-catching-on-especially-at-retail-clinics.html, accessed January 4, 2012.

[5] www.gfk.com, accessed May 20, 2013.

[6] www.dunkindonuts.com, accessed March 23, 2013; and Julie Jargon and Sungha Park, "Dunkin' Brands Eyes Asian Expansion," online at http://online.wsj.com/article/SB124405624845382149.html, accessed March 23, 2012.

[7] http://disneyworld.disney.go.com/wdw/mmc/index?id=MMCLoginPage&bhcp=1, accessed January 4, 2013; and Paul Gillin, *Secrets of Social Media Marketing* (Fresno, CA: Quill Driver Books, 2009).

[8] David Bauder, "NBC Ratings Sink Even Lower: Peacock Network Posts Its Lowest Prime-Time Viewership Average Ever," online at www.huffingtonpost.com/2013/03/12/nbc-ratings-lowest-ever_n_2862714.html, accessed May 20, 2013; Sam Schechner and Lauren A. E. Schuker, "NBC Unable to Shake Slide in Ratings," *Wall Street Journal* (October 24, 2011): B1, B11; Katy Bachman, "Arbitron, Nielsen Face Off in Out-of-Home TV Ratings," *MediaWeek*, 17(29) (August 6, 2007): 6; Anonymous, "Ratings Broken? Demand Better," *Advertising Age*, 74(49) (December 8, 2003): 22; Donna Petrozzello, "Arbitron Moves to Offer Audio Measuring," *Broadcasting & Cable*, 126(36) (August 26, 1996): 38; Steve McClellan, "New Nielsen System Is Turning Heads," *Broadcasting* (May 18, 1992): 8.

第4章 定性调研

> 我拥有数学学位,却成为定性调研的狂热使用者,因为从好的定性调研中我可以获得丰富的见解。
>
> ——福特汽车公司福特信贷全球消费者洞察部主任玛丽·克卢普(Mary Klupp)

本章概要

在第2章中提到,定性调研是一种依据小样本来洞察和理解问题的非结构化、探索性的调研方法。与二手数据分析(见第3章)一样,定性调研是探索性调研所用的一种主要方法。调研人员利用定性调研来定义问题或确定调研方案(见第2章)。在确定调研方案的过程中,定性调研经常被用来提出假设以及确定调研中应该包括的变量。如果不进行结论性调研或定量调研,那么定性调研与二手数据分析就成为调研项目的主要部分。本章主要探讨定性调研与定量调研的区别,以及各自在营销调研项目中的作用。我们提出定性调研的分类,并详细讨论主要的技术,即焦点小组座谈和深度访谈。我们还将考察被称为投影法的间接方法。此外,本章也讨论了在国际市场以及社交媒体中进行定性调研时应当考虑的问题,识别了定性调研产生的若干伦理问题。图4—1给出了本章与营销调研过程之间的关系。让我们通过下面的实例来感受定性调研及其在营销调研中的应用。

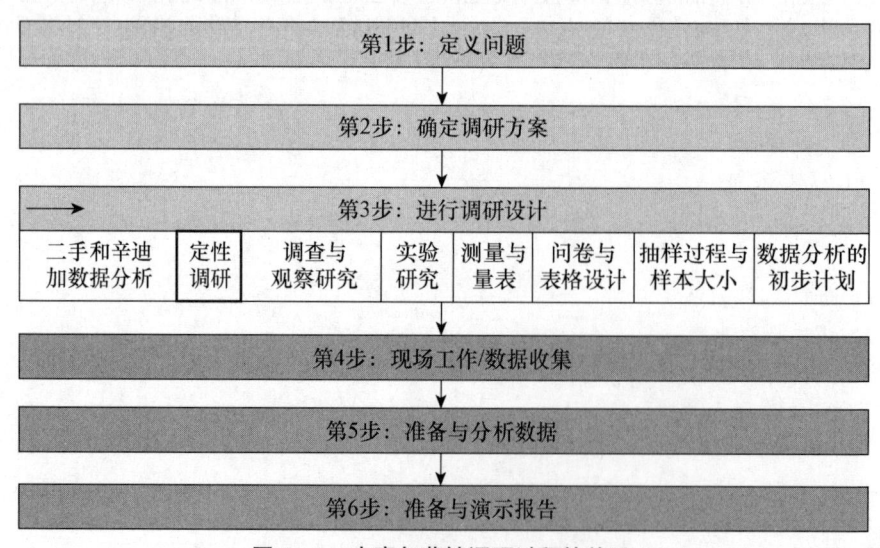

图 4—1 本章与营销调研过程的关系

学习目标

阅读本章后,学生应当能够:

1. 从目的、抽样、数据收集与分析以及结果等方面解释定性调研与定量调研的区别。
2. 理解各种形式的定性调研,包括直接法(如焦点小组座谈和深度访谈)和间接法(如投影法)。
3. 详细描述焦点小组座谈,以计划与执行焦点小组座谈及其优缺点和应用为重点。
4. 详细描述深度访谈技术,指出其优缺点和应用。
5. 详细解释投射法,讨论其优缺点和应用。
6. 讨论在国际环境中实施定性调研时应考虑的事项。
7. 讨论利用社交媒体收集和分析定性数据。
8. 理解在进行定性调研时涉及的伦理问题。

调研实践

100卡路里的零食攻势

对目前美国食品消费的分析显示,美国人越来越关注自身健康。缩减腰围也意味着销售纳贝斯克(Nabisco)品牌的 Mondelez International(www.mondelezinternational.com)这类垃圾食品公司的利润下降。这就反过来迫使企业进行一些营销调研以扭转不利局面。

首先,公司进行了定性调研,旨在理解母亲的动机和购买零食的行为。纳贝斯克通过焦点小组座谈来了解母亲对于孩子们的午饭以及零食的感受。挑选焦点小组调查对象的标准是:在家里一周至少要吃两次以上零食的年幼孩子的母亲。调研人员准备了详尽的主持人讨论提纲,来理解为孩子提供零食时母亲的动机和担忧。纳贝斯克实施了焦点小组座谈,每组8~12人。结果显示,家庭(特别是母亲)会努力减少孩子的零食以降低他们的卡路里摄入量。研究发现,母亲尤其喜欢那些卡路里含量低的小份零食。同时,方便性也很重要。把零食分割成独立包装的快餐食品成为一种流行趋势。

调查也验证了上述研究结果,于是纳贝斯克推出了100卡路里零食包。包内包括纳贝斯克著名的奥利奥、趣多多薯条、乐芝饼干以及其他几种零食的低卡路里品种。结果取得了成功:在推出一年后,它们为纳贝斯克带来的收入突破1亿美元,能够取得这一业绩的食品公司不到1%。截至2014年,由于初次上市的巨大成功,纳贝斯克拓展了100卡路里零食的产品线。

现在,公司必须重视将食品和健康联系起来的这种新方法,必须进行自己的营销调研来发现其产品定位的新思路,并在市场中获得一席之地。[1]

上述例子说明，通过焦点小组座谈等定性调研可以获得对消费者潜在行为的丰富见解。

原始数据：定性调研和定量调研

在第3章中提到，调研人员获取原始数据是为了解决手头问题这一特定目的。如图4—2所示，原始数据可以是定性的或定量的。定性调研与定量调研的区别与第3章讨论的探索性调研与结论性调研的区别相似。

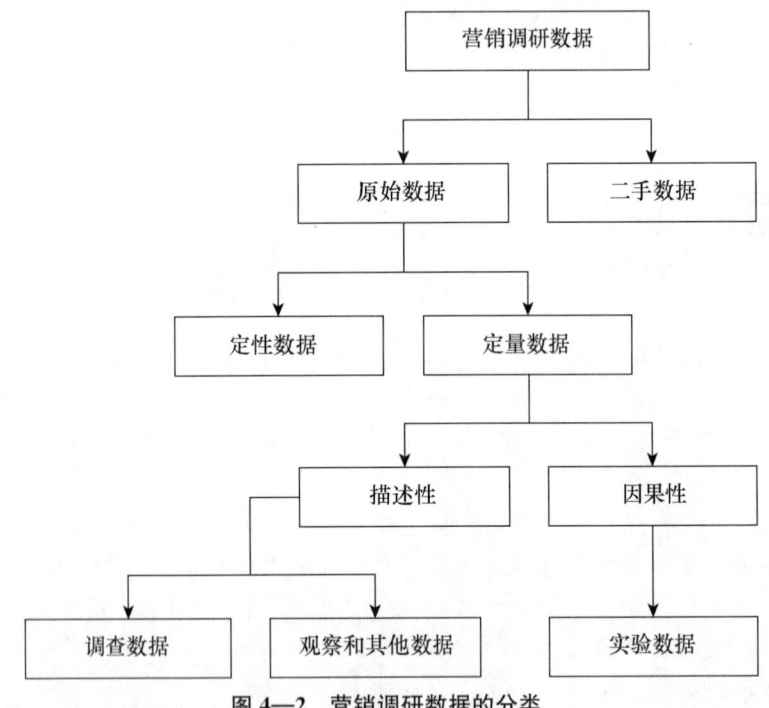

图 4—2 营销调研数据的分类

表4—1概括了这两种调研方法的区别。**定性调研**（qualitative research）提供关于问题背景的看法和理解，而**定量调研**（quantitative research）设法量化数据，通常使用某种形式的统计分析。每当一个新的营销调研问题出现时，定量调研必须在正确的定性调研之后进行。定性调研有助于更深刻地理解问题的环境背景（见第2章）和基本事项，并为定量调研奠定了基础。在大多数新的或非常规的营销调研项目中，要先做定性调研，然后才是定量调研。本章前面的"调研实践"专栏说明了这一点。纳贝斯克先通过焦点小组座谈形式进行定性调研，然后以调查的形式开展定量调研。

表 4—1　　　　　　　　　　　　　　定性调研与定量调研

	定性调研	定量调研
目的	提供关于潜在的原因与动机的定性理解	量化数据并用从样本得到的结果推断至目标总体

续前表

	定性调研	定量调研
样本	数量少的无代表性的个案	大量的有代表性的个案
数据收集	非结构化的	结构化的
数据分析	非统计分析	统计分析
结果	形成最初的理解	建议最终的行动方案

如果一个营销调研项目被重复操作，企业就不必进行定性调研。比如每月例行的顾客满意度调查，在上次调查之后，环境背景未发生变化。但是当被视为结论性调研、被用来对所感兴趣的总体进行定量估计和推断时，定性调研的结果将被误用。营销调研中的一个正确原则就是将定性调研与定量调研视为相互补充的而不是相互竞争的。

调研概要

当进行一项新的营销调研项目时，在实施定量调研之前，应该先进行正确的定性调研。定性调研有助于更深刻地理解问题的环境背景和基本事项，并为定量调研奠定基础。然而，如果一个营销调研项目被重复操作，企业就不必进行定性调研。

定性调研方法的分类

图4—3展示了定性调研方法的分类。根据调查对象是否了解项目的真正目的，定性调研分为直接法和间接法两大类。**直接法**（direct approach）对调研的目的不加掩饰，该目的对调查对象是公开的，或者从所问的问题中显而易见。焦点小组座谈与深度访谈是主要的直接法。相比之下，采用**间接法**（indirect approach）的调研掩饰项目的真正目的。例如，在一项评价百事（测试）广告的调研中，还要求调查对象评价其他食品的广告（填补广告）。这样操作可以掩饰调研的真实目的，即评价百事广告。下面详细讨论每种方法，首先从焦点小组座谈开始。

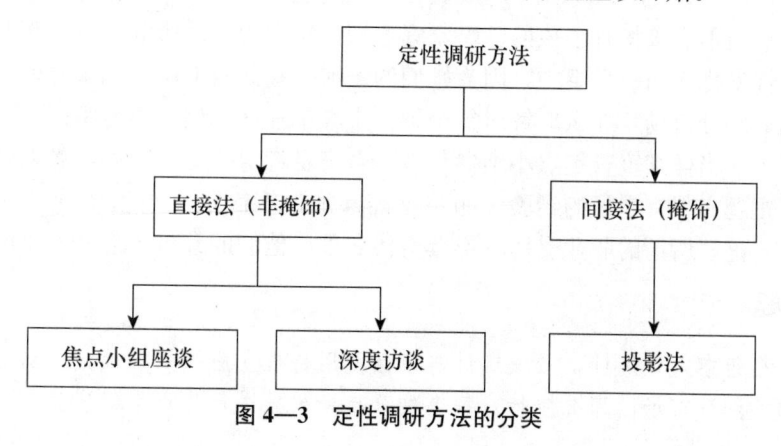

图4—3 定性调研方法的分类

焦点小组座谈

焦点小组座谈（focus group）是由训练有素的主持人以非结构化的、自然的方式对一小群调查对象进行的访谈。主持人引导讨论，主要目的是从适当的目标市场中抽取一群人，通过听取他们谈论调研人员所感兴趣的话题来得到有关见解。这一方法的价值在于从自由的小组讨论中经常可以得到意想不到的发现。

焦点小组座谈是最重要的定性调研方法。这种方法很常用，因而许多营销调研人员将这种方法视为定性调研的同义词。纳贝斯克开发100卡路里零食包的案例就具体说明了焦点小组座谈的应用。现在，美国成百上千的机构每周进行数次焦点小组座谈。一场典型的焦点小组座谈的成本为6 000～8 000美元。考虑其重要性与普及性，我们将详细描述焦点小组座谈的主要特征。

特征

表4—2概括了焦点小组座谈的主要特征。一个焦点小组一般包括8～12人。不足8人的小组不太可能产生成功的座谈所需的活力与群体动力。同样，多于12人的小组会因成员过多而不利于形成紧凑、自然的讨论。纳贝斯克进行的焦点小组座谈就遵循了这一原则。

表4—2　焦点小组座谈的特征

小组规模	8～12人
小组组成	同质的、预先筛选的调查对象
物理环境	轻松的、非正式的气氛
时间长度	1～3小时
记录	利用录音和录像
主持人	主持人有观察、互动与沟通技能

一个焦点小组应当在人口统计、心理统计与产品使用特征上具有同质性。小组成员间的共性可以避免小组成员在枝节问题上发生冲突和相互影响。因此，一个女性小组不应该将有小孩的已婚家庭主妇、年轻的未婚职业女性、年长的离婚和丧偶女性安排在同一小组中，因为她们的生活方式截然不同。如果营销调研项目覆盖不同的细分市场，那么应针对每个细分市场单独进行焦点小组座谈。

应当仔细审查焦点小组参与者是否满足特定的要求。参与者对所要讨论的事物或主题必须有丰富的经验。那些已经参加过多次焦点小组座谈的人不应该包括进来。这些所谓的职业受访者不具有代表性，他们的参与会带来严重的有效性问题。

调研概要

焦点小组在人口统计、心理统计与产品使用特征上应该是同质的。如果营销调研项目包括不同的细分市场，那么应针对每个细分市场单独进行焦点小组座谈。

焦点小组的物理环境也很重要。轻松的、非正式的气氛可鼓励大家进行即兴评论。会前和会议过程中应该备有零食与饮料。虽然焦点小组座谈可以持续1~3小时，但通常为1.5小时。在这段时间里应该与参与者和谐相处，并深入挖掘他们关于讨论主题的信念、感受、想法、态度和观点。对焦点小组座谈必须如实记录，通常会进行录像，以便之后重放、转录和分析。录像的优点是可以记录面部表情和身体动作，但也会大大增加成本。通常，客户从隔壁的房间利用单面镜来观察会议进程。录像传送技术使客户可以远程观察焦点小组会议。例如，地处康涅狄格州桑弗德市的焦点视野网络公司（www.focusvision.com）提供这样的会议录像系统。

主持人对于焦点小组座谈的成功起着重要作用。主持人必须与参与者和谐相处，推动讨论进程，并鼓励调查对象发表看法。另外，主持人在分析与解释数据时起着核心作用。因此，主持人应当有技巧，有经验，有讨论主题与营销调研项目的知识，并理解群体动力的实质。

调研概要

主持人对焦点小组座谈的成功和调研结果的有用性起到关键作用。因此，需认真选择主持人，并确保主持人对营销调研项目充分了解。

计划与执行焦点小组座谈

图4—4描述了计划与执行焦点小组座谈的流程。计划开始于确定定性调研的目的。这包括考察营销调研项目的目的。大多数情形下，在这个阶段之前就已经定义了问题。如果确实如此，应当仔细研究问题的宽泛陈述与具体组成部分。调研人员需要根据问题的定义来清晰界定定性调研的目的。在进行任何定性调研之前，

```
确定定性调研的目的
        ↓
陈述焦点小组座谈的目的
        ↓
    编写甄别问卷
        ↓
    起草主持人提纲
        ↓
    进行焦点小组座谈
        ↓
  准备焦点小组座谈报告
```

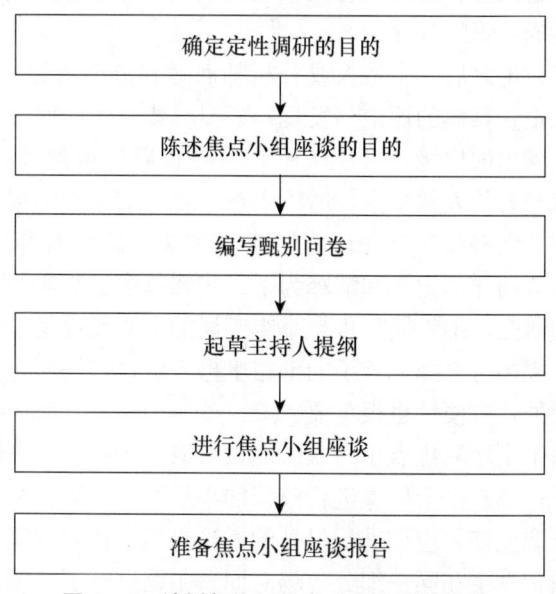

图4—4 计划与执行焦点小组座谈的流程

无论采用焦点小组座谈、深度访谈还是投影法，都必须明确目标。在纳贝斯克的调研实践中，定性调研的目的是理解妈妈们的动机与零食购买行为。

下一步是确定有关焦点小组座谈目的的详细清单。这可以采用将调研人员想询问的问题列表的形式。在纳贝斯克的案例中，焦点小组的研究目的是了解妈妈们对孩子们的午餐与零食有怎样的感受。然后准备一份用来甄别潜在参与者的问卷。甄别问卷中获取的典型信息包括产品熟悉程度和知识、使用行为、对焦点小组座谈的态度和参与情况，以及标准的人口统计特征。在纳贝斯克的焦点小组座谈中，选择焦点小组调查对象的标准是那些每周至少为年幼孩子提供两次零食的妈妈。只有满足这些标准的调查对象才会受邀参加焦点小组会议。

应当拟定一份供主持人在焦点小组座谈中使用的详细提纲。这需要调研人员、客户和主持人之间进行充分的讨论。该提纲应当规定讨论主题、讨论主题的顺序以及每个主题上花费的时间。应当确定要深入讨论哪些主题，以及使用哪些活页挂图、其他视觉辅助用品、产品和其他刺激物。主持人使用提纲能减少焦点小组座谈所固有的一些信度问题，例如不同主持人不以可比较的方式来讨论相同的内容。在纳贝斯克的案例中，主持人的提纲触及了妈妈们为孩子提供零食时的动机和顾虑。[2]

调研概要

应当为主持人准备一份详细的提纲，供其在焦点小组座谈中使用。这份提纲应该列出讨论主题、讨论主题的顺序以及每个主题上花费的时间。确定将探讨哪些主题，以及使用哪些活页挂图、其他视觉辅助用品、产品和其他刺激物。

在制定详细的提纲后，需要招募参与者并组织焦点小组座谈。在座谈过程中，主持人必须：（1）与参与者建立融洽的关系；（2）说明小组互动的规则；（3）设定目标；（4）追问应答者并就有关领域促成热烈的讨论；（5）努力对小组发言加以总结以确定达成共识的程度。

在小组讨论之后，主持人或分析师回顾和分析数据并准备焦点小组座谈报告。分析师不仅报告具体的评论与发现，还要寻找一致的回答、新观点、面部表情与肢体语言所流露出的担忧，以及从所有参与者那里得到或者没有得到证实的其他假设。因为参与者的人数很少，所以焦点小组总结通常不报告频率与百分比。报告一般包括诸如"大多数参与者认为"或"在这个话题上参与者存在分歧"之类的表述。关于座谈的详细记录和解释为下一步骤奠定了坚实的基础，这通常意味着要进行进一步的研究。纳贝斯克焦点小组座谈的主要发现是：家庭特别是妈妈们试图通过把零食分成多份来降低孩子的卡路里摄入量；妈妈们特别喜欢小包装和低卡路里的零食；此外，方便性也很重要。[3]

关于单个主题的焦点小组座谈的数目取决于：（1）主题的性质；（2）不同细分市场的数目；（3）每个依次进行座谈的小组所产生的新观点的数目；（4）时间与成本。如果资源允许，应该进行另外的讨论直到主持人能完全预期小组未来将讨论的内容。这通常发生在同一细分市场对同一主题进行了3场或4场小组讨论以后。建议至少要进行2场小组讨论。纳贝斯克进行了10场焦点小组座谈，恰好为一项大型营销调研项目的 6~15 场典型数量的中间值。

焦点小组座谈的优点和缺点

焦点小组座谈非常流行，因为它具有许多优点。来自真实顾客的直接而丰富的评论使得该技术相当有用。群体互动比个体访谈能产生更多的信息、见解与观点。因为一个人的观点会引起其他人出乎意料的反应，从而产生参与者响应相互观点的滚雪球效应。这些响应通常是自发的和坦诚的，能产生丰富的见解。与个人访谈相比，焦点小组座谈更能产生意料之外的、更独特和有创造性的观点。

然而，上述特质在使得焦点小组座谈如此强大的同时也导致了其更加严重的局限性。焦点小组座谈的缺点不应被忽视。小组成员往往清晰且明确地阐述其观点，这可能促使调研人员和管理者将调研发现视为结论性的，而不是探索性的。焦点小组座谈也很难主持。结论的质量严重依赖主持人的技巧。遗憾的是，拥有全部合适技巧的主持人少之又少。此外，回答的非结构性特征使编码、分析、解释变得困难。

如果能够正确实施和使用，焦点小组座谈可以有广泛的运用。这一点在环球唱片公司（Universal Music Group，UMG）的调研实践中得以体现。

调研实践

环球唱片公司

环球唱片公司（www.universalmusic.com）拥有世界上最大的音乐出版发行业务。考虑到音乐产业不断变化的特点，环球唱片公司通过焦点小组座谈和后续调查的方式进行了营销调研。在市场调查中访问了 1 162 名调查对象，其中 235 名的年龄为 13~15 岁，其他人是成年人。定性的焦点小组座谈和定量的调查都涉及四个关键的人口统计细分市场："孩子"（13~15 岁）和三个不同的技术采用群体——分别称为"科技先锋"、"主流"和"落后者"。

落后者表现出的行为不同于孩子和科技先锋等细分市场。落后者听许多 CD 唱片（54% 的人每周至少听一次），但只有 18% 的落后者每周至少听一次从 CD 拷贝到电脑上的音乐，尚不及孩子和科技先锋者的 1/3。从网上下载音乐方面的对比更加明显，85% 的落后者表示，他们从不听下载的音乐，或者这项活动"不适合"他们。

调查的研究发现与焦点小组座谈一致，落后者的评论包括：

R："我听广播或 CD。（土又怎么样！）"

J："我在厨房只听 CD 和广播，开车时也是如此。"

S："我不相信下载会长久——太容易出现硬件故障、病毒或其他问题。"

使用便携式设备听音乐也有类似的情况。在定量调查中，超过一半（52%）的调查对象经常或有时听下载到便携式设备（iPod、手机、MP3 播放器等）上的音乐。在孩子中，这一比例高达 81%，但只有 22% 的落后者有这样的行为。落后者不使用这些技术的原因很简单：没兴趣。64% 的落后者对通过便携式设备听音乐不感兴趣，正如焦点小组座谈发现的那样：

> J:"我从来不认为自己需要一个 iPod，尽管我的女儿有一个。"
> S:"我喜欢音乐、广播特别是 CD，但不是随时萦绕耳边以及从别人的设备中播放出来。"
>
> 根据这些研究发现，环球唱片公司决定和戴尔公司合作推出预装音乐软件。所有歌曲均来自环球唱片公司的曲库，有两种规格和价位：25美元的50首音乐包或45美元的100首音乐包。音乐包有六个主题（如，"午后轻音乐"、"古典音乐"、"蓝调大师"等），目标人群为落后者和主流两类细分市场。因为只有六个主题，这部分细分人群不会被决策所困扰，而且他们应当能够找到自己喜欢的音乐，然后一键下载。
>
> 针对另外两部分细分人群（孩子和科技先锋），环球唱片公司宣布将音乐视频授权给青少年社交网站 Kiwibox.com，以吸引年轻的网民，而不是 YouTube 或 MySpace 这类青年友好型但并不聚焦于青年人的知名网站。因此，它将能迎合孩子和科技先锋者的喜好，通常这些新一代的年轻人大部分时间在上网并且边工作边听音乐。[4]

调研概要

切勿对焦点小组座谈的发现进行推断而得出对目标总体的定量估计值。焦点小组座谈的目的是丰富定性的理解，而不是计算统计估计值和预测值。

互联网调研

玖熙走向西部：渗透女鞋市场

访问 www.ninewest.com，并搜索互联网，包括社交媒体和图书馆在线数据库，以获得关于玖熙（Nine West）营销策略的信息。

作为营销经理，你将会制定什么营销策略以帮助玖熙快速渗透女鞋市场？你会如何利用焦点小组座谈？

在线焦点小组座谈

在线焦点小组座谈正变得越来越流行，因为与传统焦点小组座谈相比，它更加便捷、成本效益更高、完成速度更快。营销调研公司运用互联网技术创建虚拟的焦点小组设施，包括等待室、焦点小组室和客户室。一般从曾表示有参与兴趣的人员在线清单中预筛选调查对象。有些调查对象是通过电子邮件清单、网络拦截、横幅广告或传统方式（电话或邮件）招募的。他们需要在线填写一份甄别问卷以确保符合调查条件。合格的调查对象受到邀请参加焦点小组座谈，并收到一封包含时间、网址、聊天室名称和密码等信息的电子邮件。因为调查对象数量太多会引起混乱，所以与面对面会议相比，在线焦点小组的参与人数比较少。

在焦点小组座谈开始之前，参与者收到关于座谈的信息，包括如何通过打字来表达情感等细节。情感可以使用键盘符号来体现，在互联网上已经形成标准的用法。例如，":-)"和":-("分别表示笑脸和哭脸。这些情感标识通常在需要表达情感的地方插入文本。情感还能够用不同的字体或颜色来表达。参与者还可以通过访问指定网址、阅读信息或者将真实的电视广告下载到个人电脑上观看，来事先浏览焦点小组座谈的主题。然后，在焦点小组座谈开始之前，参与者登录网站并得到最新的指示。

当焦点小组座谈开始时，他们要进入一个网络聊天室。他们可找到焦点小组的网址，点击"进入焦点小组室"。进入之前，他们必须提供先前通过电子邮件得知的聊天室名称、用户名和密码。当调查对象进入等待室时，主持人早已登录，并通过一份甄别问卷来核对他们的身份。一旦进入聊天室，主持人与参与者实时地通过打字来彼此传递信息。按照惯例，主持人提问时所有字母都大写，要求调查对象回答时首字母大写、其余字母小写。调查对象还被要求在每次回答的起始处必须标明题号，这样主持人可以很快地将回答与对应的问题联系起来。这使得焦点小组会议的转录工作快速且容易。小组成员的交互讨论持续大约60～90分钟。小组讨论一结束，就可以得到原始记录稿，在48小时内可以得到一份编辑好的记录。整个过程比传统的面对面焦点小组方法更快。提供焦点小组座谈的公司包括Harris Interactive（www.harrisinteractive.com）和Burke（www.burke.com）等。

调研概要

当目标调查对象能熟练地使用互联网时，可采用在线焦点小组座谈。与传统的面对面焦点小组座谈相比，在线焦点小组座谈更加便捷、成本效益更高、完成速度更快。

在线焦点小组座谈的新形式层出不穷。例如在线公告栏焦点小组座谈，主持人和调查对象在较长一段时间内互动。因此，调查对象可以在他们方便的时候来思考和回复。又如20|20调研公司的公告栏焦点小组（www.2020research.com），在较长一段时间内参与者进行深度讨论。根据调研目标，参与者在3～5天内讨论几次。这段较长的时间使得调查对象能够对他人的想法做出反馈，提出一己之见，这在常规的1.5小时焦点小组会议中是不可能做到的。还有其他形式的在线定性调研，如博客、留言板、在线媒体网站和在线社区。福特福星的例子可以说明，利用上述方法能够获取一些有用的见解。在线焦点小组座谈表明，消费者正在寻找一种混合动力汽车，它成功地将燃料的经济性与丰富的驾驶乐趣融合起来，并具有舒适的驾驶体验与灵敏的操控性。福特福星2014混合动力型汽车的设计就是源自这些建议。结果呢？全新的福特福星2014混合动力车型成为最受欢迎的国产轿车。

在线焦点小组座谈的优点和缺点

在线焦点小组座谈有许多优点。全国甚至全世界的人都可以参与，而且客户可以在家里或办公室方便地观察座谈过程。互联网使调研人员能够接触到通常难以调查的人群，如医生、律师、其他专业人士，以及生活繁忙和对参加传统焦点小组座谈不感兴趣的人。

主持人还可以与单个调查对象私下谈话，以在感兴趣的领域深入探讨。人们在网上回答问题时一般较少隐瞒，更愿意表达自己的想法。由于不涉及旅行、录像或其他设备的费用，在线焦点小组座谈的成本远比传统的焦点小组座谈低，公司可以将成本保持在传统焦点小组座谈的1/5～1/2。另外，在线焦点小组座谈实施起来速度更快。

然而，在线焦点小组座谈也有其自身的局限性。只有那些有电脑并会用电脑的人才能接受网上调查。由于互联网上个人的姓名通常是保密的，因此核实一个调查对象是否属于某一目标群体比较困难。为了克服这种局限性，传统方法（如电话访谈）可以用来招募与核实调查对象。网上无法观察身体语言、面部表情和感受语气语调，即使借助电子表情符号也无法像录像那样捕捉所有的情绪变化。

另一个必须考虑的因素是无法全面控制调查对象所处的环境及其所接受的干扰性外部刺激。由于在线焦点小组成员可能遍布全球，因此调研人员和主持人不知道调查对象在参加此焦点小组座谈的同时还可能在做什么。仅有声像刺激能够用来进行测试，产品不能摸（如衣服）或闻（如香水）。此外，难以像传统焦点小组座谈那样让客户深入参与在线焦点小组座谈。

互联网调研

在线定性调研

1. 为了体验设计和分析在线公告栏调研的步骤，访问 www.2020research.com，选择 "Tools and Service"，点击 "QualBoard" 按钮播放视频。

2. 访问 e-FocusGroups (www.e-focusgroups.com)，观看在线视频焦点小组座谈如何运作的演示录像。

深度访谈

深度访谈（depth interview）是获取定性数据的另一种方法。我们将描述实施深度访谈的一般过程，然后讨论深度访谈的优点、缺点和应用。

实施深度访谈

与焦点小组座谈一样，深度访谈是获取数据的一种非结构化的直接法。但是与焦点小组座谈不同的是，深度访谈是一对一进行的。深度访谈是一种非结构化、直接的人员访谈，由高度熟练的访问员对单个调查对象提问，从而挖掘关于某一主题的潜在动机、信念、态度和感受。

深度访谈的时间长度从30分钟到1个多小时不等。为了说明这一技术，我们以百货商店购物这一情形为例。访问员先从一个一般性问题开始，如："您在百货商店购物有何感受？"然后鼓励调查对象自由谈论自己对百货商店的态度。问完开始的问题之后,访问员转而采用非结构化的形式。后面的访谈方向取决于调查对象的最初回答、访问员的深层探究以及调查对象的答案。假设调查对象对第一个问题的回答是"购物一点乐趣也没有"。访问员就应该接着问"为什么购物没有乐趣?"等类似问题。如果回答不是很有启发性("购物中的乐趣已经消失了"),访问员可以追问,比如"以前购物为什么有乐趣?发生了什么变化?"

虽然访问员试图遵从一个大致的提纲,但问题的具体措辞和提问顺序受调查对象的回答的影响。追问对于得到有意义的答案和揭示隐藏的问题至关重要。可以通过询问"你为什么这么说?""那很有趣,你能再谈点吗?"或者"你是否愿意再补充点什么?"等类似问题进行追问。下面这个例子可以说明追问有助于发现有价值的信息。

调研实践

伊丽莎白雅顿:对新生代的诉求

伊丽莎白雅顿(www.elizabetharden.com)拥有、制造和授权 100 多种香水,并通过大型零售商分销 200 多种香水。公司营销的品牌包括伊丽莎白雅顿、红门、第五大道和白色肩膀以及伊丽莎白·泰勒白色钻石等。2008—2010 年美国经济衰退导致香水销量下滑,伊丽莎白雅顿再次证明名人往往能使精良的产品锦上添花。

为了将其市场目标群体拓展至青少年人群,伊丽莎白雅顿对这一年龄段的女性进行了深度访谈。选择深度访谈而非焦点小组座谈是因为使用香水更多的是个人体验,需要通过深度追问才能揭示一个香水品牌吸引年轻女性的真正原因。结果发现,青少年女性越来越渴望追赶比她们年龄稍大的女性的潮流。此外,数字媒体替代了电视,成为她们生活方式的一部分。

根据这些信息,伊丽莎白雅顿选择"小甜甜"布兰妮作为形象代言人,以吸引年轻消费人群。这促使化妆品公司推出了"Britney Spears Curious"这款化妆品,在大众的眼光聚焦在布兰妮的私生活上时十分巧妙地进入市场。促销活动包括一个网站活动——曝光布兰妮和她的神秘情人进入酒店房间,以及一个在线移动号码提交系统——该系统可以返回来自布兰妮本人的语音信息。口碑像野火一样快速传播,根据 Thomson-South Western 的统计结果,在七周时间内有 27 000 名年轻人收到来自布兰妮的信息。因为年轻人频繁地使用网络,Britney Spears Curious 先是选择网络进行营销,随后才选择电视和其他媒体。

通过利用深度访谈发现的青少年追星狂潮,伊丽莎白雅顿推出最畅销的新款香水。截至 2014 年,Britney Spears Curious 依然畅销,给公司带来了丰厚的利润。[5]

如伊丽莎白雅顿的例子所示,追问可以有效地发现潜在的或隐藏的信息。追问是深度访谈不可分割的组成部分。

访问员对于深度访谈的成功起着举足轻重的作用。访问员应该:(1)避免权威感;(2)让调查对象放松;(3)公平客观,讨人喜欢;(4)以寻求信息的方式来提问;(5)不接受简单的"是"或"否"的答案;(6)追问调查对象。

调研概要

追问对于深度访谈至关重要，应当使用追问来发现隐藏的信息和问题。深度访谈的一对一性质非常有利于对个体调查对象进行深入提问，在焦点小组座谈中不可能有效地做到这一点。访问员在深度访谈中起着非常重要的作用。

深度访谈的优点和缺点

深度访谈能够比焦点小组座谈揭示更深层次的观点。此外，深度访谈中的答案是与调查对象直接对号入座的，而在焦点小组座谈中有时很难确定是哪一个调查对象做出了某一特定的回答。深度访谈中不存在顺从群体意见的社会压力，因此可轻松自在地交流，这在焦点小组座谈中是不可能做到的。

深度访谈也具有焦点小组座谈的许多缺点，并且往往更严重。有能力实施深度访谈的有经验的访问员要价高且难找；访谈的非结构化使结果易受访问员的影响，结果的质量与完整性在很大程度上取决于访问员的技巧；所得到的数据很难分析与解释，因此需要有经验的心理学家参与数据分析；访谈的时长与高成本意味着一个项目中深度访谈的数目很少。尽管有这些缺点，深度访谈仍然有一些应用。当需要对调查对象进行细节追问（如汽车购买），主题比较敏感或容易受到强势社会规范的影响（如大学生对于约会的态度），或者消费体验是感性的或复杂的（如使用香水、沐浴液）时，深度访谈是有用的。当调查对象是专业人士（如企业营销调研人员），或者对相互是竞争者的调查对象进行访谈（如旅行社对航空旅行套餐的态度）时，该技术也是有效的。

调研概要

当需要追问细节、讨论主题比较敏感或受到强势社会规范的影响，或者消费体验是感性的或复杂的时，应当进行深度访谈。当调查对象是专业人士或互为竞争者时，该方法也是有效的。

互联网调研

"更多人出行携带维萨卡吗"

搜索互联网，包括社交媒体和图书馆在线数据库，以获得人们为什么使用信用卡的信息。

进行两次深度访谈以确定人们使用信用卡的原因。

作为维萨卡的营销经理，你将如何利用关于人们使用信用卡的原因的信息来增加你的市场份额？

投影法

焦点小组座谈与深度访谈属于直接法，调研的真实目的对调查对象公开或者本来就很明显。投影法则与这两种技术不同，因为该方法试图掩饰调研的目的。**投影法**（projective technique）是非结构化的间接方式的提问，以鼓励调查对象投射他们对于调研主题的潜在动机、信念、态度或感受。投影法要求调查对象解释别人的行为而不是描述自己的行为。通过解释别人的行为，调查对象间接地将自己的动机、信念、态度或感受投射到该情形下并描述自己的行为。这样，通过分析调查对象对于非结构化、模糊、不明确的情形的反应来揭示他们的态度和潜在的观点。投影法的基础是临床心理学，其研究表明，情境越模糊，调查对象越能影射出其情感、需要、动机、态度和价值观。在一项具有里程碑意义的研究中，美国邮政服务公司（U. S. Postal Service，USPS）利用投影法来探究为什么大多数8～13岁的男孩不把集邮作为他们的爱好。样本中的一群男孩观看一个10岁的男孩把一张邮票粘贴在他的集邮册上的照片，然后描述刚才的情景并形容那个男孩的特征。大多数的调查对象认为照片中的男孩有"娘娘腔"。这一发现也被调查研究所证实，之后美国邮政服务公司发起了一项针对8～13岁男孩的广告活动，打消了他们认为集邮有"娘娘腔"之嫌的观念。广告中，一位非常著名的后卫在足球场上带领他的队伍取得了胜利，然后回到家里和他的10岁儿子一起在集邮册上粘贴邮票。

调研概要

在描述模糊的情境时，调查对象将投影他们自己的潜在价值、态度和信念，这些可以通过分析其回答而得以揭示。当解释别人的行为时，调查对象间接地将自己的动机、信念、态度或感受投射到该情形下并描述自己的行为。

常用的投影法包括：词语联想法、句子完成法、图片响应法和漫画测试法、角色扮演和第三者技术。

词语联想法

在**词语联想法**（word association）中，向调查对象每次展示一个词语列表，之后要求他们说出浮现在脑海里的第一个词。所感兴趣的词语称为测试词，散布在整张表中，表中还包括一些中立或填补词语用来掩饰调研的目的。例如，在百货商店的调研中，测试词可能是"位置"、"停车"、"购物"、"质量"和"价格"。调查对象对于每个词的回答被逐字记录并计时，以便确认犹豫不决或理智作答（定义为停顿3秒钟以上才回答）的调查对象。

这种方法的基本假设是，联想可以让调查对象透露他们对于有关主题的内在感受。通常把这种联想划分为喜欢、不喜欢或中立等类型。个人的响应模式和具体回答可用来确定该调查对象对调研主题的潜在态度或感觉。

调研概要

词语联想可以让调查对象透露他们内在的价值观、感受和信念。该方法的关键在于当你向调查对象展示测试词时，他们反馈的是浮现在脑海里的第一个词。

句子完成法

句子完成法（sentence completion）与词语联想法相类似。给调查对象展示不完整的句子，要求他们补充完整。一般而言，要求他们使用浮现在脑海里的第一个词或者短语。在研究人们对百货商店的态度的情境下，可以使用以下不完整的句子。

一个在西尔斯购物的人是_____

一个收到萨克斯第五大道礼券的人可能是_____

最喜爱JC彭尼的是_____

当我想去百货公司购物时，我_____

这个例子说明了句子完成法相对于词语联想法的优点：可以给调查对象一个更加直接的刺激。与词语联想法相比，句子完成法能提供关于调查对象的感受的更多信息。然而，对调查对象而言，句子完成法往往更加清晰，因此许多调查对象可以猜出调研的目的。句子完成法的一种变形是段落完成法，要求调查对象完成一个以刺激短语开头的段落。

调研概要

与词语联想法相比，句子完成法可以提供更多信息，但对调查对象来说，调研目的更加清晰。

图片响应法和漫画测试法

在**图片响应法**（picture response technique）中，向调查对象展示一张图片，要求他们用一个故事来描述该图片。这些回答被用来评价他们对主题的态度和描述调查对象。本章前面介绍的美国邮政服务公司的例子就说明了这一点。图片响应法的一种特殊形式就是漫画测试法。

在**漫画测试法**（cartoon test）中，漫画人物是在一个与问题相关的特定情境中出现的。要求调查对象说明一个漫画人物会如何回复另一个漫画人物的意见。回答可以揭示调查对象对于该情境的感受、信念和态度。漫画测试法比图片响应法更易管理与分析。图4—5是一个漫画测试法的例子。

图4—5 漫画测试法示例

调研概要

分析图片响应和漫画测试中调查对象的回答可以揭示他们对于该情境的感受、信念和态度。漫画测试法比图片响应法更易管理与分析。

角色扮演和第三者技术

角色扮演（role playing）要求调查对象扮演某一角色或者采取其他人的行为。调研人员假设调查对象会把他们自己的感受和信念投射到角色中。通过分析他们的回答可以揭示这些感受和信念。

第三者技术（third-person technique）向调查对象展示一个语言的或者视觉的情境，要求调查对象叙述第三者的信念与态度，而不是直接表达个人的信念与态度。这个第三者可以是朋友、邻居、同事或者一个"典型"的人。调研人员假设调查对象在描述第三者的反应时会将自己投影在该情形下并透露个人的信念与态度。要求个人以第三者身份做出反应可以减轻其给出社会期望答案的压力。

为了了解为什么有些人不乘坐飞机，某航空公司委托开展了一项调研。当询问调查对象"你害怕乘飞机吗？"时，很少有人回答"是"。所给出的不乘飞机的主要原因是费用高、不方便和由于恶劣天气原因造成延误。但是，调研人员怀疑这些回答很大程度上受到给出社会期望答案的影响。因此，在后续调研中询问调查对象："你认为你的邻居害怕乘飞机吗？"调查结果表明，多数使用其他交通工具旅行者的"邻居"害怕乘飞机。

请注意，以第一人称方式提问（"你害怕乘飞机吗？"）没有引出真实的回答。用第三人称问同样的问题（"你认为你的邻居害怕乘飞机吗？"）弱化了调查对象的自我防御意识，产生了更加真实的答案。第三者技术的一个很常见的例子是调研人员向调查对象出示购物清单，然后询问他们该购物者具有哪些特征。

调研概要

当你要求人们以第三人称回答问题时，可以降低他们的防御机制和减轻他们给出社会期望答案的压力。在所有投影法中，都假设个体按照他们自己潜在的价值观、态度、信念、动机和认知来回答问题。

我们通过描述投影法的优缺点和应用来总结此部分的讨论。

投影法的优点和缺点

与非结构化的直接法（焦点小组座谈与深度访谈）相比，投影法有一个主要的优点：它可能获得在调查对象知道调研目的的情况下，不愿意或不能够给出的回答。在直接提问中，很多时候调查对象会有意或者无意地错误理解、错误解释或误导调研人员。在这些情况下，投影法通过掩饰调研目的能够提高回答的有效性。当讨论的话题是个人的、敏感的或者受到强烈社会规范的影响时，这一点尤其明显。当潜在的动机、信念和态度处于潜意识的层次时，投影法也是有用的。

投影法有非结构化的直接法的许多缺点，而且程度更严重。这些方法一般要求训练有素的访问员进行人员访谈，还要求有技巧的操作人员来分析答案，所以往往成本较高。此外，还会存在解释偏差等重大风险。除了词语联想法，所有的方法都是开放式的，这使结果的分析与解释难度很大并且带有主观性。

一些投影法（如角色扮演）要求调查对象采取不同寻常的行为。在这种情况下，调研人员假设同意参加调查者本人在某些方面不同寻常，因此，他们不能够代表所感兴趣的目标总体。出于上述原因，调研人员最好能将投影法产生的研究发现与能够进行直接评价的其他方法（焦点小组座谈与深度访谈）的结果相互比较印证。

调研概要

当利用直接法无法准确获取所需的信息时，应当使用投影法；但是，当没有考虑到它们的假设条件和局限性时，不要轻易使用该方法。理想的做法是：把投影法产生的结果与焦点小组座谈和深度访谈的结果进行比较。

本章所探讨的焦点小组座谈、深度访谈和几乎所有的投影法都可以在网络上实施。例如，许多公司和营销调研人员有效地利用图片响应技术。可口可乐公司在网站上放一张图片，让调查对象写出关于它的故事。人口统计数据及故事可以提供调查对象的心理统计特征和消费行为方面有价值的信息。能够通过网络成功实施定性调研的原因在于，调查对象能接触网络并且喜欢上网。

互联网调研

预测化妆品的使用

访问 www.clinique.com，并搜索互联网，包括社交媒体和图书馆在线数据库，以获得女性为何使用化妆品的深层原因的信息。

作为倩碧品牌的营销经理，你将如何利用女性使用化妆品的深层原因的信息来制定营销策略以增加市场份额？如果可能，你会使用哪一种投影法来确定女性使用化妆品的原因？

其他定性调研方法

很多其他的定性调研方法也被用到，其中比较重要的方法包括民族志和网络民族志以及秘密购物法。

民族志和网络民族志

民族志或**民族志调研**（ethnography research）是在自然环境下而不是正式的研究情境中观察人们的一种定性调研方法。调研目的是了解调研人员感兴趣的某种文化或现象。数据可以通过多种途径来收集,包括深度访谈和参与式观察。在参与式观察中,调研人员沉浸在这种文化或现象中,通过亲自观察来收集数据。**网络民族志**(netnography)是利用民族志的手段使用在互联网上找到的和在线社区产生的数据。这些数据是自然产生的,不受调研人员在场的影响。我们用下面的例子来说明民族志调研。

调研实践

卡夫的 Singles 瞄准了妈妈们

卡夫的 Singles(www.kraftfoodsgroup.com)是极好的干奶酪,却没有获得市场应有的认可。卡夫不得不通过民族志调研来了解妈妈们对卡夫 Singles 的感受。来自战略框架公司(www.strategicframeworking.com)的一组民族志专家到 25~64 岁的妈妈们的家中,在她们制作三明治的同时进行观察和深度访谈。这些妈妈告诉研究人员,她们知道孩子喜欢和不喜欢什么,孩子们喜欢卡夫 Singles 的口味。她们感觉给孩子提供卡夫 Singles 很好,因为它的营养价值特别是钙含量较高。然而,她们可能被说服而选择价格更低的品牌。在这些发现被电话调查证实之后,卡夫的调研人员对妈妈们的想法给予了重视,以防止她们转向竞争对手品牌,并让她们保持对卡夫品牌的忠诚。这两种观念表明孩子有多么喜欢卡夫 Singles 的口味,并强调该品牌能提供孩子所需的钙含量。广告代理商怀特·汤姆森(www.jwt.com)制作了广告并取得了成功,进而增加了卡夫 Singles 的销量和市场份额。[6]

秘密购物法

在秘密购物中,训练有素的观察员假扮消费者在公司门店或竞争对手的门店购物,以收集消费者和员工互动以及其他营销变量(如价格、陈列、布局等)的数据。秘密购物者问店员一些问题,在头脑中记住店员的回复,并观察感兴趣的变量。

InterlliShop(www.interlli-shop.com)是一家专业从事秘密购物的公司。想了解更多信息,请登录 www.mysteryshop.org。

国际营销调研

因为调研人员通常不熟悉所要考察的外国产品市场,所以定性分析在国际营销调研中是很重要的。定性调研可以揭示外国市场与本国市场的差异。焦点小组座谈在许多情况下都能够用到,特别是在工业化国家。主持人不仅要接受焦点小组座谈方法的培训,而且应该熟悉该国的语言、文化以及流行的社会互动模式。焦点小组座谈的研究发现不仅可以从语言内容上得到,还能从非语言线索(如语音语调变化、表情和姿势等）上获取。焦点小组的规模也会有差异。例如，在亚洲，由七个调查对象组成的小组的互动水平最高。在一些地区（如中东或远东），人们在小组环境里讨论他们的感受总是显得有些迟疑。在另外一些国家（如日本），人们认为公开反对别人的意见是不礼貌的。在这样的情况下，应该采用深度访谈。然而，焦点小组座谈在世界上的许多地方仍然相当流行，英国旅游局对英国水疗市场的调研就显示了这一点。

调研实践

水疗：在英国是身份的象征

英国旅游局（www.visitbritain.com）是一家政府支持的国家旅游机构，其使命是提升英国旅游的价值。它也和英国旅游业的其他相关机构建立合作关系，并为它们提供信息。英国旅游局通过对水疗消费者的焦点小组座谈来进行广泛的营销调研，以了解消费者对英国水疗的看法。

调研中的关键发现是，在英国水疗被视为身份的象征，代表着享受和乐趣，也被看作一种奢侈品。因此，客户觉得以一星到五星对其进行评级并不合适，因为"谁会使用一星到三星的水疗呢？"

这促使英国旅游局废除了现行的星级评价系统，转而通过认证对水疗机构进行分类。认证评估计划针对所有类型的水疗，能引导潜在客户找到最符合他们要求的水疗，如疗养水疗、酒店水疗、度假水疗、目的地水疗、运动和健身水疗、天然水疗、露天水疗和沙龙水疗等。每一种水疗要得到认证，必须达到一系列最低的门槛要求和质量标准。

定性调研到此并未结束。秘密购物者观察水疗机构的实际运作，并根据消费者需求反馈信息，从而对每个水疗机构进行持续评估。现在英国旅游局为水疗消费者（无论他们是国内的还是国外的旅游者）提供的服务，被证明对水疗市场是非常重要的。自从引入认证制度后，英国的水疗行业得到了显著的发展。[7]

调研概要

在对国际市场进行调研时，主持人不仅要接受焦点小组座谈方法的培训，还应该熟悉该国的语言、文化和流行的社会互动模式。在不同国家，焦点小组的规模存在差异。在一些国家，人们在小组环境里讨论他们的感受总是很迟疑，在这样的情况下，应该采用深度访谈。

应仔细考虑投影法在国际营销调研中的应用。词语联想法、句子完成法、角色扮演和第三者技术都要使用语言提示。图片响应法与漫画测试法要采用非语言的刺激（图片）。无论使用语言刺激还是非语言刺激，都应该确认在不同文化下其含义是相同的。

定性调研的局限性在国际背景下依然存在，也许更加严重。在国外，很难找到训练有素的主持人和访问员，设计正确的编码、分析与解释流程也有更多的困难。

营销调研和社交媒体

社交网络体现了成员间的关系。营销调研人员可以利用这些社交网络来进行定性调研。

焦点小组座谈

社交网络为调研提供了大量渴望自由交谈的受众。公司利用社交媒体来设计更为巧妙的焦点小组座谈形式和其他形式的定性调研。通过参与不同类型的社交媒体互动并分析人们在讨论什么，可以对消费者有一个基本的了解，但如果公司真的想要从所有谈话中发现真正有建设性的内容，那么它必须善于倾听。为此，除了更多地出现在各种形式的社交媒体上之外，公司正在创建个人在线社区，它可以起到拓展焦点小组座谈的作用。对成员的挑选比较谨慎，只有受到邀请才可成为社区成员。专家推手定期参与成员讨论以建立熟悉度和交谈模式，让消费者逐渐对社区产生归属感。公司设立这样一个热闹、友好的平台以帮助顾客进行有深刻见解的谈话。JC彭尼的案例说明了如何利用个人在线社区成功地进行拓展性焦点小组座谈。

调研实践

JC彭尼：利用社交团体来设计内衣

JC彭尼是美国零售业的一家龙头企业，它创建的个人在线社区被称为"Ambrielle Team"，该社区致力于服务JC彭尼公司内衣产品线的消费者。这个团队想更多地了解Ambrielle的顾客及其对健康的关注，于是通过个人社区来进行焦点小组座谈。他们选择的样本规模小，采用自然的和非结构化的形式收集信息。产品团队成员扮演版主的角色促进成员的对话，以发现所需的信息。团队成员都是精心挑选的且数量有限。公司还收集了成员的生活方式、人口统计和消费心理方面的信息，以确保全面地了解每一位成员。Ambrielle团队有一系列社区内的在线讨论，以帮助公司找出女性关注的基本健康和品质问题。之后再根据一个"试穿"测试更加有针对性地获取有关具体产品的反馈信息。经过"试穿"测试后，要求成员再次在个人讨论板块上表达他们的看法，与产品团队实时在线聊天。

根据顾客联盟和消费者的反馈，JC彭尼在内衣带、肩带和全部型号等方面做出了很大的改进，以更好地满足顾客需要。这些改变在社区一经公布，参与者就知道公司采纳了他们的意见和反馈并应用到产品中。之后，Ambrielle产品的门店销量显著增加。[8]

进行焦点小组座谈的其他方式包括参与者博客。一般方法是先确定一个具体的话题，然后招募参与者通过博客讨论话题。每个参与者得到一个博客并自行维护。参与者的数目一般为8~60人。博客项目一般持续1~4周。博客内容的定性分析可以产生丰富的见解。

深度访谈

汉堡王（Burger King）曾利用社交媒体来进行深度访谈。公司告诉顾客，暂停销售Whopper三明治，然后秘密拍摄顾客的反应。公司据此制作了一分钟的搞笑电视广告。同时，一段名为"Whopper Freakout"的八分钟视频被发布在社交网站上。看到这段视频的调查对象被鼓励发表自己的评论，然后公司与选中的调查对象在线进行一对一的后续访谈。对这些评论和访谈的分析得出了一致的研究结果。当顾客知道他们不能订购Whopper时，立刻回想起有关Whopper的儿时记忆。比如，有人评论："视频中的人们现在仍然在汉堡王就餐，是因为孩童时期父母带他们去过"。这一研究结果帮助汉堡王根据儿时记忆和怀旧情绪为Whopper设计了一场营销活动。

投影法

一些投影法可以很容易地在社交媒体社区中实施。在社交媒体上以非结构化和间接的方式提问，使消费者愿意反映他们对讨论主题的潜在想法、动机和感受。葛兰素史克消费者保健公司（GlaxoSmithKline Consumer Healthcare）利用Communispace（www.communispace.com）这一社交网络，来为公司新推出的Alli减肥产品线精准定义消费者群体。调研公司利用在线句子完成法，与那些超重人士探讨自我形象问题。社区成员被要求完成诸如"当你和自己对话时，你把自己称作……"这样的句子。成员还被要求贴出因自己的肥胖而最后悔的事情的照片。对句子完成法和照片的分析表明，人们因为自己在日常活动中受到排斥而觉得很沮丧。然而，他们愿意对自己的减肥承担责任，也愿意接受能获得远期效果的一个缓慢过程。Alli瞄准了这一细分人群，在产品推出六周内销售额达到1.55亿美元。

局限性

利用社交媒体进行定性调研并非没有缺点。这一方法通常产生海量的信息，使得公司和营销调研人员花费数周忙于这一工作。通用汽车的"雪佛兰学徒"（Chevy Apprentice）调研项目中，访问者将网上的视频片段编辑成电视广告，共提交22 000条。需要观看和分析的视频数量巨大。

> **调研概要**
>
> 可以利用社交网站进行定性调研。个人在线交流在一定程度上起到了拓展性焦点小组座谈的作用。需要谨慎挑选成员，专家推手定期参与对调研问题的讨论。另外一种进行焦点小组座谈的形式包括参与者博客。可以利用社交媒体论坛为焦点小组座谈、深度访谈和投影法招募参与者。

营销调研伦理

在进行定性调研时，与调查对象和一般公众相关的伦理问题是需要考虑的基本事项。这些问题包括：掩饰调研目的和使用欺骗性方法、对讨论进行录音和录像、调查对象的舒适程度以及滥用定性调研的结果。

所有的间接法都要求至少在一定程度上掩饰调研目的。通常，使用一个虚构的故事来隐藏真正的目的。这不仅侵犯了调查对象的知情权，而且会导致心理上的伤害。例如，在回答完一系列的投影法问题之后，调查对象发现他们将时间花在了一些无关紧要的问题上，例如一种新橙汁饮料的罐子应该采用什么颜色，而他们当初是被招募参加一项营养调研项目，这会令他们感到不悦。为了尽可能减小这些负面影响，调研伊始就应当告诉调查对象，掩饰真正的调研目的是为了得到没有偏见的回答。在完成调研任务之后，应当召开简短的会议向调查对象说明调研的真正目的，并让他们有机会评论或提问。应当避免使用侵犯调查对象隐私权和知情权的欺骗性流程，比如，为了让客户能够观察焦点小组座谈或深度访谈，而向调查对象介绍说他们只是前来帮忙完成该项目。

一个伦理困境是记录焦点小组座谈或深度访谈。未经调查对象知情同意就进行录像或者录音会引起伦理问题。根据伦理指导原则，在会议开始之前，最好在招募时，就将此事告诉调查对象并得到他们的同意。在会议结束时，应当要求调查对象签一份书面的声明，明确表示他们同意录像或录音得到使用。这份书面声明应当说明调研的真正目的和将获得所有录音、录像的人。参与者可以拒绝在该声明上签字。这样就要将录音、录像文件进行剪辑，完全删除这些拒绝签字的调查对象的影像和评论。

另外一个需要关注的问题是调查对象的舒适程度。在定性调研特别是深度访谈中，不应该过于咄咄逼人，令调查对象心生不悦。为了保障调查对象的利益，主持人或访问员应当有所克制。如果调查对象感觉不爽且不愿意回答某一主题的更多问题，访问员不应该进一步追问。最后一点与公众相关，即定性调研的结果所隐含的伦理问题。在下面的"调研实践"专栏中，Facebook的例子就说明了这一问题。

调研实践

Facebook 面临隐私问题

与社交网站 MySpace 不同，Facebook 的成员最初仅限于大专院校的学生。因此，学生分享任何事情看起来都足够安全，不害怕被教授、父母和老板发现。但是没过多长时间，Facebook 便对所有成员开放了封闭的空间。

尽管有不少Facebook侵犯隐私的事件被曝光，然而焦点小组座谈表明，许多学生对他们在Facebook上张贴的隐私信息所受的威胁不以为然。一方面，许多学生把敏感的个人信息放在Facebook上，包括他们的完整姓名、个人照片、生日、性别、家乡、个人爱好、喜欢的音乐和电影、受教育信息、邮箱地址、个人网站链接、电话号码和住址等。另一方面，很少有学生采取正确的行动保护他们的隐私信息。例如，当问到他们在听到一个负面的事件后是否会增加隐私保护设置时，有超过一半的人说会。但是在那些听到此类故事的人当中，只有极少数人真正采取行动，加强安全性保护。

这些发现增加了Facebook的伦理负担，它必须采取充分的措施防止用户身份被盗用或存在风险，并保护用户个人信息。事实上，2012年3月23日，两名德国的隐私监管人员对Facebook新的隐私指南感到不满，他们声称Facebook用户承担了更多责任而不是享有更多权利，同时社交网站仍然违反了德国和欧洲的隐私法。2013年3月13日，Facebook的时间表的重新设计增大了隐私威胁。一个澳大利亚的学生团队发现，"朋友的朋友"可以得到用户"参与"的事件的所有信息，尽管在他的隐私保护设置中这些信息是非公开的。[9]

调研概要

作为一名调研人员，调查对象的利益在你心中应该是最重要的。在特定话题上，如果调查对象感觉不爽且不愿意回答更多问题，访问者不应该进一步追问。如果要掩饰真正的调研目的，应当在开始之前告知调查对象。在完成调研任务后，应当召开简短的会议向调查对象说明调研的真正目的，并让他们有机会评论或提问。需确保调查对象的录音和录像的使用遵守严格的伦理指导原则。

戴尔运营案例

回顾本书末尾给出的戴尔案例（案例1.1）和问卷。

1. 为了理解消费者在购买个人电脑时的决策过程，焦点小组座谈或深度访谈哪个更有用？解释原因。
2. 戴尔想增加其对美国家庭用户的渗透，使用投影法会有用吗？你会推荐哪种投影法？
3. 设计词语联想法来测量可能会影响对个人电脑的购买态度的消费者联想。
4. 设计句子完成法来挖掘购买个人电脑的深层原因。
5. 戴尔如何使用社交媒体进行定性调研？

本章小结

定性调研与定量调研应看成是互补的。定性调研方法可以是直接的或间接的。在直接法中，调查对象可以知道调研的真正目的，间接法则掩饰调研的目的。主要的直接法有焦点小组座谈与深度访谈。焦点小组座谈是以小组的形式进行的,而深度访谈是一对一的形式。焦点小组座谈是使用最为广泛的定性调研技术。

间接法称作投影法,因为其目的在于获得调查对象投影到模糊情境中的动机、信念、态度和感受方面的信息。常用的投影法包括词语联想法、句子完成法、图片响应法和漫画测试法、角色扮演和第三者技术。在使用直接法时调查对象不愿意或者不能够提供所需的信息的情形下,投影法尤其有用。

它们最好与焦点小组座谈和深度访谈联合使用。

定性调研能够揭示国内市场与国外市场的显著差异。应当采用焦点小组座谈还是深度访谈以及如何解释结果,在很大程度上都取决于文化差异。社交网络可以提升定性调研的质量和数量。在进行定性调研时,调研人员与客户必须尊重调查对象。应以一种不使调查对象难堪或受到伤害的方式实施调研项目。

关键术语

定性调研(qualitative research)
定量调研(quantitative research)
直接法(direct approach)
间接法(indirect approach)
焦点小组座谈(focus group)
深度访谈(depth interview)
投影法(projective technique)
漫画测试法(cartoon test)

词语联想法(word association)
句子完成法(sentence completion)
图片响应法(picture response technique)
角色扮演(role playing)
第三者技术(third-person technique)
民族志调研(ethnographic research)
网络民族志(netnography)

复习题

1. 定性调研与定量调研有什么主要区别?
2. 什么是定性调研?如何进行定性调研?
3. 区分直接的定性调研与间接的定性调研。请各举一例。
4. 为什么焦点小组座谈是最为流行的定性调研方法?
5. 为什么焦点小组主持人对于获得高质量的调研结果如此重要?
6. 对焦点小组主持人的关键素质要求有哪些?
7. 为什么要防范焦点小组座谈的职业受访者?
8. 列举焦点小组座谈被误用的两种方式。
9. 什么是深度访谈?在什么环境下它比焦点小组座谈更适用?
10. 深度访谈的主要优点是什么?
11. 什么是投影法?主要的投影法有哪些?
12. 描述词语联想法,举一个特别适用词语联想法的情形的例子。
13. 什么情况下应该采用投影法?
14. 讨论如何利用社交媒体来进行定性调研。

应用题

1. 利用本书中介绍的方法，设计一个焦点小组座谈计划，了解消费者对于进口汽车的态度与偏好。具体说明焦点小组座谈的目标。

2. 假设 Baskin Robbins 想知道为什么有些人不常吃冰激凌，为此设计一个漫画测试。社交媒体可以如何帮助 Baskin Robbins？

注释

[1] Based on www.mondelezinternational.com/home/index.aspx, accessed February 2, 2013.
[2] For examples of moderator's outlines used in actual marketing research projects see my other books: Naresh K. Malhotra, *Basic Marketing Research: Integration of Social Media*, fourth edition, Pearson, 2012; and Naresh K. Malhotra, *Marketing Research: An Applied Orientation*, sixth edition, Pearson, 2010.
[3] For examples of focus group reports in actual marketing research projects see my other books: Naresh K. Malhotra, Basic Marketing Research: Integration of Social Media, fourth edition, Pearson, 2012; and Naresh K. Malhotra, Marketing Research: An Applied Orientation, sixth edition, Pearson, 2010.
[4] www.universalmusic.com, accessed March 22, 2013; and "A Look at Dell's Music Bundles," www.coolfer.com/blog/archives/2008/11/a_look_at_dells.php, accessed March 22, 2012.
[5] Business Source Premier, "Jennifer Lopez & Britney Spears Fragrance Case Studies: Exploiting Star Appeal Through Celebrity Endorsed Fragrances." *Datamonitor*, September 2005, 1-17, http://search.ebscohost.com/login.aspx?direct=true&db=buh&AN=21120567&site=ehost-live; and www.britneyspearsbeauty.com, accessed May 2, 2013.
[6] www.kraftfoodsgroup.com, accessed March 24, 2013.
[7] http://proquest.umi.com/pqdweb?index=46&did=1255655821&SrchMode=1&sid=1&Fmt=3&VInst=PROD&VType=PQD&RQT=309&VName=PQD&TS=1177330747&clientId=30287, accessed March 24, 2012.
[8] www.womma.org/casestudy/examples/generate-buzz/passenger-and-jcpenney-create, accessed March 24, 2013.
[9] Loek Essers, "Despite Changes, Facebook Still Violates EU Privacy Laws, German Officials Say," (March 23, 2012), www.pcworld.com/article/252350/despite_changes_facebook_still_violates_eu_privacy_laws_german_officials_say.html, accessed March 23, 2012; and Andrea Gibson, "Students don't fear loss of privacy on Facebook Study find," http://news.research.ohiou.edu/notebook/index.php?item=467, accessed on June 20, 2009.

第5章 调查与观察

> 许多关于消费者未来行为的见解是仅仅向消费者询问其态度和意图就可以获得的。
> ——营销战略公司高级项目经理舒尔吉亚·罗伊（Surjya Roy）

本章概要

前面几章已经说明，一旦定义了营销调研问题（营销调研过程的第1步），并且确定了适当的方案（第2步），调研人员就要进行调研设计（第3步）。正如第3章中所讨论的，调研设计的主要类型有探索性设计和结论性设计。探索性设计将二手数据分析（见第3章）和定性调研（见第4章）作为主要方法。结论性设计则可以分为因果性的或描述性的。因果性调研设计将在第6章中阐述。

本章集中讨论描述性调研设计使用的主要方法：调查与观察。正如第3章中所解释的，描述性调研的主要目的是描述某些事物，通常是市场特征或功能。调查，也称沟通，可以根据执行方式分为以下几类：传统电话访谈、计算机辅助电话访谈、人员入户访谈、商场拦截访谈、计算机辅助人员访谈、邮件访谈、邮寄式固定样本组、电子邮件及互联网（网络）调查。我们将描述上述每一种方法，并解释在给定项目中选择一种或多种调查方法时应考虑的因素。然后，我们将介绍主要的观察方法：人员观察和机械观察，接着讨论观察法和调查法的相对优点和缺点。本章还将讨论调研国际市场时或在社交媒体上进行调研时，运用观察与调查所涉及的要素。最后，指出在采用调查和观察方法时产生的几个伦理问题。

图5—1给出了本章与营销调研过程的关系。之后会给出上述方法的一些实例，以此开始我们的讨论。

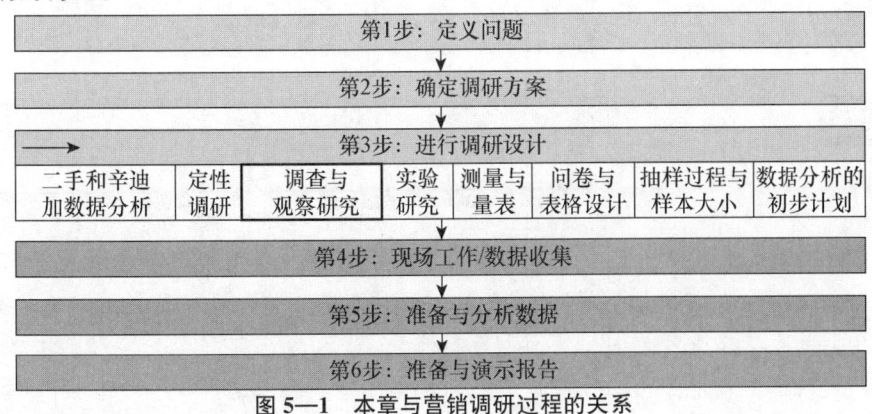

第1步：定义问题						
第2步：确定调研方案						
第3步：进行调研设计						
二手和辛迪加数据分析	定性调研	调查与观察研究	实验研究	测量与量表	问卷与表格设计	抽样过程与样本大小	数据分析的初步计划
第4步：现场工作/数据收集						
第5步：准备与分析数据						
第6步：准备与演示报告						

图5—1 本章与营销调研过程的关系

学习目标

阅读本章后，学生应当能够：

1. 对营销调研人员所能利用的调查法进行讨论和分类，并描述电话访谈、人员访谈、邮件访谈和电子访谈等不同方法。
2. 比较不同的方法，并评价哪些方法最适合某一特定调研项目。
3. 解释如何提高调查的应答率。
4. 对营销调研人员使用的观察法进行解释和分类，并描述人员观察和机械观察。
5. 描述观察法的相对优点和缺点，并与调查法比较。
6. 讨论在国际环境中采用调查和观察方法时需要考虑的问题。
7. 解释如何利用社交媒体来实施调查和观察方法。
8. 了解进行调查和观察时所涉及的伦理问题。

调研实践

商场拦截调查：百盛

截至2014年，总部位于美国肯塔基州路易斯维尔市的百盛（www.yum.com）已是全球最大的餐饮公司，在全球120多个国家和地区有超过38 000家餐馆。旗下餐饮品牌——肯德基、必胜客、Taco Bell（塔可钟）——分别是炸鸡、比萨和墨西哥风味食品领域的全球领导者。

公司定期进行商场拦截访谈。调查对象先试吃处于研发阶段的新产品，然后发表意见。完成调查者获得百盛公司的礼品卡作为额外的激励。百盛公司多年来也因此成功地推出了很多新产品。比如，在商场拦截调查结果显示肯德基烤鸡（KGC）大受欢迎之后，2009年肯德基在全美范围内推出这一新品。KGC的调味料由六种秘制香草和香料混合配制而成，慢烤出果汁口味。调查结果进一步显示，尽管很多调查对象出于健康和口感的原因选择KGC，但他们并不愿意花太多钱购买。所以，KGC的售价和原味鸡一样。事实上，顾客甚至可以购买KGC和原味鸡这两种鸡块的混合桶装产品，花上9.99美元（含税）就能吃到10块。截至2014年，KGC仍然是肯德基菜单上的畅销单品。[1]

调研实践

亨氏番茄酱："蘸和挤"

快餐店的所有收入中大约2/3来自"免下车"订单。亨氏观察了在免下车窗口边拿到订单食物之后，人们是如何吃番茄酱的。这些观察由亨氏研究员完成，他们坐在20个经过伪装的小货车里的单向镜后面，看着消费者把番茄酱挤在薯条、汉堡和鸡块上。他们发现一些人用牙齿咬掉酱包的一角，另一些人则一边开车一边直接往嘴里挤了番茄酱后再吃薯条，还有些人干脆在打包时就不要薯条了，以免把车里弄得一团糟。观察完这些和其他的行为后，亨氏公司花 3 年时间研发了一款名为"Dip & Squeeze"（"蘸和挤"）的更好的番茄酱包装。在 50 个 Chick-fi-A 快餐店进行的调查显示，消费者很喜欢新包装，印证了"蘸和挤"这一概念的有效性。因此，新包装于 2011 年推向市场并逐步取代 1968 年上市的传统包装。

"蘸和挤"名副其实，你可以从包装的一端挤出番茄酱，也可以打开包装盖子蘸着酱吃。你可以把番茄酱挤在三明治上或蘸着它吃薯条。这一红色瓶子形状的包装袋的容量是普通包装袋的 3 倍。新产品比以前的贵，但亨氏希望顾客不用再拿很多小袋的番茄酱了。新包装令消费者觉得不同凡响。[2]

商场拦截访谈以及其他调查方法正变得越来越流行。观察法使用频率较低，但它们在营销调研中有着重要的应用。

调查法

调查法（survey method）以询问调查对象为基础获得信息（见图 5—2）。向调查对象询问各种关于其行为、意向、态度、认知、动机以及人口统计与生活方式特征的问题。可能会以口头或书面形式、通过计算机提出这些问题，也可能由以上任一形式得到回答。

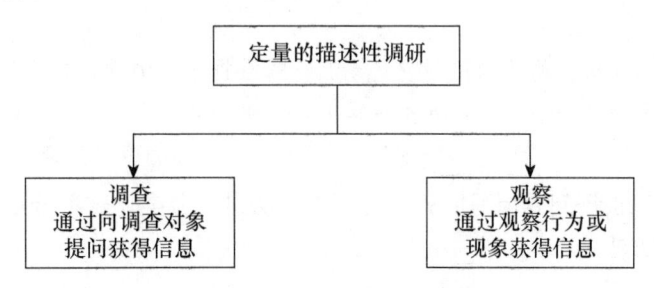

```
            定量的描述性调研
                   │
          ┌────────┴────────┐
          │                 │
        调查              观察
    通过向调查对象     通过观察行为或
     提问获得信息      现象获得信息
```

图 5—2　描述性调研中获取定量数据的方法

一般来说，提问是结构化的。这里的结构化是指对数据收集过程施加标准化的程度。在**结构化的数据收集**（structured data collection）中，要准备一份正式的调查问卷，以预先安排好的顺序提问。结构化调查是最流行的数据收集方法。它包括准备问卷和向调查对象发放问卷（见图 5—3）。

在一张典型的调查问卷中，大多数问题是**固定备选答案问题**（fixed alternative questions），要求调查对象从预设的一套答案中做出选择。例如，设计下面的问题来测量人们对迪士尼主题公园的态度：

　　　　　　　　　　　　　　　　　不赞成　　　　　　　　赞成
在迪士尼主题公园玩很有趣。　　　　1　　2　　3　　4　　5

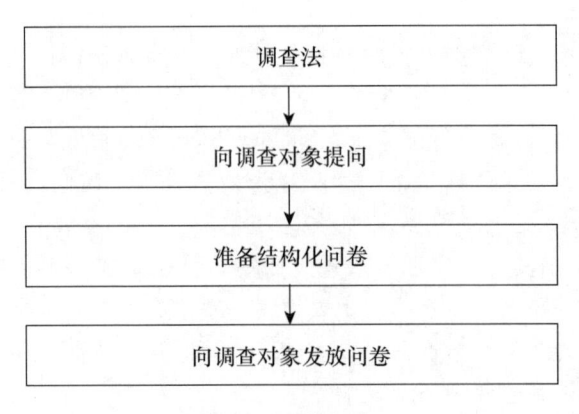

```
    ┌─────────────────┐
    │     调查法      │
    └────────┬────────┘
             ↓
    ┌─────────────────┐
    │  向调查对象提问  │
    └────────┬────────┘
             ↓
    ┌─────────────────┐
    │  准备结构化问卷  │
    └────────┬────────┘
             ↓
    ┌─────────────────┐
    │ 向调查对象发放问卷│
    └─────────────────┘
```

图 5—3　调查法

调查法有几个优点。首先，问卷比较容易管理。其次，所获得的数据是可信的，因为回答被限定于固定的备选答案中。固定备选答案问题的运用降低了由于访问员的差异带来的结果波动。最后，数据编码、分析和解释相对简单。

不足之处在于调查对象可能不能或不愿提供所需的信息。以主题公园游玩动机的问题为例，调查对象可能没有意识到他们选择迪士尼度假的动因，因而也许无法提供关于其动机问题的准确答案。如果所要求的信息是敏感的或私人性质的，调查对象也许不愿回答。此外，对某些类型的数据（如信念和感觉），结构化的问题和固定备选答案的选择题可能无效。最后，恰当地为问题确定措辞并非易事（见第 8 章问卷设计部分）。然而，尽管存在这些缺点，调查法仍是到目前为止营销调研中收集原始定量数据最常用的方法。

调研概要

通过填写问卷进行的结构化调查是最流行的数据收集方法。你会发现问卷易于管理，能获得可信的数据。数据编码、分析和解释也较简单。它形式多样，可以在各种情形下使用。

可以根据问卷填写的方式对调查方法进行分类。这种分类方案有助于区分不同的调查方法。

调查方法的分类

调查问卷可以通过四种主要方式填写：（1）电话访谈；（2）人员访谈；（3）邮件访谈；（4）电子访谈（见图 5—4）。电话访谈可进一步分为传统电话访谈或计算机辅助电话访谈（CATI）。人员访谈可在调查对象家中进行，也可在商场采取拦截式访谈或计算机辅助人员访谈（CAPI）等形式。

第三种主要方式是邮件访谈，可采取普通邮件调查的方式或使用邮寄式固定样本组进行调查。最后可以通过电子邮件或在互联网上进行电子访谈。这些方式中，

```
                    ┌─────────────┐
                    │  调查方法   │
                    └──────┬──────┘
         ┌─────────────┬───┴────────┬─────────────┐
    ┌────┴────┐   ┌────┴────┐  ┌────┴────┐   ┌────┴────┐
    │ 电话访谈│   │ 人员访谈│  │ 邮件访谈│   │ 电子访谈│
    └────┬────┘   └────┬────┘  └────┬────┘   └────┬────┘
  ┌──────┴──────┐ ┌────┴────┐ ┌─────┴──────┐┌────┴────┐
  │ 传统电话访谈│ │ 入户访谈│ │邮件/传真访谈││ 电子邮件│
  └─────────────┘ └─────────┘ └────────────┘└─────────┘
  ┌─────────────┐ ┌─────────┐ ┌────────────┐┌─────────┐
  │计算机辅助   │ │商场拦截 │ │邮寄式固定  ││ 互联网  │
  │电话访谈     │ │访谈     │ │样本组      │└─────────┘
  │(CATI)       │ └─────────┘ └────────────┘
  └─────────────┘ ┌─────────┐
                  │计算机辅助│
                  │人员访谈  │
                  │(CAPI)    │
                  └─────────┘
```

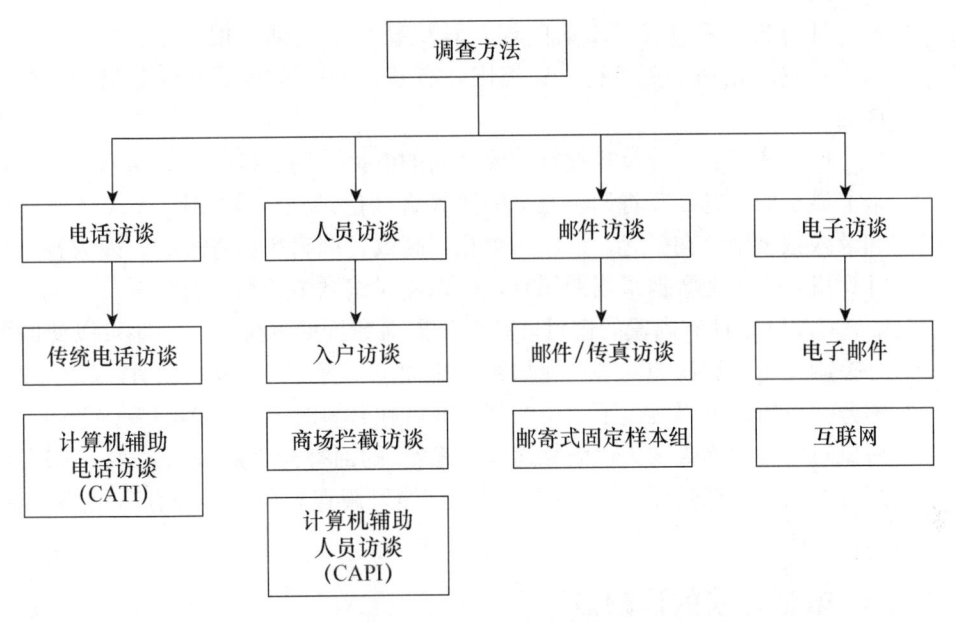

图 5—4　调查方法的分类

在美国互联网访谈是最流行的调查方式，而邮寄访谈应用最少。下面对每一种方式加以描述。

电话访谈

如前所述，电话访谈因计算机辅助支持访问的程度不同而存在差别。

传统电话访谈

传统电话访谈（traditional telephone interview）是给样本中的调查对象打电话，并向他们提出一系列问题。访问员使用一份纸质问卷并用笔记录下回答。电话访谈通常利用中心地点的研究设备来进行。电话研究中心有专门的设备，可容纳大量的访问员。由于具有成本和控制方面的优势，这些设备逐渐兴起。由于通信服务的成本低，使得在一个中心地点进行全国范围的电话访谈是可行的。

现场服务督导可以密切监督电话谈话。这种监督有助于控制因为提问与回答记录方式的不同所导致的访问员偏差。对完成的问卷进行现场评估可以提升数据质量。最后，当访问员集中在一个地方时，基于劳务成本和时间限制做出调研预算更容易。

计算机辅助电话访谈

计算机辅助电话访谈（computer-assisted telephone interview，CATI）使用一份计算机问卷，通过电话向调查对象询问。访问员带着一副迷你耳机坐在计算机前。计算机屏幕替代了纸质问卷，耳机替代了电话。现在来自中心地点的 CATI 比传统的电话访谈更流行。在美国，有超过 90% 的电话访谈是借助 CATI 系统完成的。

接受指令后，计算机拨打需要呼叫的电话号码。接通后，访问员读出计算机屏幕上显示的问题，并将调查对象的回答直接记录到计算机中。CATI 将访谈与编辑和录入数据结合在一起，形成一个相当高效且准确的调查过程。因为答案直接录入计算机，所以在数据采集的同时，可以实时编制中期和最新报告。

CATI 软件有内置的逻辑，有助于提高数据的准确性。程序可以使问题个性化并控制逻辑上错误的回答，比如百分比加总不等于 100% 的回答。该软件还有内置的分支逻辑，可以跳过不适用的问题或者在必要时追问更多细节。例如，如果调查对象对问题"你曾购买过耐克运动鞋吗？"的回答为"是"，那么接下来会询问一系列有关耐克运动鞋体验的问题。但是，如果调查对象说"没有"，那么会跳过这一系列问题。

电话访谈的优缺点

以计算机辅助的电话访谈仍然是一种流行的调查法。这归结于如下几个原因。访谈可以迅速完成，因为节省了与人员访谈有关的旅行时间。当遵循正确的抽样和回拨流程时，**样本控制**（sample control）较好，也就是与样本指定单位进行接触的能力较强。因为可以从中心地点监控访问员，对现场人员（即访问员）的控制也较好。计算机辅助电话访谈的控制效果更好，因为这些系统使督导员能够在访问员或者调查对象不知道的情况下对访谈进行监控。此外，还可以实现远程监控。**应答率**（response rate）——完成的访问占所有预期访问总数的百分比——较高。最后，电话访谈的成本也不是太高。

然而，电话访谈也存在一些固有的缺点（见表 5—1）。提问仅限于口头表述，调查对象看不到问卷。访问员不能使用实物刺激，如广告、视觉插图或产品演示，也不能提出复杂的问题。在诸如新产品和广告调研这些类型的项目中，电话访谈的适用性就受到限制。

表 5—1　　　　　　　　　　不同调查方法的相对优点和缺点

方法	优点	缺点
电话访谈	快速 样本控制好 现场人员控制好 应答率高 成本适中	无法使用实物刺激 限于简单问题 数据数量少
入户访谈	可以提出复杂的问题 适合使用实物刺激 样本控制非常好 数据数量多 应答率很高	现场人员控制差 社会期望高 有潜在的访问员偏差 成本很高 耗时长

续前表

方法	优点	缺点
商场拦截访谈	可以提出复杂的问题 非常适合使用实物刺激 环境控制非常好 应答率非常高	社会期望高 有潜在的访问员偏差 数据数量中等 成本高
CAPI	可以提出复杂的问题 非常适合使用实物刺激 环境控制非常好 应答率非常高 访问员偏差小	社会期望高 数据数量中等 成本高
邮件访谈	无现场人员问题 无访问员偏差 数据数量中等/多 社会期望低 成本低	限于简单问题 冷邮件导致样本控制差 无环境控制 冷邮件导致应答率低 速度慢
邮寄式固定样本组	无现场人员问题 无访问员偏差 成本低/适中 数据数量多 样本控制好 社会期望低	限于简单问题 速度慢/中等 无环境控制
电子：电子邮件访谈	成本低 无访问员偏差 速度快 社会期望低 联系难接触的调查对象	数据数量中等 样本控制差 无环境控制 应答率低 有安全问题
电子：互联网访谈	视觉吸引力和互动性 无访问员偏差 成本低 社会期望低 速度非常快 个性化、灵活地提问 联系难接触的调查对象	数据数量中等 样本控制差 无环境控制 应答率低

因为访问员和调查对象缺少面对面的互动，所以很难建立人与人之间融洽的关系和承诺。调查对象可以轻松躲避访问，如缩短访谈时间或挂断电话。这导致电话访问的时间不宜太长，从而限制了能够收集到的数据的数量。

> **调研实践**
>
> ### 威瑞森：朋友和家庭
>
> 截至 2014 年，威瑞森（www.verzon.com）运营着美国国内最可靠、最大的无线语音和数据网络，服务的顾客超过 8 000 万。为增加用户数量，威瑞森委托进行了一项电话

调查。KRC 调研公司（www.krcresearch.com）实施了威瑞森调查项目，对由 769 名拥有无线电话的成人组成的全国代表性样本进行调查。

根据调查结果，众多的顾客（78%）更愿意将家人纳入无限制无线通话网络，对比之下仅 2% 的顾客会将老板或同事纳入。78% 的选择添加家人的调查对象中，44% 最想将他们的配偶或者其他重要的人纳入无限制通话网络。根据这些发现，威瑞森推出了亲友呼叫计划，可以对纳入无限制通话网络的号码不另行收费。亲友呼叫计划具体分为两种：全国单线计划可以随时进行 900 分钟通话；全国家人共享计划可以随时进行 1 400 分钟通话，而不收取额外的月资费。该计划推出后，威瑞森公司的用户数量明显增加。[3]

调研概要

计算机辅助电话访谈把访谈与编辑与录入数据相结合，产生了一个相当高效和准确的调查过程。该软件有分支逻辑和检查逻辑上错误的回答的内置逻辑，可以为每个调查对象设计个性化问题。

调研概要

计算机辅助电话访谈快速，提供良好的样本控制和现场人员控制。它的应答率较高，成本适中。然而，它在实物刺激的使用、问题类型和数据质量方面存在局限性。

人员访谈

人员访谈方法可分为人员入户访谈、商场拦截人员访谈和计算机辅助人员访谈三类。

人员入户访谈

进行**人员入户访谈**（personal in-home interview）时，在调查对象家中对其进行面对面的访谈。访问员的任务是与调查对象取得联系，提问并记录答案。最开始使用纸质问卷，但正在被便携式电脑所替代。近几年来，人员入户访谈的运用逐渐减少。

入户访谈的优点和缺点

入户访谈具有许多优点。它使访问员和调查对象能够面对面接触，因此访问员可以向调查对象做出详细说明，并提出复杂的问题。它可以使用实物刺激，如视觉辅助、图表和地图，也允许访问员进行产品展示或演示。它还能提供很好的样本控制，因为不需要给定区域内所有家庭的列表就可以选择家庭户。可以要求访问员从给定位置开始,沿着一定的方向每隔几户(比如8户)选取一家来抽取家庭户。调查对象在自己家中更愿意花较长时间参与调查,因此可以收集大量数据。应答率也较高,特别是在调查对象提前接到访谈通知时。

因为社会、劳力、控制和成本因素,入户访谈逐渐不再流行。随着家庭情况的变化,尤其是双收入家庭占主体,白天几乎无人在家。很难对访问员进行监督和控制,因为访问员要走家串户访问。因此,问卷或访问员的风格存在的问题更难被发现和纠正。**社会期望**(social desirability)是指调查对象倾向给出社会认可的但不正确的答案,当访问员和调查对象面对面接触时,这种倾向较强。这个因素也会导致较大的**访问员偏差**(interviewer bias)。访问员的面部表情、语调或提问方式都会影响回答。这种方法也是成本最高的。但是该方法依然被需要收集大量信息的辛迪加企业使用(见第3章)。一个例子是,未来公司(www.thefuturescompany.com)利用人员入户调查来收集有关生活方式和社会趋势的数据。

调研概要

因为控制和成本因素,入户访谈已经不再流行,但这种方法依然被辛迪加企业使用。它使访问员能够向调查对象展示刺激物和做出详细说明,因而允许在问卷中使用复杂的问题。你可以收集到大量信息,因为调查对象是在自己的家中接受访谈。

尽管有许多用途,人员入户访谈仍在不断衰落,而商场拦截人员访谈变得更为常见。

商场拦截人员访谈

进行**商场拦截人员访谈**(mall-intercept personal interview)时,在购物商场接触并采访调查对象。具体过程是:拦截购物者,甄别适宜的访谈对象,然后当场进行调查,或者邀请其到商场内的调研设施处并完成访谈。比如,在一项为手机制造商进行的调查中,一位购物者被拦截,访问员询问其年龄、受教育程度和收入。如果这些特征符合客户的目标总体的要求,接下来会询问有关产品使用的问题。手机使用经验是样本消费者的必备条件。只有那些具有手机使用经验的购物者才会被邀请到商场内的一个测试设施处,来评价研发中的若干新的原型设计。

尽管样本只包括在零售商场购物的个体,但这在大多数情形下并不算是一个严重的局限性。尽管一般而言对总体不具有代表性,但购物商场的顾客确实构成了许多产品市场的主要部分。

商场拦截人员访谈的优点和缺点

商场拦截访谈的一个主要优点就是,调查对象到访问员所在的地方比访问员去拜访调查对象更高效。这种方法比较流行,遍布美国的几百个永久商场调研设施就能证明这一点。在面对面接触中可以提出复杂的问题。在调查对象需要先看、使用或消费产品然后才能提供有意义的信息的情况下,商场拦截法特别适用。在位于商场的中心设施内,调查对象可以方便地与产品互动。本章开头的调研实践说明了这一点，在推出新品之前，肯德基就是利用这种方法来确定消费者对肯德基烤鸡的反馈的。之所以选择商场拦截访谈，是因为它使调查对象能够在商场的测试区域内试吃肯德基烤鸡，然后回答调查问卷。调研人员能很好地控制数据采集环境，应答率也较高。

主要的缺点就是，在访问员和调查对象面对面接触中，可能产生社会期望和访问员偏差。数据收集的数量一般，因为人们在购物时通常都很匆忙。商场拦截访谈的成本较高。

> **调研概要**
>
> 当调查对象需要先看、处理或消费产品后才能提供有意义的信息时，商场拦截法特别适用。尽管样本只包括在商场购物的个体，但这在大多数情形下并不算是一个严重的局限性。

计算机辅助人员访谈

人员访谈的第三种方式**计算机辅助人员访谈**（computer-assisted personal interview，CAPI），是让调查对象坐在计算机终端前，回答屏幕上显示的问题。有几种用户友好的软件系统，可以帮助设计简单易懂的问题，同时还提供帮助和温馨的错误提示。彩色屏幕和屏幕内外的刺激使调查对象对项目更有兴趣、更愿意参与。这种方法之所以被归入人员访谈方式，是因为通常有一名访问员在现场充当主持人，并根据需要对调查对象进行指导。

这种方法可用在购物商场，在拦截与甄别顾客之后进行。它也可以用来在贸易展览或会议上进行 B2B 研究。例如，美国联合包裹服务公司（United Parcel Service，UPS）通过在包裹快递贸易展上进行 CAPI 调查，来测量其 UPS 商务解决方案的形象与有效性。通常可使用触屏技术，简化与计算机的互动过程，尽可能减少调查对象的努力与压力。因此，尽量不使用需要打字的开放式问题。

计算机辅助人员访谈的优缺点

计算机辅助人员访谈抓住了调查对象的兴趣，并且有如下优点：可以提出复杂的问题；计算机会自动执行跳跃模式并进行逻辑检查；因为由计算机管理访谈，访问员偏差会减少；与商场拦截访谈相似，计算机辅助人员访谈在调查需要使用实物刺激时很有帮助；它还可以很好地控制数据收集环境并提高应答率。

它的主要缺点和商场拦截访谈相似，包括：社会期望效应较高、数据质量一般、成本较高。

> **调研实践**
>
> **给 CAPI 一个温柔接触**
>
> 触屏解决方案公司（www.touchscreensolutions.com.au）属于触屏调研公司旗下，作为澳大利亚运用触屏技术的 CAPI 的领先服务提供商，其触屏数据收集主要有两种应用：

1. 短期调查，适用于物理上接近的特定目标市场，例如展览会、展销会、医疗会议、购物中心和公众集聚地。
2. 长期调查，适用于目标市场来到客户营业场所，如银行、候机厅和宾馆。

触屏可以放置于柜台和销售点上或者等候室内，可在销售交易正在进行或顾客等待服务的过程中快速方便地收集调查数据。

触屏调研公司帮助很多客户进行了基于 CAPI 的调查研究。这些客户来自从银行业（如澳新银行）到药业（如葛兰素史克）的各行各业。[4]

调研概要

可以在购物商场、展销会和其他中心地点使用计算机辅助人员访谈。它与商场拦截法相似，具有许多共同的优点和缺点。主要区别是，在 CAPI 中，调查对象填写问卷借助的是计算机，而不是商场拦截法中的访问员。

互联网调研

娱乐与体育节目电视网：涉及各项运动吗

访问 www.espn.com，并搜索互联网，包括社交媒体和图书馆在线数据库，以获得消费者对娱乐与体育节目电视网认知方面的信息。为此，利用人员访谈进行调查有哪些优点和缺点？如果可以，你会推荐哪种人员访谈方式来进行调查呢？

作为娱乐与体育节目电视网的营销经理，你将如何利用消费者认知方面的信息来制定营销策略以增加受众？

邮件访谈

邮件访谈是问卷调查的第三种重要形式，可以通过独立列出的邮寄名单或使用邮寄式固定样本组进行。

传统的邮件访谈

在传统的邮件访谈中，问卷被寄给符合特定人口统计特征，但之前未被告知参与该调查的个人。因为没有事先联系调查对象，所以被称作冷邮件调查。一个典型的传统邮件访谈包由外寄信封、说明信、问卷、邮资已付回寄信封构成，或许还有一份物质奖励。受到激励的调查对象完成并寄回问卷。在调研人员和调查对象之间没有语言互动。通过客户内部持有或商业购买的邮寄名单选择冷邮件调查的受访个人。商业邮寄名单通常包括一些人口统计和心理统计的信息，以辅助目标调查对象的选取。不论来源于何处，邮寄名单都应该是最新的，并与目标总体密切相关。

通过传真问卷替代邮寄问卷可以缩短调查时间、提高应答率。在**传真调查**

（fax survey）中，通过传真机将问卷传递给调查对象。然后，调查对象将完成的问卷传真到指定（免费）号码，有时也会邮寄回来。传真调查和邮件访谈有许多相似之处，但传真调查可以更快地提供更高的应答率。由于许多家庭没有传真机，因此这种方法不适合家庭调查。然而，在对商业性和其他机构性调查对象进行的各种调查中，可以使用这一方法。

邮寄式固定样本组

与冷邮件访谈相比，**邮寄式固定样本组**（mail panels）包括一个在全国范围内有代表性的大型个人样本，样本组成员同意参加定期的问卷调查（见第3章）。通常会给同意参与的个人提供现金或礼品形式的物质激励。一旦某人被加入固定样本组，会收集其家庭详细的人口统计与生活方式数据。调研人员使用此信息，根据客户需求在固定样本组中挑选目标邮寄名单。比如，索福瑞（www.tns-global.com）就是一家拥有邮寄式固定样本组的营销调研组织。可以用邮寄式固定样本组获取一般性的和目标性的样本。

邮件访谈的优缺点

邮件调查是接触到消费者的一种经济而有效的方式。它不会出现访问员偏差问题，也不存在现场人员管理费用。冷邮件调查成本较低，邮寄式固定样本组的成本略高一些。它的社会期望较低，因为在整个数据的收集过程中没有人员与调查对象接触。中等数量的数据可以通过冷邮件调查来收集，邮寄式固定样本组则能够进行大量的数据收集。

然而，邮寄调查缺乏对访谈过程的控制，这就抵消掉了其上述明显的优势。与电话访谈和个人访谈不同，这种方式没有人员接触，调查对象不会有参与感，可能会草率地完成问卷。这种现象在冷邮件访谈中表现得尤为明显。在冷邮件访谈中，调研人员难以控制是谁回答了问卷，如何回答，返回的速度如何。结果导致样本控制差，应答率低，对数据的收集环境缺乏控制。因此，很难评价数据的信度和效度。

最后，冷邮件调查的应答率低，而无应答会导致数据的严重偏差。那些选择不参加邮件访谈的个体在人口统计和心理统计特征上与应答者可能有很大不同，结果会导致**无应答偏差**（non response bias）。有较高收入和教育背景、对研究话题没有体验或不感兴趣的个人的应答率较低。邮寄式固定样本组成功地提高了应答率，因此也减少了无应答偏差的问题。

尽管有缺点，但邮件访谈相对容易、成本低，这些使它成为一种可行的调研方式。邮寄式固定样本组可以用来从相同的调查对象处重复获取信息。因此，它们可以用来执行纵向调研设计（见第3章）。

调研实践

邮件瞄准女性

《十七岁》杂志（www.seventeen.com）进行了一项定性调研，以确定其读者的购物习惯。问卷被邮寄给杂志消费者固定样本组的2 000个成员,这些消费者是13～21岁女性市场的横向样本。收回问卷1 315份,完成率为65.8%。调查结果根据普查数据对年龄和地理区域加以调整平衡,因此它们反映了美国13～21岁所有女性的情况。主要的发现有:

- 9/10的调查对象在大型商场购物。
- 几乎2/3的调查对象在小型购物中心购物。
- 过半数的调查对象在单独的一站式商店购物。

该杂志这些将结果用于选择目标广告商并获取更多的广告收入。诸如服装、化妆品、个人护理品牌以该年龄段女性为目标群。《十七岁》杂志运用其邮寄固定样本组进行定期调查。这有助于它与目标市场保持联系,跟进变化。因此,截至2014年,《十七岁》杂志一直是女性青少年市场的头号杂志。[5]

调研概要

冷邮件调查成本不高,但应答率低。无应答会导致数据的严重偏差,因为那些做出回答的人的特征可能不同于那些不回答的人的特征。邮寄式固定样本组成本较高,但有更高的应答率,从而降低了出现无应答偏差的可能性。

互联网调研

澳美客:用调查研究支持决策

作为澳美客(Outback)的营销经理,你将如何利用消费者对休闲餐厅的偏好方面的信息来制定营销策略以增加销售额和市场份额?

访问www.outback.com,并搜索互联网,包括社交媒体和图书馆在线数据库,以获得消费者对休闲餐厅的偏好方面的信息。为此,利用邮件、邮寄式固定样本组或传真进行调查有哪些优点和缺点?如果可行,你会向澳美客推荐哪种方法?

电子访谈

电子调查可以通过发送电子邮件(如果知道调查对象的邮件地址),或在网站张贴问卷的方式进行。

电子邮件调查

电子邮件调查通过电子邮件发放问卷。如果已知邮箱地址,可简单地将问卷发送给样本中的调查对象。在美国,电子邮件的使用率非常高,尤其是商业企业几乎都使用电子邮件。使用批处理发送电子邮件,调研人员向潜在调查对象发送电子邮件问卷。通常可使用计算机程序准备问卷和电子邮件地址列表,以及准备用于分析的数据。请注意，可以收集评论以及数字的或多选的答案。但是，调查对象的匿名性很难得到保证，因为回复的邮件中包括发送者的地址。出于同样的原因，安全和隐私问题也会成为一种隐忧。

电子邮件调查特别适用于那些可以获得邮件列表的项目，例如对员工、机构采购者、经常通过邮件联系公司的消费者（如航空公司常旅客）进行的调查。电子邮件也可以用来请求调查对象参与一项互联网调查，只要告诉他们张贴问卷的网站链接和密码即可。

互联网调查

互联网调查中，将一份问卷张贴在网站上，由调查对象自行填写。问题显示在屏幕上，调查对象通过点击图标、键入答案或者加亮一个短语来给出答案。网络调查系统可以用来形成和张贴互联网调查问卷。在任何时间，调研人员都可以获得调查完成情况的统计、回答的描述性统计结果和数据的图表展示。与电子邮件调查相比，互联网调查更具灵活性、互动性，更加个性化，拥有自动跳跃模式和视觉吸引力。一些网站，包括SurveyMonkey（www.surveymonkey.com）和Zoomerang（www.zoomerang.com），允许用户在无须下载软件的情况下设计在线调查。调查由设计网站的服务器来管理。有些网站也提供数据制表服务。Qualtrics（www.qualtrics.com）软件是另一种流行的电子调查设计软件包。

互联网固定样本组正变得越来越流行，它们可以作为获取互联网样本的一种有效资源（具体讨论见第9章）。事实上，许多营销调研供应商和辛迪加企业已经用互联网固定样本组取代了传统的邮寄式固定样本组。与邮寄式固定样本组相比，互联网固定样本组的建立和维护花费的时间和成本更少。一些公司可以提供互联网固定样本组，其他调研人员可以付费使用，从中抽取互联网样本。这些公司包括Harris Interactive（www.harrisinteractive.com）、Survey Sampling International（www.surveysampling.com）和Toluna（us.toluna.com）。下面详细讨论电子调查相对于其他调查方法的优点和缺点。

电子调查的优缺点

采用电子邮件和互联网方式可以同时快速地调查成千上万的潜在调查对象。这两种方式中，互联网调查速度更快，可以几乎实时地迅速收集和分析数据，这使得它成为美国最为流行的调查方法。它接触更多的调查对象的边际成本很小，因此能获得比其他调查方式大得多的样本量。

两种方式都能节约成本。在大样本情况下，与其他调查方式相比，其成本明显偏低。两种方式都有利于接触到难以抵达的调查对象，因为调查对象可选择方便的时间和地点回答问卷。因此，可以接触到高收入专业人士，如医生、律师、首席执行官。这些人群在网上有很好的代表性。

互联网调查可以较容易地实现个性化，电子邮件调查在一定程度上也可以做到。除了个性化的名称外，问题本身也可以根据调查对象对前面问题的回答进行个性化设置，如"如果你喜欢的佳洁士牙膏买不到，你会选择哪个品牌？"互联网调查可以使用程序自动执行跳跃模式（例如，"如果问题 3 的答案是'否'，那么跳到问题 9"）。互联网调查是互动的，可以利用色彩、声音、图表和动画，这一点与计算机辅助人员访谈极为相似。

从固定样本组抽选调查对象的电子邮件调查和互联网调查更容易进行回访。电脑软件可以自动发送电子邮件，以提醒没有回答问卷的调查对象。电子调查和邮件调查有许多相似的优点，包括不存在现场人员问题和访问员偏差。它们都有较低的社会期望。

两种方式也都有一些缺点。它们都面临调查对象选择偏差，只有那些使用电子邮件和上网的人群才能包含在样本内。事实上，这些媒介的重度使用者有更高的概率被纳入样本，进一步增大了上述偏差。这些个体在一些方面和目标总体上是不同的，结果就导致了偏差。另一个潜在问题是，如果不采取控制措施，同一调查对象可以多次重复回答。此外，一些网络用户可能认为用于调查的电子邮件是垃圾邮件。

电子调查也有许多和邮件调查相似的缺点：只能提出简单的问题；样本控制差；数据收集环境不可控；应答率低；只能获得一般数量的数据。尽管有这些缺点，但随着网络日益进入千家万户，网络调查的前景依然十分广阔。

调研实践

互联网调查照亮 Lumia 800

诺基亚（www.nokia.com）不断地进行调研以监控消费者生活方式的变化，并据此设计它的手机。它委托 M/A/R/C 调研公司（www.marcresearch.com）对美国 18～54 岁的 500 名成年人进行互联网调查，这些人既有全职员工也有兼职员工。调查发现，人们在沐浴时确实会受到工作的干扰；53％的在职美国人在沐浴时会被与工作有关的电话或电子邮件打扰。调查还显示，人们在生活中的其他时间也曾被与工作相关的事情打扰：24％的人允许在他们与爱人亲密时被电话或电子邮件打扰，23％的人允许在他们约会时被电话或电子邮件打扰。之所以会发生这些情况，是因为 59％的美国在职一族从来不关闭他们的手机。另外一个有趣的发现是，75％的在职美国人承认科技在帮助他们平衡工作和家庭生活方面起着重要作用。根据这些发现，诺基亚开始研发新的手机模型，可以兼顾工作和娱乐，并以"平衡生活"为口号来营销这款手机。2011 年末，诺基亚推出了 Lumia 800，这款手机有引人注目的设计、优越的社交和互联网表现、一键联网、方便的联系人分组、整合沟通群和 IE 浏览器 9。诺基亚 Lumia 800 白色版于 2012 年 2 月开始正式发售。Lumia 800 之所以获得成功，是因为它满足了市场需求。截至 2013 年，诺基亚已推出几种不同版本的 Lumia 手机。[6]

调研概要

可以快速而低成本地进行互联网调查；可以几乎实时地快速分析所收集的数据。由于增加调查对象的边际成本很低，因此与其他方法相比，它可以提供大得多的样本。然而，电子方法（电子邮件和互联网调查）和邮件调查有许多相同的缺点。

其他调查方法

调研人员在前面描述的基本调查方法的基础上进行一些改动,形成了比较流行的其他调查方法,如表5—2所示。

表5—2　　　　　　　　　　　其他调查方法

方法	优点/缺点	评价
完全自动电话调查（CATS）	与计算机辅助电话访谈（CAPI）有相同的优点和缺点	可用于由调查对象发起的短时间接入调查
无线电话访谈（基于声音的形式）	与CATS有相同的优点和缺点	如果获得了调查对象的合作,可用于采购点调查
无线电话访谈（基于文本的形式）	与电子邮件访谈有相同的优点和缺点,但应当更加简短	如果获得了调查对象的合作,可用于采购点调查
入办公室访谈	与入户访谈有相同的优点和缺点	可用于访谈忙碌的经理人
中心地点访谈	与商场拦截访谈有相同的优点和缺点	可用于展会、会议、展览、购买拦截
自助式计算机用户访谈	与计算机辅助人员访谈有相同的优点和缺点	想了解更多信息,请登录 www.touchscreenresearch.com.au
传真访谈	与邮寄访谈有相同的优点和缺点,但更快,应答率更高	可用于某些企业调查
留填问卷调查	与邮寄访谈有相同的优点和缺点,但成本更高,应答率更高	可用于本地市场调查

调研概要

如果获得了调查对象的合作,无线电话访谈（基于声音和文本的形式）对采购点的调查有用。可以使用固定样本组来做这些调查。

互联网调研

互联网调查

以下网站向调查对象以及调研人员演示了互联网调查。

1. 想体验一下互联网调查,可登录网络在线调查 www.web-online-surveys.com,选择"Sample",进行简短的网络调查。

2. 想了解互联网调查的各种应用,可登录 www.createsurvey.com,点击"Demo"。

3. 想感受一下如何设计自己的电子调查，可获取 Qualtrics（www.qualtrics.com）软件，完成"Online Training Programs"或点击"Request Demo"。

但要记住，并不是所有调查方法都适用于给定的情境。因此，调研人员应当进行比较性评估，以确定哪一种方法更为合适。

调查方法的选择标准

对于某个具体的调研项目，当评估各种不同的调查方法时，必须考虑与数据收集相关的重要因素。通常一些因素占主导地位，导致了一种特定的调查方法成为自然选择。例如，如果对一种新的易腐食品进行测试，调查对象必须在品尝后才能回答问卷。这些访谈应该在一个中心地点进行，因此商场拦截或 CAPI 是一个自然而然的选择。如果没有哪种方法有明显优势，那么必须从整体上考虑各种方法的优缺点，据此做出取舍。我们给出如下指导原则：

1. 如果必须提出复杂多样的问题，人员访谈的方式（入户访谈、商场拦截访谈或 CAPI）更合适。互联网调查也是一种选择，但其他自填式方法（邮件访谈、邮寄式固定样本组和电子邮件访谈）可能不适合，因为不可能以互动的形式向调查对象说清问题。电话调查是有局限的，因为调查对象不能看到问卷，访问员和调查对象没有面对面的接触。

2. 从使用实物刺激的角度来看，人员访谈（入户访谈、商场拦截访谈和 CAPI）更合适。

3. 如果样本控制很重要，冷邮件（而非邮寄式固定样本组）、传真和电子方式处于劣势。

4. 如果需要控制进行数据收集的环境，建议使用中心地点访谈（商场拦截访谈和 CAPI）。

5. 如果需要大量的数据，建议使用入户调查和邮寄式固定样本组，而使用电话访谈是不合适的。

6. 低应答率是冷邮件和电子方法的缺点。

7. 如果社会期望是一个问题，邮件访谈、邮寄式固定样本组、传真调查和互联网调查是最好的方法。

8. 如果调查员偏差是一个问题，可以使用邮件（冷邮件和固定样本组）、传真和电子方式（电子邮件和互联网）。

9. 如果希望速度更快，建议使用互联网、电子邮件、电话和传真方式。

10. 当考虑成本因素时，调查方法从最低成本到最高成本的排序如下：冷邮件调查、传真调查、电子访谈（电子邮件调查和互联网调查）、邮寄式固定样本组、电话访谈、商场拦截访谈、CAPI 和入户访谈。

通常，混合使用这些方法可以提高数据质量并节约成本。当调研项目范围较大时，这是可行的，具体参见下面的"调研实践"专栏中关于奥斯卡梅尔（Oscar Mayer）的案例。但是在同一国内营销调研项目中使用不同方法（被称为混合模式调查）时，应该非常谨慎。使用的方法会影响所获得的答案，因此不同方法获得的答案可能不具有可比性。有人考察了调查方法对调查对象的影响，但结果并不一致。奥斯卡梅尔的例子就说明了调查方法的选择。

调研实践

奥斯卡梅尔用老方法开发新产品被证明是有用的

奥斯卡梅尔是卡夫（www.kraftbrands.com/oscarmayer）旗下的一个品牌，其新产品研发的第一步是利用前期的调研和外部的二手数据形成如下问题：
- 你的目标购买者是谁？
- 他们目前使用的是什么产品？
- 该产品的最大问题是什么？
- 你将如何解决这个问题？

仔细思考了这些问题之后，一个新产品创意的原型就形成了，接着利用焦点小组座谈进行测试。来自这些小组的反馈帮助创新者调整他们的产品和想法。下一步，利用邮寄问卷的形式对家庭进行定量测试。之所以利用邮件调查，是因为它可以让奥斯卡梅尔以很低的成本收集到所需数量的数据，并消除潜在的访问员偏差。通过提供合适的刺激，来弥补应答率低这一主要缺点。从这些消费者那里获得信息后，将数据与以前调研的标准数据库做比较，进行评估。评估之后，信息被用来确定产品的成分、包装、尺寸或形状等。将大约200名目标市场的消费者邀请到营销调研设施处，让他们给出意见并对产品的改变评分，以此来检测这些不同的设计。之所以选择在营销调研设施进行中心地点访谈，是因为需要"使用实物刺激"，让调查对象观看、处理甚至品尝产品。在这一阶段获得的信息可以用来帮助在各种可能的产品配置中做出选择。这种混合调查方法帮助奥斯卡梅尔成功推出了新产品，如 Deli Creation，它包含了使用微波炉快速烹制出热气腾腾、可口酥软的三明治所需的所有原料。2013年，奥斯卡梅尔成功推出精选鸡脯肉"弗兰克斯"，它选自高品质的切片鸡胸肉且不含人工防腐剂。感谢调研！[7]

调研概要

如果必须提出复杂而多样的问题，或必须使用实物刺激，以及想得到较高的应答率，应当使用人员方法（入户访谈、商场拦截访谈或CAPI）。采用互联网、电子邮件、电话和传真等方式的速度快。当成本是一个因素时，调查方法从最低成本到最高成本的排序如下：冷邮件调查、传真调查、电子调查（电子邮件调查和互联网调查）、邮件式固定样本组、电话访谈、商场拦截访谈、CAPI和入户访谈。

提高调查应答率

无论选择哪一种调查方法,调研人员都应该尽量提高应答率。这可以通过事先通知、激励、跟进和其他方法(如个性化)等来完成(见图5—5)。

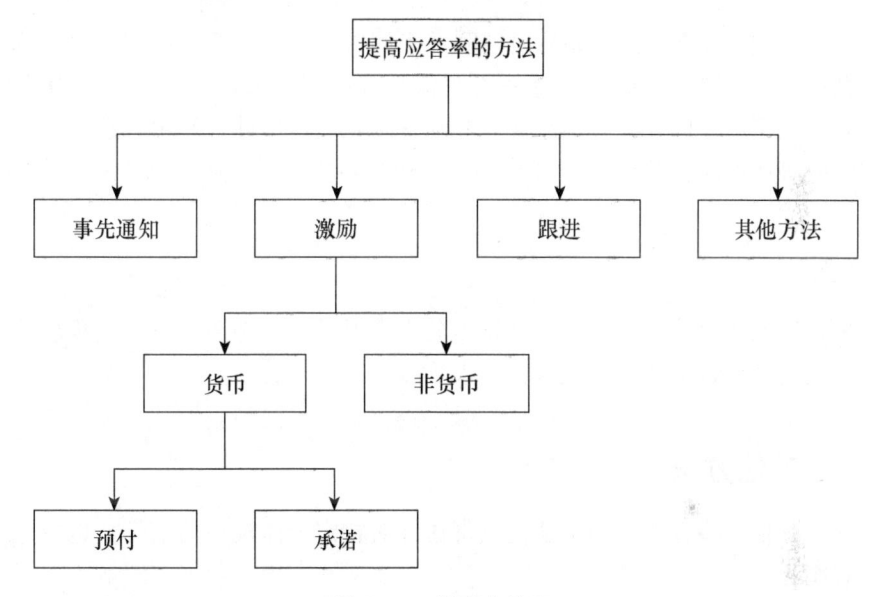

图5—5 提高应答率

事先通知

事先通知包括给潜在的调查对象发送信件、电子邮件或打电话,通知他们受邀参加一项邮件、电话、人员或电子调查。如果样本为一般大众,事先通知会提高应答率,因为它减少了意外和不确定性,同时创造了一个更好的合作氛围。

激励

向潜在调查对象提供货币和非货币的激励可以提高应答率。货币激励可以预付或承诺事后支付。**预付激励**(prepaid incentive)在一般调查或问卷调查中会使用,因此所有潜在的调查对象都可以得到,无论他们是否回答。**承诺激励**(promised incentive)只给予那些在指定的最后期限前完成调研的调查对象。最常使用的非货币激励是感谢和奖品(如钢笔、铅笔、书),以及提供调查结果。在章首的"调研实践"专栏中,百盛利用承诺激励增强了调查对象的合作意愿,提高了应答率。所有完成调查的调查对象都获得了百盛公司的礼品卡。

预付激励比承诺激励更能提高应答率。激励金额通常为0.25~50美元或更多,在消费者调查中最常见的是1美元。激励金额和应答率正相关,但是高额货币激励的成本可能超过所获得的额外信息的价值。

调研概要

预付激励比承诺激励更能提高应答率,在消费者调查中 1 美元的激励是最常见的。因此,可使用这种激励方式。

跟进

跟进,即在初次联系后定期联系未回答者,对降低邮件调查中拒绝作答的比率尤其有效。调研人员可以寄一张明信片或一封信件,提醒未回答者完成和返回问卷。除了原件以外,可能需要另外邮寄两到三封信件。利用合适的跟进,邮件调查的应答率可以上升到 80% 或更高。跟进也可以通过电话、电子邮件或人员接触来进行。

调研概要

跟进,即在初次联系后定期联系未回答者,对降低邮件调查中拒绝作答的比率尤其有效。可以通过邮件、电话、电子邮件或人员接触来跟进。

其他方法

其他一些方法,如个性化或寄送针对特定个体撰写的信件,也可以有效提高应答率。

调研概要

你应当使用多种方法来提高调查的应答率。例如,事先通知、激励和跟进都可以用在一项调查中。

观察法

观察法是描述性调研使用的第二类方法(见第 3 章)。**观察**(observation)以一种系统的方式记录人们的行为模式以及物体和事件的数据,以获得有关调研现象的信息。观察人员并不向被观察的人提问或与之交谈。信息可以在事件发生时记录,或从过去的事件记录中获得。重要的观察法包括人员观察和机械观察。

调研概要

采用观察法,不通过提问或交谈来记录数据。观察法主要可以分为人员观察和机械观察。

人员观察

进行**人员观察**（personal observation）时，一位经过培训的观察人员通过准确记录正在发生的行为来收集数据（本章中前面的"调研实践"专栏展示了亨氏如何使用人员观察，推出了"蘸和挤"式番茄酱包装）。观察人员并不试图控制或操纵所观察的现象，而是仅仅记录下正在发生的事。例如，调研人员可能记录一家百货商店的顾客人数并观察客流情况。这一信息可以帮助设计商店布局，确定每个品类和货架的摆放位置，进行商品陈列。**人文调查**（humanistic inquiry）是人员观察的一种特殊方式，调研人员融入被研究的系统中进行观察。这种方式不同于传统的科学方法，传统方法中调研人员是一个中立的观察者。而人文调查也称现场观察，观察人员在超市以一名购物者的身份出现，他需要来自其他购物者的建议以做出购买决策。

人员观察的主要优点是高度灵活，因为观察人员可以记录到各种各样的现象（见表5—3）。它也非常适用于自然环境。例如，通用汽车的销售经理可以在一个例行的销售会议上观察经销商对新的库存政策的态度。

表5—3　　　　　　　　　　人员观察和机械观察的比较

方法	优点	缺点
人员观察	非常灵活 高度适用于自然的环境	观察偏差大 分析偏差大
机械观察	观察偏差小 分析偏差适中或偏小	会受到干扰 并不总是适用于自然环境

这种方法的主要缺点是非结构化：通常不使用观察表来记录正在发生的行为。观察人员是在结束观察之后以一种自由的非结构化的形式记录该现象。这就导致了较大的观察偏差和记录偏差。此外，数据及其解释也有较大的主观性，这导致了较大的分析偏差，即数据分析和解释的偏差。

调研实践

北美人在哪里购物

在对商场进行调研时，可以使用汽车牌照调研来确定一家购物商场的核心商圈。这些调研帮助营销人员了解其顾客居住的范围。观察人员记录停车场上汽车的牌照号。将这些号码输入计算机并与汽车注册数据相匹配，可以产生按普查小区或邮编划分的顾客分布地图。这样的地图和人口统计数据结合，可以帮助商场确定新的店址、户外广告的位置和直邮广告的投递范围。牌照调研的成本较低（5 000～25 000 美元），而且比购物者访谈等直接沟通方法更加快捷和可靠。

Megamall 位于美国明尼苏达州布卢明顿市双城郊区，是一个超大的购物中心。商场每年接待 4 000 万到访者。汽车牌照分析表明，这些人不仅来自明尼苏达州，而且来自美国和加拿大的几个不同地方。调研结果帮助 Megamall 定位为北美人的购物场所。[8]

调研概要

人员观察是一种非常灵活的方法，可以在自然环境下使用。然而，它的特点在于：有很大的观察偏差、记录偏差和分析偏差。

机械观察

顾名思义，**机械观察**（mechanical observation）是使用机器设备来记录行为。这些设备可能需要调查对象直接参与，也可能不需要。这样的设备特别适用于记录持续的行为，比如杂货店的人流量。在不需要调查对象主动参与的间接观察设备中，最著名的是尼尔森（www.nielsen.com）的视听监测仪。调查对象不需要改变其行为以参与到此种类型的观察研究中。视听监测仪连接在一台电视机上，持续记录收看的电视频道以及谁在看电视。阿比创（www.arbitron.com）研发了便捷式视听监测仪，这是一种可穿戴设备，可以在人们醒着时测量他收看或收听的电视或广播节目。PreTesting 集团（www.pretesting.com）使用人员阅读器，悄悄地记录阅读材料和阅读者的眼睛运动，以确定阅读者的习惯以及不同规格广告的杀伤力和品牌回忆情况。

间接观察设备的其他常见例子包括记录进出一座大楼的人数的旋转门，以及安装在街道上用来统计通过某一地点的车辆数目的车流计数器。零售商越来越多地使用现场照相机来评估包装设计、柜台空间、地面陈列和客流模式的影响。通用产品代码（UPC）为机械观察提供了内置来源。对那些配置了光学扫描仪的零售商而言，UPC 系统使它们能够自动收集消费者的购物信息，并按照产品类别、品牌、商店类型、价格和数量对信息进行分类（见第 3 章的扫描仪数据）。

互联网可以成为很好的观察来源，并能提供有价值的信息。观察可以采用多种方式进行。可以对网页访问次数进行初步观察；对在网页上花费的时间也可以通过更加先进的技术测量，比如当访问网页的人点击图标时，计时器开启，当其点击下一个图标时，计时器停止。此外，调研人员可以在网页上提供不同的链接，可以观察哪些链接更经常被点击，这将向调研人员提供关于个人的信息需求和目标细分人群的兴趣方面的重要数据。

调研实践

当心你所看到的，尼尔森正在看着你！

尼尔森公司正通过整合对电视机、个人电脑和手机用户的测量来帮助客户制定精准的跨平台计划。使用电子计量技术的机械观察是尼尔森评级流程的核心。公司招募了对全美国的家庭具有代表性的电视家庭固定样本组。他们的观看行为是通过电视测量仪和本地视听监测仪测量的，这些仪器可以捕捉到在什么时间观看了什么节目这样的信息。例如，视听监测仪被安装在固定样本组家庭的电视机上，自动地、持续地监控收视行为，包括何时打开电视机，观看了什么频道，观看多长时间。这些数据通过视听监测仪收集并传送到一台中央计算机。尼尔森还在全国利用类似的信息记录方式收集到超过 200 万页的日记。

利用这些信息，公司推出了尼尔森评级系统，并对消费者收视行为和人口统计信息进行了详细分析。家庭的哪个成员正在观看哪个节目？哪些家庭特征（比如养宠物、收入、受教育程度等）和收视选择相关？（见第 3 章有关媒体固定样本组。）这类信息可以使宝洁、可口可乐公司和其他广告商根据人口统计、一天中的具体时间和观众结构来完善它们的营销活动。[9]

许多机械观察设备需要调查对象的直接参与。对景象、声音、气味或其他感官刺激的身体反应是观察研究的重要领域。广告或其他促销变化（比如特价销售）可以引起消费者的身体反应，仅仅看着他们是不能观察到这些反应的。在这种情况下可以使用能够监测心跳、呼吸频率、皮肤温度和其他生理变化的专用仪器设备。因为这些测量的成本要比口头报告调查对象的反应更高，所以只有在假设调查对象不能或不愿准确回答提问时才会用到它们。所有这些生理测量仪器的使用均建立在如下假设的基础之上：对刺激物的认知和情感反应会导致身体反应上可以预测的差异性。但是，这些假设还没有得到明确的证实。

机械观察的主要优点是观察偏差小，因为行为是由机器而不是观察人员记录的。按照预先指定的原则和方针来分析数据，因此分析偏差较小。主要缺点是有些方法是侵入式的或成本较高，可能不适用于自然的环境，比如商场（见表 5—3）。

调研概要

机械观察设备可以分为两类：不需要调查对象直接参与的（如旋转门、通用产品代码扫描仪）和需要其参与的（如监测心跳、呼吸频率、皮肤温度和其他生理变化的专用仪器设备）。所有的机器设备的观察偏差、记录偏差和分析偏差都很小。

互联网调研

史密森协会：吸引史密斯们

史密森协会（Smithsonian Institution）是美国国家教育机构，拥有 19 个博物馆、9 个研究中心和遍布世界的 155 个分支机构。访问 www.smithsonianmag.com，并搜索互联网，包括社交媒体和图书馆在线数据库，以获得消费者用来选择博物馆的标准方面的信息。

如果史密森协会想确定博物馆每天吸引了多少人，以及哪些展品最受欢迎，可以使用观察法吗？如果可以，你会使用哪种观察法？作为史密森协会的营销经理，你将如何利用有关消费者选择博物馆的标准的信息来制定营销策略，以增加关注度和市场份额？

调查法和观察法的比较

除了扫描仪数据和某些类型的媒体固定样本组之外，很少有营销调研项目单一地使用观察法。但是，观察数据的确具有独特的优势。当与调查技术相结合时，观察可以产生很棒的结果。这一点从本章亨氏公司的调研实践中可以看出。公司将人员观察的发现用来开发"蘸和挤"式包装，进而使用调查法在新包装推向全国之前对其进行印证。

观察法的相对优点

观察式数据收集方法有如下优点。第一，许多这类方法不需要调查对象有意识地参与，因此最大限度减少了无应答偏差。尽管未经允许进行观察的做法会产生伦理问题，但和其他调研技术相比，即使是有意识的参与，要求调查对象付出的努力也比较少。

与调查对象互动或对问卷的主观解释所导致的访问员偏差最小，这是因为观察人员只需要记录正在发生的事情。观察人员只记录实际行为，从而消除了自我报告行为中的固有偏差；观察人员不需要问调查对象任何问题。

婴儿或宠物对营销产品的喜好或反应方面的数据最好使用观察技术来收集。在调查无意识行为模式或个体不愿意坦诚地进行讨论的情形下，观察法也是有用的。

观察法最好应用在经常发生的或历时很短的现象中。在这些类型的应用中，观察法可能比调查法成本更低，且更为快捷。

观察法的相对缺点

观察的数据提供了对正在发生的行为的见解，但无法解释它为什么会发生。采用观察法无法获知态度、动机和价值观，也无法观察到个人卫生状况或亲密的家庭互动等十分私人的行为。

个体倾向于只观察他所想了解的，这就可能导致观察人员忽视了行为的重要方面。观察人员之间的认知差异会影响观察法的完整性。

最后，观察技术仅适用于那些在短时间内频繁发生的行为。对于不频繁发生的或时间跨度长的行为（如个体花很长时间购买汽车），由于成本太高，因此不能使用这种技术进行记录。

总而言之，若使用得当，观察法能够提供有价值的信息。从实践的角度来看，最好将观察法作为调查法的补充，而不是将两种方法视为对立的、竞争性的。

调研概要

当与调查法结合使用时，观察法可以获得丰富的见解。因此，可以以一种互补的方式使用这些方法。

互联网调研

克罗格针对非计划购买采取行动

作为克罗格（Kroger）的营销经理，你将如何利用有关消费者超市购物行为的信息来制定营销策略以增加市场份额？

访问 www.kroger.com，并搜索互联网，包括社交媒体和图书馆在线数据库，以获得消费者超市购物行为的信息。克罗格想确定消费者多大程度上是在来商场前已确定他们心仪的产品和品牌，多大程度上是在店内做出决定的。你将怎样结合观察法和调查法来获得这一信息？

国际营销调研

为国际营销调研选择合适的访谈方法要困难得多，因为在异国进行调研面临各种挑战。由于经济、结构、信息、技术以及社会文化环境等方面存在差异，不同的访谈方法的可行性和普及性会有很大差别。在美国和加拿大，几乎所有家庭都拥有电话，因此，电话访谈仍很流行，尽管其主导地位逐渐让位于互联网调查。在瑞典等一些欧洲国家的情况也是如此。但是，在另一些欧洲国家，并非所有家庭都拥有电话。在一些发展中国家，只有少数家庭拥有电话。

在许多欧洲国家（如瑞士）、新兴工业化国家或发展中国家，人员入户访谈是收集调查数据的主导方法。尽管商场拦截访谈在瑞典等一些欧洲国家有所使用，但这种方法在其他欧洲国家或发展中国家并不流行。在法国和荷兰，中心地点/街道访谈成为收集调查数据的主导方法。

由于成本低廉，邮件访谈继续在大多数发达国家使用，如美国、加拿大、丹麦、芬兰、冰岛、挪威、瑞典和荷兰，这些国家人口的文化程度高且邮政系统完善。但是，在非洲、亚洲和南美洲，由于文盲多且有很大比例的人口居住在农村，因此邮件调查和邮寄式固定样本组的使用率很低。除美国外，邮寄式固定样本组仅在几个国家广泛使用，如加拿大、英国、法国、德国和荷兰。但是，邮寄式固定样本组的使用会随着新技术的出现而增加。同样，尽管在世界上任何一个地方都能访问一个网站，但是在许多国家，尤其是发展中国家，上网或收发电子邮件并不普遍。因此，使用电子调查不可行，在对家庭进行访谈时尤其如此。欧洲的营销调研企业较少采用电子访谈，因为欧洲的互联网渗透率低于美国。

在不同国家采用不同的激励方式对提高应答率的效果不尽相同。在日本，商业调查中更适合使用礼物激励而不是现金激励。墨西哥的家庭调查也是如此。一些方法在一些国家比在另一些国家更有效。当从不同的国家收集数据时，应该使用具有同等有效性水平的调查方法，而不是必须使用同样的方法。

调研实践

可口可乐在中国致力于环保行动

索福瑞集团对从在线固定样本组中随机挑选的 10 000 名中国人在购物时的环保和伦

理问题进行了调查。调查发现，89%的中国调查对象说他们过去曾因为制造商没有达到环保和伦理标准而拒绝购买其产品。相比之下，全球65%的消费者、日本只有54%的消费者有过类似经历。这引起了可口可乐公司的极大关注，因为它使用大量的水生产软饮料，而水在中国是稀缺资源。可口可乐公司曾在印度被指责过度用水。为了避免在中国出现同样的失误，可口可乐公司向位于北京的中国社区宣布，公司将"节约每一滴水"并与世界野生动物基金（World Wildlife Fund，WWF）联合发起保护长江和其他六条河流的活动。这些行动改善了公司在中国的形象，截至2014年中国仍是公司增速最快的市场之一。[10]

与调查法一样，在国际营销调研中选择正确的观察法同样应该考虑经济、结构、信息和技术以及社会文化环境的差异（见第1章）。

调研概要

在不同的国家调查方法的有效性存在差异。当从不同的国家收集数据时，应当使用具有同等有效性水平的调查方法，而不是必须使用同样的调查方法。

营销调研和社交媒体

可以利用社交媒体来进行调查和观察。

调查

如今的许多社交网站为调研人员提供了一个良好平台，使他们可以广泛发送问卷从而大规模地回收定量反馈。利用社交媒体不需要访问员亲临现场向公众征集信息，因此有助于保持低成本，并由此扩大样本规模。如果实施得当，可以通过社交网站自动收集调查数据，这也允许调研人员针对不同的消费者细分群体来确定调研范围。调研问题可以几乎不受限制、方便地进行改动。

通过社交媒体平台进行的在线调查可以鼓励调查对象参与并提供可靠的反馈，因为这种调查对于消费者而言具有关联性和匿名性。即使上述特点不明显，这些工具的虚拟特征也使调研人员在收集定量数据时可以巧妙使用一些激励因素。例如，当消费者完成问卷离开调查网站时可以获得电子优惠券。此外，由于电子内容可以简单地创造和执行，通过社交媒体进行调查有较高的可行性和成本效益。简短的调查可以直接在社交媒体网站（如Facebook）上进行。对于内容较多的调查，可以在社交网站上提供一个链接引导用户进入调查网站，如下面的"调研实践"专栏中Captura集团进行的调查那样。

调研实践

Captura集团：抓住美国政府的期望

Captura集团（www.capturagroup.com）是一家专业营销调研公司，它的主要目标是西班牙裔美国人在线市场。公司开展了一项社交媒体调查，旨在了解公众如何看待"获取有关美国政府的信息"这一现象。政府之所以委托其进行此项调查，是由于"9·11"事件发生后公众对政府部门和机构的负面情绪不断上升。自美国颁布了《爱国者法案》（Patriot Act）和其他各种法律之后，美国发现自己在20世纪末建立了更多的机构来避免安全上的疏忽。截至2013年，联邦政府有1 000多个部门或机构，而且数量仍在不断增长。结果，当美国公民想获取有关国家和政府事务的信息时，不得不面对不断增加的官僚的繁文缛节。许多部门和机构的管辖权都有重叠。

调查按照以下方案进行：

调查对象的信息	• 平均年龄42岁
	• 有501人参与调查，其中385人完成调查（78.5%）
	• 男女性别比例50/50
	• 58%的调查对象熟悉美国政府
可访问的社交媒体平台	11个，包括MySpace、博客、Twitter、雅虎问答等

调查结果的分析揭示了以下趋势：
- 大多数的调查对象喜欢通过社交媒体获得政府信息。
- 政府信息的真实性对调查对象至关重要。
- 在调查对象中，Facebook是最受青睐的社交媒体。
- 调查对象对于与政府对话非常感兴趣。
- 相关和及时的内容是关键；使用的渠道是其次。
- 60%的调查对象对在非政府网站上的政府信息感兴趣。

看到这些结果后，奥巴马政府承认现在的政府组织过于复杂，并存在缺陷和许多漏洞。此后，政府努力改革其部门和机构以改善"9·11"事件发生之后的氛围，使政府对普通公民来讲更容易接近，并降低复杂性。[11]

观察

本质上，从消费者在社交媒体网站上主动贴出的评论、照片、录像、录音和其他刺激物能够观察到他们的行为的痕迹。对这些项目的分析构成了一种形式的观察，被称为**痕量分析**（trace analysis）。有些调研人员认为参与式博客和在线研究论坛是典型的网络民族志或网络志（在线民族志研究见第4章）。也有可能在虚拟世界中更直接地观察到调研人员感兴趣的行为，如喜达屋的雅乐轩酒店所做的那样。

当喜达屋酒店和度假村考虑以雅乐轩品牌推出新的系列酒店时，决定在第二人生（Second life）网站上虚拟地建立第一家酒店。这帮助公司收集到消费者对于理想的酒店设计和概念的重要反馈。消费者被邀请到第二人生网站与虚拟雅乐轩酒店进行互动。营销调研人员用设备观察他们的行为和偏好。他们可以观察到在第二人生虚拟酒店中人们如何在空间中移动以及哪些区域和家具更受欢迎。这些发现导致了一些设计的变化，包括在客房淋浴间安装收音机。雅乐轩酒店在2008年开业，为商务和休闲旅游人士提供融合现代元素和经典美国传统的硬件和服务。到2014年，雅乐轩酒店在全球已超过100家，遍及亚洲、欧洲、中东以及中美和南美洲，现在仍在扩张。

调研概要

可以直接在社交媒体网站（如Facebook）上进行简短的调查。对于内容较多的调查，可以在社交媒体网站上提供链接，引导用户进入调查网站。从消费者在社交媒体上自愿张贴的评论、照片、录像、录音和其他刺激物可以观察到他们的现实行为的痕迹。在虚拟世界（如第二人生）中你可以更直接地观察到感兴趣的行为。

营销调研伦理

正如第4章在定性调研情境下所讨论的那样，在调查和观察研究中，调查对象的匿名性是一个重要事项。调研人员有伦理上的责任不向调研组织外部的任何人（包括委托人在内）泄露调查对象的身份信息。只有当调研人员事先告知调查对象，并且在进行调查之前取得了他们的同意之后，才可以有例外，向委托人透露调查对象的身份信息。即使在这种情况下，在告知身份信息之前，调研人员也应该从委托人那里得到保证——维护调查对象的信任且不会将他们的身份信息用于销售目的或者以其他方式滥用。

调研人员有责任以符合伦理与法律的方式使用合适的调查方法。例如，联邦法律禁止未经请求的传真调查。在许多州，完全自动化拨号（由调研人员发起）的电话调查是非法的。

调研人员不应当让调查对象处于有压力的情形下。诸如"答案没有对错之分，我们只是对您的意见感兴趣"这样的免责声明可以极大地缓解调查所产生的压力。最后，调查不应当用于非伦理目的，如佯装调查实则销售或集资。从下面的"调研实践"专栏中可了解更多有关非伦理行为的信息。

调研实践

假市调真推销和假市调真募钱是不道德的

有时，直接营销和电话营销公司联系消费者，假装进行调查研究，而真实动机是获得销售线索。这样的调查会询问对营销公司产品的兴趣、调查对象的背景和人口统计变量，以及调查对象对更多信息的需求等方面的信息。表示感兴趣或希望获得更多信息的调查对象的信息被传递给公司销售人员，引导其追踪这些线索。显然，这些调查的目的不是科学研究而是获得销售线索。这种做法被称为假市调真推销。假市调真募钱与其相类似，打着研究的幌子进行资金募集。假市调真推销和假市调真募钱是不道德的，会损害营销调研事业。营销调研行业已经采取积极的措施反对这两种做法。[12]

人们的行为经常在他们不知情的情况下被观察，因为告知调查对象有可能令他们改变自己的行为。但是，不告知调查对象会侵犯其隐私权。一个原则是不应该在人们不希望被公众知晓的情况下对他们进行观察。比如，如果遵守一定的程序，是可以在商场或杂货店之类的公共场所观察人们的行为的。在这些区域应该张贴告示，说明人们正处于为营销调研的目的而进行的观察之中。收集完数据之后，调研人员应当从调查对象那里得到许可。如果调查对象拒绝，那么与他们有关的观察记录应该被销毁。在互联网上使用cookie来观察人们的网页浏览行为时，同样应该遵循这些原则。

调研概要

调研人员应负起伦理上的责任，避免令调查对象处于有压力的情形下。诸如"答案没有对错之分，我们只是对您的意见感兴趣"这样的免责声明可以极大地缓解调查所产生的压力。应当严格按照合乎伦理的方式来进行调查和观察。

戴尔运营案例

回顾本书末尾给出的戴尔案例（案例1.1）和问卷。

1. 把调查告示张贴在网站上，并向调查对象发送电子邮件邀请其参与，以便戴尔开展调查。评估这种方法的优点和缺点。你认为这是最有效的方法吗？
2. 比较进行调查所使用的不同方法。戴尔可以使用社交媒体吗？如果可以，如何使用？
3. 戴尔可以用观察法来确定消费者对个人电脑和笔记本电脑的偏好吗？如果可以，你会推荐哪种观察法？为什么？
4. 参观一家售卖个人电脑和笔记本电脑的商店（如百思买、西尔斯等）。如果这家商店想进行一项调查来确定消费者对个人电脑和笔记本电脑的偏好，你会推荐哪种调查方法？为什么？

本章小结

调查和观察是进行定性的描述性调研的两种基本方法。调查涉及向调查对象提问，观察则仅仅记录调查对象的行为。

调查涉及问卷填写，根据采用的方法或模式可以分为：传统电话访谈、计算机辅助电话访谈（CATI）、人员入户访谈、商场拦截人员访谈、计算机辅助人员访谈（CAPI）、邮件调查、邮寄式固定样本组、通过电子邮件或互联网进行的电子访谈。这些方法中，互联网访谈在美国最为流行。但是，每种方法都有其优缺点。虽然这些数据收集方法通常被看成是截然不同且相互竞争的，但不应该把它们看成是相互排斥的。可以卓有成效地将它们结合起来使用。

观察法主要包括人员观察和机械观察。与调查法相比，观察法的相对优点有：（1）允许测量实际行为；（2）没有报告偏差；（3）出现访问员偏差的可能性更小。另外，某些类型的数据最好（有时只能）通过观察获得。观察法的相对缺点有：（1）难以推测动机、信念、态度和偏好等；（2）有潜在的观察人员偏差；（3）大多数方法耗时长且成本高；（4）很难观察到某些形式的行为；（5）有可能存在不合乎伦理的行为。除了扫描仪数据和特定类型的媒体固定样本组之外，观察法很少被当作获取原始数据的唯一方法使用，而是将它与调查法结合起来使用。

在为国际调查选择方法时，一个重要的考虑因素是跨国家的等效性和可比较性。社交媒体为调查和观察研究提供了一个新的工具，它们构成了实施调查和观察的一个重要领域。以调查之名进行销售、没有维护调查对象的匿名性以及在调查对象不知情或未经其允许的情况下观察其行为，是实施调查和观察过程中存在的主要伦理问题。

关键术语

调查法（survey method）
结构化的数据收集（structured data collection）
固定备选答案问题（fixed alternative questions）
邮寄式固定样本组（mail panel）
样本控制（sample control）
应答率（response rate）
访问员偏差（interviewer bias）
传真调查（fax survey）
无应答偏差（nonresponse bias）
社会期望（social desirability）
预付激励（prepaid incentive）
承诺激励（promised incentive）
观察（observation）
人员观察（personal observation）
人文调查（humanistic inquiry）
机械观察（mechanical observation）
痕量分析（trace analysis）

复习题

1. 简要解释本章中所讨论的话题在营销研究过程框架中的位置。
2. 说出通过调查获取信息的主要方法。
3. 在评价哪种调查方法最适合某一个特定调研项目时，要考虑的相关因素有哪些？
4. 对一个以现场人员和成本控制为关键因素的调研项目而言，哪种调查方法最适用？
5. 你如何利用Facebook账户进行一项调查？这项调查在什么时候进行是合适的？
6. 说出机械观察的各种类型，并解释它们是如何发挥作用的。
7. 观察法的相对优点和缺点是什么？

应用题

1. 请描述一个营销调研问题，可以采用调查法和观察法来获取所需的信息。在你列举的例子中使用社交媒体合适吗？

2. 校园餐饮部门要确定有多少人在学生自助餐厅进餐，列出可以获得这一信息的方法。哪种方法最好？

3. 找到并参与一项你有资格成为调查对象的网络调查。根据本章的讨论你将如何评估这项调查？

4. 找到一项互联网调查，并仔细地检测问卷的内容。与利用CATI或商场拦截访谈进行同样的调查相比，它的相对优点和缺点是什么？

注释

[1] www.kfc.com, accessed May 6, 2013; and "Kentucky Grilled Chicken," www.kfc.com/food/chicken/ky-grilled.asp, accessed November 4, 2013.

[2] www.heinz.com, accessed May 16, 2013; and Sarah Nassauer, "Old Ketchup Packet Heads for Trash," *Wall Street Journal* (Monday, September 19, 2011): B1–B2.

[3] www.verizonwireless.com, accessed March 17, 2013; and Viscusi, S., "Verizon Wireless Helps Friends & Family Save Money and Stay in Touch," http://fixed-mobile-convergence.tmcnet.com/topics/mobile-communications/articles/50546-verizon-wireless-helps-friends-family-save-money-stay.htm, accessed March 17, 2013.

[4] www.touchscreenresearch.com.au, accessed April 2, 2013.

[5] www.seventeen.com/, accessed March 3, 2013.

[6] www.nokia.com, accessed January 5, 2013.

[7] www.kraftbrands.com/oscarmayer, accessed February 3, 2013.

[8] www.mallofamerica.com, accessed January 15, 2013.

[9] www.nielsen.com, accessed February 26, 2013.

[10] ViewsWire, *China company: Coca-Cola's new formula*. Retrieved March 4, 2012, from Factiva Database.

[11] www.slideshare.net/jedsundwall/social-media-survey-results, accessed May 7, 2013.

[12] "The Code of Marketing Research Standards," www.marketingresearch.org, accessed January 10, 2013; and Diane K. Bowers, "Sugging Banned, At Last," *Marketing Research*: *A Magazine of Management & Applications*, 7(4) (Fall/Winter 1995): 40.

第6章 实验和因果性调研

> 尽管实验无法证明因果关系,但它是进行因果关系推论的最佳方法。
>
> ——Loma Buena Associates 公司首席执行官兼创始人
> 林德·培根(Lynd Bacon)

本章概要

第3章介绍了因果性设计,讨论了它与探索性设计和描述性设计之间的关系,并把实验作为因果性调研中所用的主要方法。本章将进一步探讨因果关系的概念。我们将确认因果关系的必要条件,考察实验中效度的作用,考虑控制外生变量的措施;提出实验设计的分类方法,考虑具体的实验设计,以及实验室实验和现场实验的相对优点;讨论在国际市场上进行实验研究所涉及的考虑因素以及社交媒体的影响;最后指出实验方法所引起的若干伦理问题。图6—1 给出了本章与营销调研过程的关系。我们以一个例子开始本章的讨论。

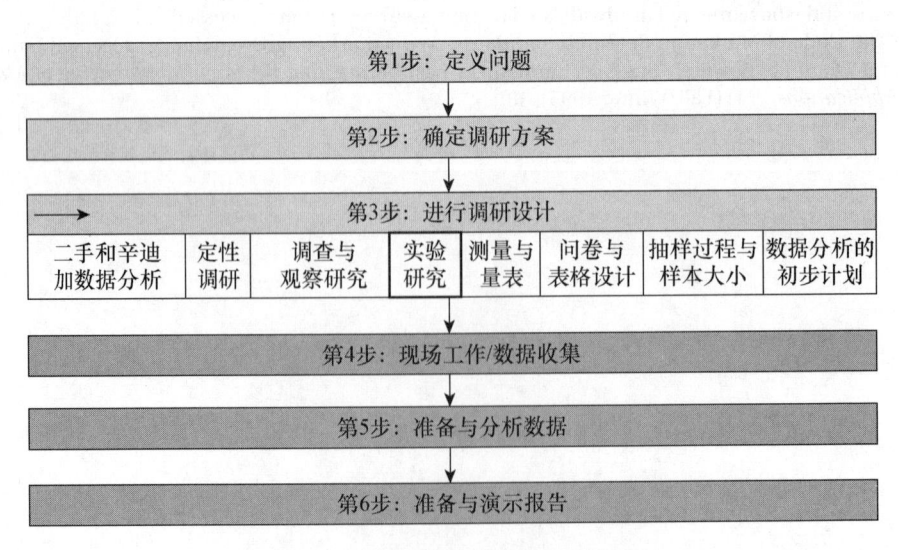

第1步:定义问题

第2步:确定调研方案

第3步:进行调研设计						
二手和辛迪加数据分析	定性调研	调查与观察研究	实验研究	测量与量表	问卷与表格设计	抽样过程与样本大小	数据分析的初步计划

第4步:现场工作/数据收集

第5步:准备与分析数据

第6步:准备与演示报告

图6—1 本章与营销调研过程的关系

学习目标

阅读本章后，学生应当能够：

1. 解释营销调研中所定义的因果关系的概念，并区分因果关系的一般含义和科学含义。
2. 讨论因果关系存在的条件以及因果关系能否被确切地证明。
3. 定义并区分两种效度：内部效度和外部效度。
4. 描述并评价实验设计，以及预实验设计、真实验设计和统计设计之间的区别。
5. 比较营销调研中实验室实验与现场实验以及实验设计与非实验设计的使用。
6. 理解为什么在国外进行的现场实验的内部效度和外部效度一般低于在美国国内进行的实验。
7. 描述社交媒体如何促进因果性调研。
8. 描述在进行因果性调研时所涉及的伦理问题，以及事后说明在处理此类问题时所起的作用。

调研实践

购买点购买

Rite Aid 制药公司（www.riteaid.com）进行了一项实验，检验为促进购买点（point-of-purchase，POP）购买而播放的店内广播广告的有效性。根据商店大小、地理位置、交通流量和经营年限，公司选择了 20 个在统计上具有可比性的商店。这些商店中一半被随机地选为试验商店，而另一半充当对照商店。试验商店播放广播广告，而对照商店的购买点广播系统被撤掉了。调研人员收集了在实验之前的 7 天、实验过程中的 4 周和实验之后的 7 天内产品销售量和销售额跟踪数据。受监控的产品各种各样，从廉价的物品到小型厨房设备。结果表明，在试验商店中做了广告的产品的销售额至少翻了一番。根据这一结果，Rite Aid 认为店内广播广告在促进购买点购买方面非常有效，因而决定继续采用这一做法。

安海思布系（Anheuser-Busch）、百事、瑞辉（Pfizer）、宝洁和拉斯普顿（Ralston-Purina）赞助了该项调研。这些公司销售的所有产品都可以从购买点广告中获益。根据调研结果，这些公司准备增加其购买点促销预算。[1]

因果关系的概念

实验方法通常被用来推断因果关系。对**因果关系**（causality）的概念需要做一些解释。因果关系的科学概念很复杂，它对于一个普通百姓的含义与对于一位科学家的含义有很大不同。对普通人和科学家而言，诸如"X 导致了 Y"之类的陈述将有如下不同的含义。

普通含义	科学含义
X 是 Y 的唯一原因。	X 只是 Y 的众多可能原因中的一个。
X 总会导致 Y 的发生（X 是 Y 的确定性原因）。	X 的发生使 Y 的发生更加可能（X 是 Y 的可能性原因）。
证明 X 是 Y 的原因是可能的。	永远无法证明 X 是 Y 的原因，最多只能推断 X 是 Y 的原因。

就营销调研而言，因果关系的科学含义比普通含义更为恰当。市场营销的效果由多个变量引起，原因和结果之间的关系往往是或然性的。我们永远无法证明因果关系（即确切地证实），只能推断出某种原因和结果的关系。换句话说，可能真正的因果关系（如果确实存在）并未得到确认。我们通过讨论因果关系存在的条件来进一步澄清因果关系的概念。

调研概要

因果关系的科学含义承认市场营销的效果由多个变量引起，原因和结果之间的关系往往是或然性的。你只能推断一个因果关系的存在，却永远无法证明它。

因果关系存在的条件

在做因果关系推断或假设因果关系之前，必须满足三个条件：(1) 相从变动；(2) 变量出现的时间顺序；(3) 排除其他可能的影响因素。这些条件是证明因果关系的必要而非充分条件。这三个条件中没有哪一个能够确切地证实一个因果关系的存在，即使所有三个条件都具备也不能证实。下面将详细地解释这些条件。

相从变动

相从变动（concomitant variation）是指一个原因 X 和一个结果 Y 按照有关假设所预测的情形一起发生或一起变动的程度。它是 X 与 Y 相联系或相关联的程度。例如，一家百货商店的管理人员相信，销售额在很大程度上取决于店内服务的质量。这一假设可以通过评价相从变动来检测。这里，原因要素 X 是店内服务，结果要素 Y 是商店销售额。支持假设的相从变动意味着有令人满意的店内服务的商店也会有令人满意的销售额。同样，服务令人失望的商店将呈现出令人失望的销售额。另一方面，如果我们发现了相反的模式，那么将得出结论：这个假设是站不住脚的。

假设我们收集了 100 家商店的数据，的确发现有令人满意的店内服务的商店也有令人满意的销售额。我们能够据此得出高质量的店内服务导致高的销售额的结论吗？当然不能！我们只能说，这种关联性使得假设更加站得住脚，而非证明该假设。诸如商店规模等其他因素的影响是怎样的呢？大商店比小商店拥有更大的销售额。因此，除非其他影响商店销售额的因素（如商店规模）得到考虑（控制），否则，我们不能确定地说店内服务和商店销售额之间有什么关系。

变量出现的时间顺序有助于更深入地了解因果关系。

变量出现的时间顺序

变量出现的时间顺序是指原因事件必须在结果之前或与结果同时发生，它不能在结果之后发生。根据定义，一个结果不能由一个在结果之后发生的事件所导致。但是，对每个事件来说，在一个关系中可能是某一事件的原因，也可能是另一事件的结果。换言之，在相同的因果关系中，一个变量既可以是原因又可以是结果。举例来说，经常在一家百货商店购物的顾客更有可能持有那家商店的结算卡，同样，持有一家商店结算卡的顾客很可能经常在那里购物。因此，每一个事件都可能是另一个事件的原因。

考虑一家百货商店的店内服务和销售额。如果店内服务质量高是销售额高的原因，那么在增加销售额之前就必须改进服务，或者至少与销售额的增长同步进行。这些改进措施可能包括培训或雇用更多销售人员。那么，在接下来的几个月内，这家百货商店的销售额应该增长。销售额的增长也许与培训或雇用额外销售人员同步。另一方面，假设一家商店经历了一次销售额的可观增长后，决定将增收额的一部分用来重新培训销售人员，从而促使服务得到改进。在这个例子中，店内服务的改进不可能是销售额增长的原因。更恰当地说，相反的假设似乎更为合理。

排除其他可能的影响因素

排除其他可能的影响因素意味着被研究的要素或变量应该是唯一可能的因果关系解释。如果我们可以确定所有其他影响销售额的要素，如价格、广告、分销水平、产品质量、竞争等都保持不变或被控制，那么店内服务可能就是影响销售额的因素。

在对某种情形的事后调查中，我们永远无法肯定地排除所有其他影响因素。而使用实验设计有可能控制某些其他影响因素，也有可能平衡一些未受控制的变量的影响，使得只有由这些未受控制的变量引起的随机变化被测量到。本章后面将详细讨论这些问题。下面的例子可以说明确定因果关系有多么困难。

调研实践

哪个先发生

最近的统计数据显示，越来越多的消费者在店内购物时才做出购买决策。有的研究表明，高达80%的购买决策在购买点（POP）做出。POP购买决策与店内广告投入同步增加。这些广告包括广播广告、购物车广告、购物袋广告、悬挂广告和货架陈列。据估计，2013年品牌厂商和零售商为在购买点对消费者施加影响花费了10亿多美元。从这些数据很难判断增加的POP决策是否由于店内广告投入的增加所致，店内广告的增加是否因商家努力迎合消费者购物态度的变化、争取从增加的POP决策中赢得销售机会所致。在该关系中，也有可能两个变量互为因果。[2]

如果如前面的例子所示，很难确定因果关系，那么在实验中获得的证据有什么作用呢？

证据的作用

即使将相从变动、变量出现的时间顺序以及排除其他可能的影响因素等的证据结合起来考虑，也仍然无法最终证明一个因果关系的存在。但是，如果所有的证据都是强有力的和一致的，那么得出有因果关系的结论或许是合理的。从数个调查研究中积累的证据让我们相信存在因果关系。如果能用与问题情境密切相关的概念性知识来解释这一证据，那么可以进一步增强我们的信心。对照实验可以对所有三个条件提供强有力的证据。

调研概要

在进行因果关系推断前，必须满足三个条件：(1) 相从变动；(2) 变量出现的时间顺序；(3) 排除其他可能的影响因素。这些条件是证明因果关系的必要而非充分条件。即使同时具备所有三个条件也不能确切地证明一个因果关系的存在，它们的出现只能使一项因果推断看起来是合理的。

互联网调研

互联网的使用和信息的可获得性

假如你是联邦贸易委员会主席，对于互联网上信息可获得性的提高，你的关注点是什么？

搜索互联网，包括社交媒体和图书馆在线数据库，以获得消费者使用互联网方面的信息。要得出消费者使用互联网的增加促使互联网上信息的可获得性提高这一结论，你认为必须具备哪些必要条件？

什么是实验

实验是在因果性调研中使用的一种研究技术（见图6—2）。它是在市场营销中建立原因—结果关系的主要方法（见第3章）。如图6—2所示，实验可以在现场或实验室进行。**现场实验**（field experiment）在出现行为、态度或认知的环境中用来测量它们。因此，现场实验是在自然环境下进行的。关于 Rite Aid 的调研实践展示了现场实验的一个例子。**实验室实验**（laboratory experiment）则是在人工环境下进行的。在中心地点影院进行的广告测试和测试厨房中的测试是在营销调研中使用实验室实验的典型例子。

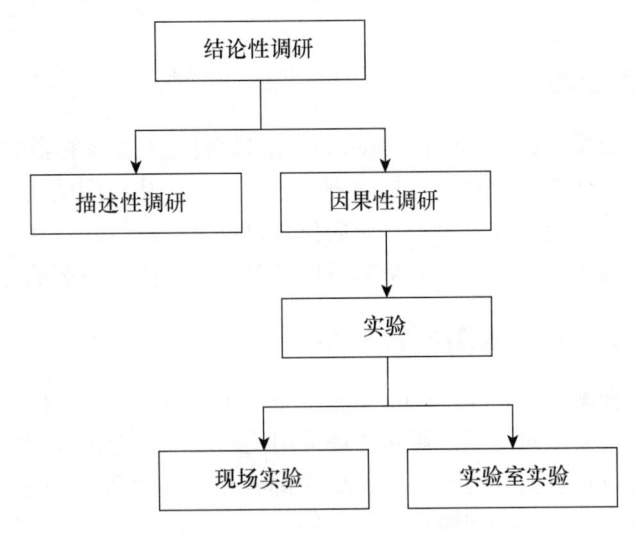

图 6—2 作为结论性调研的实验

实验可以从自变量、因变量、外生变量，测试单位，随机分配实验组和控制组等方面进行描述。

定义与概念

本节定义一些基本概念，并列举实例（包括在本章开头介绍的 Rite Aid 的调研实践）加以说明。

自变量

自变量（independent variable）是指被操纵的变量或可供选择的对象（即这些变量的水平可由调研人员改变），它们带来的影响被测量和比较。这些变量可以包括价格水平、包装设计和广告主题。在前面的"调研实践"专栏"购买点购买"的例子中，自变量或处理由店内广播广告组成。店内广播广告被操纵并具有两个水平：有和无。

测试单位

测试单位（test unit）是指那些对自变量或处理的反应被检测的个人、组织或其他实体。测试单位可以包括消费者、商店或地理区域。在 Rite Aid 的例子中，测试单位是商店。

因变量

因变量（dependent variable）是指能测量自变量对测试单位的影响的变量。这些变量可以包括销售额、利润和市场份额。在 Rite Aid 的例子中，因变量是销售额。

外生变量

外生变量（extraneous variable）是指自变量以外的影响测试单位的反应的所有变量。这些变量会对因变量的测量产生干扰，从而削弱实验结果或使实验结果无效。外生变量包括商店大小、商店位置以及竞争性行动。在 Rite Aid 的例子中，商店大小、地理位置、交通流量和商店经营年限是必须控制的外生变量。

随机分配实验组和控制组

随机分配（random assignment）包括将测试单位随机分配到实验组和控制组，是控制外生变量对因变量影响的最常用技术之一。随机分配实验组和控制组的目的在于，通过把它们均等地放入调研中的各组，最大限度地弱化外生变量（如年龄、收入或品牌偏好）的影响。

进行实验时，至少有一组自变量受到操纵。该组被称为**实验组**（experiment groups，EG）。实验组的结果可以与操纵的其他水平上的实验组或与控制组进行比较。**控制组**（control group，CG）的自变量不受操纵。它为检测这些操纵对因变量的影响提供了一个比较点。在 Rite Aid 的例子中，商店被随机分为两组。一组被随机选为实验组（播放广播广告），另外一组为控制组（不播放广播广告）。

实验

当调研人员操纵一个或多个自变量，并确定它们对在测试单元测量到的一个或多个因变量的影响，同时控制外生变量的影响时，就构成了一次**实验**（experiment）（见图 6—3）。根据这一定义，Rite Aid 的调研项目符合实验的要求。

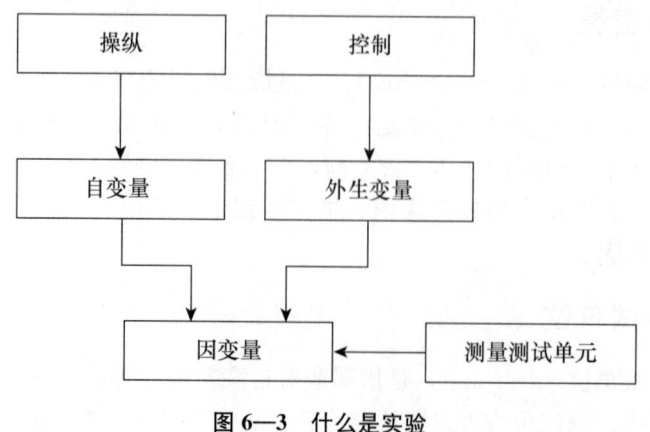

图 6—3 什么是实验

实验设计

实验设计（experimental design）是一组详细说明以下问题的程序：（1）测试单位，以及如何将这些单位分为均匀的子样本；（2）要操纵哪些自变量或处理；（3）要测量哪些因变量；（4）如何控制外生变量。在有关 Rite Aid 的调研实践中，实验设计要求随机抽取一半的商店作为测试组商店，另一半作为控制组商店。测试组商店播放广播广告，而控制组商店的 POP 广播系统被移除。

> **调研概要**
>
> 实验是在市场营销中建立原因和结果的关系的主要方法。为进行一项实验，应当操纵一个或多个自变量，然后确定这些操纵的变量对在测试单元测量到的因变量的影响，同时控制外生变量的影响。实验可以从自变量、因变量和外生变量，测试单位，随机分配实验组和控制组等方面进行描述。

符号的定义

为了便于对外生变量和具体的实验设计进行讨论，我们对在营销调研中普遍使用的一套符号进行定义。

$X=$ 对一个小组施加某一自变量、处理或事件，以确定该自变量、处理或事件的影响

$O=$ 对测试单位或测试单位组的因变量进行观察或测量的过程

$R=$ 将测试单位或测试单位组随机分派给不同的处理

除此之外，还将采纳如下惯例：
- 从左到右的运动指的是随时间的推移进行的运动。
- 符号的水平排列表示所有这些符号指的是同一个特定的处理组。
- 符号的垂直排列表示这些符号指的是同时发生的活动或事件。

例如，符号排列

$$X \quad O_1 \quad O_2$$

表示对一个给定的测试单位组施加处理变量（X），并且在两个不同的时间点 O_1 和 O_2 测量其反应。

同样，符号排列

$$R \quad X_1 \quad O_1$$
$$R \quad X_2 \quad O_2$$

表示有两组测试单位被同时随机分派给两个不同的处理组，并且同时在处理后对两

组的因变量进行测量。

实验的效度

在进行一项实验时，调研人员有两个目标：(1) 得出关于自变量对测试单元的影响的正确结论；(2) 对更大规模的有关总体做出正确的推论。第一个目标关注的是内部效度，第二个目标关注的则是外部效度（见图 6—4）。

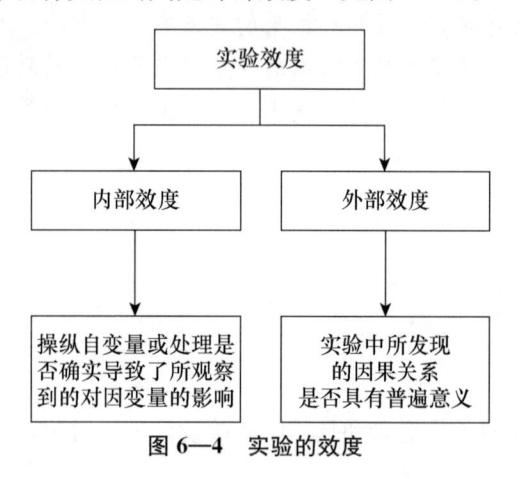

图 6—4 实验的效度

内部效度

内部效度（internal validity）是指对自变量或处理的操纵是否确实导致了所观察到的对因变量的影响。因此，内部效度指的是所观察到的对测试单位的影响是否可能由处理之外的其他变量引起。如果所观察到的结果受到外生变量的影响或干扰，就很难对自变量和因变量之间的因果关系得出正确的推断。内部效度是在做出关于处理的影响的任何结论之前，实验必须达到的一个最低要求。没有内部效度，实验结果就会受到干扰。对外生变量的控制是建立内部效度的一个必要条件。

外部效度

外部效度（external validity）指的是实验中所发现的因果关系是否具有普遍意义。换句话说，结果能推论到实验之外的情形吗？如果能的话，可以将实验结果推论到哪些总体、情境、时间、自变量和因变量？当实验中的特定场景没有实际地考虑现实世界中其他相关变量的相互影响时，外部效度就受到了威胁。

我们想要一个既有内部效度又有外部效度的实验设计，但在应用性营销调研中经常不得不在一种效度与另一种效度之间进行权衡。为了控制外生变量，调研人员可能会在一个人工环境中进行实验，这种人工环境通常被称为实验室环境。这增加了实验的内部效度，被称为实验室实验（见图 6—2）。但是这可能会限制结果的通用性，从而降低外部效度。例如，快餐连锁公司在测试厨房中测试顾客对菜品的新配方的喜好。在这个环境中测量到的结果可以推广到快餐终端吗？相比之下，在快餐终端即真实的快餐店进行的实验将在现场环境进行，被称为现场实验。在现场实验中，调研人员对可能影响内部效度的外生变量的控制力度要弱得多。但是，如果可以保持内部效度，这些结果比在实验室环境中获得的结果更容易推广。本章前面列出的 Rite Aid 案例就是拥有较高外部效度的现场实验的例子。

尽管有这些对外部效度的威胁，但如果一项实验缺乏内部效度，那么对其结果的推论将是没有意义的。威胁内部效度的因素也可能威胁外部效度，这些因素中威胁最大的就是外生变量。

控制外生变量

外生变量体现了对实验结果的其他可能的解释。它们对实验的内部效度和外部效度形成严重威胁。如果不加以控制，它们就会对因变量产生影响，从而干扰结果。为此，它们也被称为**干扰变量**（confounding variables）。外生变量可以通过随机化予以控制。

随机化指的是通过使用随机数字将测试单位随机分派到不同实验组，处理条件同样也被随机分派到不同实验组。例如，调查对象被随机分派到三个实验组中的一个，向每组播放随机选择的三种版本的商业广告测试片中的一种。作为随机分派的结果，每个处理条件中的外生因素可以被相同程度地体现。随机化是确保各实验组在测试前相同的首选措施。但是，当样本量较小时，随机化方法可能无效，因为随机化仅仅出现在平均水平相同的实验组。尽管如此，通过测量可能的外生变量并在实验组间加以比较，仍有可能检查出随机化方法是否有效。在本章开头给出的 Rite Aid 的实验中，一半数目的商店被随机选为测试组商店，另一部分被作为控制组商店。一般来讲，外生变量也可以通过采用随机化方法的具体实验设计来加以控制，在下面的章节中会具体讲述。

实验设计的分类

实验设计可分为三大类：预实验设计、真实验设计和统计设计（见图 6—5）。**预实验设计**（pre experimental design）没有使用随机化步骤来控制外生变量。在**真实验设计**（true experimental design）中，调研人员随机分配对象和实验组。因此，这些设计在更大程度上控制了外生变量。

统计设计（statistical design）是指一系列允许对外生变量进行统计控制和分析的基础实验。统计设计可以根据其特征和用途进行分类。

我们将以耐克广告的有效性测量为例来说明这些不同的实验设计。耐克公司

```
                         ┌──────────────┐
                         │   实验设计    │
                         └──────┬───────┘
         ┌──────────────────────┼──────────────────────┐
         ▼                      ▼                      ▼
┌─────────────────┐   ┌─────────────────┐   ┌─────────────────┐
│   预实验设计     │   │   真实验设计     │   │    统计设计      │
│ • 一次性个案研究 │   │ • 前测—后测控制组设计│ │ • 因子设计       │
│ • 单组前测—后测设计│ │ • 仅后测控制组设计 │   │                 │
│ • 静态组        │   │ • 预实验设计     │   │                 │
└─────────────────┘   └─────────────────┘   └─────────────────┘
```

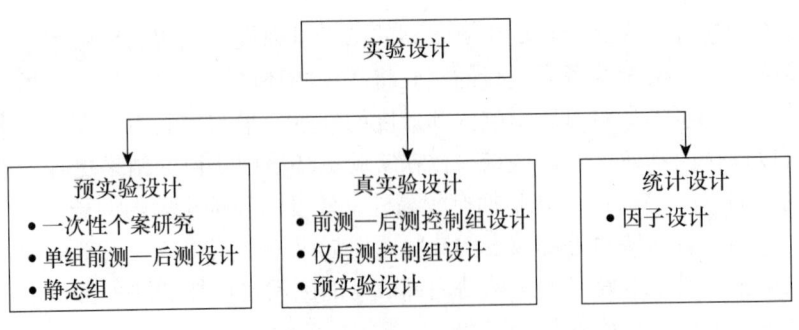

图 6—5　设计的分类

大量使用名人做广告，包括篮球巨星科比·布莱恩特（Kobe Bryant）和迈克尔·乔丹（Michael Jordan）。耐克应该继续使用名人做广告吗？这种广告是有效的吗？实验研究可以为检测广告的有效性提供有用的信息。我们先来探讨预实验设计。

预实验设计

预实验设计缺乏随机化。本节将介绍三种具体的设计：一次性个案研究、单组前测—后测设计和静态组。

一次性个案研究

一次性个案研究（one-shot case study）也称单纯实验后测量，可以用符号表示为：

$$X \quad O_1$$

对单组对象施加某一处理（X），然后对因变量进行单一测量（O_1），这种类型的设计使用非随机抽样过程，其中实验对象是自己选择的或由调研人员主观挑选的。由于缺乏随机化，因此被观察的因变量受到一些外生变量的影响。

一次性个案研究缺乏控制组。没有控制组，就无法对结果进行比较。由于缺乏随机化和控制组，这种设计的外部效度明显较弱。因此，一次性个案研究更适用于探索性调研而非结论性调研（见第3章）。

调研实践

耐克广告的一次性个案研究

为了测量耐克名人广告的有效性，对观看了前一个晚上插播了商业广告的某档特定电视节目的调查对象进行电话采访（X）。因变量（Os）是未经提示和经过提示的回忆，以及对广告、品牌和名人的态度。首先，通过询问被访者能否回忆起观看过有关运动鞋的商业广告来测量未经提示的回忆。如果他们能回忆起耐克广告,就询问关于广告内容和制作的细节。向不能回忆起这则待测广告的调查对象明确询问他们是否看过耐克的广告(经提示回忆)。对那些未经提示或经过提示回忆起该广告的调查对象,应测量他们对广告、品牌和名人的态度。这些实验测量的结果可以与这些问题的正常分数进行对比,以评估广告和名人的有效性。

单组前测—后测设计

单组前测—后测设计(one-group pretest-posttest design)可以用符号表示为:

$$O_1 \quad X \quad O_2$$

在这类设计中,对一组测试单位在实验处理前测量一次(O_1),处理后测量一次(O_2),没有控制组可用于比较。处理的影响由 $O_2 - O_1$ 计算得到。尽管这种设计优于一次性个案研究,但是由于缺乏随机化和控制组,导致外生变量在很大程度上未被控制,因而结论的效度是值得怀疑的。下面这个例子说明了如何使用这种设计。

调研实践

耐克可以在剧院进行调研吗

像 GfK(www.gfk.com)这样的公司通常用单组前测—后测设计来测量商业广告的有效性。所招募的调查对象被集中到同一测试城市的中心地段的剧院。对调查对象进行一次访谈,测量其对于耐克广告、品牌和名人的态度(O_1)。然后让他们观看一档包含待测的耐克广告(X)和其他无关广告的电视节目。看过电视节目之后,再对调查对象进行一次访谈,测量他们对耐克广告、品牌和名人的态度(O_2)。商业广告的有效性可用 O_2 和 O_1 之差来评估。

静态组

静态组(static group)是一个双组实验设计,其中一组为控制组(CG)。只有另一组即实验组(EG)接受实验。实验对象不是随机分配的,处理之后对两组进行测量(即事后测量)。这一设计可以用符号描述如下:

$$EG: \quad X \quad O_1$$
$$CG: \qquad \quad O_2$$

处理的影响可以用控制组与实验组之差($O_1 - O_2$)来衡量。缺乏随机化导致实验受到某些外生变量的影响,两个组在处理前就可能不同。

在实践中,控制组常常被定义为接受营销活动现有水平的组,而不是根本不接受处理的组。在很多情况下,将营销投入降至零是不可能的。

> **调研实践**
>
> ### 耐克广告是静态的吗
>
> 可以按以下步骤进行一项静态组比较实验,以测量一则耐克商业广告的有效性。用便利抽样方法招募两组调查对象。只有实验组观看包括耐克广告的电视节目(X)。然后测量实验组(O_1)和控制组(O_2)的调查对象对耐克广告、品牌和名人的态度。耐克商业广告的有效性可以用实验组和控制组之差(O_2-O_1)来衡量。

调研概要

预实验设计缺乏随机化,因此,外生变量没有得到控制。应当谨慎地使用这些设计,并将它们限制在探索性调研中。这三种具体的设计是一次性个案研究、单组前测—后测设计和静态组。

互联网调研

福克斯新闻格式:一项迷人的业务

访问 www.foxnews.com,并搜索互联网,包括社交媒体和图书馆在线数据库,以获得消费者对网络新闻渠道的偏好方面的信息。福克斯新闻(Fox News)想确定在三种新闻格式中应选择哪一种。你会推荐预实验设计吗?如果会,你会推荐哪一种?

假如你是福克斯新闻的营销经理,你将如何利用消费者对网络新闻渠道的偏好信息,来制定营销策略以增加受众和市场份额?

真实验设计

与预实验设计不同,真实验设计中实验对象被随机分配到各组。处理条件也是随机分配到各组。例如,将调查对象随机分配到三个实验组中的一组。从三个版本的测试广告中随机选择一个分配给一个小组。由于是随机分配,因此外生因素在每一个小组或处理条件中均等地出现。如前所述,为保证实验组的事前均等性,随机化是首选的流程。真实验设计包括前测—后测控制组设计和仅后测控制组设计。

前测—后测控制组设计

在**前测—后测控制组设计**(pretest-posttest control group design)中,测试单位被随机地分派到实验组或控制组,对每组进行一次实验前测量。在将处理施加给实验组之后,再对两个组进行测量。这一设计用符号表示如下:

EG： R　 O_1　 X　 O_2
CG： R　 O_3　　　 O_4

处理的影响（TE）按下式得到测量结果：

$$(O_2 - O_1) - (O_4 - O_3)$$

这类设计使用控制组和随机化，从而控制了大部分的外生变量。可假设外生变量在控制组和实验组均等地出现。因此，可认为控制组与实验组之间的差异仅仅由处理导致。

> **调研实践**
>
> **耐克的前测和后测**
>
> 可按以下步骤进行前测—后测控制组设计，以测量耐克广告的有效性。随机分配一个调查对象样本，将一半调查对象分配到实验组，另一半分配到控制组。对两组中的调查对象都进行一次测试前的问卷调查，以获得他们对耐克广告、品牌和名人态度的实验前测量值。只有实验组中的调查对象观看包含耐克广告的电视节目。然后对两组调查对象进行一次问卷调查，以获得他们对耐克广告、品牌和名人态度的实验后测量值。

如该例所示，前测—后测控制组设计包括两个组以及对每个组的两次测量。更简化的设计是仅后测控制组设计。

仅后测控制组设计

仅后测控制组设计（posttest-only control group design）不涉及任何前期测量。实验对象被随机分配给实验组或控制组。在对实验组施加处理之后，两组均被测量。它可以用符号表示如下：

EG： R　 X　 O_1
CG： R　　　 O_2

处理的影响是实验组与控制组测量值之差，即：

$$TE = O_1 - O_2$$

这类设计简单，在所需的时间、成本和样本容量方面具有很大优势。由于这些原因，仅后测控制组设计是营销调研中最流行的实验设计。但是，这类设计并非没有局限性。尽管随机化被用来使各组均等，但是由于没有预先测量，无法验证小组间的相似性，也无法检测在实验过程中个体实验对象的变化。请注意，除了处理事前测量之外，这种设计的执行步骤与前测—后测控制组设计非常类似。本章开头讨论的 Rite Aid 例子中提供了一个应用范例。将这些商店随机分为实验组和控制组，没有采取处理前测量，只在实验组的商店播放广播广告。在实验组（O_1）和控制组（O_2）商店获取广告商品的销售额的测量值。广播广告带来的销售额增长是 $O_1 - O_2$。

> **调研概要**
>
> 真实验设计包括随机化。你可以随机地将实验对象分派到各组，也可以随机地将处理条件分派到各组。真实验设计包括前测—后测控制组设计和仅后测控制组设计。因为仅后测控制组设计在所需的时间、成本和样本容量方面具有很大优势，所以它是营销调研中最为流行的实验设计。

统计设计

统计设计由能够对外生变量进行统计控制与分析的一系列基础实验组成，换言之，几个基础实验同时进行。因此，导致使所用的基础设计（预实验或真实验）无效的原因也会影响统计设计。统计设计具备以下一些优点：

(1) 可以测量一个以上自变量的影响。

(2) 可在统计上对特定的外生变量加以控制。

最为普遍的统计设计是因子设计。

因子设计

因子设计（factorial design）被用来测量不同水平的两个或两个以上自变量的影响。它可以测量变量之间的交互作用。**交互作用**（interaction）发生在当两个或两个以上变量的共同作用效果不等于它们独立作用的效果之和时。例如，一个人喜欢的饮料可能是咖啡，她喜欢的温度可能是冷的，但是这个人可能并不喜欢冷咖啡，这就导致了交互作用。

因子设计也可以用表格的形式表示。在双因子设计中，一个变量的每个水平代表一行，另一个变量的每个水平代表一列。因子设计涉及与处理变量的每种可能的组合相对应的单元，下面的例子对此进行了说明。

> **调研实践**
>
> **对耐克广告的幽默和品牌信息水平进行因子设计**
>
> 假设在耐克的例子中，调研人员想检测不同水平的幽默与品牌信息对广告有效性的影响。幽默有三种水平（不幽默、有一些幽默和非常幽默）需要检测。品牌信息同样在三种水平（低、中和高）上被操纵。这会形成3行（信息水平）×3列（幽默水平）的表格（如下表所示），一共产生九种可能的组合或单元。调查对象被随机分配到九个单元中，每个单元的调查对象将接受一个特定的处理组合。例如，在左上角单元内的被访者将观看一部不幽默且信息量少的广告片。在施加某种处理组合之后，可以测量每一单元

的调查对象对耐克广告、品牌和名人的态度。

品牌信息量	幽默程度		
	不幽默	有一些幽默	非常幽默
低			
中			
高			

统计程序可以用来分析处理的影响。因子设计的主要缺点是处理组合的数目随着变量或水平数目的增加而倍增。然而，这并不是一个非常严重的局限性，因为调研人员可以控制变量和水平的数目。

调研概要

统计设计由一系列能够对外生变量进行控制与分析的基础实验组成。最为常见的形式是因子设计。你可以把因子分析看作一张表格。它可以用来测量不同水平的两个或两个以上的自变量的影响，并可以测量变量之间的交互作用。

选择一个实验设计

选择一个实验设计时通常会在控制方面进行权衡。如果设计在一个高水平的人工环境下进行，通常会产生最高水平的内部效度，但同时也会威胁实验结果的普适性或外部效度。

想找到兼具内部效度和外部效度的最优组合，一种解决方法是在调研的不同时点上使用不同的实验设计。例如，在调研工作的早期阶段，可以使用能提供较高内部效度的设计（即实验室实验）。利用这种方式，可以保证获得对真实处理的影响更可靠的测量。因为早期阶段的调研往往具有探索性质，采用预实验设计就足够了。在调研的后期阶段，应在更加自然的环境中进行实验（即现场实验）以保证结果的普适性。真实验设计和因子设计都可用于后期阶段。

调研概要

可以通过在一个调研项目的不同阶段使用不同的设计，来得到高的内部效度和外部效度。在调研的早期阶段，可以使用能提供较高内部效度的实验室设计，采用预实验设计就足够了。在项目的后期阶段，可以使用现场实验来保证结果的普适性。在后期阶段，真实验设计和因子设计更加适合。

互联网调研

佳能对价格敏感度很敏感

访问 www.bestbuy.com，了解佳能与其他主要品牌的数码相机的价格区间。搜索互联网，包括社交媒体和图书馆在线数据库，以获得消费者对数码相机的价格敏感度的信息。

佳能想确定消费者对它新推出的数码相机的价格敏感度。设计一个恰当的实验。你会推荐真实验设计吗？如果会，请问是哪一种？

作为佳能相机的营销经理，你将如何利用消费者对数码相机的价格敏感度方面的信息制定定价策略，以增加市场份额？

网络实验

互联网可以提供一个在类实验室环境中进行对照实验的机制。仍以测试耐克广告的有效性为例，可以将不同的耐克广告发布在不同的网站上。招募匹配的或随机挑选的调查对象访问这些网站，每一组只能访问一个网站。如果需要获得任何处理前测量值，可要求调查对象回答张贴在网站上的问卷。然后让他们观看该网站上特定的一则耐克广告。观看完广告后，调查对象回答附加的问题，从而提供处理后测量值。对控制组也可以采取类似的方式。所有我们已经讨论的实验设计都能以这种方法实施。

互联网实验也可以用来测试备选网络设计的有效性。将访问者随机分给不同的网站设计，实时跟踪他们的购买行为，并控制其他的市场营销变量保持不变。可选择最有效的设计并在公司的网站付诸实施。

实验设计与非实验设计

第3章讨论了三种类型的调研设计：探索性、描述性和因果性。在这些类型中，只有因果性设计真正适合对因果关系进行推断。虽然描述性调研数据经常被用来提供关于"因果"关系的证据，但是这些调研不能满足因果关系所需的所有条件。例如，在描述性调研中，很难保证各组调查对象之间在自变量和因变量上的事先均等性，而实验可以通过将测试单位随机分配到各组来建立这种均等性。在描述性调研中，也很难确认变量发生的时间顺序。但在一项实验中，调研人员可以控制测量和引入处理的时间。最后，描述性调研对其他可能的影响因素几乎没有任何控制。

我们不希望低估描述性调研在营销调研中的重要性。正如第3章中所述，描述性调研是营销调研中最常用的。我们并不是认为，它永远不应该被用来检测因果关系。实际上，有些研究者已经提出了一些从描述性（非实验的）数据中推断出因果关系的方法。我们的意图是提醒读者，描述性调研在检测因果关系方面是有局限性的，同时也希望读者意识到实验设计的局限性。

调研概要

只有进行了实验的因果性设计才能用来推断因果关系，描述性调研在这方面有局限性。

实验的局限性

尽管实验方法在营销调研中正变得越来越重要，但是实验在时间、成本和执行方面存在局限性。

时间

许多类型的现场实验随时间的延长而越来越准确。例如，为了观察促销活动或产品上市的长期效果，必须观察多个购买周期的购买行为。这样的行为信息的准确性随时间的延长而增加。所以必须对准确性的增量与推迟产品上市或新广告战启动所产生的成本进行权衡。

成本

如前面的"调研实践"专栏所示，Rite Aid 的实验持续了六周。

在现场环境中进行新产品调研的成本很高，比实验室实验的成本高得多，通常在小样本的基础上进行或使用数量有限的实验对象。现场检测新产品需要管理者不仅仅考虑数据收集和分析的直接成本。必须在有限的规模上进行生产；必须在有限的基础上设计和实施销售点促销活动以及做广告；必须开放有限的分销渠道。这类实验的花费动辄上百万美元。

执行

控制外生变量的影响是实验研究的重要内容。当调研从实验室转向现场，实现理想的控制水平变得更加困难。现场实验经常会干预一家公司正在进行的经营活动，并且很难获得来自零售商、批发商和其他有关方面的合作。最后，竞争者可能会故意干扰现场实验的结果。在 Rite Aid 的实验中，这些局限性明显存在。

应用：试销

试销（test marketing）也叫市场测试，是控制实验的一种应用，它在有限的但精心挑选的市场——**试销市场**（test market）中进行。它将一个拟定的全国营销计划复制到试销市场。在试销中常常会改变营销组合变量（自变量）并监控销售额（因变量），以便确定一个合适的全国营销策略。试销的两个主要目标是：(1) 确定市场对产品的接受程度；(2) 测试营销组合变量的可供选择的水平。

调研实践

巨无霸的市场拓展

麦当劳在美国的少数几个市场（如亚利桑那州菲尼克斯市、得克萨斯州休斯敦市、威斯康星州密尔沃基市、印第安纳州芝加哥市）和加拿大进行了快餐卷（Snack Wrap）的试销，价格是1.49美元。快餐卷有点像标准的巨无霸，但是把所有原料都塞在一个热乎乎的玉米烙饼中。当试销的结果获得支持时，麦当劳快餐卷被推广到整个北美市场。[3]

国际营销调研

如果现场实验在美国很难进行，那么在国际领域遇到的挑战将更大。在许多国家，营销、经济、结构、信息和科技环境（见第1章）不如美国。例如，在许多国家，电视台是由政府拥有并经营的，电视广告受到严格的限制，这使得在现场实验中操控广告强度极其困难。例如，考虑 M&M/Mars 公司的例子，它已经在俄罗斯建立了庞大的生产设施，并在电视上为它的棒棒糖做了广告，然而并未达到其销售预期。Mars 公司的广告是过多、过少还是正好呢？答案可以通过进行一项操控广告强度的现场实验来确定，但是由于俄罗斯政府对电视台控制得很严，这样的因果性调研并不容易实施。

同样，在波罗的海诸国缺乏较大的超市，从而使宝洁公司很难通过现场实验来确定店内促销对其洗涤剂销售的影响。在亚洲、非洲和南美洲的一些国家，大部分人口居住在小镇或乡村，道路、交通和仓储等基本设施仍很缺乏，这给达到期望的分销水平造成了困难。即使在设计好实验的情况下，也很难控制变量发生的时间顺序并排除其他可能的影响因素，而这是因果关系成立的两个必要条件。由于调研人员对环境的控制严重不足，因此对外生变量的控制有很大问题。此外，可能无法通过采用最恰当的实验设计来解决这一难题，因为环境的限制可能会使该设计缺乏可行性。

因此，在国外进行的现场实验的内部效度和外部效度通常比在美国国内要低。尽管我们指出了在其他国家进行现场实验的困难，但我们并不是说这类因果性调研不能够或不应该进行。如以下例子所示，有些形式的试销通常是可行的。

> **调研实践**
>
> ### 完美的质量和独家经销权：手表单价超过10万美元
>
> Lange Uhren Gmbh（www.alange-soehne.com）是朗格手表的制造商，在全球取得了经济上的成功。成功源于它的市场调查。公司在美国、日本和法国进行了试销，以决定手表的有效定位和价格策略。调研人员在每个国家改变其定位和价格策略，并评估消费者的反馈。调研结果在各国颇为相似，均表明威望定位与溢价策略是最有效的。公司位于德国东部地区，这里以杰出的工艺技术闻名。Lange Uhren利用训练有素的员工和新的营销平台再次振兴了这一传统。新的定位策略的基础是无瑕疵的质量和独家经销权，在不同的文化中体现其独特性。手表在全球只有22家代理商，每块售价超过10万美元。这个策略获得了成功，帮助公司渡过了2009—2012年的经济困难时期。2014年生意回归正常。[4]

调研概要

由于许多发展中国家缺乏营销和基础设施，你会发现很难在这些国家进行现场实验。因此，在国外进行的现场实验的内部效度和外部效度通常比在美国国内要低。

营销调研和社交媒体

无论是虚拟的还是现实的社交世界都可以用来实现调研目的。在虚拟世界，可以利用第二人生（www.secondlife.com）作为工具，以更低成本进行标准化的营销调研实验。可使用林登币作为激励形式，争取第二人生网民的合作并提高应答率。调研人员也可以采用非货币形式的激励，如免费的虚拟产品和服务；这些虚拟激励可以是增加虚拟人物的某些功能的服装或饰物。法国的市场研究公司Reperes（www.reperes.net）是这一领域的领先的调研供应商之一。

虚拟世界特别适合实验室类型的实验。在虚拟环境中操作自变量和控制中介变量比在现实世界中更简单、成本更低。本章讨论过的所有实验设计都可以在虚拟世界中实施。试销也是如此。然而，虚拟世界中的意见、品味和喜好可能与现实环境中有所不同。因此，任何在虚拟世界情境下产生的新的想法都必须在接受彻底的现实检测后，才能真实地付诸实施。

本章讨论过的所有实验设计也都可以在现实的社交世界中实施。和现场实验相比，社交媒体中的实验具有实施易、成本低的优点。因为一般能够控制外生变量，所以大多数情况下，其内部效度是令人满意的，但外部效度可能没有现场实验那么高。宝洁公司进行的一项调研提供了一个使用社交媒体进行实验的案例。

调研实践

老香料实验利用新的方式接触到消费者

2013年，宝洁的"老香料"（Old Spice）男士沐浴露面对激烈的市场竞争，它在男士沐浴露细分市场的份额开始下滑。更糟糕的是，联合利华宣布为多芬男士护理沐浴露开展一场大型活动。

宝洁需要深入了解关键消费者细分市场，以驱动更有效的产品和服务创新。因此，公司决定在YouTube上播放一个视频（处理，X）进行实验，以了解消费者对新广告活动的反馈和响应。用来测量消费者反应的因变量包括：（1）第一天，活动收到超过600万条评论；（2）第二天，"老香料"在网上最受欢迎的11个视频中占第8位；（3）在活动的尾声，"老香料"的YouTube频道报告评论超过1 100万条，用户超过16万。宝洁现在有了之前从未有过的16万人的数据，它利用这些数据来为"老香料"男士沐浴露制定有效的营销战略。这是一次性个案研究预实验设计在社交媒体中成功实施的范例。

调研概要

在诸如第二人生等网站的虚拟空间，可以进行实验室类型的实验。在虚拟世界中操纵自变量与控制中介变量比在现实世界中更简单、成本更低。然而，在虚拟世界中产生的想法应当在检测后付诸实施。你也可以在现实的社交世界中实施所有这些设计。在大多数情况下，其内部效度可能会令人满意，但外部效度可能没有现场实验那么高。

营销调研伦理

为了产生正确的结果，经常需要掩饰实验的目的。一个原因就是要减少**迎合假象**（demand artifacts），即调查对象由于猜到了实验的目的而给出相应的答案。掩饰调研的目的应该采取不侵犯调查对象权利的方式。摆脱这种伦理困境的一种方法是在一开始就告诉调查对象该实验的目的被掩饰了。还应该向调查对象提供关于研究任务的描述，并告诉他们随时可以离开。在收集数据后，应该向调查对象充分解释真实的调研目的以及掩饰的性质，并给他们一个收回有关自己的信息的机会。这个步骤叫做**事后说明**（debriefing）。以这种方式进行信息披露不会造成结果的偏差。有证据表明，从得知掩饰了实验目的的调查对象那里与那些未被告知的调查对象那里得到的数据相似。对调查对象而言，事后说明可减轻压力，使实验成为一种学习经历。

另一个伦理问题是，调研人员有责任对问题使用恰当的实验设计，以便控制由外生变量引起的误差。如下面的例子所示，对一个问题确定最恰当的实验设计不仅需要最初的评价，而且需要持续不断的监控。

> **调研实践**
>
> ### 早期修正错误：事半功倍
>
> 一个专门进行广告调研的营销调研公司正在检测耐克运动鞋的一则电视广告的效果。它使用了单组前测—后测控制组设计。在向调查对象播放一档体育节目以及包括耐克在内的几则商业广告之前，先收集了他们对耐克运动鞋的态度。在看过节目和广告之后又测量了其态度。基于一个小样本的最初评价发现，在这个调研中所采纳的单组前测—后测设计易受迎合假象的影响。但由于时间和财力的限制难以重新设计调研，因此在没有纠正的情况下继续进行该调研。
>
> 在早期阶段已知产生了误差之后仍然继续调研项目是不合乎伦理的行为。应该立即将实验设计中的问题告诉委托人。是重新设计还是接受这一缺陷，应该由委托人和调研公司共同做出决定。

调研概要

掩饰调研的目的应该以不侵犯调查对象权利的合乎伦理的方式进行。以一种对调查对象无偏的、减轻其压力的、使实验成为一种学习经历的方式进行事后说明。

戴尔运营案例

回顾本书末尾给出的戴尔案例（案例1.1）和问卷。

1. 在本例中，因果性调研是必要的吗？如果是，你会推荐哪种实验设计？为什么？如果不是，描述一个必须采用因果性调研的情境。后者的实验设计可以在社交媒体中实施吗？如果可以，如何实施？

2. 如果利用商场拦截访谈，戴尔的因果性调研没有对调查对象进行随机化，你会推荐哪种预实验设计？

3. 在静态组设计中，你认为使用哪种方式可以进行随机化以增加实验的效度？

本章小结

因果关系的科学概念意味着，我们永远无法证明 X 引起了 Y。我们最多只能推断 X 是 Y 的原因之一，因为它使 Y 有可能发生。在做出因果推断之前，必须满足三个条件：(1) 相从变动，即 X 和 Y 必须以一种假设的方式一起变化；(2) 变量发生的时间顺序，即 X 必须在 Y 之前或与 Y 同时发生；(3) 排除其他可能的影响因素，即必须排除其他的解释。实验为所有三个条件提供了最有说服力的证据。当调研人员操纵一个或多个自变量，确定其对一个或多个因变量（在测试单位中测量）的影响，并控制外生变量的影响时，就构成了一次实验。

在设计实验时，考虑内部效度和外部效度是很重要的。内部效度指的是自变量的操作是否实际上对因变量造成了影响。外部效度指的是实验结果的普适性。一个实验要正确有效，调研人员必须控制由外生变量带来的威胁。

实验设计可分为预实验设计、真实验设计和统计设计。一个实验可以在实验室环境中进行，或者在真实场景的实际市场条件下进行。只有包含实验方法的因果性设计才能正确推断因果关系。

虽然实验方法在时间、成本和执行上有其局限性，但是它们在营销中正变得日益普及。试销是实验设计的一种重要应用。

在国外市场进行的现场实验的内部效度和外部效度通常比在美国本土要低。许多国家不如美国发达，调研人员对许多营销变量缺乏控制，这使得执行实验流程相当困难。使用社交媒体，比如虚拟现实技术，调研人员可以创造一种代表现场（市场）的环境，同时实施只能在实验室环境中实现的某种程度的控制。在因果性调研中所涉及的伦理问题包括掩饰实验目的。可以用事后说明的方法来解决这一伦理问题。

关键术语

因果关系（causality）
相从变动（concomitant variation）
自变量（independent variables）
测试单位（test units）
因变量（dependent variables）
外生变量（extraneous variables）
干扰变量（confounding variables）
实验（experiment）
随机分配（random assignment）
实验组（experiment group）
控制组（control group）
实验设计（experimental design）
交互作用（interaction）
内部效度（internal validity）
外部效度（external validity）
预实验设计（pre-experimental designs）
真实验设计（true experimental designs）
统计设计（statistical design）
一次性个案研究（one-shot case study）
单组前测—后测设计（one-group pretest-posttest design）
静态组（static group）
前测—后测控制组设计（pretest-posttest control group design）
仅后测控制组设计（posttest-only control group design）
因子设计（factorial design）
实验室实验（laboratory experiment）
现场实验（field experiment）
迎合假象（demand artifact）
试销（test marketing）
试销市场（test market）
事后说明（debriefing）

复习题

1. 推断两个变量之间存在因果关系的必要条件是什么？
2. 区别内部效度和外部效度。
3. 描述控制变差的外部来源的不同方法。
4. 区分真实验设计和预实验设计的关

键特征是什么?

5. 列出进行仅后测控制组设计所涉及的步骤,用符号描述这种设计。

6. 统计设计相对于基本设计来说有哪些优点?

7. 比较实验室实验和现场实验。

8. 描述性调研应该被用来检测因果关系吗?为什么?

9. 什么是试销?

10. 如何利用社交媒体进行实验?

应用题

1. 一个反堕胎团体想测试一则反堕胎广告的有效性。在亚特兰大市招募了两个随机样本组,每组 250 名调查对象。给其中一组播放反堕胎的广告,然后测量两组调查对象对堕胎的态度。

   a. 确定这个实验中的自变量和因变量。
   b. 使用的是哪类设计?
   c. 这种设计可以在社交媒体中实施吗?如何实施?

2. 在上题描述的实验中,假设调查对象是根据便利原则选择而不是随机选择的,将产生哪类设计?

3. 说出在下列情况下进行的实验的类型。

   a. 一个主要的办公设备分销商正在为它的销售员考虑一个新的销售演示计划,它选择了最大的销售区域,执行了这一新的计划并测量了对销售额的影响。

   b. 宝洁公司想确定汰渍的一种新包装设计是否比现有的包装更有效。它在芝加哥随机选择了 12 个超市,在其中随机选出 6 个出售新包装产品,6 个仍销售旧包装产品。对两组超市的销售额进行了为期 3 个月的监控。

4. 为下列每个实验设计描述一个适用的特定情形,说明其理由。

   a. 单组前测—后测设计;
   b. 前测—后测控制组设计;
   c. 仅后测控制组设计;
   d. 因子设计。

注释

[1] www.riteaid.com, accessed February 3, 2013; Michelle L. Kirsche, "POPAI Study Confirms Importance of POP Ads," *Drug Store News* 26(13) (October 11, 2004): 4–5; Anonymous, "In-Store Promo Drives Soda Sales, Study Says," *Drug Store News*, 23(18) (December 17, 2001): 81; Robert Dwek, "Prediction of Success," *Marketing* (POP & Field Marketing Supplement) (April 17, 1997): XII–XIII; and "POP Radio Test Airs the Ads in Store," *Marketing News* (October 24, 1986): 16.

[2] www.popai.com, accessed March 2, 2013; "Does spending money on point of sale drive sales?" www.retail-week.com/in-business/retail-surgery/does-spending-money-on-point-of-sale-drive-sales/5026519.article, accessed April 10, 2012.

[3] www.mcdonalds.com/us/en/home.html, accessed March 17, 2013; and http://blogs.houstonpress.com/hairballs/2009/03/smaller_big_mac.php, accessed March 17, 2012.

[4] www.alange-soehne.com, accessed January 5, 2013; Frank S. Costanza, "Exports Boost German Jewelry Industry," *National Jeweler*, 45(8) (April 16, 2001): 57, and David Woodruff and Karen Nickel, "When You Think Deluxe, Think East Germany," *Business Week*, May 26, 1997: 124E2.

[5] Simon Small, "Old Spice Campaign Case Study," http://from.simontsmall.com/index.php/2010/08/12/old-spice-campaign-case-study/, accessed March 30, 2013; and "How Old Spice Revived a Campaign That No One Wanted to Touch," http://mashable.com/2011/11/01/old-spice-campaign/, accessed November 8, 2013.

第7章 测量与量表

我们在分析调研结果时,必须相信测量提供了关于观点和行为的真实描述,并且恰当地捕捉了某个调查对象的数据与其他所有调查对象的数据之间的关系。

——Burke 公司客户服务高级副总裁格雷·范斯科伊(Greg Van Scoy)

本章概要

一旦确定了调研设计的类型,并且指定了调研的探索性和结论性方法(第3~第6章),调研人员就可以进入调研设计的下一个阶段:确定测量方法和量表技术。本章描述了量表和测量的概念,并讨论了四种主要的测量尺度:定类尺度、定序尺度、定距尺度和定比尺度。然后描述了比较量表技术和非比较量表技术,并予以详细解释。比较量表技术包括配对比较量表、等级顺序量表和固定总数量表。非比较量表技术包括连续评分量表和分项评分量表。我们讨论了常用的分项评分量表(李克特量表、语义差异量表和斯坦普尔量表)以及多项评分量表的结构。我们介绍了如何根据信度和效度评价量表技术,如何选择一种具体的量表技术。本章还讨论了在国际市场以及利用社交媒体开展调研时使用测量量表应当考虑的问题。本章识别了在测量过程中引起的几个伦理问题。图7—1给出了本章与营销调研过程的关系。

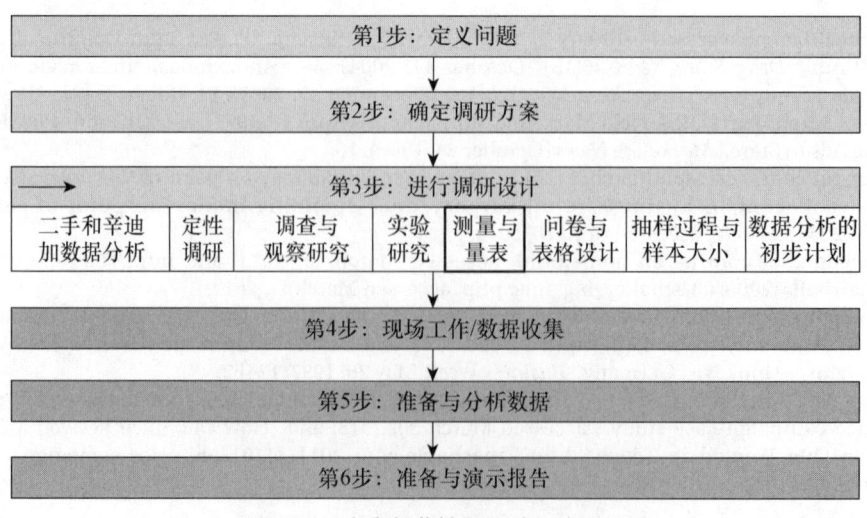

图7—1 本章与营销调研过程的关系

学习目标

阅读本章后，学生应当能够：

1. 理解测量和标度的概念，并说明如何将标度看作测量的扩展。
2. 讨论测量的主要尺度并区分定类尺度、定序尺度、定距尺度和定比尺度。
3. 将量表技术分类为比较量表和非比较量表，描述比较量表中的配对比较量表、等级顺序量表和固定总数量表。
4. 描述非比较量表技术，区分连续评分量表和分项评分量表，并解释李克特量表、语义差异量表和斯坦普尔量表。
5. 讨论构建分项评分量表时涉及的变化。
6. 讨论评价量表时所用的标准，并解释如何评估信度和效度。
7. 讨论在国际背景下运用测量量表时需要考虑的事项。
8. 解释如何将社交媒体用于比较量表和非比较量表技术中。
9. 理解在选择测量量表时所涉及的伦理问题。

调研实践

足球世界的量表

根据国际足联（FIFA，www.fifa.com）2013年6月对男足的排名，西班牙队以1 614分位居榜首，德国队以1 416分名列第二。排名前10位的男子足球队如下表所示：

2013年6月排名表

ID	球队	排名	积分
A	西班牙	1	1 614
B	德国	2	1 416
C	阿根廷	3	1 287
D	克罗地亚	4	1 222
E	荷兰	5	1 158
F	葡萄牙	6	1 137
G	哥伦比亚	7	1 123
H	意大利	8	1 097
I	英格兰	9	1 095
J	厄瓜多尔	10	1 066

分配给各个国家的字母构成了一个定类尺度，排名代表一个定序尺度，而积分代表一个定距尺度。因此，G指的是哥伦比亚，它排名第7，得到了1 123分。请注意，被分配用来代表国家的字母只是为了便于识别，与足球比赛实力没有任何关系。这种信息只有通过看排名才能获得。因此，荷兰队（排名第5）比意大利队（排名第8）踢得好。排名数字越小，球队水平越高。排名没有给出任何关于不同国家球队之间差别大小的信息，这只能根据积分看出。根据所得积分可以看出，意大利队（1 097分）只比英格兰队（1 095分）踢得略好一些。积分可以帮助我们了解不同排名的球队之间差距的大小。[1]

上述分配足球队的排名和评分（积分）的实例很好地说明了在营销调研中测量和量表的重要作用。

测量与标度

测量（measurement）指的是根据某些设定的规则为客体的特征分配数字或其他符号。请注意，我们所测量的并不是客体本身，而是它的一些特征。因此，我们不测量消费者，只测量他们的认知、态度、偏好或其他相关的特征。在营销调研中，通常出于两个原因而分配数字：第一，数字使我们能对获得的数据进行统计分析；第二，数字促进了有关测量规则与结果的沟通。

测量最重要的一个方面是，调研人员制定为特征分配数字的具体规则。分配过程必须确保在数字和被测特征之间建立一一对应的关系。例如，用美元表示的数字被分配给年收入达到该金额的家庭。只有这样，数字才能与被测客体的具体特征相联系，反之亦然。除此之外，数字分配规则应该标准化并统一应用，它们一定不能随客体（如商店）或时间（如顾客满意度的季度调查从一个季度持续到另一个季度）的变化而变化。

标度可以被看作测量的一个扩展。**标度**（scaling）涉及创建一个将被测客体定位的连续统一体。例如，根据"对快餐店的态度"这一特征用一个尺度确定消费者的量表位置。每个调查对象被分配一个数字来表示其对某一个快餐店的态度：不喜欢（用1来表示）、中立（用2来表示）或喜欢（用3来表示）。测量实际上就是对每一个快餐店给每一个调查对象分配1、2或者3这几个数字。标度是将调查对象按照他们对快餐店的态度放置于连续统一体中某一位置的过程。假设我们共测量对五家餐馆的态度，然后将每个调查对象对五个餐馆的打分加总得到总的或综合的态度得分。最后总的或综合的得分在5分（一个调查对象给所有五家餐馆都打1分）到15分（一个调查对象给所有五家餐馆都打3分）之间。在我们的例子中，标度就是将5~15分之间的综合态度评分分配给调查对象的过程。在本章开头的"调研实践"专栏中，测量是根据足球队的表现将积分分配给各个国家。标度构建了一个排名前10位的国家队定位于1 066~1 614分之间的连续统一体。

调研概要

测量通常指的是根据某些设定的规则为对象的特征分配数字或其他符号。你所测量的是对象的一些特征，而不是物体本身。标度可以被看作测量的一个扩展，涉及产生一个将被测物体定位的连续统一体。

测量的主要尺度

有四种主要的测量尺度：定类、定序、定距和定比（见图7—2）。图7—3举例说明了这些尺度，表7—1概括了它们的性质，后面各小节将进一步讨论这些尺度。在表7—2中，我们以这四种主要尺度来测量快餐店的偏好和光顾情况。

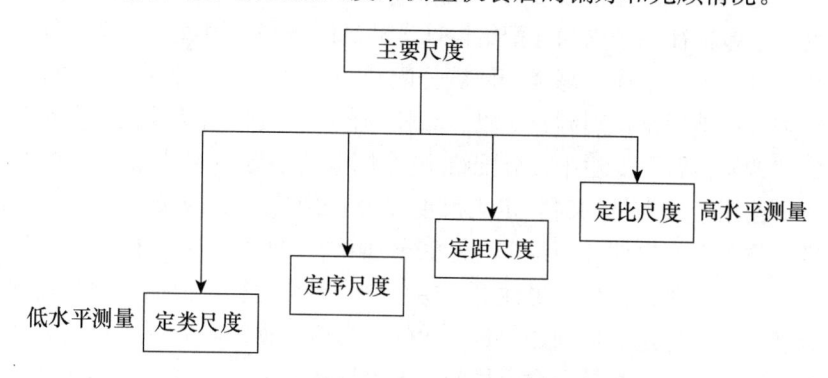

图 7—2　测量的主要尺度

图 7—3　主要测量尺度举例说明

表 7—1　测量的主要尺度

主要的测量尺度	基本特征	常见例子	营销的例子
定类	数字识别和分类客体	社保号码、足球运动员号码	品牌号码、商店类型、性别分类
定序	数字表明客体的相对位置，但不代表它们之间差异的大小	质量排行榜、联赛中各队的排名	偏好排名、市场地位、社会等级
定距	客体之间的差异可比较；零点是主观确定的	温度（华氏、摄氏）	态度、意见、指数
定比	零点是固定的；可计算尺度值的比率	长度、重量	年龄、收入、成本、销售额、市场份额

定类尺度

定类尺度（nominal scale）是一种象征性的标记方法，其中数字只用作对客体进行识别和分类的标志或标签。例如，在一项调研中分配给调查对象的序号就构成了一个定类尺度。当一个定类尺度被用于识别目的时，在序号和客体之间有严格的一一对应关系。每个序号只分配给一个客体，并且每个客体只分配一个序号。常见的例子包括社保号码和分配给棒球运动员的号码。因此，一个社保号码被分配给一个且唯一一个个体，每个个体被分配到一个且唯一一个社保号码。在营销调研中，定类尺度被用来识别调查对象、品牌、态度、餐馆以及其他人和对象。在本章开头的"调研实践"专栏中，分配给10个国家的字母A到J就构成了一个定类尺度。

当用于分类目的时，定类尺度序号被用作分类或类别的标志。例如，根据性别，你可以将男性分为组1，女性分为组2。这些类别应相互排斥且完全穷尽。因此，一个人要么被分到男性组，要么被分到女性组，但他或她不能同时分到这两个类别中，因为这些类别之间是互斥的。当然，每一个人都可以被分到男性组或女性组，因为这些分类是完全穷尽的，不容许有一个人在这些类别之外。同一类别中的所有客体在定类数字代表的特征方面被视为相同的。这样，所有的男性在性别上都被视为相同的，所有女性亦是如此。同一类别中的所有客体应该具有同样的编号（即所有的男性编号均为1，所有的女性编号均为2），并且没有任何两个类别的编号相同（没有男性编号为2，也没有女性编号为1）。

一个定类尺度中的序号不能反映客体所拥有的特征的数量。例如，一个大的社会保障号并不表示这个人在某些方面比社保号码小的某个人更优秀，反之亦然。这一点也适用于给类别分配的序号。例如，男性（编号为1）并不比女性（编号为2）优秀或不如女性。数字1和2仅仅用来表明一个人是男性还是女性。我们以下面的例子来说明定类尺度代表了最低水平的测量。

在快餐店项目中，编号1～5被分配给调研中所考虑的五家快餐店（见表7—2）。因此，快餐店编号4指的是肯德基，这并不表示肯德基在任何方面比编号为2的麦当劳更好或更差。任何对编号的重新分配，比如调换分配给肯德基和麦当劳的编号，都对这个编号体系没有影响，因为这些数字不反映快餐店的任何特征。

表7—2　　　　　　　　　　　　主要测量尺度的举例说明

定类尺度		定序尺度		定距尺度		定比尺度	
快餐店编号	快餐店名称	偏好排名		偏好评分		过去两个月内的总花费	
				1～7	11～17	美元	美分
1	汉堡王	4	79	4	14	10	1 000
2	麦当劳	2	25	7	17	50	5 000
3	赛百味	5	82	3	13	0	0
4	肯德基	3	30	6	16	25	2 500
5	必胜客	1	10	7	17	75	7 500

调研概要

在定类尺度中，数字只用作对客体进行识别和分类的标志或标签。当一个定类尺度被用于识别目的时，在序号和客体之间有严格的一一对应关系。当用于分类目的时，序号被用作分类或类别的标志。请注意，序号不反映客体所拥有的特征的数量。

定序尺度

定序尺度（ordinal scale）是一种排序尺度，分配给客体的数字表明了客体拥有某些特征的相对程度。一个定序尺度使人们能够确定一个客体是否比另一个客体具有更多或更少的某种特征，但是没有表明多了多少或少了多少。因此，定序尺度表明了相对位置，但没有反映客体间差别的大小。排在第一位的客体比排在第二位的客体有更多的特征，但是排在第二位的客体与它相差很小还是很大是未知的。这种类型的测量包括调查对象关于"多于"或"少于"的判断。因此，定序尺度比定类尺度传递的信息更多，因为后者不包含"多于"或"少于"的判断。定序尺度的常见实例包括质量排序、联赛中各队的排名、社会经济阶层、职业地位等。在营销调研中，定序尺度被用来测量相对的态度、观点、感知和偏好。另外一种常见形式的定序尺度是分类尺度（名义尺度），它显示受教育水平、年龄和收入等特征的顺序或多少。本章开头的"调研实践"专栏中，各国足球队的排名顺序（如西班牙队的排名数字为1，德国队为2，依此类推，厄瓜多尔队为10）构成了一个定序尺度。

定序尺度中，相等程度的客体的排序相同。定序尺度可以以保持对象的基本排序不变的任何方式被转换，因为除了顺序之外，数字差异没有任何其他含义。这样的转换产生了等效尺度。

表7—2给出了一个特定的调查对象的偏好排序（见偏好排名下的第一列）。调查对象按照偏好对五家快餐店进行排序，偏好最高的排第一，次之排第二，依此类推。数字越小表明对该餐馆的偏好越大。请注意，必胜客（排第一）比麦当劳（排第二）更受偏爱，但我们不知道偏好的差异多大。另外，不一定非要分配1～5的数字去获得偏好排名。在定序尺度中，把数字10分配给必胜客，数字25分配给麦当劳，数字30分配给肯德基，等等，这是一个等效尺度，它是在维持排序不变的前提下转换第一种尺度而获得的（见偏好排名下的第二列）。这种转换依据的规则是：数值越小，偏好就越大。第一种尺度即1，2，3，4，5，第二种尺度即10，25，30，79，82，按照偏好对餐馆排序的结果相同，因此是等效的。对这种等效性可以作如下说明：1小于2，10小于25；2小于3，25小于30；3小于4，30小于79；4小于5，79小于82。两个尺度基于相同的规则，即数值越小，偏好越大，二者所产生的排序相同。正如前面讲到的，除了顺序之外，数字之间的差异没有任何意义。《财富》杂志（*Fortune*）用定序尺度来确定全球最受尊敬的公司，参见下面的"调研实践"专栏。

调研实践

全球最受尊敬的公司

与《财富》杂志发布的美国最受尊敬的公司名单一样，全球最受尊敬的公司排名的价值在于该排名是由那些业界专业人士给予的，他们是各行业的高级执行官和董事，或者是对每一领域的竞争者进行分析和比较的财务分析师。《财富》请他们用评价美国最受尊敬的公司的八个标准，即创新精神、全面管理质量、长期投资价值、社区和环境责任、吸引和保留人才的能力、产品或服务质量、财务稳健性以及公司资产的有效利用，给各个公司打分。对于全球的评级，《财富》增加了另一个反映国际化程度的指标，即公司在全球范围开展业务的有效性。公司的总排名是依据所有标准属性的平均得分得到的。2013年全球最受尊敬的公司如下表所示：

ID（编码）	公司	排名
A	苹果	1
B	谷歌	2
C	亚马逊	3
D	可口可乐	4
E	星巴克	5
F	IBM	6
G	美国西南航空	7
H	伯克希尔·哈撒韦	8
I	迪士尼	9
J	联邦快递	10

此例中，用于标记不同公司的ID字母属于定类尺度。因此，"I"代表迪士尼，"F"代表IBM。数字排名代表定序尺度。因此，亚马逊排名第3，比排名第6的IBM得到了更高的评价。这些排名是有用的，因为它们代表了公司所拥有的名誉的总体测量值。请注意，前10名都是美国公司，表明美国在全球商业中处于主导地位。[2]

调研概要

在定序尺度中，分配给客体的数字表明了客体拥有某些特征的相对程度。数字使人们能够确定一个客体是否比另一个客体具有更多或更少的某种特征，但是没有表明多了多少或少了多少。数字除了有顺序含义外别无他意。因此，对尺度进行任何保持排序的转换均会产生一个等价的尺度。

互联网调研

提高汉堡王的顾客满意度

访问www.bk.com，并搜索互联网，包括社交媒体和图书馆在线数据库，以获得消费者对快餐店的满意度方面的信息。

假如你是汉堡王的营销经理，你将制定什么样的营销策略来提升顾客满意度？你将如何使用定类尺度和定序尺度，来测量汉堡王这类快餐店的顾客满意度？

定距尺度

在**定距尺度**（interval scale）中，数字相等的距离代表了被测特征的相等值。

定距尺度包含了定序尺度的所有信息，并且能够让人们比较客体之间差别的大小。任意两个相邻尺度值之间的差值与同一定距尺度的其他任意两个相邻值之间的差值相等。尺度值之间的间距是恒定的或相等的。1和2之间的差值与2和3之间的差值相同，与5和6之间的差值也相同。因此，定距尺度比定序尺度传递的信息更多，因为定序尺度不包含有关距离的信息。日常生活中的一个常见实例就是温度。在营销调研中，用评分量表获得的态度数据通常被看作定距数据。例如，让调查对象对陈述"我喜欢星巴克咖啡"表达他们同意的程度，以5点尺度（1＝非常不同意，5＝完全同意）测量他们对星巴克咖啡的态度。定距尺度在营销调研中被广泛用于收集调查对象的数据，也是所有主要测量尺度中最为流行的。在本章开头的"调研实践"专栏中，分配给各国足球队的积分中，西班牙队获得了最高的1 614分，厄瓜多尔队则获得了最低的1 066分，这就构成了一个定距尺度。在一个定距尺度中，零点或原点的位置并不固定。原点与测量单位都是主观确定的。因此，它允许变换原点，例如，增加一个常量会得到一个等价尺度。因为零点不固定，所以计算尺度值的比率没有意义。我们通过考察表7—2的信息来说明定距尺度的这一性质。表7—2用一个1～7级评分尺度（见偏好评分下的第一列）表示一个调查对象对五家快餐店的喜好程度。我们可以看到，虽然肯德基得到的偏好评分是6，而赛百味的偏好评分是3，但这并不意味着肯德基的受喜爱程度是赛百味的2倍。如果将原点从1改为11，这些评分被变换为一个等价的从11到17的尺度。将每个尺度值都增加10（见偏好评分下的第二列）可以实现这一过程。这样，1变成了11，2变成了12，3变成了13，依此类推，7变成了17。肯德基和赛百味的等级就变成了16和13，其比值不再是2∶1了。

调研概要

在定距尺度中，数字相等的距离代表了被测特征的相等值。任意两个相邻的尺度值之间的差值与同一定距尺度的其他任意两个相邻值之间的差值相等。因此，定距尺度让人们能够比较客体之间差别的大小。零点（原点）与测量单位都是主观确定的。因此，它允许变换原点，例如，增加一个常量会得到一个等价尺度。因为零点或原点没有固定，所以计算尺度值的比率没有意义；当原点变换时，尺度值的比率也会变动。

定比尺度

定比尺度（ratio scale）具有定类尺度、定序尺度和定距尺度的所有性质，此外，它还有一个绝对的零点。因此，定比尺度代表了测量的最高水平，传递的信息最多。用定比尺度可以对客体进行识别或分类、排序并比较它们的间距或差别。与定类尺度、定序尺度和定距尺度不同，对定比尺度计算比值也是有意义的。不仅2和5之间的差值与14和17之间的差值相同，而且在一种绝对的意义上14是2的7倍。定比尺度的常见实例包括身高、体重、年龄和收入，这些都是用确切数字而不是类别来测量的。在市场营销中，销售额、成本、市场份额和顾客数目是以定比尺度测量的变量。尽管本章开头的"调研实践"专栏中并未展示，这些国家每年在足球上花费的金额构成一个定比尺度。

定比尺度只能乘以一个正数来进行比例变换，不能像定距尺度那样加上任意一个常数。例如，由码（1 码＝0.914 4 米）到英尺（1 英尺＝0.304 8 米）的转换（乘以 3），或者由美元到美分的转换（乘以 100）。无论是以码为单位，还是以英尺为单位，客体长度之间的比较都是相同的。在获取信息方面，定比尺度不像定距尺度那么流行，这是因为调查对象觉得提供定比尺度信息比提供定距尺度数据费力得多。

快餐店的例子对定比尺度做了进一步说明。在表 7—2 中，一个调查对象被问到在过去的两个月内在这五家快餐店中的每一家的消费额。请注意，因为这个调查对象在麦当劳消费了 50 美元，在汉堡王只消费了 10 美元，所以该调查对象在麦当劳的消费额就是在汉堡王的 5 倍。此外，零点是固定的，因为零意味着这个调查对象在该快餐店什么也没消费。将这些数字乘以 100，由美元转换为美分的结果仍是一个等价尺度。

调研概要

定比尺度具有定类尺度、定序尺度和定距尺度的所有性质，此外，它还有一个绝对的零点。因此，计算尺度值的比率是有意义的。定比尺度只允许线性等比例地变换，不能像定距尺度那样加上任意一个常数。定比尺度涵盖的信息最多，代表最高水平的测量。

比较量表技术和非比较量表技术

营销调研中通常使用的量表技术可以分为比较量表和非比较量表两类（见图 7—4）。**比较量表**（comparative scale）涉及对两个或更多客体的直接比较，即相对于刺激集合中的其他客体来评价某客体。例如，调查对象可能会被问及他们更喜欢可口可乐还是百事可乐。比较量表的数据必须以相对的关系来解读，并且只有定序或等级顺序的性质。由于这个原因，比较量表也被认为是非计量量表（非计量数据只有顺序的属性）。如图 7—4 所示，比较量表包括配对比较量表、等级顺序量表和固定总数量表。**非比较量表**（noncomparative scale）也称单独量表或计量量表，对客体相互独立地进行评价，所产生的数据通常被认为是定距的。例如，可能要求调查对象用一个 1～7 的喜好程度尺度评价可乐（1＝一点也不喜欢，7＝非常喜欢）。对百事可乐可以独立地得到类似的评价。非比较量表包括连续评分量表和分项量表（李克特量表、语义差异量表和斯坦普尔量表）。我们先介绍比较量表，然后介绍非比较量表。

```
                    ┌─────────┐
                    │ 量表技术 │
                    └────┬────┘
                ┌────────┴────────┐
        ┌───────┴──────┐   ┌──────┴───────┐
        │ 比较量表技术 │   │ 非比较量表技术│
        └───────┬──────┘   └──────┬───────┘
        ┌──────┴──────┐    ┌──────┴──────┐
        │相对于其他   │    │独立地对客体 │
        │客体对客体   │    │进行评估     │
        │进行评估     │    │             │
        └──────┬──────┘    └─────────────┘
   ┌──────────┼──────────┐
┌──┴───┐  ┌───┴────┐  ┌──┴────┐
│配对比│  │等级顺序│  │固定总 │
│较量表│  │量表    │  │数量表 │
└──────┘  └────────┘  └───────┘
```

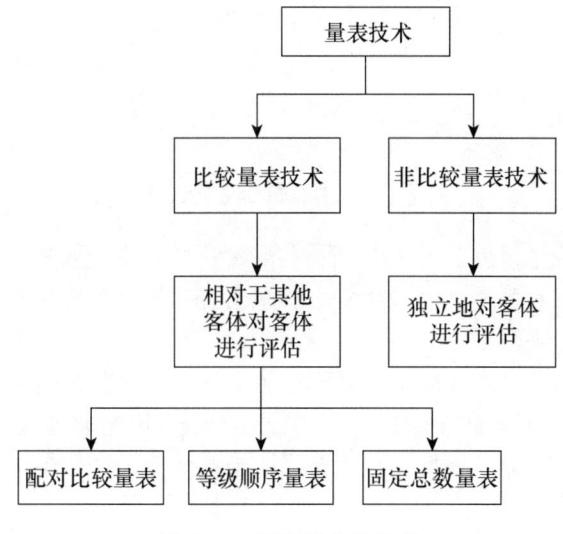

图7—4 量表技术的分类

调研概要

比较量表涉及两个及两个以上客体的直接比较；相对于刺激集合中的其他客体来评价某客体。必须以相对的关系来解读比较量表的数据，因为这些数据只有定序或等级顺序的性质。相比之下，在非比较量表中，对客体相互独立地进行评价。所产生的数据通常被认为是定距的。

比较量表技术

配对比较量表

顾名思义，**配对比较量表**（paired comparison scaling）给调查对象提供两个客体，要求其根据某些标准来选择一个。所获得的数据在性质上是定序的。一名调查对象可能陈述说，她在JC彭尼购物的次数比在西尔斯购物的次数多，喜欢Total牌谷物的程度超过喜欢凯洛格的Product 19的程度，或者喜欢佳洁士的程度超过喜欢高露洁的程度。当刺激对象是实际产品时，经常使用配对比较量表。配对比较量表是广泛使用的一种比较量表技术。

可以通过计算出喜欢一种刺激物的程度超过另一种的调查对象的百分比，对配对比较数据进行分析。当品牌的数目有限时，配对比较量表是有用的，因为它要求直接比较和公开选择。但是，对于很多品牌，比较的数目变得十分庞大。配对比较与市场情形不大相似，因为市场情形涉及从多个可选择物中进行挑选。另外，调查对象可能偏爱某一客体胜过其他客体，但是他们可能并不是在一个绝对的意义上喜欢它（即不喜欢的程度较低）。下面的"调研实践"专栏有助于进一步了解配对比较量表。

> **调研实践**
>
> ### 配对比较量表
>
> 口味测试的最常用方法是配对比较。要求消费者品尝两种不同的产品样品，并选出口味最吸引人的一种。测试在家中或者其他预定的场所私下进行。一个样本一般要求至少有1 000名调查对象。
>
> 形象、自我感知和品牌声誉都是影响消费者购买决策的重要因素，因此产品口味盲测可能并不能很好地预测市场绩效。2012年Yoplait无乳糖酸奶的推广就说明了这一点。在配对口味盲测中，新酸奶比其他品牌酸奶更受欢迎，但它的推广情况差强人意。

调研概要

在配对比较量表中，向调查对象提供两个客体，要求他们根据某些标准来选择一个。所获得的数据在性质上是定序的，可以通过计算出喜欢一种刺激物的程度超过另一种的调查对象的百分比对数据进行分析。当品牌的数目有限时，配对比较量表是有用的。

等级顺序量表

在配对比较之后，最流行的比较量表技术是等级顺序量表。**等级顺序量表**（rank-order scaling）类似于前面讨论的定序尺度。在等级顺序量表中，同时向调查对象呈现几种客体，要求他们根据一些标准将这些客体排序。例如，可以要求调查对象根据总体的偏好程度对牙刷品牌进行排序。获得排序的典型做法是：让调查对象将等级1分配给最偏爱的品牌，等级2分配给第二偏爱的品牌，依此类推，直到将等级n分配给最不喜爱的品牌。与配对比较类似，这种方法在本质上也是比较性的，并且调查对象可能在绝对意义上并不喜爱名列第一的品牌。等级顺序量表产生的也是定序数据，例如表7—2用等级顺序量表得到了一个定序尺度。在本章开头的"调研实践"专栏中，在足球队排名表上，西班牙队排第1，德国队排第2，依此类推，厄瓜多尔排第10，从而构成了一个等级顺序量表。

等级顺序量表通常被用来测量对品牌以及属性的偏好。与配对比较相比，这种类型的测量更适合购物环境。此外，该量表花费较少的时间，因此与配对比较相比，调查对象做出判断的次数较少。另一个优点是，大多数调查对象很容易理解排序的提示。主要的缺点是，这种技术产生的仅仅是定序数据。

调研概要

在等级顺序量表中，同时向调查对象呈现几种客体，并要求他们根据一些标准将这些客体排序。与配对比较类似，这种方法在本质上也是比较性的，产生的是定序数据，并且调查对象可能在绝对意义上并不喜爱名列第一的客体。与配对比较不同的是，这种类型的测量更适合购物环境。此外，它花费较少的时间，因为与配对比较相比，调查对象需要做出的判断较少。

固定总数量表

在**固定总数量表**（constant sum scaling）中，调查对象根据一些标准，在一组刺激客体中对固定总数的单位（如分数、金额或筹码等）进行分配。可能要求调查对象将100分（或其他固定分值如10）分配给快餐店的不同属性，以使分配的分数能够反映每个属性的重要性。如果某个属性不重要，调查对象就给它分配零分；如果一个属性的重要性是另一个属性的两倍，那么它得到的分数也是另一个的两倍。所有分数的总和是100，固定总数量表因此而得名。

我们通过给出调查对象分配的能反映快餐店四个属性的重要性的分数值（如下表所示），来说明上述流程。

属性	分配的分数
质量	40
服务	20
清洁	10
价值	30
总和	100

通过计算调查对象分配给每个属性的分数，就获得了每个属性的重要性指标。这名调查对象按属性重要性程度给出的排序依次为：质量（最重要）、价值、服务和清洁（最不重要）。这类信息无法从等级顺序数据中得到。请注意，固定总数也有一个绝对零点：20分是10分的2倍，10分和20分之间的差值与20分和30分之间的差值相同。出于这一原因，固定总数量表数据有时被当作计量数据。虽然这在所测量的刺激物的有限范围内是合适的，但是这些结果不能推广到未纳入调研范围的其他刺激物。因此，严格意义上讲，由于其比较的性质和结果缺乏普适性，固定总数量表应该被看作一个定序量表。从上述例子中可以看到，分数的分配受到评价任务中所包括的具体属性的影响。比如，如果增加第五种属性——位置的便利性，上述四个属性获得的分数即失效。调查对象必须重新完成整个评估任务。

固定总数量表的主要优点是，它不需要太多时间就能得到刺激客体之间的微小区别。但是，它有两个主要缺点。调查对象分配的单位可能比指定的要多或少。例如，一名调查对象可能分配了108分或者94分而非指定的100分。调研人员必须用某种方法修改这类数据，或者在分析中将这名调查对象排除。另一个潜在的问题是，如果使用了过少的单位，可能产生取整误差。另一方面，大量单位的使用可能使调查对象负担过重，并造成混淆和疲劳。

调研概要

在固定总数量表中，要求调查对象将100分分配给一种产品的各个属性，以使分配的分数能够反映每个属性的重要性。如果某个属性不重要，调查对象就给它分配零分。如果一个属性的重要性是另一个属性的两倍,那么它得到的分数也是另一个的两倍。所有分数的总和应当是 100。固定总数量表的主要优点是,它不需要太多时间就能得到刺激客体之间的微小区别。它的主要缺点是,一些调查对象分配的单位可能比指定的要多或少,以及导致取整误差或人员疲劳。

互联网调研

蔻驰引导消费者偏好

访问 www.coach.com,并搜索互联网,包括社交媒体和图书馆在线数据库,以获得消费者对皮革制品的偏好方面的信息。你如何使用比较量表来测量消费者对皮革制品的偏好?

作为蔻驰的营销总监,你将如何利用消费者对皮革制品的偏好方面的信息来增加市场份额?

非比较量表技术

使用非比较量表的调查客体无须相对于另一客体或某种指定标准(比如"你的理想品牌")来比较客体。他们每次只对一个客体进行评价。因此,非比较量表经常被称作单独量表。在评估对象时,调查对象使用任何一种他们认为正确合适的评分标准。如图 7—5 所示,非比较量表由连续评分量表和分项评分量表组成,表 7—3 中做了进一步描述,我们稍后加以讨论。

```
              非比较量表
               /      \
       连续评分量表   分项评分量表
                      /    |    \
                 李克特量表 语义差异量表 斯坦普尔量表
```

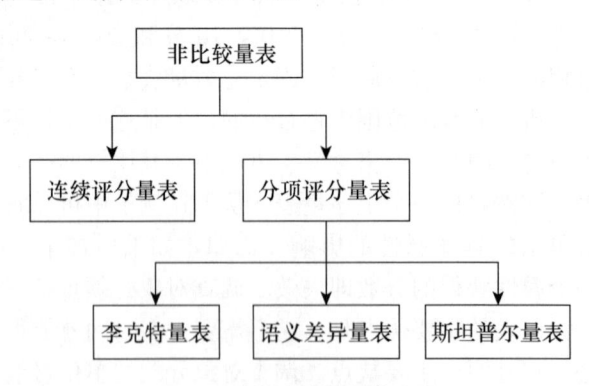

图 7—5 非比较量表的分类

表 7—3 　　　　　　　基本的非比较量表

量表	基本特征	例子	优点	缺点
连续评分量表	在一条连续的直线上做标记	测量对电视广告的反应	容易构建	除非计算机化,否则评分会很麻烦
分项评分量表				
李克特量表	从 1(非常不同意)到 5(非常同意)的同意程度	测量态度	容易构建、执行和理解	耗时较多

续前表

量表	基本特征	例子	优点	缺点
语义差异量表	带两极标签的 7 点量表	测量品牌、产品和公司形象	通用的	难以构建双向形容词
斯坦普尔量表	单级 10 点量表，－5 到＋5，没有中立点（零点）	测量态度和形象	容易构建并通过电话执行	会令人困惑，难以应用

连续评分量表

连续评分量表（continuous rating scale）也称图示评分量表，调查对象通过在一条直线上的适当位置做出标记来为客体评分，这条直线的两端显示了某个标准变量的两个极端值。因此，调查对象并不局限于从调研人员事先设定好的分数中进行选择。连续量表的形式可能变化相当大。例如，直线可能是垂直或水平的；可能以数字或简要描述的形式提供量表刻度；刻度可能很少也可能很多。下面举例说明连续评分量表的三种形式。

你将如何为麦当劳快餐厅评分？

形式 1

可能最差 ································|································ 可能最好

形式 2

可能最差 ································|································ 可能最好
0   10   20   30   40   50   60   70   80   90   100

形式 3

　　　　　　很差　　　　　不好不坏　　　　很好
可能最差 ································|································ 可能最好
0   10   20   30   40   50   60   70   80   90   100

一旦调查对象提供了评分，调研人员就在直线上划分出所需数目的类别，并根据评分所处的类别分配分数。在快餐店项目的例子中，调查对象对麦当劳表现出了不喜欢的态度。这些分数一般被视为定距数据。

连续量表的优点是易于构建。但是，评分很麻烦且不可靠，而且所提供的信息也很少，因此在营销调研中的应用有限。然而，近年来，随着计算机辅助人员访谈、互联网调查和其他技术的日益普及，其应用变得越来越频繁，下面的"调研实例"专栏说明了这一点。

调研实践

连续测量和感知分析：感知分析器

感知分析器（www.percetionnalyzer.com）是 Dialsmith 发明的一种计算机支持的互动反馈系统，由发给每个调查对象的无线或有线手持式刻度盘、一个控制台（有电脑接口），以及可编辑问题、收集数据与分析参与者反应的特殊软件构成。焦点小组成员用它及时连续地记录他们对电视商业广告的情绪反馈。给每位参与者发放一个刻度盘并指导他连续记录自己对测试内容的反应。调查对象转动刻度盘后，信息被反馈到电脑中。因此，调研人员可以确定在播放商业广告时调查对象的实时反应。这一反应可以叠加到广告上，以观察调查对象对广告的不同架构和部分的反应。

感知分析器被用来测量对麦当劳一系列生活片段类电视广告的反应。调研人员发现，母亲和女儿对广告的不同方面有不同的反应。利用情绪反应数据，调研人员可以确定哪则广告对母亲和女儿等细分人群都能产生最强的情感吸引力。麦当劳的营销努力被证明是成功的，2012年其收入达275.67亿美元。[3]

调研概要

在连续评分量表中，调查对象通过在一条直线上的适当位置做出标记来为客体评分，这条直线的两端显示了某个标准变量的两个极端值。因此，调查对象并不局限于从调研人员事先设定好的分数中进行选择。在计算机辅助个人访谈和互联网调查中，连续评分量表是很有用的。

互联网调研

制作电影大片

访问 www.disney.com，并搜索互联网，包括社交媒体和图书馆在线数据库，以获得消费者观影习惯和偏好方面的信息。

你将如何测量观众对迪士尼公司即将推出的新电影的反响？

作为迪士尼电影公司的营销总监，你将如何推出"大片"？

分项评分量表

在**分项评分量表**（itemized rating scale）中，提供给调查对象一个具有与每一类别相关的数字或简要描述的量表。类别是按照量表的位置来排序的，调查对象需要选出最好地描述评分客体的特定类别。分项评分量表在营销调研中应用广泛。我们首先描述常用的分项评分量表，包括李克特量表、语义差异量表和斯坦普尔量表（见图7—5），然后考察分项评分量表使用中的变化。

李克特量表 以发明者伦西斯·李克特（Rensis Likert）的名字命名的**李克特量表**（Likert scale）被广泛使用。它需要调查客体对关于刺激客体的一系列陈述中的每一个指出同意或不同意的程度。一般来说，每个量表项目（陈述）有五个反应类别，从"非常不同意"到"非常同意"。我们举例说明如何用李克特量表评价对麦当劳的态度。

提示：下面所列的是对麦当劳的不同观点。请用以下量表指出你对每种观点同意或不同意的强烈程度，并圈出正确的数字：1＝非常不同意；2＝同意；3＝既不同意也不反对；4＝同意；5＝非常同意。

格式：

	非常 不同意	同意	既不同意 也不反对	同意	非常 同意
1. 麦当劳销售高质量食品。	1	②	3	4	5
2. 麦当劳店内服务差。	1	②	3	4	5
3. 我喜欢吃麦当劳。	1	2	③	4	5
4. 麦当劳没有提供多种多样的菜品。	1	2	3	④	5
5. 麦当劳是美国人就餐的餐厅。	①	2	3	4	5
6. 我不喜欢麦当劳做的广告。	1	2	3	④	5
7. 麦当劳价格公道。	1	②	3	4	5

请注意，一些陈述是正向的（如陈述 1），它们反映了对麦当劳的态度是积极的，而其他句子是反向的（如陈述 2），反映了对麦当劳的消极态度。既有正向陈述又有反向陈述是有原因的。这可以控制那些持有特别消极或特别积极态度的调查对象，在没有阅读陈述语句的情况下全部圈出量表的左边或右边的数字这一倾向。为了进行分析，每个陈述都被分配了一个数字分值，范围从 1 到 5。（有时每个陈述语句可能被分配从 -2 到 +2 的分值。）分析可以逐项进行（轮廓分析），也可以通过对项目（陈述语句）求和计算每位调查对象的总累加评分。假设快餐店的例子中李克特量表被用于测量对麦当劳和汉堡王的态度。在轮廓分析中，根据调查对象对每个项目（比如食品质量、店内服务、菜品种类等）的平均评分对两家快餐店进行比较。求和方法的应用最为频繁，因此李克特量表也被称为求和量表。使用这种方法确定每位调查对象对每家快餐店的总评分时，要使用一种一致的评分方法，使得高分（或低分）始终如一地反映一种喜爱程度，这一点很重要。这就需要通过逆转量表，让调查对象给反向陈述打分。请注意，对一个正向陈述而言，表示同意反映了一种喜爱程度，而对一个反向陈述而言，表示不同意也反映了一种喜爱程度。因此，对正向陈述表示"非常同意"和对反向陈述表示"非常不同意"都得 5 分。在上述量表中，如果一个较高的分数表示一种喜爱程度，则项目 2、4、7 的分值将被颠倒过来。快餐店的例子中，调查对象的态度得分为 16（2+4+3+2+1+2+2）。对第二个陈述，由于它是反向的，尽管调查对象圈了 2，但分配的分值应为 4。同样，对陈述 4 和 6 圈出的数字对应的分值也应颠倒过来。计算每位调查对象对每家快餐店的总评分。请注意，如果有 7 个题项，则总分在 7~35 之间。具有最高总分的调查对象对麦当劳最喜爱，而总得分最低的调查对象对麦当劳最不喜爱。

李克特量表有几个优点。它易于构建和执行。调查对象很容易理解如何使用该量表，因而它适合邮件访谈、电话访谈、电子访谈或人员访谈。李克特量表的主要缺点是，它需要比其他分项评分量表花费更长的时间才能完成，因为调查对象必须阅读每个陈述语句（或者访谈人员必须向他们读出每一个陈述语句）。下面的例子显示了李克特量表在营销调研中的另一个应用。

> **调研实践**
>
> **工作满意的销售人员留在公司的时间更长**
>
> 一项调查研究的假设是,销售人员的工作满意度和他们留在公司的时间长度正相关。工作满意度用标准的李克特量表的多个陈述或题项进行测量。工作满意度的一个测量题项如下所示:
>
> | | 完全不同意 | 不同意 | 无所谓 | 同意 | 完全同意 |
> |---|---|---|---|---|---|
> | 我从工作中获得一种成就感。 | 1 | 2 | 3 | 4 | 5 |
>
> 调查数据支持了这一假设。研究得出结论,销售经理应该在招募、培训和支持销售人员上付出更多的努力,以提高内部工作满意度,进而降低销售人员的离职率。[4]

调研概要

李克特量表要求调查对象对关于刺激客体的一系列陈述中的每一个指出同意或不同意的程度,有些语句是正向的,有些是反向的。一般而言,每个量表有五个反应类别,从"完全不同意"到"完全同意"。可以逐项进行分析(轮廓分析),也可以通过对项目求和计算每位调查对象的总(累加)评分。当计算累加评分时,必须通过逆转量表让调查对象给反向陈述打分。

语义差异量表 语义差异量表(semantic differential scale)是一个7级评分量表,端点由两极标签或描述语构成。在一个典型的应用中,调查对象在许多分项的7级评分量表上对客体评分,量表的每一端都被一对两极形容词中的一个限定,比如"寒冷"和"温暖"。我们通过展现一名调查对象就五种属性对麦当劳所做的评价,来举例说明这种量表。

提示: 这部分研究测量你对某些快餐店的印象,请在一系列两端由两个意义相反的形容词构成的描述性量表上做出判断。请在最准确地描述出你对快餐店的印象的空白处标记(X)。请确保对每个项目做上标记,不要遗漏任何项目。

格式:

麦当劳

强大的	:—:—:—:—X:—:—:	弱小的
不可信的	:—:—:—:—:—X:—:	可信的
时尚的	:—:—:—:—:—:—X:	老式的
冰冷的	:—:—:—:—:—X:—:	温暖的
细心的	:—:X:—:—:—:—:—:	粗心的

调查对象在最符合他们对评分客体的描述的空白处做出标记。因此,在我们的例子中,麦当劳被评价为有些弱小的、可靠的、非常老式的、温暖的和细心的。反向的形容词或短语有时出现在量表的左边,有时出现在右边。与李克特量表一样,这就控制了一些调查对象,特别是持有非常积极或非常消极态度的调查对象,他们可能全部选择量表左边或右边的选项,而不阅读提示。

语义差异量表上的单个项目可以在一个-3～+3 或 1～7 的尺度上评分。由此产生的数据通常是通过轮廓分析法进行分析的。在轮廓分析中,通过画图或统计分析来计算和比较每个评分量表的均值。为了评价调查对象不同细分群体之间的差异,调研人员可以比较不同细分群体的反应均值。另一方面,当调研人员需要对客体进行总体比较(如确定对快餐店的偏好)的情况下,可以将单个项目的分数求和以获得一个总评分,这在李克特量表中已有说明。

语义差异量表的通用性使它成为营销调研中一种很流行的评分量表。它被广泛用于对品牌、产品和公司形象的比较,还被用来制定广告和促销策略,以及进行新产品开发的调研。这种基本量表还有几种修正形式。

调研概要

语义差异量表是一个 7 级评分量表,两端由两极标签或描述语构成。反向的描述语有时出现在量表的左边,有时出现在右边。与李克特量表一样,可以通过轮廓分析或计算累加分数来分析数据。

斯坦普尔量表 斯坦普尔量表(Stapel scale)以它的发明者简·斯坦普尔(Jan Stapel)的名字命名,是一个单极的评分量表,有从-5 到+5 编号的 10 个类别,没有中立点(零点)。这种量表通常被垂直地展示。调查对象通过选择一个适当的数字,指出每一术语对客体描述的准确或不准确的程度。数字越大,描述对象的术语就越准确,如麦当劳的例子所示。在这个例子中,对麦当劳的评价为:没有高质量的食物且服务质量较差。

用斯坦普尔量表获得的数据,可以用与李克特量表或语义差异量表相同的方式进行分析。斯坦普尔量表所产生的结果与语义差异量表所产生的结果相似。斯坦普尔量表的优点在于,不需要对形容词或短语进行预测试以确保真正的两极性,并且可以通过电话执行。但是,有些调研人员相信,斯坦普尔量表令人困惑,且难以应用。在所考虑的这三种分项评分量表中,斯坦普尔量表用得最少,但值得引起更多的重视。

提示:请评价每个单词或短语对每家快餐店描述的准确程度。对你认为准确描述了这家快餐店的短语选择一个正数。你认为这个短语对这家快餐店描述得越准确,就应该选择越大的正数。对你认为描述不准确的短语,请选择一个负数,你认为短语的描述越不准确,就应该选择越大的负数。你可以选择+5 到-5 之间的任何一个数,+5 表示你认为非常准确,-5 表示你认为非常不准确。请圈出正确数字来作答。

格式：

麦当劳

+5　　　　　　　　+5
+4　　　　　　　　+4
+3　　　　　　　　+3
+2　　　　　　　ⓐ+2
+1　　　　　　　　+1
高质量的食物　　服务质量较差
-1　　　　　　　　-1
-2　　　　　　　　-2
-3　　　　　　　　-3
ⓐ-4　　　　　　　-4
-5　　　　　　　　-5

▶ **调研概要**

斯坦普尔量表是一个单极的评分量表，有从-5到+5编号的10个类别，没有中立点（零点）。这种量表通常被垂直地展示。其数据分析方式和李克特量表或语义差异量表相似。在所考虑的这三种分项评分量表中，斯坦普尔量表用得最少。

非比较分项评分量表的其他形式　非比较分项评分量表不仅以最初提出的形式使用，还可以采取许多不同的形式。例如，李克特量表的类别数目不一定都是5，语义差异量表不必总是7级，斯坦普尔量表也不一定有10个类别。事实上，在营销调研常用的量表中，类别数目介于5与10之间。类别数目越多，刺激客体之间可能的区别就越细微，但也会增加调查对象的工作负担。因此，必须在两者之间进行权衡。一般指导原则是，用尽可能少的类别获得所需的区分水平。

类别数目可以是奇数或偶数。类别数目为奇数时，量表的中间位置一般被指定为中立的或不偏不倚的。一个中立类别的存在、位置与标签会对答案产生显著的影响。决定使用奇数还是偶数类别数目，取决于是否有一些调查对象对被测的答案持中立态度。如果至少有一些调查对象可能有一种中立或无所谓的答案，则应该使用奇数的类别数目。另一方面，如果调研人员想强加一个带有倾向性的答案，或者相信不存在中立或无所谓的答案，那么应该使用包含偶数类别数目的评分量表。

量表的形式或结构可以有许多选择。量表可以水平地或垂直地呈现。类别可以用方框、间断线或者一个连续统一体上的单位表示，可以给它们分配数字，也可以不分配。如果使用了数值，则数值可以是正的、负的或两者兼有。图7—6中给出了几种可能的结构。表7—4给出了一些常用的量表。尽管这些特定量表有五种类别，但类别的数目是可以根据调研人员的判断改变的。最后，不同类型的分项评分量表可以用在一个问卷中。

多种量表结构可以用来测量耐克鞋子的舒适性。包括下面一些例子：

耐克鞋子是：

(1) 在空白处标注"X"。

非常不舒服 ＿＿＿ ＿＿＿ ＿＿＿ ＿＿＿ ＿＿＿ ＿＿＿ ＿＿＿ 非常舒服

(2) 圈出数字。

非常不舒服　　1　　2　　3　　4　　5　　6　　7　　非常舒服

(3) 在空白处标注"X"。

＿＿＿＿＿非常不舒服
＿＿＿＿＿不舒服
＿＿＿＿＿一般
＿＿＿＿＿舒服
＿＿＿＿＿非常舒服

(4) 在空白处标注"X"。

| 非常不舒服 | 不舒服 | 有些不舒服 | 一般 | 有些舒服 | 舒服 | 非常舒服 |

(5) 圈出数字。

　　−3　　　−2　　　−1　　　0　　　1　　　2　　　3
非常不舒服　　　　　　　　　　一般　　　　　　　　　　非常舒服

图7—6　评分量表的结构

表7—4　　　　　　　　　　　市场营销中常用的量表

构念	量表描述语
态度	非常糟糕，糟糕，既不糟糕也不好，好，非常好
重要性	非常不重要，不重要，一般，重要，非常重要
满意度	非常不满意，不满意，无所谓，满意，非常满意
购买频率	从来没有，很少，有时，经常，特别频繁

调研概要

这三种分项评分量表可以采用不同的形式。类别数目一般介于5与10之间，也可以更多或更少。类别数目可以是奇数或偶数。量表的形式或结构可以不大相同。你可以在一个问卷中使用不同类型的分项评分量表。

互联网调研

乐步：时尚鞋的竞争

访问www.rocport.com，并搜索互联网，包括社交媒体和图书馆在线数据库，以获得消费者对时尚鞋的偏好方面的信息。设计一个分项量表来测量消费者对时尚鞋的偏好。

作为乐步（Rockport）的营销经理，你将如何利用时尚鞋的消费者偏好信息来增加市场份额？

多项量表

前面讨论的分项评分量表是多项评分量表的基本构成要素。顾名思义，多项量表是由多个题项组成的，需要评价这些题项以进行既定的测量。例如，在测量对麦当劳的态度时所用的李克特量表就包括七个题项。同样，前面针对麦当劳使用的语义差异量表和斯坦普尔量表也分别是包括五个题项和两个题项的多项量表。多项评分量表的设计需要相当高水平的专业技术知识。在下一节中，"调研实践"专栏给出的意见领导量表就是多项量表的另一个例子。

量表的评价

应当对一个多项量表的准确性和可应用性进行评价。如图7—7所示，这涉及对量表的信度与效度的评价。信度和效度可以从测量误差、系统误差和随机误差等方面进行理解。

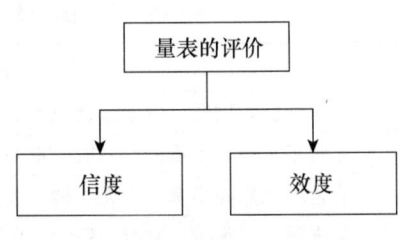

图7—7 量表的评价

测量误差（measurement error）是指调研人员搜寻的信息与使用的测量方法所产生的信息之间的差异。测量误差有两种来源：系统误差和随机误差。**系统误差**（systematic error）以一种不变的方式影响测量值，代表了每次进行测量时以同一方式影响观察得分的稳定因素。系统误差的例子是机械因素，比如印刷质量差、问卷上的项目过多以及设计拙劣。另一方面，**随机误差**（random error）不是恒定不变的。它代表了每次进行测量时以不同方式影响观察得分的暂时性因素。随机误差的例子是人员因素，比如健康、情绪、疲劳。了解系统误差和随机误差之间的区别对于我们理解信度和效度至关重要。

信度

信度（reliability）指的是如果重复进行测量，一个量表产生一致性结果的程度。误差的系统来源对信度没有不利的影响，因为它们以不变的方式影响测量值，没有导致前后不一致。相反，随机误差产生了不一致，导致了较低的信度。信度可以被定义为测量中消除随机误差的程度。如果没有随机误差，测量是完全可信的，可以通过确定在同一量表不同的执行方式下得到的分数之间的相关度来评价信度。如果相关程度很高，则量表产生了一致的结果，因而是可信的。

调研实践

戴尔测量意见领导程度以保持领导者地位

意见领袖是指其意见会影响到别人的那些人。他们的意见对于人们接受电脑相关产品和服务特别重要。在对戴尔个人电脑和笔记本电脑的近期购买者进行的一项调查中，用下列7点李克特量表（1＝完全不同意，7＝完全同意）测量意见领袖。

意见领袖
1. 我的朋友在选择电脑相关产品时，很可能会征求我的意见。
2. 我的朋友或邻居经常向我征询电脑相关产品的建议。
3. 我经常告诉我的朋友我对电脑相关产品的想法。

这种测量被证实有良好的信度。电脑相关产品的早期接受者通常是年轻的男性意见领袖，他们追求新信息，并拥有丰富的计算机经验。像戴尔、微软、IBM和其他IT公司需要保证从早期接受者那里得到正面的反馈，在推广新产品时应当将营销活动的重点放在这些人身上。[5]

效度

量表的**效度**（validity）可以定义为观察到的量表得分之间的差异所反映的客体之间在被测特性上真实差异的程度，而不是系统误差或者随机误差。完美的效度要求没有测量误差，既没有系统误差也没有随机误差。可以通过确定一个量表是否像预期的那样反映它与其他被选变量之间的关系来评价效度。这些变量可以包括人口统计和心理统计特征、态度和行为测量值，或者从其他量表得到的分值。例如，调研人员可以开发一个简版的标准个性量表。原始的量表及其精简版将被同时用于对一组调查对象进行测量，并比较结果以评价效度。

信度和效度之间的关系

可以从测量误差方面来理解信度和效度之间的关系。如果一个测量值完全有效，那么它也是完全可信的。在这种情况下，没有测量误差，也就没有系统误差和随机误差。因此，完美的效度意味着完美的信度。如果一个测量是不可信的，那么它不可能是完全有效的，因为至少存在随机误差，也可能存在系统误差。因此，没有信度意味着没有效度。如果一个测量是完全可信的，那么它可能完全有效，也可能不完全有效，因为系统误差可能仍然存在，尽管随机误差为零。缺乏信度是效度的不利证据，但信度本身并不意味着效度。信度是效度的一个必要条件，但不是充分条件。

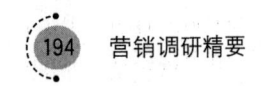

调研概要

了解系统误差和随机误差的区别对于理解信度和效度至关重要。信度是指测量不受随机误差影响的程度。你可以通过确定量表在不同执行方式下得到的分数之间的关联程度来评价信度。如果关联程度很高,则量表是可信的。效度是指测量不受随机误差和系统误差影响的程度。你可以通过确定一个量表是否像预期那样反映它与其他被选变量之间的关系来评价效度。缺乏信度是效度的不利证据,但信度本身并不意味着效度。

量表技术的选择

除了对信度和效度进行理论上的考虑和评价外,在为一个特定的营销调研问题选择量表技术时,还应该考虑某些实际的因素。这些因素包括理想的信息水平(定类、定序、定距或定比)、调查对象的能力、情境、时间、成本以及过去使用的量表。例如,过去曾使用某种类型的量表(比如一个10点李克特量表)来测量顾客满意度,那么应当再次使用同样的量表,以便与过去的结果或行业标准进行比较。

作为一般原则,使用在给定情况下切实可行的能产生最高信息水平的量表技术,将使得调研人员可以运用尽可能多的统计分析方法。同样,无论所使用的量表是什么类型,只要切实可行,应该使用数个量表项目来测量感兴趣的特征,这样可以比一个单项量表提供的测量更精确。在许多情况下,应当使用一种以上的量表技术。

调研概要

只要切实可行,应该使用数个量表项目来测量感兴趣的特征。这样可以比一个单项量表提供的测量更精确。在许多情况下,应当使用一种以上的量表技术。

国际营销调研

在四种主要的尺度中,从定类尺度、定序尺度、定距尺度到定比尺度,测量水平逐渐提高。这种测量水平的提高是以复杂度为代价的。从调查对象的角度来看,定类尺度用起来最简单,而定比尺度最复杂。许多发达国家的调查对象有较高的受教育水平和丰富的消费经验,因此很习惯在定距尺度和定比尺度上提供答案。在许多发展中国家,调查对象难以按定距尺度和定比尺度的要求进行等级划分,因此最好用定序尺度来测量偏好。尤其推荐使用二元尺度(如,偏好/不偏好),这是定序尺度中最简单的类型。例如，在美国测量对运动鞋的偏好时，耐克会让消费者用一个7点定距尺度，对其在特定场合穿着运动鞋的偏好进行评分。但是，可能会向西非农村的消费者展示一双运动鞋，简单地询问他们是否在一种特定的情形下（如购物、运动、工作、假日休闲等）喜欢穿它。唐恩都乐对意大利人的调查很好地说明了选择与目标调查对象的特点相匹配的基本量表所具有的优势。

调研实践

唐恩都乐走向意大利

2011—2013年，意大利正面临巨额债务问题，意大利人也正经历一段经济困难时期。唐恩都乐赞助了一项调查，以确定艰难的经济环境是如何影响意大利人的生活方式的。调查问卷包括一系列的生活方式陈述语句，利用李克特量表询问调查对象是同意或不同意。之所以使用这些量表，是因为之前在意大利进行的生活方式调研中，它们是有效的。结果表明，意大利人变得越来越精打细算，期望获得优惠券和特别优惠，并且非常关注自身隐私，移动手机尤其是短信服务的使用明显增加。

结果，唐恩都乐发起了一项基于短信服务的营销活动。使用手机对店内公告栏广告或广播广告做出反馈，顾客就可以得到唐恩都乐的优惠券。只要将短信发送给公布的号码，用户就可以收到即时回复，其中包括可在当地终端获得优惠券或特别优惠。这项为期两个月的移动互动活动使唐恩都乐在意大利的销售收入增加了9%。[6]

应当特别注意的是，要确认不同语言和文化中文字描述的等价性。量表的端点尤其容易产生不同的理解。在有些文化中，无论调研人员如何说明，"1"可能被调查对象理解为最好的，而在另一些文化中可能被理解为最差的。调研人员按照与文化相符的方式使用量表端点和文字描述是很重要的。

调研概要

许多发展中国家的调查对象难以按定距尺度和定比尺度的要求进行等级划分，因此，最好使用定序尺度来测量偏好。推荐使用二元尺度（如，偏好/不偏好），这是定序尺度中最简单的类型。按照与文化相符的方式来使用量表端点和文字描述是很重要的。

营销调研和社交媒体

本章讨论的所有基本尺度以及所有比较量表和非比较量表都很容易在社交媒体中实施。由于测量使用了电脑，因此即使是连续量表也可以被高效地使用。在社交媒体中没有额外的要求。量表、测量、比较量表技术的基本原则也是相同的。对社交媒体内容进行分析可以帮助决定一个给定项目中适宜的测量水平。它还可以为使用什么类型的量表技术（比较或非比较）提供指导。通过使用多种量表技术来测量既定构念或变量以评估其效度是完全可行的。在社交媒体中使用评分量表可以产生丰富的信息，加拿大未来商场（Future Shop）的例子说明了这一点。

调研实践

未来商场在未来有社交媒体

未来商场是加拿大最大的消费电子产品零售商。公司利用社交媒体对话，不仅可以了解它的顾客，还能支持与售卖其产品。公司最初采用高接触模式，在该模式中，销售助理被培养成受人尊敬的顾客顾问。最近，公司在网上复制了这种现实世界的体验。访问者进入未来商场的网站（www.futureshop.ca），一个销售助理的视频图像向他们打招呼，并为他们购物提供帮助和指导。消费者可以向虚拟人物询问问题，可以从其他消费者和销售助理贡献的不断增长的建议数据库中得到答案。未来商场和Lithium Technologies公司（www.lithium.com）联合研发了一个评分系统，该公司是社会客户关系管理解决方案的领先供应商，它从消费者处获取的评论和销售助理给出的信息质量方面的反馈。可利用李克特量表获得评分。之所以选择李克特量表，是因为它简单并容易在线执行。有贡献的消费者可以获得折扣和在论坛中的地位，而销售助理可以获得现金。实施这个系统后，网站流量急剧增加。未来商场的店内销售的有效性也提高了。公司称："我们确实看到人们拿着打印资料走进（商店）并想找他们在网上遇到的专家"。[7]

最后，一些具体的量表被开发出来，可利用从公众那里得到的信息来评估社交媒体网站。更常用的测量包括寿命、输出（频率、数量）、导入链接、Technorati、Bloglines或Blogpulse排名、好友或跟随者的数量、评论数量和媒体引用频次等。

调研概要

对社交媒体内容进行分析可以帮助确定一个给定项目中适宜的测量水平（定类、定序、定距或定比）。它也可以为使用不同类型的量表技术（比较或非比较）提供指导。可以使用多种量表技术来测量给定变量以评估其效度。

营销调研伦理

调研人员有伦理上的责任去使用具有合理的信度和效度的量表。由缺乏信度或效度的量表所产生的结果轻则值得质疑，重则会引起严重的伦理问题。调研人员不应该使量表出现偏差而导致结果偏向特定的方向，这很容易通过使陈述的措辞（李克特量表）、量表描述语或者量表的其他方面具有倾向性来实现。以量表描述语的使用为例，可以选择构成量表的描述语，使结果倾向于期望的方向，比如，产生对客户品牌有利的观点，或者对竞争者品牌不利的观点。为了积极地突出客户的品牌，要求调查对象用7点量表表明他们对这一品牌的几种属性的观点，量表上使用了从"非常差"到"好"等描述语。在这种情况下，调查对象不愿对产品给出非常差的评价。事实上，认为产品很普通的调查对象往往会给出有利的答案。试一试，你会如何就下列属性对宝马汽车评分呢？

可靠性：	非常差	1	2	3	4	5	6	7	好
性能：	非常差	1	2	3	4	5	6	7	好
质量：	非常差	1	2	3	4	5	6	7	好
声誉：	非常差	1	2	3	4	5	6	7	好

你发现自己对宝马汽车给出肯定的评分了吗？使用同样的技术，通过提供一个略微不利的描述语对比一个强烈肯定的描述语，就可以反向误导对竞争性的品牌（例如梅赛德斯）的评价。如下所示。

你会如何就下列属性对梅赛德斯汽车评分呢？

可靠性：	有点差	1	2	3	4	5	6	7	非常好
性能：	有点差	1	2	3	4	5	6	7	非常好
质量：	有点差	1	2	3	4	5	6	7	非常好
声誉：	有点差	1	2	3	4	5	6	7	非常好

调研人员对客户和调查对象都负有确保量表的适用性和有用性的责任，请参考下面的例子。

调研实践

量表的伦理困境

在一项旨在测量营销调研人员伦理判断的研究中，使用了来自以前开发和测试的量表中的题项。然而，经过对65个营销专业人员的便利样本进行预测试，一些原始题项的措辞明显不能反映现在的使用情境。因此，应该更新这些题项。例如，一个题项中强调特定的性别，如"他指出……"被修改为"项目经理指出……"。在原始量表中，要求调查对象对一位营销调研主管在特定情境下的行动（题项）表示他们赞同或不赞同的意见。意识到二元量表局限性太大，通过5点量表要求调查对象提供定距水平的数据来表述赞同或不赞同的意见，其中，1＝不赞同，2＝有些不赞同，3＝既没有不赞同也没有赞同，4＝有些赞同，5＝赞同。利用这种方式可以解决量表困境。[8]

调研概要

调研人员有伦理上的责任去使用具有合理的信度和效度的量表。不应该故意使量表出现偏差而导致结果偏向特定的方向。

戴尔运营案例

回顾本书末尾给出的戴尔案例（案例1.1）和问卷。
1. 在戴尔的问卷中使用了哪些基本量表？对每种类型举例说明。
2. 举例说明戴尔进行的顾客感知调查中如何使用等级顺序量表和固定总数量表。
3. 设计李克特量表、语义差异量表和斯坦普尔量表，测量顾客对戴尔电脑的偏好。
4. 开发李克特类型的量表，在社交媒体中测量顾客对戴尔电脑以及其他两种竞争性品牌的偏好。

本章小结

测量是指根据某些设定的规则将数字或其他符号分配给客体的特征。标度涉及创建一个将被测对象定位的连续统一体。测量的四种基本尺度是定类尺度、定序尺度、定距尺度和定比尺度。在这些尺度中，定类尺度是最基本的，数字仅仅被用来对客体进行识别或分类。在水平较高的定序尺度中，数字表明了客体的相对位置，但没有表示出它们之间差别的大小。定距尺度可以比较客体之间的差别，但是由于它有一个主观设定的零点，因此在一个定距尺度中计算量表值的比率是没有意义的。定比尺度代表了最高水平的测量，其零点是固定的。调研人员可以用这种尺度来计算量表值的比率。定比尺度包含了较低水平尺度的所有属性。

量表技术可以被分为比较的和非比较的。比较量表涉及对刺激客体的直接比较，包括配对比较量表、等级顺序量表和固定总数量表。由这些方法得到的数据只有定序性质。

非比较量表中，每个客体独立于刺激集合中的其他客体被测量，由此产生的数据通常被认为是定距的或定比的评分。非比较评分量表可以是连续的或分项的。分项评分量表进一步分为李克特量表、语义差异量表和斯坦普尔量表。在营销调研中这些原始分项量表的变通版本被普遍使用。

多项量表由许多评分量表项目组成。应当对这些量表的信度和效度进行评估。信度是指测量中消除随机误差的程度。效度是指测量中消除随机误差和系统误差的程度。

应该以理论和实际的考虑为基础选择给定情形下具体的量表技术。一般来说，所使用的测量技术应该是能产生最高水平的可用信息的那一种。同样，还应该得到多个测量值。

许多发达国家的调查对象有较高的受教育水平和丰富的消费经验，因此很习惯在定距和定比尺度上提供答案。但是，在发展中国家，最好使用定序尺度来测量偏好。应特别注意确保不同语言和文化中的文字描述是等价的。本章所讨论的所有比较量表和非比较量表技术都能较轻松地在社交媒体中实现。出于伦理方面的考虑，要求使用适当类型的量表来获取回答研究问题和检验假设所需的数据。调研人员对客户和调查对象均负有确保量表的适用性和有用性的责任。

关键术语

测量（measurement）
标度（scaling）
定类尺度（nominal scale）
定序尺度（ordinal scale）

定距尺度（interval scale）
定比尺度（ratio scale）
比较量表（comparative scale）
非比较量表（noncomparative scale）
配对比较量表（paired comparison scaling）
等级顺序量表（rank-order scaling）
固定总数量表（constant sum scaling）
连续评分量表（continuous rating scale）
分项评分量表（itemized rating scale）
李克特量表（likert scale）
语义差异量表（semantic differential scale）
斯坦普尔量表（Stapel scale）
测量误差（measurement error）
系统误差（systematic error）
随机误差（random error）
信度（reliability）
效度（validity）

复习题

1. 什么是测量？
2. 测量的主要尺度有哪些？
3. 描述定类尺度和定序尺度之间的区别。
4. 定距尺度中有一个主观设定的零点，其含义是什么？
5. 定比尺度与定距尺度相比有哪些优点？这些优点重要吗？
6. 基本测量量表可以在社交媒体中实施吗？解释你的理由。
7. 什么是比较评分量表？
8. 什么是配对比较？
9. 配对比较量表的优点和缺点是什么？
10. 描述固定总数量表。它与其他比较评分量表有什么区别？
11. 什么是语义差异量表？这种量表用于什么目的？
12. 描述李克特量表。
13. 斯坦普尔量表和语义差异量表之间的区别是什么？哪种量表更流行？
14. 讨论如何利用社交媒体来实施分项评分量表。
15. 什么是多项量表？
16. 什么是信度？
17. 什么是效度？
18. 信度和效度之间的关系是怎样的？
19. 你将如何选择一个具体的量表技术？

应用题

1. 识别下列各题使用的尺度类型（定类、定序、定距或定比）。解释你的理由。

a. 我喜欢填字游戏。

不同意　　　　　　　　同意
　1　　2　　3　　4　　5

b. 你多大年龄？＿＿＿＿

c. 请按你的偏好通过分配等级1～5为下面的活动排序。

ⅰ. 阅读杂志＿＿＿＿
ⅱ. 看电视＿＿＿＿
ⅲ. 约会＿＿＿＿
ⅳ. 购物＿＿＿＿
ⅴ. 外出就餐＿＿＿＿

d. 你的社保号码是多少？＿＿＿＿

e. 周一到周五，你平均花多少时间做家庭作业和课堂作业？

ⅰ. 少于15分钟＿＿＿＿
ⅱ. 15～30分钟＿＿＿＿
ⅲ. 31～60分钟＿＿＿＿
ⅳ. 61～120分钟＿＿＿＿

ⅴ．120 分钟以上＿＿＿＿

f．上个月你在娱乐活动上的开支是多少？＿＿＿＿

2．分别开发一个李克特量表、语义差异量表和斯坦普尔量表，用来测量商店顾客的忠诚度。

3．开发一个多项量表，用来测量学生对管理课程国际化的态度。你将如何评价这个量表的效度和信度？

4．开发一个李克特量表，用来测量学生对互联网作为一般信息来源的态度。将你的量表在一个 10 名学生组成的小型样本中执行，并改进它。你在社交媒体中如何实施这个量表？

5．在最近的一次调研中使用以下量表测量人们对待新技术的态度。表明你对下列陈述的同意或反对程度，这些语句描述的是你对新技术的看法。使用一个 5 点量表，其中，1＝非常不同意，5＝非常同意。

- 我是一个回避新技术的人。
- 我是一个技术迷，总是跟踪最新的设备。
- 我对新技术持等待观望态度，直到它被证实。
- 我是朋友们前来请教购买新技术的建议的那类人。

a．你将如何对该量表评分以测量人们对待新技术的态度？

b．开发一个等价的语义差异量表来测量人们对待新技术的态度。

c．开发一个等价的斯坦普尔量表来测量人们对待新技术的态度。

d．哪种形式的量表最适合用来进行一项电话调查？

注释

[1] www.fifa.com, accessed June 21, 2013.
[2] Fortune magazine website, http://money.cnn.com/magazines/fortune/, accessed March 19, 2013.
[3] www.mcdonalds.com, accessed March 5, 2013; and www.perceptionanalyzer.com, accessed March 5, 2013.
[4] Jamie Madsen, "Seven Simple Ways to Increase Employee Satisfaction," www.jobscience.com/company/7-simple-ways-increase-employee-satisfaction/, accessed November 8, 2013. John P Walsh and Shu-Fen Tseng, "The Effects of Job Characteristics on Active Effort at Work," *Work & Occupations* 25(1) (February 1998): 74–96; George H. Lucas, Jr., A. Parasuraman, Robert A. Davis, and Ben M. Enis, "An Empirical Study of Salesforce Turnover," *Journal of Marketing*, 51 (July 1987): 34–59.
[5] Naresh K. Malhotra, *Marketing Research: An Applied Orientation*, Sixth Edition (Upper Saddle River, NJ: Pearson Education, 2010).
[6] Based on PlusOne, "How SMS Is Building Business," www.plusone.com.au/smsstudies.php, accessed March 3, 2013.
[7] Paul Gillin, *Secrets of Social Media Marketing* (Fresno, CA: Quill Driver Books, 2009).
[8] Gael McDonald, "Cross-Cultural Methodological Issues in Ethical Research," *Journal of Business Ethics*, 27(1/2) (September 2000): 89–104; I. P. Akaah, "Differences in Research Ethics Judgments Between Male and Female Marketing Professionals," *Journal of Business Ethics*, 8 (1989): 375–381. See also Anusorn Singhapakdi, Scott J. Vitell, Kumar C. Rallapalli, and Kenneth L. Kraft, "The Perceived Role of Ethics and Social Responsibility: A Scale Development," *Journal of Business Ethics*, 15(11) (November 1996): 1131–1140.

第8章 问卷与表格设计

> 问卷预测试对于成功至关重要。所有合格的调研人员明白这一点，不会用未经预测试的问卷来浪费公众的时间和他们自己的精力。
>
> ——美国调查研究机构理事会（CASRO）主席戴安娜·鲍尔斯（Diane Bowers）

本章概要

问卷或表格设计是进行调研设计的一个重要步骤。一旦调研人员明确了调研设计的性质（第3～第6章），并确定了测量方法（第7章），就可以设计出一张问卷或观察表格。本章讨论问卷和观察表格的重要性；描述设计问卷的目标以及设计问卷的步骤；为开发可靠的问卷提供了几条指导原则；同时还说明了观察表格的设计。此外，本章讨论了在国际营销调研和社交媒体调研中设计问卷时需要考虑的问题，并确认了问卷设计所引发的若干伦理问题。图8—1给出了本章与营销调研过程的关系。

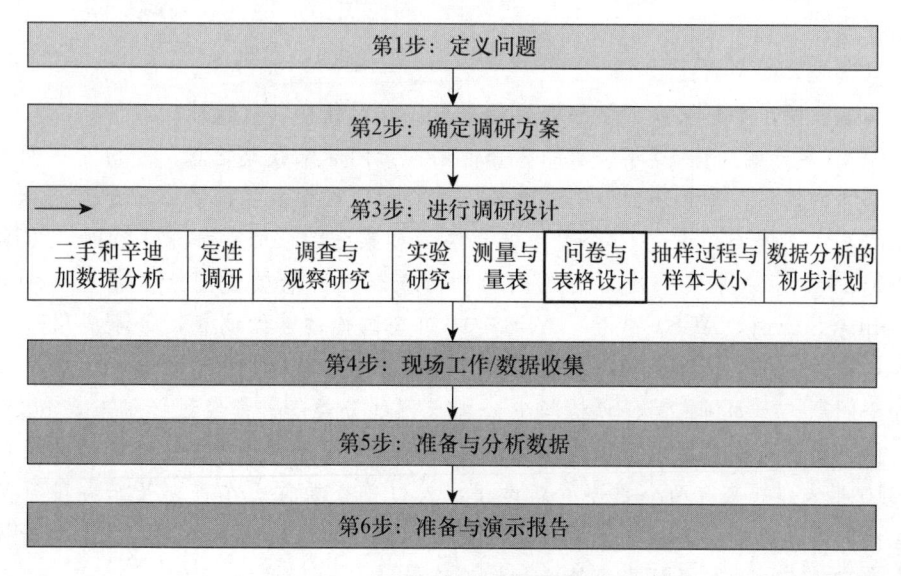

| 第1步：定义问题 |
| 第2步：确定调研方案 |
| 第3步：进行调研设计 |
| 二手和辛迪加数据分析 / 定性调研 / 调查与观察研究 / 实验研究 / 测量与量表 / **问卷与表格设计** / 抽样过程与样本大小 / 数据分析的初步计划 |
| 第4步：现场工作/数据收集 |
| 第5步：准备与分析数据 |
| 第6步：准备与演示报告 |

图8—1 本章与营销调研过程的关系

学习目标

阅读本章后，学生应当能够：

1. 解释设计问卷的目的及其具体目标。
2. 描述问卷设计的过程、所涉及的步骤，以及每一步必须遵循的原则。
3. 讨论用于数据收集的观察表格。
4. 讨论用于问卷设计的软件的使用方法。
5. 解释在国际营销调研中设计问卷时需要考虑的问题。
6. 解释社交媒体如何影响问卷设计。
7. 理解问卷设计所涉及的伦理问题。

调研实践

对2010年人口普查问卷的共识

人口普查是某一个时间点全部人口的快照。从1790年开始，美国人口普查局（www.census.gov）每10年进行一次美国的人口普查，普查确定了居住在美国境内的人口数量、特征和居住地。通过几次仔细的预测试后，2010年人口普查问卷被寄往国内每一个家庭住所。填表人提供家庭信息，并回答关于每一个家庭成员的以下问题：

- 姓名；
- 性别；
- 年龄/生日；
- 是否为西班牙裔；
- 种族；
- 与填表人的关系；
- 其他住所，如军队或大学住宅（如果居民有时住在其他地址）。

从1940年开始的每10年一次的普查使用两份问卷来收集信息：一份是短问卷，只有一些基本的信息，如年龄、性别、种族、是否为西班牙裔等；另一份是长问卷，除了短问卷的基本问题外，还有15个关于社会经济和家庭特征的附加题。然而，2010年人口普查是1940年以来第一次只有短问卷的普查。长问卷被美国社区调查（American Community Survey，ACS）代替。ACS是一个全国性的连续调查，每年提供可靠和及时的人口统计、居住、社会和经济数据。

每个问题——如何措辞、包括多少分类与哪些分类——都经过仔细考虑和预测试。收集的信息要么是法律要求提供的信息，要么是用于保证人口普查的准确性和完整性。

2010年人口普查有两个重要的新举措：人口普查局首次在普查开始一段时间后邮寄出替代问卷；针对特定地区使用双语（英语和西班牙语）问卷。这两个新举措提高了邮寄问卷应答率，减少了因未应答增加的工作量。

2010年人口普查问卷还增加了两个新问题，以提高数据的准确性和完整性。虽然联邦法律不要求有这些问题，但是这些问题能帮助调查对象估计有多少人住在家里

- 2010年4月1日是否有其他的人住在这里,而没有包含在问题1中?(见问题2)
- 有没有人有时居住或停留在其他地方?(见问题10)

通过上述努力,2010年人口普查数据的收集过程得到改进。减少了重复记录(一个人被登记两次),提高了有用数据的记录比率。2010年人口普查短问卷的设计看起来是有效的——参与率从2000年使用长、短问卷组合设计的69%提高到72%。[1]

下面是2010年人口普查问卷的部分内容。

2010年人口普查问卷(部分)

美国2010年人口普查　　这是对所有居住于此地址的人的官方表格。　　美国商务部
　　　　　　　　　　　填写此表快速简单,您的回答受到法律保护。　　美国人口普查局

使用蓝色或黑色钢笔填写。
从这里开始
人口普查需要统计2010年4月1日居住在美国的所有居民。
在你回答问题1之前,使用我们提供的指南来统计在这个房子、公寓或活动房屋中居住的人数。
- 统计大多数时间都生活在这里的所有人,包括婴儿。

人口普查局同时也在其他的机构和住所进行统计工作,所以:
- 不要统计居住在大学或军队的其他人。
- 不要统计2010年4月1日在育儿室、拘留所、监狱、拘留设施的其他人。
- 不要把这些人计入你的表中,即使他们将在离开大学、育儿室、军队、监狱等后回这里居住。否则,他们可能会被统计两次。

人口普查也需要包括没有永久居住地的人,因此:
- 如果有人在2014年4月1日前没有永久居住地而待在你家,将那个人统计在内。否则,他或她可能在人口普查中被忽略掉。

1. 在2010年4月1日,有多少人居住或待在这个房子、公寓或活动房屋里?
人数=□□

2. 在2010年4月1日,有没有其他人待在这里而你没有包含在问题1中?
对合适的答案打×。
☐ 小孩,比如新生儿或未成年子女
☐ 亲戚,比如成年子女、堂/表亲或姻亲
☐ 非亲戚,比如室友或住家保姆
☐ 短暂停留的人
☐ 没有其他人

3. 这个房子、公寓或活动房屋____
选一个答案打×。
☐ 通过抵押或贷款的形式属于你或这个家庭里的某个人吗?包括房屋净值贷款。
☐ 完全属于你或这个家庭里的某个人(没有抵押或贷款)吗?
☐ 是租赁的吗?
☐ 可住,不用支付租金吗?

4. 你的手机号码是多少?如果我们不清楚某个回答,可能会打电话给你。

区号+电话号码
□□□-□□□-□□□□

5. 请提供每个居住在这里的人的信息。从拥有或租赁了这个房子、公寓、活动房屋的人开始。如果所有者或租房者住在其他地方,从任何一个居住在这里的成年人开始。这是"第一个人"。
"第一个人"的名字是什么?将名字写在下面。
姓:□□□□□□□□□□□□
名:□□□□□□□□□□□□

6. "第一个人"的性别是什么?在一个框中打×。
☐ 男性　　☐ 女性

7. "第一个人"的年龄是多少,生日是多少?
请将出生不足一年的婴儿的年龄记为0岁。
将数字写入下面的框中。
在2010年4月1日的年龄　　出生日期
□□□　　　月□□　日□□　年□□□□

注意:请同时回答问题8中关于西班牙裔和问题9中关于民族的问题。对于这次普查,西班牙裔不算民族。

8. "第一个人"是西班牙裔、拉丁裔或葡萄牙裔吗?
☐ 不是,非西班牙裔、拉丁裔或葡萄牙裔
☐ 是,墨西哥人、墨西哥裔美国人
☐ 是,波多黎各人
☐ 是,古巴人
☐ 是,其他西班牙裔、拉丁裔或葡萄牙裔——写明具体来源,如阿根廷、哥伦比亚、多米尼加等
□□□□□□□□□□□□□□□□□□

9. "第一个人"的民族是什么?在一个或多个框打×。
☐ 白人
☐ 黑人,非裔美国人
☐ 印第安人或阿拉斯加原住民——写出登记的姓名
□□□□□□□□□□□□□□□□□□
☐ 印度人　☐ 日本人　☐ 夏威夷原住民
☐ 中国人　☐ 韩国人
☐ 关岛人或查莫罗人　　☐ 菲律宾人
☐ 越南人　☐ 萨摩亚人
☐ 其他亚洲人——写下民族,如老挝、泰国、巴基斯坦、柬埔寨等
☐ 其他太平洋群岛人——写下民族,如斐济、汤加等
□□□□□□□□□□□□□□□□□□

```
☐ 其他民族——写下民族                    ☐ 在军队        ☐ 在拘留所或监狱
☐☐☐☐☐☐☐☐☐☐☐☐☐☐☐☐          ☐ 在季节性的或第二个居住地
10. "第一个人"是否有时居住或停留在其他地方？  ☐ 在育儿室
☐ 否    ☐ 是——对所有适合的答案标记 X    ☐ 出于其他原因
        ☐ 在大学宿舍   ☐ 在儿童监护点     如果问题 1 中统计了更多的人，对"第二个人"继
                                          续上述问题。
```

问卷和观察表格

如第 5 章所述，调查和观察是描述性调研中获取定量原始数据的两种基本方法。这两种方法都要求遵循一定的程序，对数据收集过程进行标准化，使得到的数据能以统一连贯的方式进行分析。如果 40 名不同的访谈人员在不同的地区进行个人访谈或观察，除非访谈人员遵循特定的原则并按照一种标准的方法来提问和记录答案，否则他们所收集的数据将不具备可比性。一张标准化的问卷或表格将起到这一作用，确保数据的可比性，提高记录的速度和准确度，同时便于数据处理。

调研概要

问卷使数据收集过程标准化。它保证了数据的可比性，提高了数据记录的速度和准确性，同时便于数据处理。因此，当针对一个大样本进行调查时，一般要使用问卷。

互联网调研

问卷有多重要

雪碧是除可口可乐和百事可乐外第三大受欢迎的软饮料品牌。大学生是软饮料的主要消费群体。

作为雪碧的品牌经理，针对这个细分群体，你需要什么信息？搜索互联网，包括社交媒体和图书馆在线数据库，获取能帮助你瞄准学生细分市场的信息。

你和一位同学分别去采访不同的调查对象（其他学生），确定大学生对软饮料的偏好，但是你们都没有开发问卷。看看你们每个人收集的数据有多大的可比性？接着，你们共同开发一份正式问卷，然后使用问卷去采访他人。你们两个人得到的数据是不是比之前更具有可比性？上述差异对你理解问卷的重要性有什么启发？

问卷的定义

问卷（questionnaire）是一组用于从调查对象处获取信息的正式化问题。一般来说，一份问卷只是数据收集包中的要素之一。数据收集包还包括：（1）现场工作

程序，比如挑选、接近调查对象与提问的指南（第10章）；（2）向调查对象提供的奖励、礼物或酬金；（3）交流辅助物品，如地图、图片、广告和产品（用于人员访谈）以及回邮信封（用于邮件调查）。无论采取何种形式设计，问卷有如下一些特定的目标。

问卷的目标

任何问卷都有三个主要的目标。首先，它必须将所需信息转换成一组调查对象能够并愿意回答的具体问题。设计调查对象能够并且愿意回答，同时又能提供需要的信息的问题是一件难事。两种看上去相似的提问方式可能会产生不同的信息。因此，这个目标是个挑战。

其次，问卷必须促使、激励和鼓励调查对象投入到访谈过程中，配合调查人员完成访谈。不完整的访谈的用处十分有限。在设计一份问卷时，调研人员应该尽量不使调查对象感到疲劳和厌倦，减少回答不完整和无应答等情况。一份设计精良的问卷能鼓励调查对象参与并提高应答率，就如本章开头的"调研实践"专栏所示的那样，2010年人口普查问卷比2000年有更高的参与率。

最后，一份问卷应该将回答误差降到最低。**回答误差**（response error）是当被调查对象给出不准确的答案或者他们的答案被错误记录或错误分析时产生的误差。问卷可能是回答误差的一个主要来源。使这一误差最小化是问卷设计的一个重要目标。

调研概要

设计问卷以实现三个主要的目标：（1）问卷必须把需要的信息转换成一系列特定问题，调查对象能够并且愿意回答这些问题；（2）问卷必须促使和激励调查对象投入到访谈过程中，配合访问员完成访谈；（3）问卷必须尽量减少回答误差。

问卷设计过程

这个部分给出的是初学调查问卷设计的调研人员的实用指南。虽然这些规则能帮助你规避一些主要的错误，但是一份优质的问卷取决于经验丰富的调研人员的创造力。

问卷设计需按照一定的步骤进行（见图8—2）：（1）确认所需信息；（2）确定访谈方法的类型；（3）确定单个问题的内容；（4）避免调查对象无法回答和/或不愿意回答的问题；（5）确定问题的结构；（6）确定问题的措辞；（7）以恰当的顺序

排列问题；(8) 选择问卷形式和版面设计；(9) 复制问卷；(10) 进行问卷预测试。

```
┌─────────────────┐
│   确认所需信息    │
└────────┬────────┘
         ↓
┌─────────────────┐
│ 确定访谈方法的类型 │
└────────┬────────┘
         ↓
┌─────────────────┐
│ 确定单个问题的内容 │
└────────┬────────┘
         ↓
┌──────────────────────────────┐
│ 避免调查对象无法回答和/或不愿意回答的问题 │
└────────┬─────────────────────┘
         ↓
┌─────────────────┐
│  确定问题的结构   │
└────────┬────────┘
         ↓
┌─────────────────┐
│  确定问题的措辞   │
└────────┬────────┘
         ↓
┌─────────────────┐
│ 以恰当的顺序排列问题 │
└────────┬────────┘
         ↓
┌─────────────────┐
│ 选择问卷形式和版面设计 │
└────────┬────────┘
         ↓
┌─────────────────┐
│    复制问卷      │
└────────┬────────┘
         ↓
┌─────────────────┐
│  进行问卷预测试   │
└─────────────────┘
```

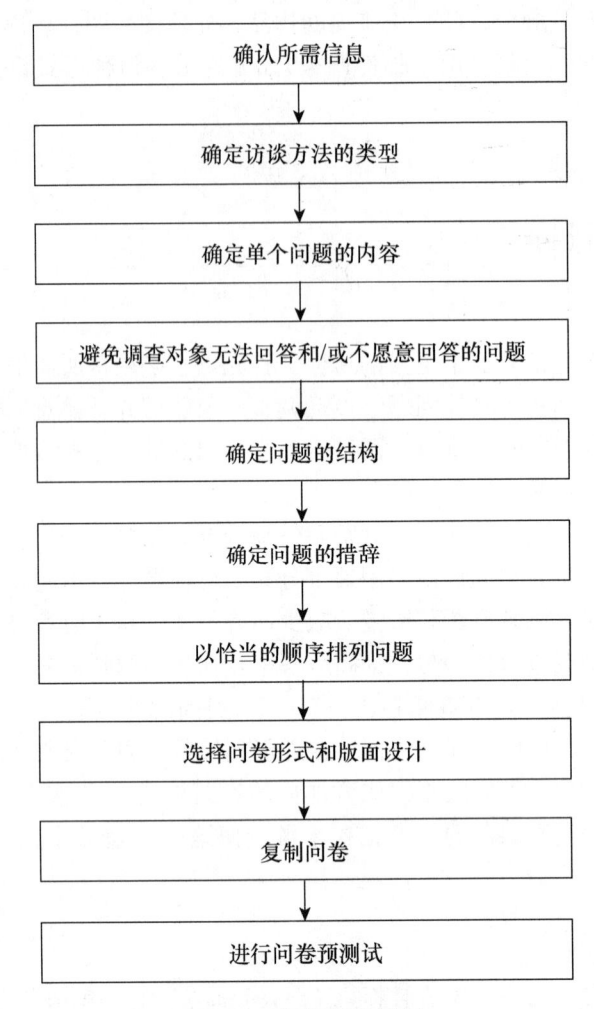

图 8—2 问卷设计过程

我们将介绍每个步骤的指南。在实践中，这些步骤都是相互联系的，开发一份问卷需要多次的迭代和循环。例如，调研人员可能会发现导致调查对象误解一个问题的所有可能的措辞。这就需要返回确定问题的结构之前的步骤。遵循本章介绍的步骤和指南有助于产生高质量的问卷。案例 1.1 戴尔、案例 3.1 摩根大通集团与案例 3.2 温迪国际快餐连锁集团展示了设计精良的问卷的实例。这些案例里的问卷都是由专业的营销调研企业设计的。

确认所需信息和访谈方法

问卷设计的第一步是确认所需信息，这是之前已经完成的一项任务。如第 2 章所述，这是确定问题的调研方案的一个组成部分（营销调研过程的第 2 步）。回顾调研问题与方案的组成部分尤其是所需的信息是有益的。在前面的"调研实践"专栏中，2010 年美国人口普查清晰地识别了所需的信息。

问卷设计的第二个步骤是确定访谈方法，这也是在最初的阶段已经完成的工作。通过思考每一种访谈方法中使用问卷的方式，可以正确地理解访谈方法对问卷设计的影响（见第 5 章）。在人员入户访谈和商场拦截人员访谈中，调查对象能够看到问卷，并且与访谈人员面对面互动，因此可以询问冗长、复杂和多样的问题。在电话访谈中，调查对象和访谈人员交流，但不是面对面的，他们无法看到问卷，这就要求问题简短且简单。邮寄问卷是自填式的，因此所有问题必须简单，并且要提供详细的指示。在计算机辅助人员访谈（CAPI）和计算机辅助电话访谈（CPTI）中，可以轻松地执行复杂的跳跃模式并实现随机化，以消除顺序偏差。互联网问卷具有许多与 CAPI 相同的特性，但是电子邮件问卷必须设计得更为简单。为人员访谈和电话访谈设计的问卷应该以一种对话的风格编写。

访谈方法的类型还对单个问题的内容有影响。

调研概要

设计一份问卷要包含所有需要的信息，同时要与将使用的调查方法相匹配。

确定单个问题的内容

一旦确定了所需信息并选择了访谈方法，下一步就是确定单个问题的内容，即单个问题中需要包含什么。

这个问题是不是必需的？ 问卷上的每个问题应对所需信息有所贡献，或起到一些特定的作用。如果从某一个问题获得的数据没有令人满意的用处，那么这个问题就应该被删除。如前面的"调研实践"专栏所示，2010 年人口普查的问题（问题 2～问题 10）要么能提供法律要求的信息，要么是为了保证普查的准确性和完整性。

但是，在某些情况下，可以询问与所需信息并不直接相关的问题，但一定是服务于特定目的的。在问卷开头提一些中立问题有助于营造鼓励参与的融洽的气氛，尤其是当问卷的主题比较敏感或者存在争议时。有时为了掩饰调研项目的目的或委托方，会询问一些填补问题。问题不仅仅局限于所关注的品牌，还会包括竞争性品牌以掩饰委托方。例如，一项由惠普赞助的关于个人电脑的调查也可以包括关于戴尔和苹果的填补问题。

需要用多个而不是一个问题吗？ 一旦确定了某个问题是必要的，就必须确保它足以提供想要的信息。有时需要用几个问题以一种明确的方式来获得所要的信息。考虑下列问题：

"你是否认为雪碧是一种可口且清爽的软饮料？" （错误）

如果回答"是"，其含义是清楚的，但是如果回答"不"呢？这意味着调查对象认为雪碧不可口或者不清爽，还是既不可口也不清爽呢？这样的问题被称为**"双重问题"**（double-barreled question），因为两个或两个以上的问题被合并成了一个。为了明确获得所需信息，应该提两个不同的问题：

"你是否认为雪碧是一种可口的软饮料？"

"你是否认为雪碧是一种清爽的软饮料？" （正确）

调研概要

每个问题都应是必要的且服务于清晰的目的。你可能需要使用不止一个问题，以明确的方式去获取所需的信息。避免双重问题。

互联网调研

Old Navy：质量和款式不曾老去

访问 www.oldnavy.com，并搜索互联网，包括社交媒体和图书馆在线数据库，以获取 Old Navy 市场营销项目的信息。

作为 Old Navy 的 CEO，你会如何改善消费者对该品牌质量的认知？

构造一个双重问题，确定消费者对 Old Navy 服饰的质量和款式的认知。然后重新构造你的问题，以获得明确的答案。

避免调查对象无法回答的问题

调研人员不应该假定调查对象有能力对所有问题给出准确或合理的回答。如果调查对象没有相关的信息，或无法清晰表述他们的想法，就不能准确地回答问题。

调查对象有相关的信息吗？ 调查对象经常被问到他们不甚了解的话题。如果是妻子负责采购，那么她的丈夫可能对每月在杂货店和百货店购物的开销不太了解，反之亦然。调研表明，即使调查对象不甚了解，他们也经常会对问题做出回答。

在并非所有调查对象都对有关话题有所了解的情况下，在提出与此话题相关的问题之前，需要问一些测量熟悉程度、产品使用和过去经验的问题。这些问题能使调研人员过滤掉对问题没有充分了解的调查对象。设计"不知道"这一选项看起来可以减少没有充足信息的调查对象的回答，而且不会降低总体应答率或调查对象了解的相关问题的应答率。因此，当调研人员预料到调查对象可能对问题的主题没有足够的了解时，应该提供这一选项。同时在某些情况下，在要求调查对象表达观点之前，为其提供与品牌或产品相关的信息是合适的。也可以通过询问帮助他们回忆或回答的方式来提升调查对象的能力。2010 年人口普查问卷增加了两个新问题（问题 2 和问题 10），来帮助调查对象正确评价家庭居住人数。

调查对象能清晰地表达自己的观点吗？ 调查对象可能无法清晰地说出某些类型的答案。例如，如果要求他们描述所喜欢光顾的百货商店的气氛，大多数人可能找不到合适的措辞。另一方面，如果向调查对象提供了关于商场气氛的备选描述，他们就能够指出自己最喜欢的类型。如果调查对象无法清晰地说出一个问题的答案，他们可能会忽视那个问题并拒绝回答问卷的其他部分。因此，应当向调查对象提供必要的辅助手段，比如图片、地图与描述等，以帮助他们清晰地表述答案。

> **调研概要**
>
> 你可以通过以下三点提高调查对象回答问题的能力：(1) 向他们提供相关的信息；(2) 以帮助他们回忆或回答的方式提问；(3) 向他们提供诸如描述、图片和地图等辅助手段。

避免调查对象不愿意回答的问题

即使调查对象能够回答某个具体问题，但他们或许不愿意这样做。这可能是因为需要调查对象付出太多的努力，或者要求提供的信息很敏感。

要求调查对象付出努力　大多数调查对象不愿意花许多气力来提供信息，因此调研人员应该通过提供答案选项，将调查对象需要付出的努力减到最小，正如"调研实践"专栏中提到的 2010 年人口普查问卷那样。假设调研人员想知道调查对象在最近一次购物过程中从商店的哪个部门购买了商品，这一信息可以由至少两种途径获得。调研人员可以让调查对象列出最近一次购物过程中购买过商品的所有部门，或者提供部门名单，请调查对象标出正确的答案。

请列出你最近一次去百货商店购物时购买了商品的所有部门名单。

（不正确）

下面这个名单里，请在你最近一次去百货商店购物时购买了商品的所有部门上打钩。

1. 女装部　　　＿＿＿＿
2. 男装部　　　＿＿＿＿
3. 童装部　　　＿＿＿＿
4. 化妆品部　　＿＿＿＿
　　⋮　　　　　＿＿＿＿
17. 珠宝部　　　＿＿＿＿
18. 其他（请说明）＿＿＿＿

（正确）

很显然，第二种选择更受欢迎，因为它要求调查对象付出的努力较少。

敏感信息　调查对象不愿意泄露，至少不愿意如实泄露敏感信息，因为这可能会造成尴尬局面或威胁调查对象的声誉或个人形象。如果催促其回答，调查对象可能会给出有偏差的答案，尤其是在人员访谈中（见第 5 章）。敏感的话题包括金钱、家庭生活、政治和宗教信仰，以及事故或罪行。可以使用如下脱敏技巧来鼓励调查对象提供敏感信息。

1. 将敏感的话题放在问卷的最后。此时，调查对象最初的不信任感削弱，态度趋于友好，理解了调研项目的合理性，因此会更愿意提供信息。

2. 在开始提问前说明问卷所调查的内容是具有普遍性的。例如，在询问信用卡负债的有关信息前指出，"最近的调研表明大多数美国人负有债务"。这一技巧被称为反偏见陈述。

3. 用第三人称提问（见第 4 章）。换言之，问题措辞看起来像在讨论其他人。

4. 提供的答案选项是类别，而不是询问具体的数字。不要问"你的家庭年收入是多少"，而是要求调查对象选择正确的收入类别：25 000 美元以下、25 001～50 000 美元、50 001～75 000 美元或 75 000 美元以上。在人员访谈中，给调查对象提供列出答案选项的卡片，然后让调查对象做出选择。

调研概要

可以通过以下两点增强调查对象回答的意愿：(1) 减少调查对象的努力，例如列出答案选项；(2) 在试图获取敏感信息时使用脱敏技巧。

确定问题的结构

问题可以是非结构化的，也可以是结构化的。接下来，我们将定义非结构化的问题，讨论它们的相对优点与缺点，考虑结构化问题的主要类型：多选题、二项问题和量表（见图 8—3）。

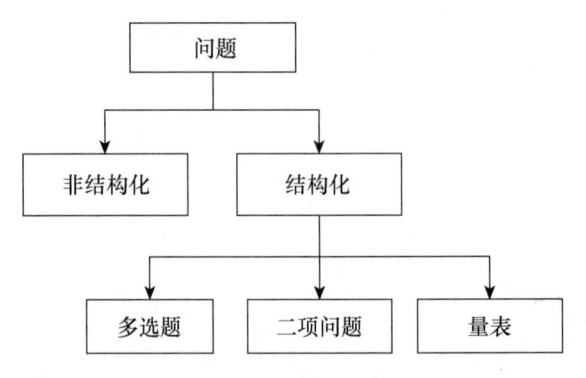

图 8—3 问题的类型

非结构化问题 非结构化问题（unstructured question）是开放式问题，调查对象用他们自己的语言回答，也称自由回答问题。下面是一些实例：

- 你的职业是什么？
- 你最喜欢的歌手是谁？

开放式问题很适合作为一个话题的起始问题。它们使调查对象能够表达一般的态度和观点，从而帮助调研人员解释调查对象对结构化问题所做出的回答。非结构化问题比结构化问题对答案的偏差影响要小得多，因此非结构化问题在探索性调研中非常有用。

非结构化问题的一个主要缺点是产生访问员偏差的可能性很大。无论访问员是逐字逐句地记录回答还是仅仅写下要点，数据都取决于访问员的技巧。如果逐字逐句记录很重要，则应该录音。非结构化问题的另一个主要缺点是答案的编码成本高且耗时。以一种有助于数据分析和理解的格式来汇总答案所需的编码过程将很长。由于其特征使然，非结构化或开放式问题对于那些能清晰表达自己观点的人更有优势。此外，非结构化问题对于自填式问卷（邮件、CAPI、电子邮件和互联网访谈中应用）不是非常适合，因为调查对象往往在写的时候比说的时候更加简略。

总的来说，开放式问题适用于探索性调研，作为开场白问题很有用。在大型调查问卷中，反而弊大于利。正是出于这个原因，2010年人口普查问卷不包含开放式问题。

结构化问题 结构化问题（structured questions）确定了一组答案选项和答案格式。结构化问题可以是多选题、二项问题或者量表。

多选题。多选题中，调研人员提供了答案的选项，要求调查对象在选项中选出一个或多个答案。考虑下列问题：

你今后6个月内打算买新车吗？
_____ 肯定不会买
_____ 可能不会买
_____ 没有决定
_____ 可能会买
_____ 肯定会买
_____ 其他（请说明）

对于多选题的其他例子，请参见"调研实践"专栏中给出的2010年人口普查问卷，比如问题3。第7章讨论的关于分项评分量表的几个项目也适用于多选答案。答案选项应包括所有可能选择的集合。如2010年人口普查问卷所示，一般的方法是列出所有可能重要的选项，以及一个"其他（请说明）"的选项。答案选项是互不相容的。调查对象还应当能够从中选择一个且唯一一个对应的选项，除非调研人员特别允许两个或两个以上的选择（例如，"请选出你在上一周消费过的所有软饮料的品牌"或2010年人口普查问卷的问题2）。

多选题克服了开放式问题的许多缺点，因为减小了访问员偏差，且这些问题填答起来很快。此外，数据的编码和处理所需的成本和时间少得多。在自填式问卷中，如果大多数问题是结构化的，那么调查对象会更加配合。

多选题并非没有缺点。设计有效的多选题的工作量相当大。或许需要使用开放式问题的探索性调研来确定恰当的答案选项。获取未被列出的选项的信息是很困难的。即使包括"其他（请说明）"这一选项，调查对象也往往会在列出的选项中进行选择。此外，向调查对象展示一些可能的答案会产生有偏差的回答。

二项问题。**二项问题**（dichotomous questions）只有两个答案选项：是或否、同意或反对等。也可参考2010年人口普查问卷的问题6。通常也用一个中立的选项来对两个选项进行补充，比如"没有意见"、"不知道"、"都是"或"都不是"。前面问到的关于购买新车意图的多选题也可以以二项问题的形式出现。

你今后6个月内打算买新车吗？
_____ 是
_____ 否

应该根据调查对象是否将讨论主题作为一个"是或否"的问题处理，来决定使用二项问题。二项问题的优缺点与多选题的优缺点非常类似。二项问题是最容易编码和分析的问题类型，但是它们有一个非常严重的问题：回答可能会受问题措辞的影响。例如，"个人相对于社会对这个国家中的违法犯罪行为负有更大的责任"这一陈述，得到 59.6% 的调查对象的认同。但是，在一个匹配的样本中，相反的陈述"社会相对于个人对这个国家中的违法犯罪行为负有更大的责任"，有 43.2%（而不是根据相反陈述的同意比例推出的 40.4%）的调查对象表示同意。为了解决这一难题，问卷中一半用一种方式提出问题，另一半用相反的方式提出问题。这种操作被称为分半投票方法。

量表。量表已在第 7 章中详细地讨论过。为了举例说明量表和其他类型的结构化问题之间的区别，我们考虑关于购买新车意图的问题。可以用量表以如下方式设计这一问题：

你今后 6 个月内打算买新车吗？
| 肯定不会买 | 可能不会买 | 没有决定 | 可能会买 | 肯定会买 |
| 1 | 2 | 3 | 4 | 5 |

这只是可以用来询问这一问题的几种量表中的一种（见第 7 章）。如 2010 年人口普查问卷和以下调研实践所表明的，一项调查可以包含不同类型的问题。

调研实践

Foresight Research 为克莱斯勒 300C 提供消费者洞察

克莱斯勒想要了解旗下的 300C 轿车在专车接送市场上的顾客接受度。这家企业聘请 Foresight Research（www.foresightresearch.com）来进行相关的调研。Foresight 设计了一份自填式问卷，并通过底特律和洛杉矶的两个主要专车服务提供商的驾驶员发放给乘客填写。样本量为 165 个。

这份结构化的问卷包含不同类型和结构的调查问题。部分问题如下：
- 请问您多久使用一次专车接送服务？（多选题）
- 请问您知道您今天乘坐的汽车车型吗？（二项问题：是或否）
- 如果在您下次租车时指定给您同样的车型，您会反对吗？（二项问题：是或否）
- 考虑这辆车的所有方面，您对车辆的总体满意度如何？（10 点量表，1 表示非常不满意，10 表示非常满意）
- 您对这辆车的各方面的满意度如何？（10 点量表——后座空间，内饰豪华感，外观样式，音响/隔音效果，后备箱大小）
- 请您描述乘坐这辆车的总体感受？（非结构化问题：开放式）

调研结果发现，至少 90% 的乘客表示不会拒绝再次指派克莱斯勒 300C；91% 的乘客对指派的车辆表示总体满意；没有乘客表示不满意。对于 300C 轿车的评价大多是正面的，认为车辆舒适、安静、宽敞、十分奢华。对 300C 轿车的负面评价主要是后备箱的空间太小。总的来说，调查对象是认可并接受克莱斯勒 300C 轿车作为行政车的。受这些调研结果的鼓励，克莱斯勒成功地进入了专车接送市场。2013 年克莱斯勒 300C 轿车的建议零售价为 36 145 美元。

调研概要

在探索性调研中应当使用非结构化问题。对于大型描述性调查，应当使用多选题、二项问题以及量表。调查问卷可以包含不同种类的问题。

确定问题的措辞

问题措辞指的是将想要的问题内容和结构转换成调查对象可以清楚、容易地理解的用语。确定问题的措辞可能是设计一份问卷最关键同时也是最困难的任务。如果问题措辞很拙劣，调查对象可能拒绝回答或者错误地回答。第一种情况下，调查对象拒绝回答，被称作题项无应答，这会增加数据分析的复杂度。第二种情况会导致前面讨论过的回答误差。除非调查对象和调研人员对一个问题含义的理解完全相同，否则结果将会产生偏差。前面提到的 2010 年人口普查问卷展示了问卷措辞的清晰性。

为了避免这些问题，我们提供以下指南：（1）定义所讨论的事项；（2）使用通俗易懂的用词；（3）使用明确的用词；（4）避免诱导性问题；（5）同时使用正向和反向的陈述。

定义事项 一个问题应该清楚地定义所提出的事项。刚出道的记者被告知要根据人物（who）、事件（what）、时间（when）、地点（where）、原因（why）和方法（way）即 6Ws 来详细说明论题。人物、事件、时间和地点尤其重要，同样可以用来指导定义问题中的事项。考虑下列问题：

您使用哪种牌子的洗发香波？（不正确）

表面上看，这似乎是一个定义得很好的问题，但是当我们根据人物、事件、时间、地点的框架仔细检查时，会得出不同的结论。这个问题中的"人物"指的是调查对象，然而调研人员指的是调查对象自己，还是调查对象家庭，这一点并不清楚。"事件"指的是洗发香波的品牌。但是，如果使用了一种以上洗发香波的品牌该怎么办呢？调查对象指的是最偏爱的品牌、最经常使用的品牌、最近使用的品牌还是最先想到的品牌呢？"时间"也不清楚，调研人员指的是上次、上周、上个月、去年还是过去的任何时候？至于"地点"，问题暗示着洗发香波在家中使用，但是并没有清楚地表述出来。我们的分析可以总结如下：

事项	问题
人物	调查对象 不清楚问题问的是调查对象个人还是调查对象及其家人。
事件	洗发香波品牌 不清楚如果调查对象使用不止一个品牌，他将如何回答这个问题。

续前表

事项	问题
时间	不清楚 问题没有明确的时间框架。调查对象可能理解成今天早上、这一周、去年或者过去曾使用的香波品牌。
地点	不明确 在家、在健身房,还是在旅途中?

这个问题的更好措辞应该是:

上个月,您本人在家使用的洗发香波的品牌是哪种或哪几种?若有一种以上的品牌,请列出您用过的所有品牌。　　　　　　　　　　　　　　　　(正确)

使用通俗易懂的词语　　在问卷中应该使用通俗易懂的词语,并且应该与调查对象的词汇水平相匹配。当选择用词时,请记住美国人的人均受教育程度是高中而不是大学。对于某些调查对象群体,受教育程度甚至更低。例如,我们曾为一家主要在美国农村地区经营的大电信公司做过一个项目。这些地区的平均受教育水平为高中以下,许多调查对象只上到四到六年级。所以应该避免使用技术术语,因为大多数调查对象不理解专业的营销用词。例如,不要问:

您认为软饮料的分销充分吗?　　　　　　　　　　　　　　　　　　　(不正确)

而应该问:

您认为当您想买软饮料时容易买到吗?　　　　　　　　　　　　　　　(正确)

使用明确的词语　　问卷中使用的词语对调查对象来说应该只有一个含义。许多看上去明确的词语对不同的人有着不同的含义。这样的词语包括:"通常情况下"、"正常情况下"、"频繁地"、"经常地"、"定期地"、"偶尔地"以及"有时"。考虑下面的问题:

一个月内,你在百货商店购物的频率如何?
　　_____从不
　　_____偶尔
　　_____有时
　　_____经常
　　_____定期地　　　　　　　　　　　　　　　　　　　　　　　　　(不正确)

这个问题的答案存在很大的回答偏差,因为用来描述类别标签的词语对不同的调查对象有不同的含义。一个月购物一次的三名调查对象可能选择三种不同的类别:偶尔、有时和经常。这个问题更好的措辞如下:

一个月内,您在百货商店购物的频率如何?
　　_____少于1次
　　_____1~2次
　　_____3~4次

_____ 4 次以上　　　　　　　　　　　　　　　　　　　　　　　（正确）

　　请注意，这个问题对所有的调查对象提供了一个一致的参考框架。由于客观定义了答案选项，因此调查对象不再自由地以自己的方式来诠释问题。

　　不同的人对于全包含或全排除的词语可能会有不同的理解，应该尽量避免使用。这些词语包括"全部"、"总是"、"任何的"、"任何人"、"从来"、"每个"。具体来说，对于不同的调查对象，"任何的"可能表示"每个"、"一些"或者"只有一个"。这取决于他们如何理解这个词。

　　美国人口普查局尽了很大的努力，在 2010 年普查问卷中使用通俗易懂且意义明确的词语。这不仅提高了应答率，还提高了数据的准确性。

　　避免诱导性或倾向性的问题　诱导性问题（leading questions）是指暗示调查对象应该选哪个答案或者引导调查对象以某种特定方式回答的问题。一些调查对象倾向于赞同引导其回答问题的任何方式。这种倾向被称为**"是的，说吧"**（yea-saying），结果将导致**默认偏差**（acquiescence bias）。考虑下面的问题，来了解美国人对国产车或进口车的偏好。

　　　　如果购买进口轿车会使美国的工人失业，你认为爱国的美国人应该购买进口轿车吗？
　　　　_____应该
　　　　_____不应该
　　　　_____不知道　　　　　　　　　　　　　　　　　　　　　　　（不正确）

　　这个问题会诱导调查对象选择"不应该"这一答案。毕竟，爱国的美国人怎么能让美国工人失业呢？因此，这个问题不能准确确定美国人在进口轿车和国产轿车之间的偏好。一种更好的问法是：

　　　　你认为美国人应该购买进口轿车吗？
　　　　_____应该
　　　　_____不应该
　　　　_____不知道　　　　　　　　　　　　　　　　　　　　　　　（正确）

　　当给予调查对象有关项目委托方的暗示时，同样可能产生偏差。调查对象往往倾向于给出有利于委托方的回答。"高露洁是你所喜爱的牙膏品牌吗？"这样的问题，可能会使调查对象倾向于做出对高露洁有利的回答。获得这一信息的一种更公正的问法是："你所喜爱的牙膏品牌是什么？"然后看高露洁是否被调查对象提及。

　　平衡正向和反向的双重陈述　许多问题，尤其是那些测量态度和生活方式的问题，以让调查对象指出他们同意或反对的程度的陈述形式提出。有证据表明，所得到的回答受陈述的倾向性——是正向的陈述还是反向的陈述——的影响。在这种情况下，同时使用一些正向的和一些反向的陈述比较好。可以准备两份不同的问卷：一份问卷以分散的方式包含一半正向陈述和一半反向陈述。这些陈述的倾向在另一份问卷中被颠倒过来。第 7 章提供了一个用李克特量表来测量对麦当劳态度的双重陈述的例子，其中有些关于麦当劳的陈述是正向的，有些是反向的。

调研概要

可以通过以下方式改善问题的措辞：(1) 从人物、事件、时间、地点方面来定义问题；(2) 使用通俗的词语，以匹配调查对象的词汇与受教育水平；(3) 使用清晰无误的词语；(4) 避免引导调查对象按照特定方式回答的诱导性问题；(5) 使用正向和反向的陈述。

互联网调研

联邦速递：大公司迎合小企业

访问 www.fedex.com，并搜索互联网，包括社交网站和图书馆在线数据库，获得有关包裹隔日达市场的信息，然后撰写一份简短的报告。

作为联邦速递的营销经理，你将如何进入中小企业的包裹隔日达市场？

评估询问中小企业主和 CEO 的如下问题措辞："如果联邦速递针对小企业推出一项新的隔日达服务，您采用的可能性有多大？"

以恰当的顺序排列问题

开场白问题 开场白问题对于赢得调查对象的信心与合作至关重要。开场白问题应该有趣、简单并且不咄咄逼人。询问调查对象的观点是很好的开场白问题，因为大多数人喜欢表达他们的观点。有时即使这类问题与调研的问题无关，并且问题的答案不会被分析，也还是会问。某些情况下，有必要筛选或确认调查对象的资格，或者确定调查对象是否符合参加访谈的条件。在这种情况下，应将与筛选或资格认定有关的问题作为开场白问题，如温迪的调研实践所示。

调研实践

温迪：顾客资格认定带来了极大的成功

温迪的一项在线调查需要将对象限制为 18～45 岁的消费者。因此，年龄是第一个需要问的问题，问题的回答被用于确认合格的潜在调查对象，如下所示：

1. 首先，请问您的年龄属于哪一类？（限选一项）
(1) 18 岁以下（结束）
(2) 18～24 岁
(3) 25～29 岁
(4) 30～34 岁
(5) 35～39 岁
(6) 40～45 岁
(7) 46 岁或以上（结束）
(8) 拒绝回答（结束）

问卷的其他部分见案例 3.2。通过对潜在调查对象进行资格认证来获得目标样本，能使调查的结果更加契合特定的细分群体。这帮助温迪制定了营销战略，进而成功进入了 18～45 岁的细分市场。

信息的类型 从一份问卷中获得的信息可以分为以下几类：（1）基础信息；（2）分类信息；（3）标志信息。**基础信息**（basic information）与调研的问题直接相关；**分类信息**（classification information）由社会经济和人口统计特征构成，用于对调查对象分类与理解结果；**标志信息**（identification information）包括调查对象的姓名、通讯地址、电子邮件地址以及电话号码。获取标志信息的目的很多，包括证实所列出的调查对象确实被采访过了、邮寄所承诺的奖品等。一般的原则是，首先应该获取基础信息，其次是分类信息，最后是标志信息。基础信息对调研项目而言最为重要，应该最先获得，以避免调查对象被问及一系列私人问题而疏远访问员。本章末最后一道应用题中所给出的问卷在开始时不正确地询问了标志（姓名）信息和一些分类（人口统计）信息。

较难的问题 较难的、敏感的、使人尴尬的、复杂的、无趣的问题应该放在靠后的位置。在建立起友好的关系并且开始认真参与之后，调查对象抵触这些问题的可能性较小。因此在百货商店项目中，关于信用卡负债的问题被放在基础信息部分的末尾提出。同样，关于收入的问题应该在分类信息部分的最后提出，询问调查对象的电话号码应当是标志信息部分的最后一项。

对后面问题的影响 先问的问题可能会影响后面问题的回答。经验法则是，一般问题应该放在特定问题之前，这样防止特定问题使一般问题的回答产生偏差。考虑下列问题的顺序。

问题 1："在选择一家百货商店时，你认为最重要的考虑因素是什么？"
问题 2："在选择一家百货商店时，位置的便利性有多重要？" （正确）

请注意，第一个问题是一般的，第二个问题是特定的。如果这两个问题以颠倒的顺序提出，调查对象会受到位置便利性的暗示，因而更有可能对一般问题给出这个答案。

从一般问题到特定问题进行询问的方法被称为**漏斗方法**（funnel approach），如图 8—4 所示。在必须获得调查对象的一般选择行为以及他们对特定产品的评价等有关信息时，漏斗方法尤其有用。有时倒漏斗方法也可能有用。这种方法从特定问题开始，以一般问题结束，调查对象被迫在做出宽泛的评价之前提供特定的信息。在调查对象没有强烈的感情或者没有形成明确的观点时，这种方法非常有用。

逻辑顺序 问题应该以一种符合逻辑的顺序提出，如前面提到的 2010 年人口普查问卷。应在问完涉及一个特定主题的所有问题后再开始一个新的主题。在转换话题时，应该用简短的过渡语句帮助调查对象转换他们的思路。

应该谨慎地设计分叉问题。**分叉问题**（branching questions）根据调查对象如何回答手头的问题，指导调查对象跳转到问卷的不同位置。这些问题确保涵盖了所有的可能性，也有助于减少访谈人员和调查对象误差，并鼓励完整地回答。以分叉问题为基础的跳跃模式可能会变得非常复杂。表 8—1 列出了问题的一般顺序。

宽泛的或一般的问题

狭窄的或特定的问题

图 8—4　问题排序的漏斗方法

表 8—1　问卷中问题的一般顺序

问题类型	性质	功能	示例
资格/甄别问题	关注调查对象的选择标准	确定调查对象是否有资格参与问卷调查	你家里谁最经常去便利店购物？
介绍性问题/热身问题	宽泛和简单的问题	缓和气氛，让调查对象放松	你多久去一次便利店？
主要问题：简单的	涉及需要的但是比较容易回答的信息	关注调查主题，让调查对象相信问卷比较简单	在选择超市时，以下因素的重要程度如何？
主要问题：较难的	涉及需要的但是不太容易回答的信息	获得需要的其他信息	根据你购物的喜欢程度对下面 8 个超市进行排序。
消费心理/生活方式	不是所有调查问卷都涉及此项信息	获得与个性相关的信息	请指出你对下面的陈述内容同意/不同意的程度。
人口统计特征	个人信息	对调查对象进行分类	你的职业是什么？
标志信息	姓名、地址、电话	识别调查对象	姓名：

调研概要

当对问题进行排序时，遵循以下原则：(1) 开场白问题应该是有趣、简单、不咄咄逼人的；(2) 先获取基础信息，接着是分类信息，再是标志信息；(3) 较难的、敏感的问题应该排在后面；(4) 考虑对后续问题的影响，应使用漏斗方法；(5) 遵循逻辑顺序。

互联网调研

平板电视的市场变小了吗

搜索互联网，包括社交媒体与学校图书馆在线数据库，获取消费者对于平板电视的感知、偏好与购买意向方面的相关信息。

明确你需要获得的关于三星平板电视的消费者感知、偏好和购买意愿的信息及其排序。

作为营销副总裁,你准备制定什么营销战略帮助三星进入平板电视市场?

选择问卷形式和版面设计

问题的格式、间隔和位置会对结果产生显著的影响,本章前面介绍的 2010 年人口普查问卷说明了这一点。对于自填式问卷,这一点尤其重要。将问卷分为几部分是一个好的做法,与基本信息相关的问题需要分为几个部分。每一部分的问题应该有编号,尤其是在使用分叉问题的时候。问题的编号也使得答案的编码更为容易。

问卷本身应该编有序列号,这样可方便现场问卷控制以及编码和分析。编号还便于统计问卷与确定问卷是否有缺失。一个可能的例外是邮寄问卷。如果这些问卷标有编号,调查对象会认为一个给定的序列号用于识别某个特定的调查对象。有些调查对象或许会拒绝参与或做出不同的回答。但是,近期的研究表明,这种匿名性的丧失即使对结果有影响,其影响也很小。

调研概要

在确定问卷形式和版面设计时,遵循如下原则:(1) 把问卷分为几个部分并且在每一部分对问题进行编号;(2) 对问卷进行连续编号。

复制问卷

如何复制用于填答的问卷可能对结果产生影响。例如,如果问卷是印在劣质的纸上或者外观很糟糕,调查对象会认为这个项目不重要,从而影响其回答的质量。因此,问卷应该用质量好的纸张印制,并有一个专业的外观。

一个问题应该排在同一页(或双跨页)上。调研人员应该避免将一个问题与其答案分开。这会误导访谈人员或调查对象,让他们以为问题已经在这页的底部结束了,从而依据不完整的问题进行回答。

每个问题应该使用垂直的答案栏。对访谈人员和调查对象来说,向下单独的一栏比横跨的几栏更容易阅读。应该避免用横向的格式和分割来节省空间。也应避免将问题挤在一起以使问卷看上去更短,因为这将导致误差。

调研概要

在复制问卷时应遵循以下原则:(1) 问卷应该用质量好的纸张印制,并有一个专业的外观;(2) 一个问题应该排在同一页或双跨页上(避免分割问题);(3) 每个问题应该使用垂直的答案栏;(4) 不要将问题挤在一起以使问卷看上去更短。

进行问卷预测试

预测试(pretesting)是指为了识别并消除可能存在的问题或缺陷,而对小样本的调查对象进行的问卷测试。即使是最好的问卷也可以通过预测试得到改进。作为一般性规则,一份问卷在没有经过充分预测试的情况下不应该被用于现场调查。如前面提到的 2010 年人口普查问卷所示,预测试的范围应该较广。问卷的所有方面都应该经过测试，包括问题的内容、措辞、顺序、形式和布局、问题难度以及指示说明。预测试的调查对象应该与实际的调查对象在背景特征、对话题的熟悉程度以及相关态度和行为等方面类似。换言之，预测试的调查对象和实际的调查对象应该从同一总体中抽取。

即使实际的调查将通过邮件、电话或者电子方式进行，预测试也最好以人员访谈的形式进行，因为访谈人员可以观察调查对象的反应和态度。在对问卷做了必要的修改之后，如果在实际调查中要采用邮件、电话或电子方式，可以用这些方式进行另一次预测试。后一次预测试应该揭示出该访谈方式所特有的问题。预测试应该在与实际调查尽可能相似的环境和背景中进行。

通常预测试的样本很小，根据目标人群的差异性，初次测试时的调查对象从15人到30人不等。如果预测试涉及几个阶段或几轮，可以增加样本。应当修改问卷以纠正预测试期间发现的问题。在问卷每一次重大修正之后，都应该使用不同的调查对象样本，进行另一次预测试。良好的预测试涉及几个阶段。只进行一次预测试通常是不够的，预测试应该持续到不再需要对问卷进行进一步的修改为止。最后，应该对从预测试中获得的答案进行编码和分析。表8—2以检查清单的形式概括了问卷设计过程。

表8—2　　　　　　　　　　　　问卷设计的检查清单

步骤1　确认所需信息
1. 确保所获取的信息完全解决了调研问题的所有组成部分。 2. 对目标总体有一个清楚的概念。
步骤2　确定访谈方法的类型
1. 检查根据第5章讨论的考虑因素所确定的访谈方法的类型。
步骤3　确定单个问题的内容
1. 这个问题是必要的吗？ 2. 为了清楚地获得所需信息，需要用几个问题代替一个问题吗？ 3. 不要使用双重问题。
步骤4　避免调查对象无法回答和不愿意回答的问题
1. 调查对象具备知识吗？ 2. 如果调查对象不可能有相关知识，那么在提出有关调研主题的问题之前，应该询问能测量熟悉程度、产品使用与过去经验的问题。 3. 调查对象能够回忆起来吗？ 4. 调查对象能够清楚地表述吗？ 5. 将调查对象需要付出的努力减到最小。 6. 尽量使得信息搜寻显得合理。 7. 信息是敏感的吗？
步骤5　确定问题的结构
1. 开放式问题适用于探索性调研，作为开场白问题非常有用。 2. 尽可能使用结构化问题。 3. 在多选题中，答案选项应该包括所有可能的选择，并互相排斥。 4. 在二项问题中，如果预料到相当大比例的调查对象是中立的，就应包括一个中立的选项。 5. 考虑使用分半投票技巧来减小二项问题和多选题中的顺序偏差。 6. 如果答案选项很多，考虑使用多个问题。
步骤6　确定问题的措辞

1. 从人物、事件、时间、地点、原因和方法（6Ws）等方面来定义议题。
2. 使用通俗易懂的词语，用词应该与调查对象的词汇水平相匹配。
3. 避免含混不清的词语，比如：通常情况下、正常情况下、频繁地、经常地、有规律地、偶尔、有时等。
4. 避免暗示调查对象应该选哪个答案的诱导性问题。
5. 同时使用正向和反向的陈述。

步骤7　确定问题的顺序

1. 开场白问题应该有趣、简单、不咄咄逼人。
2. 确认资格的问题应该作为开场白问题。
3. 应该首先获取的是基础信息，其次是分类信息，最后是标志信息。
4. 较难的、敏感的或复杂的问题应该放在靠后的位置。
5. 一般问题应该放在特定问题之前。
6. 应该按照逻辑顺序提问。

步骤8　选择问卷形式和版面设计

1. 将一份问卷分为几个部分。
2. 每一部分的问题应该编号。
3. 问卷本身应该连续编号。

步骤9　复制问卷

1. 问卷应该有一个专业的外观。
2. 长问卷应该使用小册子的样式。
3. 一个问题应该排在单独的一页（或者双跨页）上。
4. 应该避免将问题挤在一起以使问卷看上去更短的倾向。

步骤10　进行问卷预测试

1. 任何时候都要进行问卷预测试。
2. 问卷的所有方面都应该经过测试，包括问题的内容、措辞、顺序、形式和布局、问题的难度以及指示说明。
3. 预测试中的调查对象应该与实际的调查对象类似。
4. 通过使用人员访谈启动预测试。
5. 如果实际调查中要使用邮件、电话或电子方式，则还应该以这些方式进行预测试。
6. 预测试中应该使用不同的访谈人员。
7. 预测试的样本较小，初次测试时调查对象从15人到30人不等。
8. 在问卷每一次重大修改之后，应该使用不同的调查对象样本来进行另一次预测试。
9. 从预测试中获得的答案应该被编码和分析。

调研概要

对每一份问卷进行广泛的预测试。问卷的所有方面都应该经过测试，包括问题的内容、措辞、顺序、形式和布局、问题的难度以及指示说明。预测试中的调查总体应该是从实际调查对象中选出的。使用人员访谈启动预测试，如果调查方法不同，则接着使用该方法进行预测试。继续使用15~30人进行几轮预测试，直到不再需要对问卷做进一步修改为止。最后，从预测试中获得的答案应该被编码和分析。

问卷设计软件

可以利用软件设计在互联网调查或其他方式（如电话、人员或邮件访谈）下使用的问卷。虽然我们在这里阐述的是如何使用软件构建一份互联网调查问卷，但是在其他方式下构建问卷与之基本类似。软件帮助我们设计和发放问卷，在很多情况下也有助于回收和分析收集到的数据并准备报告。另外，这些软件程序有很多的功能能够帮助我们构建问卷。一些常用的调查软件程序包括 Qualtrics（www.qualtrics.com），SurveyPro 5（www.apian.com），Vovici（www.vovici.com），以及 Sawtooth 软件的 SSI Web（www.sawtoothsoftware.com）。

免费/低成本的调查网站

一些网站允许用户免费或低成本地创建和发送他们自己的调查问卷。有一些提供免费的基础方案的公司：MarketTools（www.markettools.com）的 Zoomerang（www.zoomerang.com），SurveyMonkey（www.surveymonkey.com），PollDaddy（www.polldaddy.com），Kwik Surveys（www.kwiksurveys.com），FreeOnlineSurveys.com（freeonlinesurveys.com），eSurveypro（www.esurveypro.com），FreePollKit（www.freepollkit.com）及 Impressity（www.impressity.com）。它们允许任何人创建和执行在线调查。一些公司提供低成本的基于网络的服务，如 CreateSurvey（www.createsurvey.com），SurveyGizmo（www.surveygizmo.com）和 Checkbox（www.checkbox.com）。

观察表格

记录观察数据的表格设计起来比问卷容易。调研人员不需要关注问题的心理影响和提问的方式。调研人员只需要设计出一张清楚识别所需信息的表格，使它容易被现场工作人员用来准确地记录信息，并简化数据的编码、录入和分析。观察表格的形式、版面设计以及复制都应该遵循与问卷相同的准则。最后，与问卷一样，观察表格也需要经过充分的预测试。

国际营销调研

问卷或者调研工具应该与特定的文化环境相适应，不能与某一种文化有偏差。这就需要对问卷设计过程中的每一个步骤都给予仔细的关注。应该明确规定所需的信息。潜在消费者行为、决策过程、心理统计、生活方式和人口统计变量中的任何差异都很重要，应予以考虑。就人口统计特征而言，要根据不同国家的情况定义有关婚姻状况、受教育水平、家庭规模、职业、收入和居住条件的信息，因为这些变量可能在各国之间无法直接相比。例如，有些国家有扩展的家庭结构，两个甚至三个家庭住在同一屋檐下，因此家庭的定义和规模差别很大。

虽然人员访谈是国际营销调研中的主导性调查方法，但是在不同的国家可能使用不同的访谈方式。因此，问卷可能要适应一种以上的执行方式。在不同文化下使用的问卷需要经过翻译，调研人员必须确保不同语言的问卷是等价的。

如果调研人员不清楚在其他国家影响调查对象回答的决定因素有哪些，则使用非结构化或开放式的问题是可取的。非结构化问题还可减小文化偏差，因为它们没有强加任何答案选项。但是，非结构化问题比结构化问题更容易受到教育程度差异的影响，因而在高文盲率的国家中应该谨慎使用。非结构化问题与结构化问题可以以互补的方式加以使用，以提供丰富的见解，正如下面的"调研实践"专栏所示。

调研实践

新加坡的主题餐厅

新加坡由60多个小岛组成，人口大约有400万（截至2014年）（www.visitsingapore.com）。它的多元化的餐饮产业全球闻名。在已有的27 000个餐饮服务点中，有21%被归类为餐厅。一项调研针对新加坡的四家主题餐厅展开，这些餐厅是Hard Rock Café、Planet Hollywood、Celebrities Asia以及House of Mao（登录www.asiacuisine.com.sg了解这些餐厅）。

对20位曾经在所有四家主题餐厅就餐过的人采用问卷进行了预测试，根据调查对象的反馈对调查问卷做了一些修改。接着，这份问卷被分发给300个调查对象，以了解调查对象对于主题餐厅的感知。调查对象是通过商场拦截的方式随机选择的，他们被问及过去的一年内是否曾经到主题餐厅消费。如果答案为"是"，调查对象就会被邀请参与调查，并填写一份四页的问卷。问卷分为两个部分：A部分问的是调查对象对于主题餐厅整体的感知，B部分要求调查对象对四家餐厅在九个不同的属性上进行5点量表评分。在问卷末尾处，也会询问调查对象一些开放式问题，例如：你是否觉得主题餐厅将来在新加坡会越开越多？你是否认为这些餐厅会成功？

大多数调查对象认为新加坡会有越来越多的主题餐厅，但对于这些餐厅能否成功保持中立的态度。House of Mao在主题概念上获得了最高的分数，Hard Rock Café在总体体验符合预期方面获得了最高的分数。从九个属性的总评分看来，Hard Rock Café最高。基于这次调查问卷可知，新加坡的主题餐厅产业仍然有发展的空间。[2]

调研概要

问卷应该与特定的文化环境相适应，不应当与任何一种文化有偏差。它必须适应多种调查方法。问卷必须被翻译为不同的语言，在这种情况下，调研人员必须确保不同语言的问卷是等价的。

营销调研和社交媒体

分析社交媒体有助于较好地理解与手头的问题有关的根本事项。这种理解对于设计一份用于传统调查或社交媒体调查的问卷是很有价值的。正如在本章前面部分讨论的那样，问卷设计的挑战包括确定每个问题的内容、结构与措辞等。为了设计在内容、结构与措辞上正确的问题，必须从调查对象的角度出发运用调研技巧。确定问题的顺序也是如此。社交媒体是获取目标调查对象的观点的有效、可接触的来源。对于应用于社交媒体调查的问卷，总的原则和指南与本章前面部分讨论的一样。

调研实践

水瓶的创新

美国 Sigg（www.mysigg.com）是环保铝合金水瓶的生产商。这家企业生产的水瓶可以重复使用。Sigg 想要进行一项调查，了解顾客对环境友好的看法。然而，问卷设计是一项困难的工作，因为不确定应该问哪些问题，以及问题的内容、结构与措辞是怎样的。因此，Sigg 与一家社交媒体营销机构 Gold Mobile（www.gold-mobile.com）合作，策划了一项名为"环境友好对你意味着什么"的竞赛活动。该机构把促销活动放在环保型专业网站如 Hugg 上，这是一家为环保主义者提供社会化书签的网站；同时也赞助 InHabitat 举办的竞赛，InHabitat 是一个对推动环保感兴趣的设计师和建筑师社区。生态博客主关注了 InHabitat 的这个活动，使该竞赛被提及的次数超过100。最终，160 多人提交参赛申请，对分析环境友好对顾客意味着什么和调查问卷的设计提供了丰富的视角和信息。

上述活动发现的一个主要观点是：环境友好意味着保护大自然——从大海到草原。调查结果不仅帮助 Sigg 开发了环境友好的水瓶设计，而且帮助公司设计了瞄准环境友好型消费者的有效营销平台。Sigg 发布了"Celebrate America"即公司著名水瓶的限量发行藏品。这个系列包括由美国艺术家设计的六个环境友好型的特殊的 Sigg 水瓶。瓶身上的图案描述了美国人的日常生活，从东海岸到西海岸，从大冲浪到开阔的草原。[3]

调研概要

分析社交媒体能够帮助你用正确的内容、结构和措辞来设计问题，并确定问题的顺序。在社交媒体上使用的问卷也要遵循同样的一般原则和指南。

营销调研伦理

在问卷设计中必须解决几个伦理问题,这些问题和调研人员与调查对象的关系、调研人员与客户的关系相关。特别值得关注的是:使用过于冗长的问卷,将多个客户的问题合并在同一问卷或调查中(捎带调查),故意使问卷具有倾向性。

调查对象是牺牲了他们的时间来参加调查的,不应该对他们索求过多信息而使其负担过重。因此,调研人员应该避免使用过于冗长的问卷。依据不同的变量,如调查主题、所需工作量、开放式问题的数目、复杂量表的使用频率、执行的方式等,一份过长的问卷在长度或完成时间上有所不同。根据加拿大营销研究与情报协会(mria-arim.ca)的指导原则,除了人员入户访谈之外,完成时间超过30分钟的问卷一般被认为"过长"。人员入户访谈可以占用60分钟的时间而不使调查对象负担过重。

调研人员与客户的关系中涉及的一个重要问题是捎带调查,即一份问卷包含了与多个客户相关的问题。这种现象经常发生在综合性固定样本组中(见第3章),即不同的客户都可以邀请这些样本组来现场参与调查。捎带调查可以极大地降低成本,对客户来说是收集到他们原本无力负担的原始数据的一个好办法。在这种情况下,所有客户都必须意识到这一情况并且同意这种安排。遗憾的是,捎带调查有时是在客户不知情的情况下,仅仅为了增加调研公司的利润而使用的。这种做法是不合乎伦理的。

最后,调研人员在设计问卷时负有道义上的责任,应使所需的信息以一种无偏见的方式获得。故意使问卷调查趋向于想要的结果,例如询问诱导性问题,这样做是不可原谅的。在确定问题的结构时,应该采用最适合的而不是最方便的选择,下面有关国际市场营销伦理的"调研实践"专栏体现了这一点。此外,应该在现场工作开始之前,对问卷进行彻底的预测试,否则就可能产生有悖伦理的情况。

调研实践

质疑国际市场营销伦理

在设计问卷时,如果调查对象的回答类别是未知的,开放式问题可能是最合适的。在一项旨在识别国际市场营销中的伦理问题的研究中,使用了一系列开放式问题。这项调查旨在发现参与过国际市场营销活动的澳大利亚公司最经常遇到的伦理问题,并按先后顺序排列。在检查完结果后,调研人员将其列表并分成10个最经常遇到的类别:传统的小规模行贿;大规模行贿;送礼、帮忙和娱乐;定价;不合适的产品或技术;避税行为;不合法或不道德的行为;给渠道成员的可疑佣金;文化差异;涉入政治事件。仅从类别的数量便可知国际市场营销伦理问题被更多地质疑!在这种情况下,使用结构化问题虽然更加方便,但并不合适,因为调研人员在进行问卷调查前缺乏构建合适的答案类别所需的知识,这会导致伦理问题。[4]

调研概要

不要设计过于冗长的问卷。除了人员入户访谈之外，问卷完成时间不应超过30分钟，人员入户访谈可以占用60分钟。在客户不知情的情况下不能进行捎带调查。故意使问卷调查趋向于想要的结果的做法也是不道德的。

戴尔运营案例

回顾本书末尾给出的戴尔案例（案例1.1）和问卷。
1. 用本章讲解的原则批判性地评估戴尔的问卷。
2. 草拟一份问卷，测量学生对笔记本电脑的偏好。
3. 用本章讨论的原则评估你开发的问卷。
4. 利用一份修改过的问卷来调查学生对笔记本电脑的偏好。
5. 从问卷修改过程中你学到了什么？
6. 在社交媒体上发布你修改后的问卷。你可以把问卷或问卷链接放在你的Facebook账户上，并邀请你的好友来参与调查。总结你的经验。

本章小结

为了收集定量的原始数据，调研人员必须设计一张问卷或一张观察表格。问卷有三个目标：将所需的信息转换成一组调查对象能够并且愿意回答的具体问题；激励调查对象完成访谈；将回答误差减到最小。

问卷设计过程从确认所需信息（步骤1）与确定访谈方法的类型（步骤2）开始。下一步是确定单个问题的内容（步骤3）。设计问题时应避免调查对象无法回答或者不愿回答情况的发生（步骤4）。调查对象如果不具备有关知识，或者无法清晰地说出答案，就有可能无法回答问题。还必须避免调查对象不愿意提供答案的情况。如果问题要求过大的工作量，或者索要敏感信息，则调查对象有可能不愿回答。接下来是确定问题的结构（步骤5）。问题可以是非结构化（开放式）的或不同程度结构化的。结构化问题包括多选题、二项问题和量表。

确定每个问题的措辞（步骤6）涉及定义事项、使用通俗易懂的词语、使用明确的词语以及使用正向和反向的陈述。调研人员应该避免诱导性问题。一旦问题的措辞确定下来，就必须确定它们在问卷上出现的顺序（步骤7）。应当对开场白问题、信息的类型、较难的问题以及对后面问题的影响给予特别的考虑。问题应该按照符合逻辑的顺序进行排列。

现在到了确定问卷形式和版面设计（步骤8）的阶段。在复制问卷时有几个因素非常重要（步骤9）。这些因素包括外观、将每一问题放在同一页或者双跨页上、答案类别的格式、避免过于拥挤。最后的但并非最不重要的一步是预测试（步骤10）。需要考虑的重要问题包括预测试的范围、调查对象的性质、访谈方式的类型、访谈人员的类型、样本大小以及编辑和分析。

观察表格的设计要求明确确定观察的内容和记录行为的方式。

问卷应该适应特定的文化环境，不能与任何一种文化有偏差。此外，因为在不同的国家所用的访谈方式可能不尽相同,所以问卷可能不得不适应多种使用方式。被翻译为不同语言的问卷应该是等价的。

对社交媒体的分析有助于设计问卷时使用合适的内容、结构和措辞,并确定问题的顺序。还必须考虑和调研人员与调查对象的关系、调研人员与客户的关系相关的若干伦理问题。

关键术语

问卷(questionnaire)
回答偏差(response error)
双重问题(double-barreled question)
非结构化问题(unstructured questions)
结构化问题(structured questions)
二项问题(dichotomous question)
获得性偏差(是的,说吧)(acquiescence bias,yea-saying)
诱导性问题(leading question)
基础信息(basic information)
分类信息(classification information)
标志信息(identification information)
漏斗方法(funnel approach)
分叉问题(branching questions)
预测试(pretesting)

复习题

1. 设计问卷和观察表格的目的是什么?
2. 解释问卷的使用模式如何影响问卷设计。
3. 你如何确定一个特定的问题是否应该放入一份问卷中?
4. 什么是双重问题?
5. 调查对象无法回答所问问题的原因有哪些?
6. 调查对象不愿意回答特定问题的原因有哪些?
7. 非结构化问题的优点与缺点是什么?
8. 设计多选题时涉及的问题有哪些?
9. 确定问题措辞时的指南是什么?
10. 什么是诱导性问题?举出一个实例。
11. 旨在获取基础信息、分类信息和标志信息的问题的适当顺序是怎样的?
12. 确定一份问卷的形式和版面设计的指南有哪些?
13. 描述问卷预测试所涉及的问题。
14. 社交媒体如何辅助问卷设计?
15. 设计问卷过程中有哪些伦理问题?

应用题

1. 搜索互联网,包括社交媒体,获取有关飞行和旅客的航空公司偏好方面的信息。设计三个与飞行和旅客的航空公司偏好相关的双重问题,并为每个问题设计修改后的版本。
2. 列出至少10个构造问题时不应该使用的含糊用词。
3. 下列问句对事项的定义明确吗?为什么?
   (1)你喜爱的牙膏品牌是什么?
   (2)你多长时间旅行一次?
   (3)你购买橙汁吗?　①是　②否
4. 设计一个开放式问题来确定家庭是否养花种草。再设计一个多选题和二项问题来获得相同的信息。哪种形式是最可取的?
5. 一位受雇于美国电话电报公司

（AT&T）营销调研部门的刚毕业的学生，被要求准备一份问卷，用来确定家庭对手机套餐的偏好。问卷在商场拦截访谈中得到使用。依据问卷设计的原则，批判性地评价该毕业生设计的如下问卷。

手机套餐计划调查问卷

1. 姓名_____
2. 年龄_____
3. 婚姻状况_____
4. 收入_____
5. 下面哪一个手机套餐是你购买过的？
   a. _____ AT&T   b. _____ Verizon   c. _____ Sprint
   d. _____ T-mobile   e. _____ 其他
6. 你多久用手机打一次国际长途电话？

   不经常　　　　　　　　　　非常频繁

   　1　　2　　3　　4　　5　　6　　7
7. 你觉得AT&T提供的个人手机套餐怎么样？
   _____
8. 假设你的家庭准备选择一个手机套餐，请按重要程度为选择时考虑的以下因素打分。

	不重要				非常重要
a. 每月话费	1	2	3	4	5
b. 赠送的通话时间（分钟）	1	2	3	4	5
c. 未用完通话时间累计	1	2	3	4	5
d. 夜间或周末无限制通话	1	2	3	4	5
e. 手机服务的质量	1	2	3	4	5
f. 客户服务的质量	1	2	3	4	5

9. 手机厂商提供其他的服务（如上网和看电视功能）有多重要？

   不重要　　　　　　　　　　非常重要

   　1　　2　　3　　4　　5　　6　　7
10. 你家里有小孩吗？_____

谢谢你的帮助。

注释

[1] www.census.gov, accessed January 11, 2013; www.prb.org, accessed January 11, 2013.
[2] www.visitsingapore.com, accessed January 22, 2013; Donald J. MacLaurin and Tanya L. MacLaurin, "Customer Perceptions of Singapore's Theme Restaurants," Cornell Hotel and Restaurant Administration Quarterly (June 2000) 41(3): 75-85.
[3] Paul Gillin, Secrets of Social Media Marketing (Fresno, CA: Quill Driver Books, 2009).
[4] M. Evans, M. Robling, F. Maggs Rapport, H. Houston, P. Kinnersley, C. Wilkinson, "It Doesn't Cost Anything Just to Ask, Does It? The Ethics of Questionnaire-Based Research," jme.bmj.com/cgi/content/abstract/28/1/41, accessed March 1, 2013; John Tsalikis and Bruce Seaton, "Business Ethics Index:

Measuring Consumer Sentiments Toward Business Ethical Practices." Journal of Business Ethics, 64(4), (April 2006): 317-326; Janet K. Mullin Marta, Anusorn Singhapakdi, Ashraf Attia, and Scott J. Vitell, "Some Important Factors Underlying Ethical Decisions of Middle-Eastern Marketers," International Marketing Review 21(1) (2004): 53; Mark A. Davis, "Measuring Ethical Ideology in Business Ethics: A Critical Analysis of the Ethics Position Questionnaire," Journal of Business Ethics, 32(1) (July 2001): 35-53; R. W. Armstrong, "An Empirical Investigation of International Marketing Ethics: Problems Encountered by Australian Firms," Journal of Business Ethics, 11 (1992): 161-171.

第9章 抽样设计与步骤

> 几乎不可能对大多数总体进行全面的普查。一个正确设计的抽样比一项失败的普查管理效率更高,偏差概率更小,并能为大多数目标提供所需水平的信息。
>
> ——Burke公司客户服务部副总裁琳达·克隆普(Linda Klump)

本章概要

抽样是调研设计的组成部分之一。进行调研设计是营销调研过程中的第3步。在这个阶段,已经确认了解决营销调研问题所需的信息,确定了调研设计的性质(探索性、描述性或因果性)(见第3章到第6章),规定了量表与测量方法(见第7章),完成了问卷设计(见第8章)。下一步就是设计恰当的抽样步骤。抽样设计涉及几个基本问题:(1)是否采用样本?(2)如果是,那么应该遵循什么过程?(3)应该采用什么类型的样本?(4)样本应该多大?

本章介绍抽样的基础概念以及回答以上问题所需考虑的定性因素。我们首先说明是否要抽样,并描述抽样时所涉及的步骤。接下来,介绍非概率抽样技术和概率抽样技术,讨论抽样技术在国际营销调研和社交媒体调研中的应用,识别相关的伦理问题,并描述互联网和计算机在抽样中的应用。

图9—1给出了本章与营销调研过程的关系,我们以MTV一代的案例开篇,说明抽样的作用。

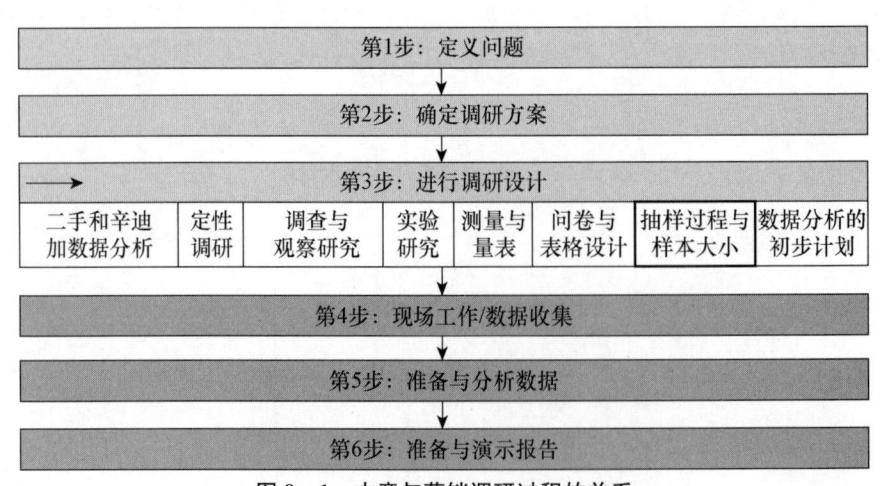

第1步:定义问题
第2步:确定调研方案

第3步:进行调研设计						
二手和辛迪加数据分析	定性调研	调查与观察研究	实验研究	测量与量表	问卷与表格设计	**抽样过程与样本大小**	数据分析的初步计划

第4步:现场工作/数据收集
第5步:准备与分析数据
第6步:准备与演示报告

图9—1 本章与营销调研过程的关系

学习目标

阅读本章后，学生应该能够：

1. 区分抽样与普查，并识别使用抽样比使用普查更优的条件。
2. 讨论抽样设计过程：定义目标总体，确定抽样框架，选择抽样技术，确定样本量，执行抽样过程。
3. 将抽样技术分为非概率抽样技术和概率抽样技术。
4. 描述非概率抽样技术中的便利抽样、判断抽样、配额抽样与滚雪球抽样。
5. 描述概率抽样技术中的简单随机抽样、系统抽样、分层抽样与整群抽样。
6. 了解在什么条件下非概率抽样相对于概率抽样更具优势。
7. 理解抽样设计过程以及抽样方法在国际营销调研中的应用。
8. 描述如何改善社交媒体样本的代表性。
9. 识别与抽样设计过程以及恰当的抽样方法的使用有关的伦理问题。
10. 解释抽样设计中互联网与计算机的使用。

调研实践

对 MTV 一代进行抽样

截至 2014 年，MTV（www.mtv.com）旗下包括 MTV、MTV Geek!、MTV Tr3s、MTV2、MTVU 等热门网站与其他遍布世界的网络。MTV 凭借一种轻松自由的企业文化和一系列强大的品牌为母公司 Viacom（www.viacom.com）赚取了巨额的利润。

然而，互联网的日子不会一直这样好。MTV 的市场调查发现，18～24 岁这个曾经帮助 MTV 创造了流行形象的群体出现了麻烦。随着用户抱怨 MTV 上不再有好音乐，收视率开始下滑。

公司对 18～24 岁年龄组的 1 000 人进行了电话调查。通过计算机随机数字拨号挑选了家庭样本，换言之，由计算机随机产生家庭电话号码。如果一个家庭有不止一个 18～24 岁的人，就使用"下一个生日法"抽出其中一个。访问员询问谁是家中下一个过生日的人，将那个人纳入样本。此项调查的结果显示，MTV 需要一次改头换面的转变。

紧接着，MTV 在时代广场推出了音乐时间直播秀，打造了许多新的节目。《音乐电视大奖》节目也被改版，主持人变得更有亲和力，而不仅仅是长得好看。这次改版的目的是给 MTV 打造一个更清晰、更深刻的形象以让观众开心。18～24 岁这个群体对于网络很重要，因为这个群体是更年轻的群体和 25～35 岁群体追逐形象和时髦观点的榜样。不容乐观的尼尔森收视率有了转机，感到沮丧的广告商又看到了希望。截至 2014 年，MTV 持续地增长和扩张，在根据正确的抽样程序进行的营销调研的帮助下，它应该能够在新的一代中继续保持流行。[1]

MTV 的调研实践说明了抽样设计包括的多个方面：定义目标总体（美国

18～24岁人群），确定抽样框架（计算机随机数字拨号程序），选择抽样技术（概率抽样），确定样本量大小（1 000人），执行抽样过程（使用下一个生日法选取调查对象）。在详细讨论抽样的这些方面之前，我们先讨论一个问题：调查人员是使用抽样还是进行普查。

抽样还是普查

总体（population）是由有共同特征的全部个体组成的。每一个营销调研项目都有一个独特定义的总体。大多数营销调研项目的目标是获得特定总体特征值的信息，比如，某个牙膏品牌的忠诚消费者的比例。调研人员可以通过普查或抽样来获得关于总体特征值的信息。**普查**（census）包含一个总体中所有个体的完整统计。**样本**（sample）则是被选出来用于营销调研项目的总体的子集。

预算和时间限制形成明显的约束，支持了样本的使用。普查成本高昂，而且执行起来耗时较多。对于大多数消费类产品而言，因为总体庞大，普查是不现实的。但是对于许多工业产品而言，总体规模很小，这使得普查法是可行的和可取的。例如，在调查美国汽车制造商对某种机床的使用情况时，普查法就比抽样更好。在这种情况下更适宜用普查法的另一个原因是，感兴趣的特征值的方差或差异性很大。例如，福特公司的机床使用情况可能与本田公司有所不同。总体规模小以及待测特征值的方差大时，适宜用普查法。

如果抽样误差的成本很高（例如，如果样本忽略了一家主要的制造商，比如福特公司，那么结果可能会令人误解），能够消除这类误差的普查是可取的。**抽样误差**（sampling errors）是指由于选择的特定样本不能完全地代表调查总体所产生的误差。另一方面，**非抽样误差**（nonsampling errors）是由抽样以外的原因所致。它的成因有多种，包括问题定义、方法、量表、问卷设计、调查方式、访谈技巧和数据准备与分析中的误差。非抽样误差（即因为缺少监督者而导致的访谈误差）的高成本也使得使用抽样法更有利。普查会极大地增加非抽样误差，而这个误差在某个点会超过样本的抽样误差。非抽样误差是总误差的主要来源，而随机抽样误差相对较小。因此，在大多数涉及大总体的情形下，出于准确性的考虑，抽样优于普查。这就是美国人口普查局进行抽样调查来检验各种普查的准确性的原因之一。然而，通过充分降低非抽样误差以补偿抽样误差并不总是可行的，就像美国汽车制造商的调研显示的那样。通常，在针对消费者或家庭的营销调研项目中，普查不具备可行性，因而必须采取抽样法。章首的"调研实践"专栏中MTV对18～24岁人群进行调查就是一个例子。然而，在很多的B2B或产业营销的情形下，总体规模比较小，普查是可行的，也是可取的。

调研概要

作为一般原则，在总体规模较大的消费者调查中，应当选择抽样法。在涉及较小总体的企业/组织调查中，可尝试使用普查法。

互联网调研

波音：宣传其飞机

搜索互联网，包括学校图书馆在线数据库，确定美国全部航空公司的总体。如果要对航空公司进行调查，确定其采购和/或租赁飞机的未来计划，你会使用抽样法还是普查法？请解释理由。

作为波音的CEO，你如何使用航空公司购买或租赁飞机的未来计划方面的信息来制定公司的营销战略？

抽样设计过程

抽样设计过程包括五个步骤，如图9—2所示。这些步骤密切联系，并与营销调研项目的所有方面（从问题的定义到结果的演示）有关。因此，样本设计决策应该与调研项目中的所有其他决策进行整合。

```
定义目标总体
    ↓
确定抽样框架
    ↓
选择抽样技术
    ↓
确定样本量
    ↓
执行抽样过程
```

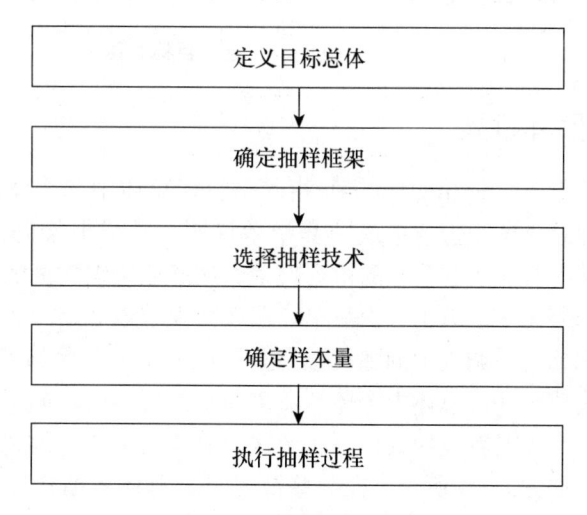

图9—2 抽样设计过程

定义目标总体

抽样设计从定义目标总体开始。**目标总体**（target population）指的是某些个体或对象的集合，这些个体或对象拥有调研人员所要寻找的信息，这些信息将被用来做出推论。推论包括将样本结果投射或推广至目标总体，稍后"抽样技术的分类"一节将对此进行说明。目标总体必须定义准确，不准确的目标总体定义将会导致调研无效，甚至产生错误的结论。定义目标总体涉及将问题的定义转换成一个准确的陈述，说明谁应该和谁不应该被包括进样本当中。

目标总体应该从个体、抽样单位、范围和时间等方面进行定义。**个体**（element）是指某个对象，关于他的或者来自他的信息是我们想要的。在调查研究中，个体通常是调查对象。**抽样单位**（sampling unit）指的是在抽样过程中的某一阶段可供选择的个体或者包含这个个体的单位（比如家庭）。假设露华浓（Revlon）想评价消费者对一个新款口红的反应，并想对18岁以上的女性抽样。一种情况是，直接对18岁以上的女性抽样，此时抽样单位就是个体。另一种情况是，抽样单位可能是家庭，因此对家庭进行抽样，并对每个被选家庭中所有18岁以上的女性进行访谈，或从每个样本家庭中选择一位进行访谈，比如，MTV的调研实践中使用了下一个生日法。可见，抽样单位和总体个体是不同的。范围指的是地理边界，时间框指的是考虑的时间区间。图9—3阐释了目标总体的定义。在MTV的调研实践中，个体由18~24岁的人群组成，抽样单位是家庭，范围是美国，时间框是调研的时间段。

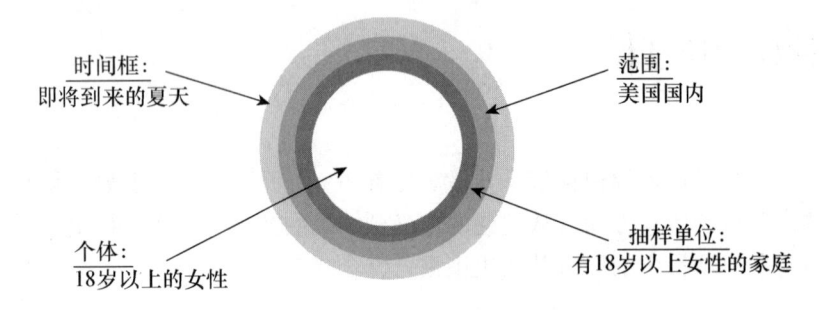

图 9—3　定义目标总体

确定抽样框架

抽样框架（sampling frame）指的是目标总体中的个体的一个代表。它包括用于识别目标总体的一份清单或一套指示说明。抽样框架的例子包括黄页电话号码簿、列出某个行业所有公司的协会目录、从商业组织购买的邮寄名单、城市指南或者地图。如果无法汇编出一份清单，那么至少应该规定一些用于识别目标总体的指示说明，比如电话调查中的随机数字拨号程序（见本章MTV的调研实践）。

汇编或获得一份总体中个体的清单通常是可能的，但是这份清单可能会遗漏总体中的某些个体或者包含其他不属于这个总体的个体。因此，清单的使用会导致抽样框误差，如图9—4所示。在某些情况下，总体和抽样框架的差异很小，可以忽略不计。但是在大多数情况下，调研人员需要识别并认真对待抽样框误差。

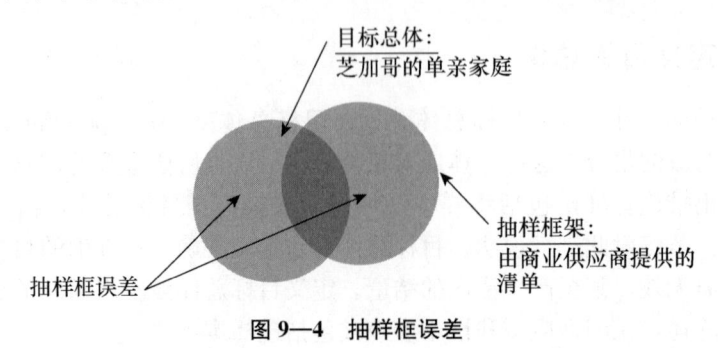

图 9—4　抽样框误差

调研概要

应当从个体、抽样单位、范围和时间等方面来定义总体。选择合适的抽样框架以最小化抽样框误差。

选择抽样技术

在选择抽样技术时,最重要的决定是使用概率抽样还是非概率抽样。由于这个决定十分重要,因此接下来会有详尽的讨论。

如果抽样单位和个体不同,就必须明确地指出应该如何在抽样单位内选择个体。在入户人员访谈和电话访谈中,仅仅规定地址或电话号码可能还不够。例如,应该访问那些应声去开门或去接电话的人,还是家中的其他人?一个家庭中通常不止一人具备被调查的资格。例如,家中的男主人和女主人可能都符合条件参加一项关于家庭休闲时间的活动安排的调查。在使用概率抽样技术时,必须从每个家庭的所有符合条件的人中随机选取。一种简单的随机选择方法是下一个生日法,如MTV的调研实践所示。

确定样本量

样本量(sample size)指的是调研中要包括的个体的数量。确定样本量是一项很复杂的工作,涉及几个定性的和统计上的考虑因素。确定样本量时,应当考虑的重要的定性因素包括:(1)决策的重要性;(2)调研的性质;(3)分析的性质;(4)类似的调研所使用的样本量;(5)资源约束。

一般来讲,决策越重要,需要的信息就越多,所获取的信息就应该越精确。这就要求更大的样本,但是随着样本量的增加,获取每个单位信息所花费的成本就越高,效益越低。调研的性质也对样本量产生影响。对于探索性调研,比如那些定性调研,样本通常较小。对于结论性调研,比如描述性调研,则需要较大的样本。

如果需要使用高级的统计方法对数据进行复杂的分析,样本量也应该很大。这同样适用于需要对数据进行非常细致的分析的情形。因此,如果要在子群或细分的层次上分析数据,所需要的样本要比对总体或全部样本进行分析更大。样本量受到类似的调研中平均样本量的影响。表9—1给出了不同的营销调研中使用的样本量的经验值。这些样本量是根据经验确定的,可以作为粗略的指南,尤其在使用非概率抽样技术时。

表 9—1　营销研究中使用的样本量

调研类型	最小值	通常的范围
问题识别调研(如市场潜力)	500	1 000~2 500
问题对策调研(如定价)	200	300~500
产品测试	200	300~500
试销调研	200	300~500
电视/广播/印刷广告(每条测试广告)	150	200~300
试销市场审计	10家商店	10~20家商店
焦点小组	2组	10~15组

样本量的决定也需要考虑资源的限制。在任何一项营销研究项目中，资金和时间都是有限的。其他的限制还包括合格的数据收集人员的可得性。根据所有上述考虑因素，在MTV的调查中样本量被确定为1 000。

统计上的考虑因素包括测量的特征值的差异性（方差）和其他因素。统计学上，一个400人（准确地说是385人）的样本足以产生满足通常可接受的统计标准的百分比的估计值。因此，在MTV的调查中1 000人的样本量已经大大超出了统计标准的要求。

调研概要

根据决策的重要性、调研的性质、分析的性质、类似的调研所使用的样本量、资源约束和统计上的考虑因素来确定样本量的大小。

执行抽样过程

要执行抽样过程，就要详细规定在总体、抽样框架、抽样单位、抽样技术与样本量等方面如何执行抽样设计决策。如果抽样单位是家庭，就需要对家庭有一个操作化的定义。针对空缺的家庭单位以及无人在家情况下的复查应该规定相应方法。对所有的抽样设计决策都必须提供详细的信息。在MTV的调研实践中，执行包括根据计算机随机数字拨号程序选择家庭并使用下一个生日法选择18～24岁的调查对象。我们会在关于佛罗里达州旅游部门的问卷调查的例子中对此做进一步的详细说明。

调研实践

旅游部门电话调查过生日的人

佛罗里达州旅游部门进行了一项电话调查，以更好地了解州内居民的旅游行为。家庭被按佛罗里达州北部、中部和南部地区划分。使用计算机随机数字抽样来获得家庭样本。接着筛选家庭，以寻找符合四个条件的家庭成员：

1. 年龄在25岁及以上。
2. 一年中至少有7个月住在佛罗里达州。
3. 在佛罗里达州住了至少两年。
4. 有佛罗里达州的驾照。

为了获得合格个体的代表性样本，这些家庭是通过计算机程序随机产生的电话号码来选择的。同时也使用随机的方法选择家庭中的调查对象。列出符合四个条件的所有家庭成员，然后用下一个生日法选出调查对象。进行电话回访，以保证能找到那个调查对象。抽样设计过程的步骤如下：

1. 目标总体：在调查期间（时间），佛罗里达州（范围）有可用电话的家庭（抽样单位）中符合四个条件的成年人（个体）。

2. 抽样框架：计算机程序随机产生电话号码。
3. 抽样单位：有可用电话的家庭。
4. 抽样技术：分层抽样。将目标总体按地理空间分为三个区域：佛罗里达州北部、中部、南部地区。
5. 样本量：868。
6. 执行：在每个层中确定样本；使用计算机随机数字拨号程序；列出满足四个条件的全部家庭成员；使用下一个生日法选择一位家庭成员。

抽样技术的分类

抽样技术可以被宽泛地分为非概率抽样和概率抽样。**非概率抽样**（nonprobability sampling）依赖于调研人员的个人判断而非概率来选择样本个体。调研人员可以任意地或有意识地决定将哪些个体包括进样本中。非概率样本可以产生对总体特征值很好的估计。但是，无法对抽样误差进行客观评价。因为没有方法能确定将任一特定个体选入样本的概率，所以所获得的估计在统计上不能映射到总体，即不能根据样本结果得出有关总体的推论。因此，如果通过非概率抽样选取的样本中，有35％的人表示喜欢一项新服务，我们不能得出目标总体有35％的人有同样偏好的结论。常用的非概率抽样技术包括便利抽样、判断抽样、配额抽样与滚雪球抽样（见图9—5）。

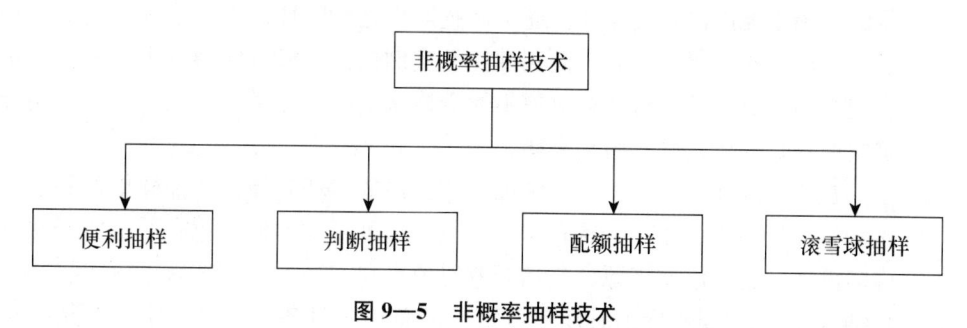

```
                    非概率抽样技术
        ┌───────────┬───────────┬───────────┐
     便利抽样    判断抽样    配额抽样   滚雪球抽样
```

图 9—5　非概率抽样技术

在**概率抽样**（probability sampling）中，随机选择抽样单位。因为样本个体是根据概率进行选择的，可以确定感兴趣的特征值（比如，对一项新服务表示偏好的百分比）的样本估计的准确性。这就使得调研人员能够利用样本对总体进行推断或预测。因此，如果通过概率抽样挑选的样本中，35％的人表示喜欢一项新服务，我们可以得出如下结论：可能目标总体有35％的人对这项新服务有同样的偏好。概率抽样技术包括简单随机抽样、系统抽样、分层抽样、整群抽样（见图9—6）。接下来，我们首先讨论非概率抽样技术。

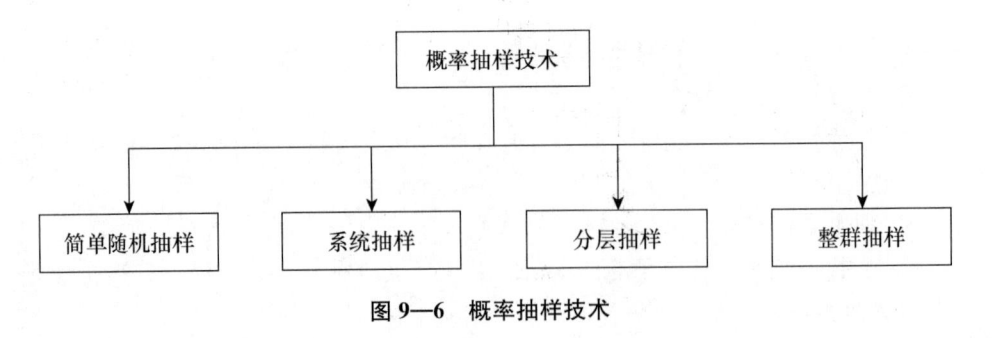

```
                    概率抽样技术
          ┌───────────┬──────────┬──────────┐
          ▼           ▼          ▼          ▼
     简单随机抽样   系统抽样    分层抽样    整群抽样
```

图 9—6　概率抽样技术

调研概要

非概率抽样技术依赖于调研人员的判断，可以主观地或有意识地决定将哪些个体纳入样本。由于没有方法可以确定任意一个特定个体纳入样本的概率，因此不能将非概率抽样得到的估计值推断至总体。在概率抽样中，抽样单位是随机选择的，所以可以用样本去推断目标总体。

非概率抽样技术

便利抽样

便利抽样（convenience sampling）试图本着便利原则获取一个样本。对抽样单位的选择主要由访问员完成。通常调查对象之所以被选中，是因为他们碰巧在恰当的时间出现在恰当的地点。便利抽样的实例包括：（1）使用学生、教会成员以及社会组织的成员；（2）对调查对象不加资格认定的商场拦截访谈；（3）使用交易清单确定的百货商店；（4）街头采访。

在所有抽样方法当中，便利抽样成本最低、耗时最少。抽样单位易于接近、易于测量并且易于合作。尽管有这些优点，这种形式的抽样也有严重的局限性。存在许多潜在的选择偏差来源，包括调查对象自我选择（即调查对象可以影响他们是否被纳入样本）。便利样本对任何可定义的总体不具备代表性。所以，从一个便利样本得到的结果推广到总体是没有意义的，便利样本不适用于涉及总体推断的营销调研项目。对于描述性调研或因果性调研，不推荐使用便利样本，但是可以将其用于探索性调研中以产生想法、见解或假设。便利样本可以被用于焦点小组座谈、问卷预测试或者初步调研。即使在这些情况下，在解释结果时也应该谨慎。

调研概要

便利抽样是所有抽样技术中最省钱省时的，但是它有很严重的局限性。可以将它用于探索性调研中以产生想法、见解或假设。

判断抽样

判断抽样（judgmental sampling）是便利抽样的一种形式，即根据调研人员的判断选出总体中的个体。调研人员运用判断或专业知识选出要被纳入样本的个体，因为他们相信这些个体对调研总体具有代表性，或者是合适的。判断抽样的常见例子包括：（1）被选来确定一种新产品潜力的试销市场；（2）在产业营销调研中被选出的采购工程师，因为他们被认为是所在公司的代表；（3）在投票行为调研中选出的代表民意的选区。下面以卡乐星（Carl's Jr）的特大号芝士汉堡的试销为例，来说明这种抽样技术的应用。

调研实践

特大号芝士汉堡试销

卡乐星公司在南加州的 50 家卡乐星餐厅和印第安纳州的 50 家哈迪餐厅对其特大号芝士汉堡进行试销。选择这些地点的原因是，调研人员认为它们可以很好地提供消费者对这款新产品的最初反应的总体情况。请注意，卡乐星只是想要评价消费者对这款特大号芝士汉堡的最初反应，并没有想推断在全国范围内的销售情况。

在卡乐星的调研实践中，使用判断抽样来选择特定的测试市场和这些测试市场中特定的餐厅。判断抽样的成本并不高，操作方便，速度也很快。然而，这种抽样方法不允许对特定的总体进行直接推断。判断抽样是主观的，它的价值完全取决于调研人员的判断、专业水平和创造力。如果不需要进行总体的推断，这种方法是有用的。正如卡乐星的调研实践所示，判断抽样经常在商业性营销调研项目中使用。这种方法可以扩展到配额抽样中。

调研概要

判断抽样是主观的，它的价值完全取决于调研人员的判断、专业水平和创造力。你可以在很多的情境下使用，包括选择测试市场。

配额抽样

配额抽样（quota sampling）可以看成两阶段的判断抽样。在第一个阶段，确定总体中个体的控制类别或配额。为了确定这些配额，调研人员列出相关的控制特征，并确定这些特征在目标总体中的分布。相关的控制特征（包括性别、年龄与种族）是在判断的基础上确定的。通常在分配配额时，应使具备控制特征的样本个体的比例与具备这些特征的总体个体的比例相同。换句话说，配额确保了在特定特征方面样本的组成与总体的组成相同。在第二个阶段，在便利性或判断的基础上选出样本个体。一旦分配好配额，则在选择被纳入样本的个体时有相当大的自由度。唯一的要求是被选个体应该符合控制特征。我们用大都市地区杂志阅读情况的调研实践来说明这种技术。

调研实践

大都市地区的杂志阅读量增加了吗

一项调研想要探究在186万人口的大都市地区某杂志的成年人阅读情况。选取了1 000名成年人的配额样本。控制特征是性别、年龄与种族。根据社区成年人口的结构，配额分配如下表所示。

控制特征	人口结构 百分比	样本结构 百分比	样本结构 数量
性别			
男性	48	48	480
女性	52	52	520
	100	100	1 000
年龄			
18～30岁	27	27	270
31～45岁	39	39	390
45～60岁	16	16	160
60岁以上	18	18	180
	100	100	1 000
种族			
白人	59	59	590
黑人	35	35	350
其他	6	6	60
	100	100	1 000

即使在控制特征方面样本结构映射了总体结构，也不能保证样本是具有代表性的。如果与问题相关的特征被忽略了，配额抽样将不具有代表性。相关的控制特征经常被忽略，因为在实际操作中要包括多项控制特征比较困难。每个配额内的个体是根据便利性或判断来选取的，所以可能存在许多选择偏差的来源。访谈人员会前往更可能找到符合条件的调查对象的备选地区。他们可能会避免接触那些看起来不友善、衣冠不整或者居住在不理想的地方的人。配额抽样不能评估抽样误差。

配额抽样试图以相对低的成本获取有代表性的样本。它的优点是对访谈人员而言，为每个配额选择个体时成本较低且较为方便。近年来，为减小选择偏差，对访谈人员和访谈程序的控制越来越严格，并且有人提出了改进商场拦截式配额样本的质量的指南。在某些条件下，配额抽样获得的结果与常规概率抽样获得的结果十分接近。

调研概要

配额抽样可以被看成两阶段的判断抽样。在第一个阶段，确定总体中个体的控制类别或配额。在第二个阶段，在便利性或判断的基础上选出样本个体。配额法能改善样本的代表性，尽管不能确保有效。

滚雪球抽样

在**滚雪球抽样**（snowball sampling）中，首先选出最初的一组调查对象，通常是随机选取。在访谈之后，要求这些调查对象推荐一些属于目标总体的其他人，根据推荐挑选出后面的调查对象。这一过程可以通过一轮接一轮的推荐进行下去，因而产生了一个"滚雪球"的效应。即使在选择最初的调查对象时使用了概率抽样，最终的样本还是一个非概率样本。与随机的方式相比，被推荐的人将具备与推荐人更为相似的人口统计与心理统计特征。

滚雪球抽样的一个主要目标是估计在总体中非常稀少的某些特征。例如，享受特殊政府或社会服务（如食品券）的人群，这些人的名字不能被披露；特殊的普查群体，如35岁以下的鳏夫；一个分散的较小总体的成员。滚雪球抽样被用于行业中的购买者—销售者调研，以分辨购买者—销售者的配对。滚雪球抽样的主要优点是，它显著地增加了在总体中找出想要的特征的可能性。同时，样本方差和抽样成本相对较低。下面的"调研实践"专栏举例说明了滚雪球抽样。

调研实践

滚雪球调查

为了研究俄亥俄州的营销调研访问员的人口统计特征，使用滚雪球法的变形产生了一个访问员样本。在七个主要大都市地区的报纸上投放分类广告，以接触到访问员。这些广告要求愿意回答25个关于他们工作的问题的有经验的访问员回信。这类回复通过一个推荐系统不断增加：每个访问员被要求给出其他访问员的姓名和地址。最终这种方法在全美许多地区得到了很多并未看到最初的报纸广告的访问员。只有27%的回收问卷是由最初看到广告的人完成的，其他的均来自被推荐人及其推荐的人。[4]

上述营销实践中，最初的调查对象是通过分类广告非随机选取的。这个程序比随机选择更有效率。在其他的情况下，通过概率抽样技术随机选择调查对象更加合适。

调研概要

在滚雪球抽样中，先选择最初的调查对象，通常是随机选取的。根据最初调查对象的推荐再选择随后的调查对象。这种技术适用于估计在总体中比较稀少的特征。

互联网调研

针对中性T恤的抽样调查

作为拉夫劳伦（Polo Ralph Lauren）的营销副总裁，你需要哪些信息来确定公司是否应该在全国市场推出其开发的中性T恤新系列?

访问www.polo.com，搜索互联网，包括社交媒体和学校图书馆在线数据库，获得拉夫劳伦的市场营销战略方面的信息。拉夫劳伦想要知道消费者对于公司开发的中性T恤新系列的最初反应。如果使用非概率抽样法，你推荐使用哪一种方法？为什么？

概率抽样技术

不同的概率抽样方法在抽样效率方面存在差异。抽样效率反映了抽样成本和精确度之间的权衡。精确度指的是关于被测特征值的不确定性的程度。精确度与抽样误差负相关，而与成本正相关。要求的精确度越高，抽样误差越小，成本越高。大多数调研要求对两者进行权衡。调研人员应该在满足预算的同时争取最有效率的抽样设计。通过与简单随机抽样相比较，可以评估所选概率抽样技术的效率。

简单随机抽样

在**简单随机抽样**（simple random sampling，SRS）中，总体的每一个个体被抽取的概率已知并且相等，每一个个体的选择独立于其他个体。样本通过随机程序从抽样框架中选取。这种方法相当于抽奖，即将写有人员姓名的纸条放进抽奖箱，然后摇晃箱子，再以无偏差的方式抽取获奖者。

为了抽出一个简单随机样本，调研人员首先建立一个抽样框架，其中每一个个体被分配了一个唯一的身份号码，然后产生随机数字来确定哪些个体被纳入样本。随机数字可以用一个计算机程序或一张表格生成。在MTV的调研实践中，就使用了计算机程序随机产生家庭电话号码。

SRS有许多理想的特征：它易于理解；样本的结果可以映射到目标总体上；大多数统计推断的方法都假定数据是通过简单随机抽样方法收集的。但是，SRS具有至少四个显著的局限性。第一，通常很难构建一个可以进行简单随机抽样的抽样框架。第二，SRS可能导致样本很大或者跨越的地理区域很广，因此增加了数据收集的时间和成本。第三，SRS通常比其他概率抽样方法的精确度低。实际上，通常通过与简单随机抽样相比较来评价其他概率抽样方法的效率。第四，SRS所产生的样本可能具有代表性，也可能没有代表性。虽然平均来说，所抽出的样本可以很好地代表总体，但是一个给定的简单随机样本也存在错误代表目标总体的可能。如果样本量很小，这种情况就更可能发生。由于这些原因，SRS在营销调研中应用不广，系统抽样等方法则更为常用。

调研概要

在简单随机抽样（SRS）中，总体中的每一个个体被抽取的概率都是已知并且相等的，每一个个体的选择独立于其他个体。这种方法和抽奖相似。通过与简单随机抽样相比较,可以评估一种概率抽样方法的效率。

系统抽样

系统抽样(systematic sampling)通过选择一个随机的起点,然后从抽样框架中连续地每隔 i 个个体挑出一个,从而选出样本。通过将总体容量 N 除以样本量 n 并将结果四舍五入到最接近的整数,可以确定抽样间距 i。例如,总体中有 100 000 个个体,想要抽取一个样本量为 1 000 的样本。在这种情况下抽样间距 i 为 100。在 1~100 之间选出一个随机数字如 23,则该样本就由个体 23、123、223、323、423 和 523 等组成。①

系统抽样与简单随机抽样的不同之处在于:在系统抽样中,只有最初的个体是随机选取的,而剩下的个体是系统选取的,即将前面的个体加上 i 得到。而在简单随机抽样中,全部的个体都是随机选取的。

对于系统抽样,调研人员假定总体中的个体是按某个方面排列的。当个体的排序与需要研究的特征值相关时,系统抽样增加了样本的代表性。如果按照年销售额对一个行业中的公司进行增序排列,那么一个系统样本将包括一些小公司和一些大公司。一个简单随机样本可能不具有代表性,因为它可能全部是小公司或者包括过大比例的小公司。如果个体排序呈现出一个循环的形式,则系统抽样可能降低样本的代表性。举例说明,假设使用系统抽样从一个包含过去 60 年的月销售额的抽样框架中,生成一个百货商店月销售额样本。如果选择的抽样间距为 12,则产生的样本反映不出月与月之间销售额的差异。比如说,从 1~12 中选取一个随机数字,假定是 3,代表 3 月。因此,样本将包括 3、15(3+12)、27(3+2×12),即过去 60 年间每年的 3 月都被选取。在这种情况下,样本将无法反映每年月销售额的差异。

系统抽样比 SRS 成本低,更容易实现,因为只需要进行一次随机选择。而且,随机数字不必像在 SRS 中那样与单个个体相匹配。另一个相对的优势是,系统抽样甚至可以在不了解抽样框架的组成(个体)的情况下使用。例如,可以每隔 i 个人拦截离开一家百货商店的人。由于这些原因,系统抽样经常被用于消费者邮件访谈、电话访谈、商场拦截访谈。Tennis 杂志的调研实践阐释了这种方法。

> **调研实践**
>
> ### *Tennis* 杂志的系统抽样大获成功
>
> *Tennis* 杂志对它的订阅者进行了一项邮件调查,以更好地了解市场。它使用系统抽样从出版商的国内发行清单中抽取了 1 472 个订阅者的样本。如果我们假设订阅者清单

---

① 当抽样间距 i 不是整数时,最简单的解决方法是使用小于或者大于 i 的最近的整数作为抽样间距。如果取整对样本量有太大的影响,可以增加或删除额外的个案。

上有1 472 000个名字，抽样间距为1 000（1 472 000/1 472）。从1～1 000中随机抽取一个数字，以这个数字开头，每隔1 000选取一个订阅者。

问卷中包含一张全新的美元钞票，作为对调查对象的激励。在调查的前一周寄出明信片提醒调查对象。在最初的问卷寄出10天后再给所有样本寄出第二份跟进的问卷。有76份邮件被退回，所以有效的问卷邮寄数量是1 396份。在邮寄第一份问卷6周之后，778份完整的问卷被寄回。应答率是56%。[5]

调研概要

在系统抽样中，只需要随机选择最初的个体，剩下的个体是系统选取产生的。当个体是按照与需要研究的特征有关的方式进行排序时，这种抽样法增加了样本的代表性。如果个体是按循环的形式排列的，就会降低样本的代表性。

分层抽样

分层抽样（stratified sampling）是一个两阶段过程，首先总体被分割为子总体或者层。各层应该相互独立，完全穷尽，每个总体中的个体都应该被分配到一个且唯一的层，不应该遗漏任何总体个体。接下来，用一种随机的方法（通常是简单随机抽样）从每层中选出个体。从技术上讲，只有简单随机抽样应该被用来从每层中选择个体。在实际中，有时会运用系统抽样和其他概率抽样方法。与配额抽样不同，分层抽样的样本个体是按概率抽取的，而不是基于便利性或判断产生的。分层抽样的一个主要目的是在不增加成本的情况下提高精确度。

用来将总体分割为各层的变量称为分层变量。选择这些变量的标准包括同质性（相似性）、异质性（差异性）、相关性和成本。一层之内的个体应该尽可能同质（相似），而不同层的个体应该尽可能异质（不同）。分层变量还应该与需要研究的特征密切相关。越符合这些标准，控制外部抽样变化的有效性就越高。最后，这些变量应该易于测量和应用，从而降低分层过程的成本。

一般用于分层的变量包括人口统计特征（如配额抽样的例子所示）、顾客的类型（信用卡用户与非信用卡用户）、公司规模或者行业类型。可以使用一种以上的分层变量，尽管出于实效和成本的考虑很少使用两种以上的变量。我们以美国运通（American Express）全国旅行预测调查为例说明如何选择分层变量。

调研实践

通过电话追踪旅行

美国运通全国旅行预测调查由GfK（美国）公司（www.gfk.com）通过OminiTel这一每周的电话综合性调查来完成（请参考第3章有关综合性调查/固定样本组的描述）。一共访问了1 030人（525名女性、505名男性）。用于分层的变量是性别、年龄、收入和普查区域。调查发现，最可能有小孩的 25~49 岁年龄段的美国人最喜欢去的地方是佛罗里达州奥兰多市。老年人（65 岁及以上）更偏爱去华盛顿。更年轻的美国人（年龄在18~34 岁）最可能把度假列为首选。因为旅行的偏好随年龄的不同而不同，年龄确实是一个有用的分层变量。而其他的变量如姓名、性别、收入和普查地区对旅行偏好没有显著的影响。因此，仅根据年龄进行分层可以在不降低精确度的情况下降低抽样成本。[6]

分层抽样可以确保所有重要的子总体在样本中都得到体现，因为全部的分层都包含在样本中。如果总体中需要研究的特征的分布是不对称的，考虑这一点尤其重要。例如，因为大多数家庭的年收入在 50 000 美元以下，所以家庭收入的分布是有偏的。极少数家庭的年收入为 300 000 美元或以上。如果采用简单随机抽样，收入为 300 000 美元及以上的家庭可能得不到充分的体现，而分层抽样将保证样本中包含一定数量的这类家庭。分层抽样不仅具有简单随机抽样的简易性，而且具有一定的精确度。因此，它是一种常用的抽样方法。

调研概要

分层抽样是两步抽样法，首先将总体分成子总体或者层。接着，通过随机的方法从每层中选择个体，通常采用简单随机抽样。分层抽样的主要目的是在增加抽样精确度的同时不增加成本，因此，这是一种常用的方法。

整群抽样

整群抽样（cluster sampling）首先将目标总体分为相互独立且完全穷尽的子总体或者群。然后根据一种概率抽样方法（如 SRS）选出由群组成的随机样本。对于每个被选中的群而言，要么所有的个体都被包括进样本，要么用概率抽样的方法抽出一个个体的样本。如果每个被选出的群中的所有个体都被包括进样本，这种方法称为单阶段整群抽样；如果从每个被选出的群中按概率抽出一个个体的样本，这种方法称为两阶段整群抽样。

整群抽样和分层抽样之间的关键差别在于：整群抽样只抽选一个子总体（群）的样本，而在分层抽样中，从所有的子总体（层）中进一步抽取样本。两种方法的目的也不同。整群抽样的目的是通过降低成本来提高抽样效率。分层抽样的目的是提高精确度。在同质性和异质性方面，构成群的标准刚好与构成层的标准相反。一个群内的个体应该尽可能地异质（不同），但是各群之间应该尽可能地同质（相似）。理想情况下，每个群都应该是总体的一个小规模的代表。在整群抽样中，只是在选择群作为样本时才需要抽样框架。整群抽样的一个常见形式是**区域抽样**（area sampling），各群包括地理区域，如国家、住宅区或街区。下面的"调研实践"专栏举例说明了两阶段区域抽样。

> **调研实践**
>
> **富人的社区**
>
> 一个营销调研项目调查了富人的消费行为。根据普查数据形成一份收入排在前50%的州中平均收入超过10 000美元的社区列表，运用简单随机抽样从中选取800个街区的样本。商业列表公司提供了这800个街区中大约95%普查家庭户主的姓名和地址。通过简单随机抽样从213 000个家庭中选取了9 000家。调查发现，富人家庭的开支中奢侈品消费所占比例很大，因此他们成为奢侈品厂商的主要目标细分市场。这些奢侈品厂商的代表是路易威登（LVMH），它是全球最大的奢侈品生产商，拥有超过50个品牌，包括LV这一拥有世界顶级设计师的品牌。[7]

整群抽样是成本—效益最大化的概率随机抽样方法，但它也存在局限性。整群抽样导致了相对不精确的样本，很难形成异质性的群，比如说，一个街区的家庭趋向于相似而非不同。难以对基于群的统计数字进行计算和解释。

调研概要

在整群抽样中，先将目标总体分为相互独立且完全穷尽的子总体或者群。然后使用简单随机抽样等概率抽样技术随机选取一个群样本。对于每个被选中的群，要么将所有的个体纳入样本（单阶段整群抽样），要么抽选个体的一个随机样本（两阶段整群抽样）。整群抽样的目的是通过降低成本来提高抽样的效率。

互联网调研

植源草本：引入新产品至关重要

作为植源草本（Herbal Essences）的营销主管，你将如何确定哪一款新洗发水应该被推向市场？

搜索互联网，包括社交媒体和学校图书馆在线数据库，确定美国的洗发水市场的规模。植源草本想要确定新洗发水的需求。如果使用概率抽样进行调查，应该使用什么抽样方法？为什么？

非概率抽样和概率抽样的选择

选择非概率抽样还是概率抽样，应该基于调研性质、抽样误差和非抽样误差的相对大小，以及统计和操作上的考虑。在探索性调研中，往往只有初步的发现，可能没有必要使用概率抽样。在结论性调研中，调研人员希望使用结果来估计总体的市场份额或者全体市场的大小，则更适宜采用概率抽样。概率样本允许将结果向目标总体进行统计推断。MTV的调研实践就是如此。由于需要将调查发现投射到全部的18~24岁的人群总体中，因此，使用概率抽样，具体而言是简单随机抽样，通过计算机程序随机产生家庭电话号码。

如果非概率抽样误差有可能是一个重要的因素，那么非概率抽样可能更合适，因为通过判断可能能够更好地控制抽样过程。如果抽样误差更为重要，就选择概率抽样。从统计的角度来说，概率抽样更为合适，因为它是大多数常用统计技术的基础。

但是，概率抽样很复杂，要求调研人员接受过统计方面的培训。它一般比非概率抽样的成本更高，花费的时间更长。在许多营销调研项目中，很难为增加的时间和开支提出充分的理由。因此，在实践中，调研的目标决定了将使用哪种抽样方法。

调研概要

当进行探索性调研、非抽样误差大于抽样误差以及成本因素很重要时，使用非概率抽样。当进行结论性调研、抽样误差比非抽样误差大以及统计上的考虑很重要时，使用概率抽样。

互联网抽样

随着互联网的日益普及，在线抽样法被越来越多地使用。非概率抽样与概率抽样技术都可以在互联网上实施。可以通过随机或其他方法提前招募或者在线获取调查对象。通常会利用每一个访客在互联网上实施非概率抽样。利用网站的每位访客显然是便利抽样的例子。根据调研人员的判断，可以利用一些资格认定标准来筛选调查对象，甚至可以使用配额法。然而，配额被满足的程度受到该网站访客的数量与特征的限制。概率抽样技术通过随机招募调查对象并通过电子邮件邀请他们访问发布调查问卷的网站的方式实施。在这种情况下，问卷发布在网站的隐秘位置并设密码。因此，未被邀请的网页浏览者将不能获取问卷。同样，随机的弹出窗口可以用来邀请网页浏览者填写问卷。

调研概要

可以在互联网上进行概率抽样和非概率抽样。可以提前招募调查对象，或者在线获取调查对象。非随机地招募或接触网站访客就是非随机抽样，随机地这样操作就是随机抽样。

国际营销调研

在国际营销调研中进行抽样设计不是一项简单的任务。在定义目标总体时应该考虑几个因素。相关个体（调查对象）在不同国家可能不尽相同。在美国，孩子在儿童谷物产品的购买中扮演着重要的角色。但是，在主要由家长抚养孩子的国家中，母亲可能是相关个体。在美国，女性在汽车及其他耐用品的购买中起着关键的作用；在男性占主导的社会里，比如中东，这样的决定由男人做出。易接近性在各个国家也不一样。在墨西哥，由于有围墙和佣人的阻拦，陌生人无法进入房屋。居住单元可能未被编号，街道无法识别，使查找指定的家庭非常困难。

设计一个合适的抽样框架同样是一项困难的任务。在许多国家，尤其是在发展中国家，可能无法从二手来源得到关于目标总体的可靠信息。政府数据可能难以获得或者有很大的偏差。也可能无法通过商业途径得到总体的名单。编辑这些名单所需的时间和费用令人望而却步。例如，在沙特阿拉伯，没有官方认可的人口普查；没有选举，因而也就没有选民登记记录；没有精确的人口中心地区的地图。在这种情况下，可以让访谈人员从指定的起点处开始，每隔 n 个住所取样，直到指定数目的单位被抽取。

由于缺乏合适的抽样框架，不易接近某些调查对象（比如有些国家的妇女），人员访谈占主导地位，因此，在国际营销调研中概率抽样方法的应用并不普遍。然而，在大多数国家，随着互联网日益普及以及在线固定样本组容易获得，使得调研人员可以克服许多的传统障碍，万事达卡国际组织（Master Card Worldwide）的调研实践显示了这一点。

调研实践

万事达卡占领亚太地区

万事达卡国际组织（www.mastercard.com）全球闻名，不仅是因为它是最佳全球支付解决方案提供商之一，还因为它是全球知识的领导者。最近，它与全球最大的调查研究集团之一益普索（www.ipsos.com）合作，在亚太地区进行了一项在线购物的营销调研，目的是获取关于电子商务模式和趋势的更多信息以及考察信用卡的未来发展。

在亚太地区万事达卡 8 个主要的市场上对 18～49 岁的 4 157 个人进行了在线调查。样本从益普索的亚洲在线固定样本组中选取，仅限于有银行账户并且每周至少上网一次的个体。在每一个国家，使用简单随机抽样选取了满足这些条件的固定样本组成员。各国的样本量大致相当，如下所示：

中国香港 $n=541$
中国内地 $n=519$
澳大利亚 $n=517$
新加坡 $n=515$
韩国 $n=520$
日本 $n=507$
印度 $n=517$
泰国 $n=521$

调查结果显示，在亚太地区在线购物很受欢迎，63%的被调查人群表示曾经在线购物。调查还发现，在线购物的主要驱动力包括互联网普及、收入水平以及文化因素。然而，亚太地区在线购物者最关心的是安全问题，65%的互联网用户出于安全原因不愿意在线购物。每个国家的具体数据如下：中国内地87%，泰国75%，中国香港74%，印度73%。然而，在更加发达的国家如韩国和日本，在线购物者并不会很担心这个问题：只有26%的韩国人和31%的日本人担心安全问题。尽管有安全上的顾虑，信用卡仍然是该地区在线购物者的首选支付方式。根据这些发现，万事达卡国际组织为应对安全顾虑付出了努力。例如，公司升级了其支付系统的安全基础设施。公司在亚太地区举行了支付系统的研讨会来讨论安全问题。在研讨会期间，公司强调了为消费者提供最安全、最可靠支付卡的承诺。此后，万事达卡国际组织在亚太地区的业务飞速发展。[8]

调研概要

由于缺乏合适的抽样框架、不易接近某些调查对象、人员访谈占主导地位等原因，在国际营销调研中，概率抽样技术的应用并不普遍。然而，当从在线固定样本组中选取样本调查对象时，可以方便地使用随机抽样技术。

互联网调研

美国和印度的电脑使用情况

作为英特尔这家计算机微处理器制造商的全球营销经理，你会在美国和印度采取相同的还是不同的市场营销战略？

搜索互联网，包括社交媒体和学校图书馆在线数据库，获取在美国和印度家庭使用个人电脑方面的信息。英特尔想要进行跨文化的研究，以确定两国家庭在使用个人电脑方面的异同。两个国家应该使用相同还是不同的抽样技术？应该使用哪种（些）抽样技术？

营销调研和社交媒体

在公开领域可以使用的一般性社交媒体内容可能在所有情况下都不具有代表性，甚至不正确。抽样框架是有偏差和局限性的，因为只能代表那些上网和参与社交媒体的消费者。即便如此，社交媒体的重度使用者有更大的概率成为样本。然而，有如下方法能改善从一般性的社交媒体分析和监控中收集到的信息的代表性。

- 不以整个网站为目标，而是选择网站上满足品牌特征的部分。仔细地筛选可以获得更定向、更具有代表性的样本。

- 通过使用与顾客、类别、品牌有关的术语，来设计可用于挖掘社交媒体内容的查询条件，以减少查询结果。
- 使用文本分析，辨别能区分不同类型的舆论的年龄、性别、地区或其他特征，然后过滤结果以更精确地反映目标总体。这些信息可以从个体发表的公开的社交媒体文件中获得。

调研实践

简单随机抽样产生了复杂的市场细分

Umbria 现在是 J. D. Power and Associates（www.jdpower.com）旗下的公司，使用文本挖掘技术为其客户细分市场。首先从很多社交媒体网站收集大量的关于服饰的评论，接着使用简单随机抽样选取一个可以管理的、具有代表性的子集。之所以使用简单随机抽样，是因为抽样框架易于获取且结果是可推断至总体的。选择一个有代表性的样本有助于对收集到的全部评论进行更细致的分析。使用文本挖掘技术分析所选的评论，发现了六个细分市场：发现合适的服饰者、自我表达者、寻找便宜货者、大牌屌丝、款式大师、异议者。这些标签可以很好地描述各个细分市场。比如，发现合适的服饰者属于X一代，这些人穿牛仔裤以掩饰他们体型的变化。自我表达者想让将自己显得潦倒，通过增加补丁和刺绣来定制自己的牛仔裤。客户根据这些发现针对每个细分市场设计和营销定制化产品，这进一步催生了复杂的市场细分方案和成功的市场营销战略。[9]

调研概要

可以通过若干方式改善从一般性社交媒体获取的信息的代表性。这些方式包括：选择网站上适合品牌特征的部分；通过使用与顾客、类别、品牌有关的术语来设计可用于挖掘社交媒体内容的查询条件，以减少查询结果；使用人口统计特征筛选结果以更精确地反映目标总体。

营销调研伦理

调研人员在抽样过程中对客户和调查对象都负有伦理上的责任。对于客户，调研人员必须提出合适的抽样设计方案，以控制本章所讨论的抽样误差和非抽样误差。适时使用概率抽样。使用非概率抽样时，应该努力得到一个有代表性的样本。将非概率样本作为概率样本并将结果推断到目标总体是一种不合乎伦理且会令人误解的做法。如下面的"调研实践"专栏所示，如果想合乎伦理地实施调研并使用调研发现，必须正确地定义总体和抽样框架并使用正确的抽样技术。

> **调研实践**
>
> **系统抽样揭示了伦理判断上的性别差异**
>
> 为了发现男性和女性市场营销专家在调研伦理判断上的差异，收集了420个调查对象的数据。总体被定义为市场营销专家，抽样框架来自美国市场营销协会的目录。根据系统抽样方案从目录中选取调查对象。通过邮寄一封说明信、一个写好地址且贴好邮票的回邮信封以及一份问卷，并保证给每个调查对象提供一份调查结果，以努力减少无应答的现象。调查结果显示，总体上，女性市场营销专家比男性同行有更高水平的调研伦理判断。[10]

在进行B2B调研、员工调研以及其他总体规模很小的调研时，调研人员要注意保证调查对象的匿名性。与从一个大总体抽取样本相比，当总体规模很小时更容易发现调查对象的身份。在给客户的报告中过多披露或逐字描述抽样细节可能会损害调查对象的匿名性。在这种情况下，调研人员负有保护调查对象身份的伦理责任，即使这意味着限制报告给客户或其他当事人的抽样情况的详细程度。

调研概要

定义合适的总体和抽样框架以及使用正确的抽样技术是合乎伦理地进行调研所必需的。当进行B2B调研、员工调研和其他总体规模很小的调研时，应负有保护调查对象匿名性的伦理责任。

戴尔运营案例

回顾本书末尾给出的戴尔案例（案例1.1）和问卷。

1. 作为戴尔个人电脑的营销经理，你会设计什么营销项目去确定目标家庭？
2. 搜索互联网，包括社交媒体和学校图书馆在线数据库，获取帮助你确定目标家庭的信息。
3. 戴尔想要进行一次电话调研，以确定如何说服更多的家庭购买它的个人电脑和笔记本电脑。设计一个抽样过程。
4. 讨论戴尔利用社交媒体样本来获取消费者对笔记本电脑的偏好方面信息的优点和缺点。

本章小结

关于一个总体的特征值的信息可以通过抽样或普查获得。预算和时间上的限制、总体规模较大以及需要研究的特征方差较小等原因使样本的使用更受欢迎。当抽样误差的成本较低而非抽样误差的成本较高时，抽样法也更受偏爱。在与这些情况相反的条件下，则使用普查法更为有利。

抽样设计开始于从个体、抽样单位、范

围和时间等方面定义目标总体。之后，应当确定抽样框架。一个抽样框架是目标总体中个体的代表。它包括目标总体清单或者识别目标总体的指示说明。在这个阶段，应认识到任何抽样框误差都可能存在，这一点很重要。下一步涉及选择一种抽样技术并确定样本量。除了定量分析，在确定样本量时还应该考虑几个定性因素。最后，对抽样过程中的每一步骤都做出详细的说明。

抽样技术可以分为非概率抽样和概率抽样。非概率抽样依赖于调研人员的判断，因此不能对样本结果的精确度进行客观评价，所获得的估计值在统计上不能映射到总体上。常用的非概率抽样包括便利抽样、判断抽样、配额抽样和滚雪球抽样。

在概率抽样中，抽样单位是随机选择的。每个抽样单位被选取的概率都不为零。概率抽样还可以确定样本估计值的精确度，并将其推断至目标总体。概率抽样包括简单随机抽样、系统抽样、分层抽样和整群抽样。应该根据调研性质、抽样误差和非抽样误差的相对大小以及统计和操作上的考虑因素，在概率抽样和非概率抽样两者之间做出选择。

在进行国际营销调研时，调研人员会面临诸多挑战，这些挑战可以通过恰当地使用在线调查来解决。有一些方法可以提高社交媒体样本的代表性。将非概率抽样样本当成概率抽样样本，并将结果推断至总体是不合乎伦理且有误导性的。可利用互联网和计算机使抽样设计过程更加有效和高效。

关键术语

总体（population）
普查（census）
样本（sample）
抽样误差（sampling errors）
非抽样误差（nonsampling errors）
目标总体（target population）
个体（element）
抽样单位（sampling unit）
抽样框架（sampling frame）
样本量（sample size）
非概率抽样（nonprobability sampling）

概率抽样（probability sampling）
便利抽样（convenience sampling）
判断抽样（judgmental sampling）
配额抽样（quota sampling）
滚雪球抽样（snowball sampling）
简单随机抽样（simple random sampling，SRS）
系统抽样（systematic sampling）
分层抽样（stratified sampling）
整群抽样（cluster sampling）
区域抽样（area sampling）

复习题

1. 抽样和普查的主要区别是什么？
2. 在什么条件下抽样法优于普查法？在什么条件下普查法优于抽样法？
3. 描述抽样设计过程。
4. 如何定义目标总体？
5. 什么是抽样单位？抽样单位与总体个体的差异是什么？
6. 在确定样本量时需要考虑什么定性因素？
7. 概率抽样技术和非概率抽样技术的区别是什么？
8. 在所有的抽样技术中最省钱省时的

技术是什么？这种技术主要的局限性是什么？

9. 判断抽样和便利抽样的主要区别是什么？

10. 配额抽样和判断抽样的关系是怎样的？

11. 简单随机抽样有哪些与众不同的特征？

12. 描述选取一个系统随机样本的流程。

13. 描述分层抽样。选择分层变量的标准有哪些？

14. 描述整群抽样的步骤。整群抽样和分层抽样的关键区别是什么？

15. 在非概率抽样和概率抽样之间进行选择时需要考虑哪些因素？

16. 在国际营销调研中选择抽样方法时需要考虑哪些问题？

17. 如何提高社交媒体样本的代表性？

18. 抽样会涉及哪些伦理问题？

应用题

1. 针对下面的情况，定义合适的目标总体和抽样框架。

a. 一个新麦片品牌的生产商想要在芝加哥进行一项入户产品使用测试。

b. 一家全国连锁商店想要确定拥有商店购物卡的消费者的购物行为。

c. 一家地方电视台想要确定家庭的收视习惯和节目偏好。

d. 美国营销学会的一个地方分会想要测试它在佐治亚州亚特兰卡市新的会员激励措施的有效性。

2. 一家生产商想要对用户进行调研，以确定一种新型强力液压机的潜在需求。这种新型液压机能够产生500吨的压力，售价275 000美元。这款机器利用轻质钢和重质钢进行产品锻造塑形。汽车、建筑设备和家用电器的生产商都可以使用。

a. 确定可以使用的总体和抽样框架。

b. 描述如何使用已确认的抽样框架来抽取一个简单随机样本。

c. 可以使用分层样本吗？如果能，怎样使用？

d. 可以使用整群样本吗？如果能，怎样使用？

e. 你会推荐哪种抽样方法？为什么？

注释

[1] www.mtv.com, accessed January 7, 2013; Marc Gunther, "This Gang Controls Your Kids' Brains," *Fortune* (October 27, 1997): 1–10.

[2] To see the statistical details for this calculation, refer to Chapter 12 in Naresh K. Malhotra, *Marketing Research: An Applied Orientation*, Sixth Edition (Upper Saddle River, NJ, Pearson, 2010).

[3] www.myflorida.com, accessed February 3, 2013; "The Many Faces of Florida," *Association Management* (A Guide to Florida Supplement) (April 1997): 3; "Florida Travel Habits Subject of Phone Survey," *Quirk's Marketing Research Review* (May 1987): 10, 11, 31, 56, 60.

[4] "Survey Interviewers and Statistical Clerks", online at www.servicecanada.gc.ca/eng/qc/job_futures/statistics/1454.shtml, accessed June 28, 2013; Gale D. Muller and Jane Miller, "Interviewers Make the Difference," *Marketing research: A Magazine of Management & Applications* 8(1) (Spring 1996): 8–9; Raymond F. Barker, "A Demographic Profile of Marketing Research Interviewers," *Journal of the Market Research Society* (July 1987): 279–292.

[5] www.tennis.com, accessed February 10, 2013; Mark Adams, "Court Marshall," *Mediaweek* 6(12) (March 18, 1996): 22; "Readership Survey Serves Tennis Magazine's Marketing Needs," *Quirk's Marketing Research Review* (May 1988): 75–76.

[6] www.americanexpress.com, accessed January 15, 2013; "Purchasing Smarts Pay Off in Travel Buying," *Purchasing* 121(9) (December 12, 1996): 30-31; "Vacations High Priority Among Americans, Survey Shows," *Quirk's Marketing Research Review* (May 1988): 16-19.

[7] http://en.wikipedia.org/wiki/Luxury_good#Luxury_brands, accessed January 12, 2013; Thomas J. Stanley and Murphy A. Sewall, "The Response of Affluent Consumers to Mail Surveys," *Journal of Advertising Research* (June-July 1986): 55-58.

[8] www.mastercard.com, accessed June 28, 2013; www.mastercard.com/us/company/en/insights/pdfs/2008/Asia_Pacific_Online_Shop.pdf, accessed March 10, 2013.

[9] www.jdpower.com, accessed January 15, 2013; Paul Gillin, *Secrets of Social Media Marketing* (Fresno, CA: Quill Driver Books, 2009).

[10] Khalizani Khalid, "The Ethical Reasoning Variations of Personal Characteristics," *International Journal of Development and Sustainability* 1(1) (June 2012) 8-30, online at http://isdsnet.com/ijds-v1n1-2.pdf, accessed June 28, 2013; Satish P. Deshpande, "Managers' Perception of Proper Ethical Conduct: The Effect of Sex, Age, and Level of Education," *Journal of Business Ethics* 16(1) (January 1997): 79-85; I. P. Akaah, "Differences in Research Ethics Judgments Between Male and Female Marketing Professionals," *Journal of Business Ethics*, 8(1989): 375-381.

第 3 篇　数据收集、分析与报告

- 第 10 章　数据收集与准备
- 第 11 章　数据分析：频数分布、假设检验和列联表
- 第 12 章　数据分析：关于差异的假设检验、相关分析和回归分析
- 第 13 章　报告准备与演示

第10章 数据收集与准备

> 无论你多么精良地设计调研过程，真正进行调研工作的人才控制着质量。做好数据收集的关键在于仔细筛选、严格培训与持续评估……永远要盯着质量。
>
> ——Burke数据收集公司副总裁卡伦·克雷文（Karen Craven）

本章概要

现场工作或数据收集是营销调研过程的第4步，它在定义问题和确定调研方案（第2章）以及进行调研设计（第3～第9章）之后进行。在**现场工作**（field work，也称数据收集）中，现场工作人员与调查对象接触，填写问卷或观察表格，记录数据，并提交完成的问卷或表格以供处理。**现场工作人员**（field workers）是指数据收集过程涉及的访问员、监督员与其他人员。挨家挨户填写问卷的访问员、在商场拦截购物者的访问员、从某中心地点拨打电话的访问员、从办公室邮寄问卷或把问卷放在网站上的工作人员、记录商店特定区域的顾客人数的观察人员都是现场工作人员。

现场工作实施之后，调研人员就可以进行营销调研过程的第5步，即准备与分析数据。在对问卷中包含的原始数据进行统计分析之前，必须将它们转换成适合分析的形式。统计结果的质量取决于数据准备环节的细致程度。对数据准备的重视不足将严重地影响数据统计结果，最终导致有偏差的发现和不正确的解释。

本章包括营销调研过程的第4步与第5步。本章介绍现场工作的性质与一般现场工作/数据收集的过程。整个过程涉及选拔、培训与监督现场工作人员、对现场工作进行核实、对现场工作人员进行评估。紧接着，我们将描述数据准备过程，在该过程中首先要检查问卷的完整性。此外，我们将讨论数据编辑并提供处理难以辨认、不完整、不一致、有歧义或其他令人不满意的回答的指导原则。本章还将介绍编码、转录与数据清理，强调对缺失回答的处理、数据的统计性调整与数据分析方法的选择。最后，我们简要探讨在国际营销调研中以及在社交媒体上进行调研的情境下如何收集和准备数据，并识别相关的伦理问题。

我们从以下四个方面为读者运行本章所使用的SPSS与Excel程序提供帮助：（1）本章后面部分给出了详细的分步指南；（2）你可以从本书辅导网站下载展示这些分步指南的计算机演示视频；（3）你可以下载展示这些分步指南的带注解的屏幕截图；（4）你可以参考发布在本书辅导网站上的学生资源手册。

图10—1给出了本章与营销调研过程的关系。我们以一个简单的案例开始，重点说明现场工作或数据收集的性质。

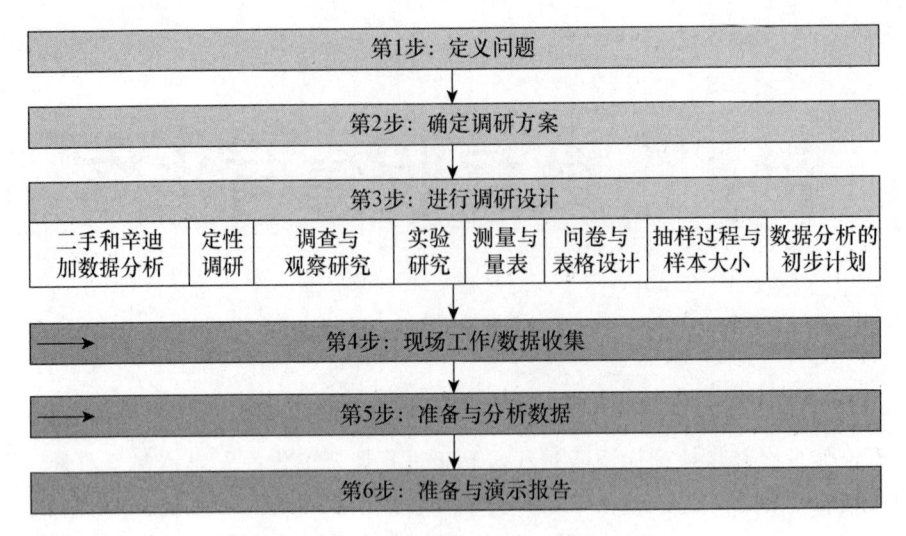

```
第1步：定义问题
        ↓
第2步：确定调研方案
        ↓
第3步：进行调研设计
┌──────┬──────┬──────┬──────┬──────┬──────┬──────┬──────┐
│二手和辛迪│定性  │调查与 │实验  │测量与│问卷与│抽样过程与│数据分析的│
│加数据分析│调研  │观察研究│研究  │量表 │表格设计│样本大小│初步计划│
└──────┴──────┴──────┴──────┴──────┴──────┴──────┴──────┘
→       第4步：现场工作/数据收集
→       第5步：准备与分析数据
        第6步：准备与演示报告
```

图 10—1　本章与营销调研过程的关系

学习目标

阅读本章后，学生应当能够：

1. 描述现场工作或数据收集过程，解释如何选拔、培训和监督现场工作人员，对现场工作进行核实，以及对现场工作人员进行评估。

2. 讨论如何培训现场工作人员初次接触调查对象、提问、追问、记录答案以及结束访谈。

3. 从质量控制与编辑、抽样控制、作弊行为控制和中心办公室控制等方面讨论现场工作人员的监督。

4. 描述如何从成本与时间、应答率、访谈质量和数据质量等方面评估现场工作人员。

5. 讨论数据准备的性质和范围，以及数据准备过程。

6. 解释问卷检查和编辑，通过返回现场、分配缺失值、舍弃不满意的答案等方式处理不满意的答案。

7. 描述问卷编码的原则，包括结构性问题和非结构性问题的编码。

8. 讨论数据清理过程和处理缺失回答的方法：使用中立值替代、整例删除、成对删除。

9. 描述统计上调整数据的原因和方法：变量转换与重新编码。

10. 描述选择数据分析策略的过程以及影响这一过程的因素。

11. 解释进行国际营销调研时与数据收集与数据准备有关的问题。

12. 解释与社交媒体相关的现场工作和数据准备。

13. 探讨数据收集与准备工作中的伦理问题。

14. 描述在数据输入、变量转换、变量重新编码中可用的 SPSS 和 Excel 程序。

> **调研实践**
>
> **如何降低拒访率**
>
> 美国营销调研协会（MRA）成立于1957年，是领先的也是最大的营销调研专业协会（www.marketingresearch.com）。MRA 对 3 700 多名美国人进行了访谈，将近 45% 的人表示在过去的一年里曾拒绝参与调查。MRA 提供了有助于在现场工作中降低拒访率的如下原则：
>
> - 应当仔细地选择、培训、监督访问员。
> - 应当将对访问员的评估常规化，这样现场工作人员才能在工作中提高效率。
> - 在决定在一天中何时打电话给调查对象时要考虑礼貌问题。MRA 建议在上午 9 点到晚上 9 点之间打电话。
> - 如果商场的调查对象表示时间不合适，应当与其约定其他时间进行访谈。
> - 在不对数据造成偏差的前提下，应当对调查对象公开调研主题。给予调查对象越多的信息，他们就越不会怀疑。
> - 现场工作人员应当尽可能地把访谈过程变得积极、愉快、有吸引力。

现场工作/数据收集的性质

数据收集包括使用某些类型的现场工作人员，也包括数据收集过程中的访问员、督导员以及其他人员。现场人员可以在现场（采用人员入户访谈、商场拦截访谈、计算机辅助人员访谈和观察法）或在办公室（采用电话、邮寄、电子邮件和互联网调查）完成调查工作。负责收集数据的现场工作人员通常不具备调研背景或未接受过调研培训。然而，在美国开展的现场工作的质量都很高，因为他们的现场工作/数据收集都是经过优化的并且控制得很好，这一点将会在下一节进行讨论。

现场工作/数据收集过程

所有的现场工作都涉及选择、培训和监督收集数据的人员。现场工作核实和现场工作人员评估也是这个过程中的重要部分。图 10—2 显示了现场工作/数据收集过程的一般框架。我们描述的是一般过程，需要注意的是，现场工作的性质根据不同的数据收集模式而有所不同，而且电话、人员、邮件和电子访谈中各个步骤的相对重要性也有所差异。

```
选择现场工作人员
      ↓
培训现场工作人员
      ↓
监督现场工作人员
      ↓
  核实现场工作
      ↓
评估现场工作人员
```

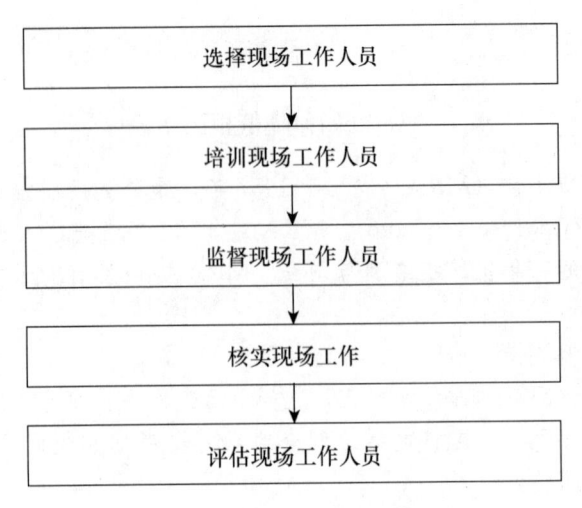

图 10—2 现场工作/数据收集过程

选择现场工作人员

现场工作过程的第一个步骤就是选择现场工作人员。在本章前面的"调研实践"专栏中，美国营销调研协会强调了仔细选择的重要性。调研人员应该：(1) 根据数据收集的模式编写项目工作说明；(2) 确定现场工作人员应当具备哪些特征；(3) 招募合适的人选。访问员的背景特征、观念、认知、期望和态度都会影响他们所得到的回答。在可能的范围内，应当选择与调查对象的特征相匹配的访问员。工作需求应根据问题的性质和数据收集方法的类型而相应地变化。现场工作人员的酬劳是根据每小时或每次访谈给出的。典型的访问员是 35~54 岁的已婚女性，同时有超过平均水平的受教育程度和家庭收入。

调研概要

在可能的范围内，选择与调查对象的特征、问题的性质以及数据收集方法的类型相匹配的访问员。访问员和调查对象的相似特质越多，成功访谈的概率越高。

培训现场工作人员

培训现场工作人员对于提高数据收集的质量非常关键。这种培训可以在培训中心面对面进行，如果访问员在地理分布上很分散，也可以通过邮件或网络方式进行。培训能够保证所有的访问员以同样的方式进行问卷调查，使得收集的数据具有一致性。培训内容应该包括如何初次接触调查对象、提问、追问、记录答案，以及结束访谈（见图 10—3）。

初次接触将决定潜在调查对象是合作还是流失。应当培训访问员讲好开场白，使潜在调查对象相信他们的参与是非常重要的。对于如何处理潜在调查对象的反对与拒绝，要给予访问员一些指导。例如，如果潜在调查对象说"我现在不方便"，访问员就应该说"那么您什么时候有空，我可以再来拜访您"。在前面的"调研实践"专栏中，美国营销调研协会也提供了类似的指导。

```
┌──────────┐
│  初次接触  │
└─────┬────┘
      ↓
┌──────────┐
│   提问    │
└─────┬────┘
      ↓
┌──────────┐
│   追问    │
└─────┬────┘
      ↓
┌──────────┐
│  记录答案  │
└─────┬────┘
      ↓
┌──────────┐
│  结束访谈  │
└──────────┘
```

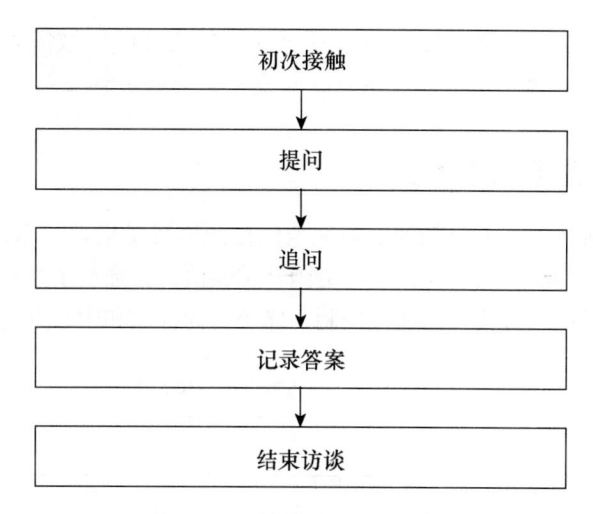

图 10—3 培训现场工作人员

访问员务必按照所给问题进行提问，注意措辞并严格遵循顺序。提问时即使是措辞、顺序或态度上的微小差异也可能扭曲问题的含义并使回答产生偏差。

追问（probing）旨在鼓励调查对象进一步说明、澄清或解释他们的答案。追问还有助于调查对象将注意力集中到访谈的特定内容上，并提供相关信息。追问不应该存在任何误导倾向。常用的一些追问技巧包括重复问题、重复调查对象的回答以及短暂停顿。

虽然记录调查对象的答案看起来简单，但有些错误十分常见。所有的访问员应该按同样的格式和规则来记录访谈结果并对完成的访谈进行编辑整理。记录结构性问题的答案的规则可能根据具体问卷而有所不同，但一般规则是，在反映调查对象的答案的方框中画钩。记录非结构性问题的答案的一般规则就是逐字记录调查对象的回答。

在结束访谈之前，访问员需要询问调查对象对于项目的疑问。应让调查对象对访谈留下正面印象。尤其要记得表达对调查对象的感谢，这一点很重要。

调研概要

应当从如何初次接触调查对象、提问、追问、记录答案以及结束访谈等方面对访问员进行培训。应该培训访问员讲好开场白，使潜在调查对象相信其参与是很重要的。访问员务必按照所给问题进行提问。应训练访问员在不产生任何偏差的前提下进行追问，以鼓励调查对象进一步说明、澄清或解释他们的答案。一般规则是：对于结构性问题，在反映调查对象的答案的方框中画钩；对于非结构性问题，逐字记录调查对象的回答。访问员应该回答调查对象关于项目方面的问题，让他们有一个积极的体验。

互联网调研

超越化妆品的变化：选择和培训现场工作人员

作为倩碧的品牌经理，哪些信息会帮助你制定营销战略以增加倩碧的销售量？访问 www.clinique.com，并搜索互联网，包括社交媒体和学校图书馆在线数据库，获取女性化妆品使用方面的信息。在一项为倩碧展开的调研项目中,你将会如何选择和培训现场工作人员,以进行旨在确定女性化妆品使用情况的商场拦截调查?

监督现场工作人员

监督现场工作人员是为了确保他们按照所接受培训要求的程序和技术进行调查。在前面的"调研实践"专栏中,美国营销调研协会强调了严格监督的重要性。监督内容包括质量控制与编辑、抽样控制、作弊行为控制和中心办公室控制(见图10—4)。

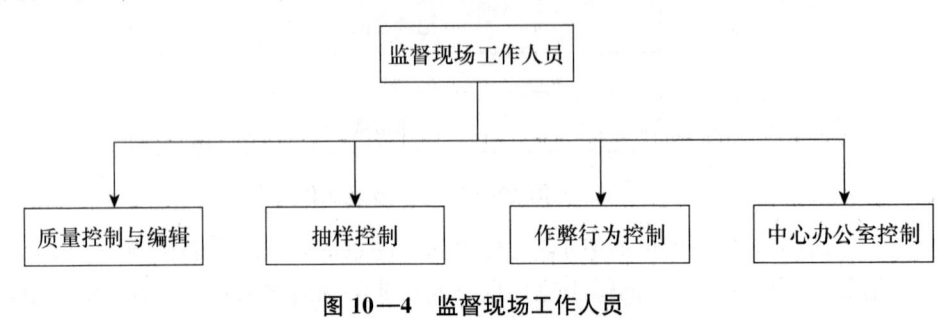

```
                监督现场工作人员
        ┌──────┬──────┬──────┐
   质量控制与编辑  抽样控制  作弊行为控制  中心办公室控制
```

图10—4　监督现场工作人员

对现场工作人员进行质量控制需要检查他是否恰当地执行了现场工作程序。无论发现什么问题,督导员都应该与访问员进行沟通,必要时还可以进行额外的培训。为了更好地了解访问员遇到的问题,督导员也应该进行一些访谈。督导员应当每天收集问卷和其他表格,并进行编辑。

监督的一个重要方面就是**抽样控制**(sampling control),目的是保证访问员严格按照抽样计划进行调查,而不是为了图方便或容易接触而选取抽样单位。为了控制抽样问题,督导员应该每天记录每个访问员进行访问的数量、未在家的调查对象的数量、被拒访的数量、完成的访问数,以及所管理的所有访问员的总体情况。

作弊行为涉及篡改部分甚至整个问卷。访问员很可能篡改部分答案使之合格或者伪造答案。最糟糕的作弊形式是访问员伪造整个问卷,不与调查对象联系就填写虚假答案。通过适当的培训、督导以及对现场工作的核实能够尽可能减少作弊行为。

督导员会向中心办公室提供有关调查质量和成本控制的信息,以便了解总体进度。除了在调查现场进行控制之外,中心办公室还可以进行一些其他的控制,来确认潜在的问题。中心办公室控制包括统计有关配额变量的列表、重要人口统计特征和关键问题的答案。

调研概要

对现场工作人员的监督包括质量控制与编辑、抽样控制、作弊行为控制和中心办公室控制。要确保现场工作程序得以正确实施;保证访问员严格遵循抽样计划,而不是为了图方便或容易接触来选取样本;没有作弊;对质量和成本进行控制。

核实现场工作

核实现场工作指的是要检验现场调工作人员提交的是真实的调查结果。为了对调研进行核实，督导员要给10%～25%的调查对象打电话，询问是否确实接受过访问员的调查。督导员还需要了解访谈的时长和质量、对访问员的印象以及基本的人口统计数据。其中，人口统计信息可以用于复核访问员提交的问卷中的信息。

评估现场工作人员

对现场工作人员进行评估，以向他们提供工作绩效反馈，并发现优秀的现场工作人员，建立一个更好、更高质量的现场调查团队，这一点很重要。在前面的"调研实践"专栏中，美国营销调研协会强调了仔细评估的重要性。在培训时就应该将评估的标准明确告诉现场工作人员。应该以成本和时间、应答率、访谈质量和数据质量等标准为基础，对现场工作人员进行评估（见图10—5）。

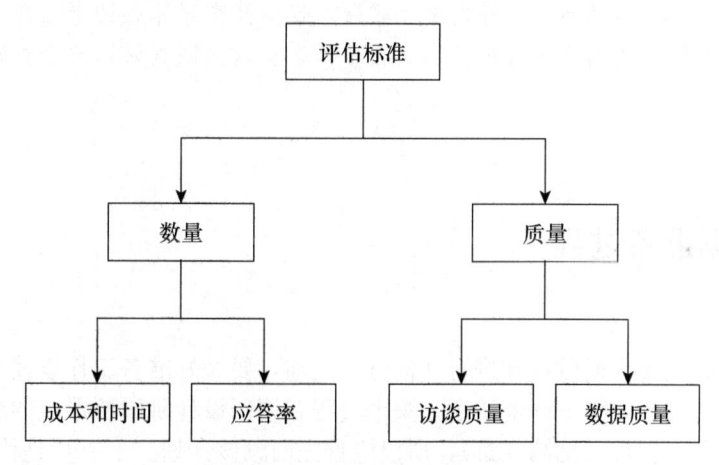

图10—5 评估现场工作人员

可以根据平均每次完成访谈的总成本（工资和费用）来对访问员进行比较。如果不同城市之间的成本存在差异，这种比较就只能在具有可比性的城市中的现场工作人员之间进行。还可以根据时间分配情况对现场工作人员进行评估。所花费的时间应该分成实际访问时间、交通时间和管理时间等类别。

应答率（response rate）被定义为试图进行的访谈中完成的数量。及时监控应答率，以便在应答率过低时采取纠正措施，这是很重要的。如果访问员的拒访率过高，督导员就可以通过倾听他们所使用的介绍词并提供即时指导来帮助他们。当所有访谈都结束之后，可以通过比较不同现场工作人员的拒答率来判断其工作质量。

要评估访问员的访谈质量，督导员必须直接观察访谈过程。督导员可以亲自观察，也可以观看现场工作人员的访谈过程的录像。访谈质量的评估标准包括：（1）介绍是否恰当；（2）现场工作人员的提问是否准确；（3）以无偏差的方式进行追问的能力；（4）询问敏感性问题的能力；（5）访谈中表现出的人际交往技巧；（6）结束访谈的方式。

应当根据数据质量对每个访问员完成的问卷进行评估。数据质量的一些指标包括：(1)记录的数据清晰易读；(2)遵循所有的指令，包括跳读规则；(3)逐字记录非结构性问题的答案；(4)非结构性问题的答案足够有意义和完整，能够进行编码；(5)未回答（被称为项目无应答）的现象较少发生。

调研概要

应该根据成本和时间、应答率、访谈质量与数据质量等标准对现场工作人员进行评估。可以根据平均每次完成的访谈的总成本和应答率来对访问员进行比较。督导员必须直接观察访谈过程，应当对每个访问员完成的问卷的数据质量进行评估。

互联网调研

福特：扩张至中国市场

作为福特汽车的全球营销经理，你需要哪些信息去制定市场营销战略以增加在中国的销量？访问 www.ford.com，并搜索互联网，包括社交媒体和图书馆在线数据库，以获取中国消费者对汽车的偏好方面的信息。在中国进行入户调查时，你会如何选择、培训与监督现场工作人员？

数据准备过程

收集完数据后，在进行任何分析之前，要做好准备工作以使数据适合分析。数据准备过程如图 10—6 所示。整个过程在调研设计阶段所形成的数据分析初始计划的指导下进行（见第 3 章），所以应首先回顾该计划。下一步是检查问卷的可用性。之后是编辑、编码和转录数据。需要清理数据，并规定如何进行缺失数据的处理。为使数据适用于分析，常常需要对其进行一些统计上的调整。然后，调研人员应选择恰当的数据分析方法。由于制定初始计划之后会获得新的信息和想法，因此最终的数据分析方法不同于数据分析的初始计划。接下来会详细讨论这些步骤。

检查问卷

虽然现场工作还在进行中，但从现场得到第一批问卷时起，就应启动数据的准备工作。因此，如果发现任何问题，可以调整现场工作以实施补救措施。问卷检查的第一步是检查所有问卷填写的完整性和访谈质量。如果规定了配额或群体规模，也应该据此对可使用的问卷进行分类并计数。应当识别在满足抽样要求中产生的任何问题，并采取纠正措施，例如在编辑数据之前对未被充分代表的群体进行补充访谈。

编辑

编辑（editing）是为了提高准确性和精确度而进行的问卷复查，包括筛选问卷

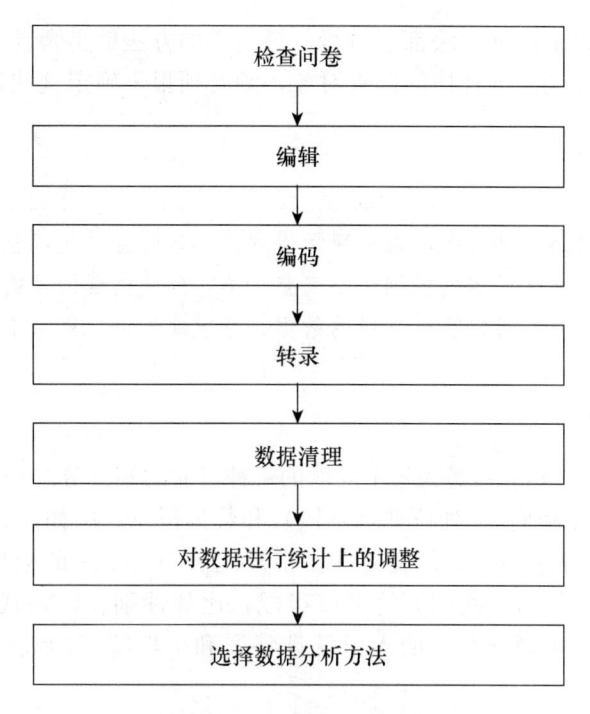

```
       ┌──────────────┐
       │   检查问卷    │
       └──────┬───────┘
              ↓
       ┌──────────────┐
       │    编辑      │
       └──────┬───────┘
              ↓
       ┌──────────────┐
       │    编码      │
       └──────┬───────┘
              ↓
       ┌──────────────┐
       │    转录      │
       └──────┬───────┘
              ↓
       ┌──────────────┐
       │   数据清理    │
       └──────┬───────┘
              ↓
       ┌──────────────────┐
       │对数据进行统计上的调整│
       └──────┬───────────┘
              ↓
       ┌──────────────┐
       │ 选择数据分析方法 │
       └──────────────┘
```

图 10—6　数据准备过程

以识别模糊、不完整、不一致或模棱两可的答案。在这个阶段，调研人员对问卷的一致性进行初步检查。一些明显的不一致性会很容易被发现。例如，一名调查对象称其年收入低于 20 000 美元，但他经常在内曼·马库斯（Neiman Marcus）这样的豪华百货商店购物。

对不合格问卷的处理方式通常包括：返回现场以获得更好的数据，分配缺失值，剔除不合格的调查对象（见图 10—7）。可能将存在不合格回答的问卷退回现场，由访问员再次与调查对象联系。这种方法特别适用于企业或行业的市场营销调查，因为样本容量通常比较小，调查对象也比较容易确认。

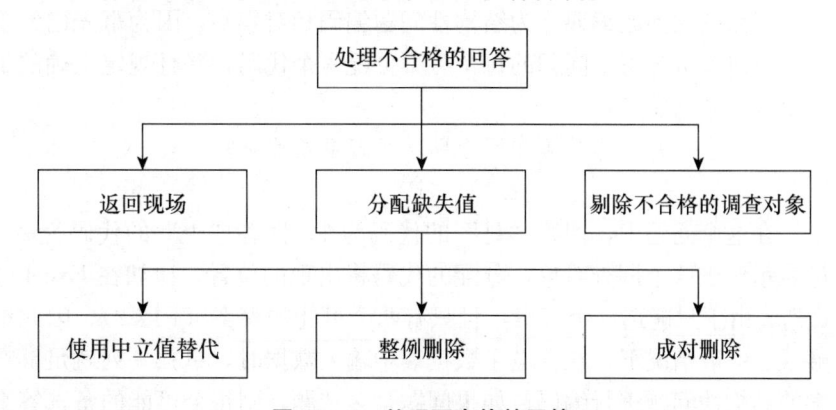

图 10—7　处理不合格的回答

如果无法把问卷返回调查现场，调研人员也可以考虑给不合格的回答分配缺失值。例如，对于用 5 点李克特量表（见第 7 章）获得的答案，可以给调查对象空白的量表题项分配 9 来表示缺失值。关于缺失值的处理，在本章后面将会讨论。如果以上两种方法都不可行，最简单的方法就是舍弃不合格的回答。如果调研人员决定剔除不合格的调查对象，则必须报告确定这些调查对象的程序与他们的数量。

> **调研概要**
>
> 虽然现场工作还在进行中，但从现场得到第一批问卷时起，就应该开始对问卷进行检查。编辑包括筛选问卷以识别模糊、不完整、不一致或模棱两可的答案。对不合格问卷的处理方式包括：返回现场以获得更好的数据，分配缺失值，剔除不合格的调查对象。

编码

编码（coding）是为每个问题的每种可能的答案分配一个代码，通常是一个数字。代码包括所占的列位置（字段）和数据记录。例如，调查对象的性别可以编码为：1代表女性，2代表男性。字段代表一个单一的数据项，如调查对象的性别。一条记录由一些相关的字段组成，比如性别、婚姻状况、年龄、家庭规模、职业等。有关调查对象的人口统计特征和个性特征的数据可能都包含在一条记录中。

调查对象的代码和记录编号应当出现在数据的每条记录中。如果可能的话，对于缺失的数据应当使用标准的代码，例如，代码9（或 -9）可以用于一位数的变量（在7点量表上进行编码的回答），99用于两位数的变量（在11点量表上进行编码的回答），等等。对于缺失值的编码应当与给答案分配的编码区分开。

如果问卷中全部都是结构性问题，或者非结构性问题很少，那么问卷已经预先编码了。也就是说，在进行现场工作之前，编码工作就已经完成。如果问卷中包含非结构性问题，则要在问卷从现场回收之后分配代码（事后编码）。对结构性问题和非结构性问题的编码，本书依次提供了一些指导原则。

对结构性问题编码 为结构性问题编码相对容易，因为事先已经确定了答案选项。调研人员为每个问题的每个答案分配一个代码，并且规定正确的记录和答案代码出现的列。例如：

上个月，你是否在网上购买了产品或服务？
　　1. 是　　　　2. 否（P）

在这个问题中，回答"是"的代码为1，回答"否"的代码为2。括号中的字母表示对于这个调查对象，分配的代码将出现的位置，比如在Excel电子表格的第P列。由于只能选一个答案，且只有两个可能的答案（1或2），因此单独一列就足够了。一般情况下，在往电子数据表中输入数据时，单独一列就足够对只有一个答案的结构性问题进行编码。如果问题是多选题，则每个可能的备选答案都应该分配单独一列。这类问题包括关于品牌拥有或使用、电视收视率和杂志阅读情况的问题，如下面的"调研实践"专栏所示。

> **调研实践**
>
> **杂志阅读情况调查**
>
> 在过去的两个月内,你读了哪些杂志?(多选题)
>
> 《时代》　　　　D
> 《新闻周刊》　　E
> 《商业周刊》　　F
> 《福布斯》　　　G
> 《财富》　　　　H
> 《经济学人》　　I
> 其他杂志　　　　J
>
> 假设一个调查对象选择了《时代》、《新闻周刊》和其他杂志。在这个调查对象的记录上,在D列、E列和J列分别输入1,在其他所有列(F列、G列、H列和I列)输入0。

对非结构性问题编码　为非结构性或开放式问题进行编码要复杂得多。调查对象的答案将被逐字记录在问卷上。然后通过对少数调查对象的数据进行分析,形成代码并将其分配给这些答案。本书为非结构性问题和问卷的编码提供了一般性指导原则。

类别代码应该是相互独立且完全穷尽的。如果每个答案被分配一种且唯一一种类别代码,那么类别是相互独立的。如果每个答案都对应所分配的类别代码中的一个,那么这些类别是完全穷尽的,这可以通过增加"其他"或"以上都不是"等类别代码来实现。但是,应当只有少数(不到10%)的答案属于这个类别。大部分答案应该属于有意义的类别。

编码字典　编码字典(codebook)包括编码说明和关于数据集合中变量的必要信息。编码字典能够指导编码人员的工作,帮助调研人员正确识别和查找变量。即使问卷已经事先编码,准备正式的编码字典也是非常有用的。编码字典通常包括以下内容:(1)列编号;(2)记录编号;(3)变量编号;(4)变量名;(5)问题编号;(6)编码说明。图10—8选自为表10—1的数据开发的编码字典。

表10—1　　　　　　　　　　　对百货商店的偏好

ID	偏好	质量	多样性	价值	服务	收入
1	2	2	3	1	3	6
2	6	5	6	5	7	2
3	4	4	3	4	5	3
4	1	2	1	1	2	5
5	7	6	6	5	4	1
6	5	4	4	5	4	3
7	2	2	3	2	3	5

续前表

ID	偏好	质量	多样性	价值	服务	收入
8	3	3	4	2	3	4
9	7	6	7	6	5	2
10	2	3	2	2	2	5
11	2	3	2	1	3	6
12	6	6	6	6	7	5
13	4	4	3	3	4	3
14	1	1	3	1	2	4
15	7	7	5	5	4	2
16	5	5	4	5	5	3
17	2	3	1	2	2	4
18	4	4	3	3	2	3
19	7	5	5	7	5	5
20	3	2	2	3	3	3

列编号	变量编号	变量名	题号	编码说明
1	1	ID		编码为1~20
2	2	偏好	1	输入被画圈的数字。 1表示弱偏好 7表示强偏好
3	3	质量	2	输入被画圈的数字。 1表示差 7表示很好
4	4	多样性	3	输入被画圈的数字。 1表示差 7表示很好
5	5	价值	4	输入被画圈的数字。 1表示差 7表示很好
6	6	服务	5	输入被画圈的数字。 1表示差 7表示很好
7	7	收入	6	输入被画圈的数字。 1=低于20 000美元 2=20 000~34 999美元 3=35 000~49 999美元 4=50 000~74 999美元 5=75 000~99 999美元 6=100 000美元以上

图10—8 一个编码字典的摘录

调研概要

对于结构性问题，应当为每个问题的每个答案分配一个代码，并且规定正确的记录以及答案代码出现的列。对于非结构性问题，类别代码需要相互独立且完全穷尽，并应当通过对少数调查对象的数据进行分析来得到。

转录

数据转录包括通过键盘将编码后的数据从问卷或编码纸转移到磁盘或直接录入计算机，形成一个数据文件。除了通过键盘录入外，还可以通过机读卡、光学扫描、计算机控制的传感器或其他方式来转录数据。光学扫描的常见例子是在超市收银台完成的条形码（UPC）数据的转录。技术的进步还推动了数据转录过程的自动化。如果数据收集是通过计算机辅助电话访谈（CATI）、计算机辅助人员访谈（CAPI）或互联网调查完成的，由于在收集时就将数据直接输入计算机，因此不需要转录。

形成一个数据文件　可以将转录的数据输入电子表格（如 Excel）中。大多数分析程序都可以从电子表格中导入数据。在这种情况下，每个字段上每个调查对象的数据就是一个单元格。一般来说，Excel 电子表格的每一行包括一个调查对象或案例的数据。列包含的是变量，每一列表示的是一个变量或回答。表 10—1 解释了这些概念。该表给出了从一个包括 20 个调查对象的预测试样本得到的对于百货商店的偏好的数据。

每一个调查对象都被要求对自己在一家熟悉的百货商店购物的偏好进行评分（1＝弱偏好，7＝强偏好），并对百货商店从商品质量、多样性、价值与服务等方面打分（1＝差，7＝很好）。获得年家庭收入的数据并编码如下：1＝低于 20 000 美元，2＝20 000～34 999 美元，3＝35 000～49 999 美元，4＝50 000～74 999 美元，5＝75 000～99 999 美元，6＝100 000 美元或以上。图 10—8 给出了对这些数据进行编码的编码字典。需要指出的是，除了表 10—1 的数据外，编码字典还包含了一些没有显示出来的其他代码的信息。

如果使用 Excel 或 SPSS 来录入表 10—1 的数据，产生的数据文件和表 10—1 相似。你可以从本书的辅导网站下载表 10—1 的 Excel 或 SPSS 文件来验证这一点。需要注意的是，SPSS 有两个视图：数据视图和变量视图。数据视图给出与表 10—1 相似的数据列表。变量视图给出了变量列表，该列表显示每个变量的类型、标签或描述、值和基本编码，如表 10—2 所示。点击 SPSS 文件中值这一列，打开"值标签"对话框。值标签是给变量的每一个可能数值分配的独一无二的标签。例如，1＝弱偏好，7＝强偏好。如果描述符被用于其他的偏好值，这些偏好值也要被分配相对应的"值标签"。对于表 10—2 中其他列的描述，请参阅 SPSS 窗口下的"详细步骤：数据输入"部分。

在表 10—1 以及相对应的 Excel 和 SPSS 文件中，列表示的是字段，行表示的是记录或调查对象，因为每一个调查对象有一条记录。请注意，一共有 7 列，第 1 列表示的是调查对象的 ID，第 2 列表示的是对百货商店的偏好，第 3～第 6 列分别表示的是对百货商店的商品质量、多样性、价值、服务的评价。最后，第 7 列表示调查对象的收入。按编码字典的规定来进行编码，每一行包括单个调查对象的所有

表 10—2　　　　　　　　表 10—1 中数据的 SPSS 变量视图

数据，代表一条记录。该表有 20 行或 20 条记录，表示有 20 个调查对象的数据存储在这个数据文件中。数据库包含一个或多个相互关联的文件。例如，一个数据库可能包括过去 5 年内每个季度进行的所有的顾客满意度调查。

调研概要

你可以在一个电子表格（如 Excel）中输入数据；每个字段上每个调查对象的数据是一个单元格。一般来说，Excel 电子表格的每一行表示的是一个调查对象或个案的数据。

你也可以把数据输入 SPSS。SPSS 数据文件有两个视图：数据视图和变量视图。数据视图给出了数据列表，变量视图则给出了变量列表，该列表显示每个变量的类型、标签或描述、值和基础编码。

互联网调研

人们热爱新英格兰爱国者队吗

作为新英格兰爱国者队（New England Patriots）的营销经理，你需要哪些信息帮助你制定营销战略，以提高爱国者队主场比赛的上座率。

访问 www.nfl.com，并搜索互联网，包括社交媒体和图书馆在线数据库，获得人们为什么现场观看职业足球比赛方面的信息。向爱国者队主场比赛的现场观众发放问卷，确定他们为什么会来看比赛。在对问卷进行检查、编辑和编码时，你会遵循哪些指导原则？

数据清理

数据清理（data cleaning）包括一致性检查和缺失回答处理。尽管在编辑时已经进行了初步的一致性检查，但此阶段的检查工作会更为彻底详尽，因为这是由计算机来完成的。

一致性检查 一致性检查（consistency check）是为了找出超出正常范围、逻辑上不一致或者有极端取值的数据。超出正常值域范围的数据是不能用于分析的，必须进行更正。例如，如果要求调查对象在一个 5 点李克特量表上表达他对一系列有关生活方式的陈述的认可程度，9 被指派为缺失值，则 0、6、7 和 8 等数据值应视为超出正常值域范围。可以用 SPSS 和 Excel 等计算机软件编程，识别每个变量超出范围的取值，并列出调查对象代码、变量代码、变量名、记录编号、列编号以及超出范围的值。这样可以简便、系统地检查每个变量超出范围的取值。可以查已被编辑和编码的问卷来确定正确的答案。

逻辑上不一致的答案可能以多种形式出现。例如，一位调查对象说她会用商店购物卡进行购物结算，但是实际上她并没有购物卡。或者，一位调查对象称自己不熟悉某产品，却频繁地使用该产品。发现不一致的数据时，可以打印出必要的信息（调查对象代码、变量代码、变量名、记录编号、列编号、不一致的数值），以便于查找这些回答和进行更正。

最后，还应当仔细检查极端值。并非所有的极端值都是由错误造成的，但极端值一般能显示出数据存在的问题。例如，对品牌评估的极端低值可能是由于调查对象在这个品牌的所有属性上随意地全部选 1（在一个 7 点评分量表上）。

缺失回答处理 缺失回答（missing response）也称缺失值，是指某个变量的取值不明，原因可能是调查对象没有提供清晰的答案，或者他们的答案未被正确地记录。对缺失值的处理可能带来一些问题，尤其是当缺失值的比例超过 10% 时。以下方法可用于处理缺失回答（见图 10—7）。

1. 使用中立值替代。可用中立值（通常是变量回答的均值）来替代缺失回答。因此，变量的均值保持不变，诸如相关性等其他统计结果也不会受太大影响。尽管这种方法有一些优点，但是使用均值（如 4）替代的逻辑是存在争议的，因为一个调查对象可能的回答是高的评价（6 或 7）或低的评价（1 或 2）。

2. 整例删除。**整例删除**（casewise deletion）是指将有缺失回答的个案或问卷排除在分析之外。由于很多调查对象都可能存在缺失值，因此这种做法将导致样本变小。舍弃大量数据是不明智的，因为收集数据花费金钱和时间成本。有缺失值的调查对象很可能与回答完整的调查对象存在差异。如果这样，整例删除将使结果产生严重偏差。

3. 成对删除。在**成对删除**（pairwise deletion）时，调研人员不是剔除有缺失值的所有个案，而是每次计算中仅仅采用有完整答案的个案或调查对象。因此，同一项分析中的不同计算可能基于不同的样本规模。这种方法适用于以下情形：（1）样本规模很大；（2）缺失值很少；（3）变量之间没有高度相关性。但是，这种方法可能产生不理想甚至不合理的分析结果。

采用不同的缺失值处理方法可能导致不同的分析结果，尤其是当缺失值并非随机出现，而且变量之间存在相关性时。因此，应该尽量减少缺失回答。调研人员在选择处理缺失值的具体方法之前，也要慎重考虑不同方法的意义。

调研概要

数据清理包括一致性检查和缺失回答处理。一致性检查是为了找出超出正常范围、逻辑上不一致或者有极端取值的数据。缺失回答是指某个变量的取值不明。可以使用均值等中立值替代、整例删除和成对删除等方法对此类回答加以处理。

对数据进行统计上的调整

对数据进行统计上的调整包括变量转换和重新编码。这些调整并不总是必需的，但它们能够提高数据分析的质量。

变量转换 变量转换（variable respecification）涉及将数据进行转换，生成新变量，或者变动现有变量。变量转换的目的在于创造与调研目标一致的变量。变量转换一般包括将李克特量表的题项进行加总，以得出一个加总分数。例如，在第7章中，用一个由七条陈述组成的李克特量表来测量人们对麦当劳的态度。在转换反向陈述的得分后将这七条陈述加总，就得到了总的态度得分。转换反向陈述的得分以及加总的过程就是变量转换。

另一种常见的变量转换形式是**标准化**（standardization）。要对量表 X_i 进行标准化，首先要将每个分数减去均值，然后除以标准差。因此，经过标准化的分数的均值是0，标准差是1。这实际上与计算 z 值是一样的（见第12章）。标准化使调研人员可以对使用不同类型的量表测量的变量进行比较。数学上，标准化分数 z_i 可以表示为：

$$z_i = (X_i - \overline{X})/s_x$$

重新编码 一旦完成数据编码、转录和清理，就需要对分类变量（如收入）的类别进行重新定义。例如，如果在最低收入的类别里调查对象太少，这个类别就可以和第二低收入的类别合并。这个过程称为**重新编码**（recoding）。重新编码指重新定义变量值，包括形成分类或重新定义分类变量的类别。本章后面部分将说明如何使用 SPSS 和 Excel 来完成变量转换和重新编码。

调研概要

变量转换涉及将数据进行转换以生成新变量，或者变动现有变量以符合调研目标。变量转换的一种常见形式是对题项求和得到一个求和分数。另一种形式是标准化，其中，经过标准化的变量的均值是0，标准差是1。要对一个变量进行标准化，首先将每个分数减去均值，然后除以标准差。重新编码指重新定义变量值，包括形成类别或重新定义分类变量的类别。

互联网调研

雷克萨斯：对待豪华

访问 www.lexus.com，并搜索互联网，包括社交媒体和图书馆在线数据库，获取消费者选择豪车品牌时所使用的标准方面的信息。通过一项旨在解释豪车品牌选择的调查，已经获得人口统计和心理统计数据。你需要进行哪些一致性检验、缺失值处理和变量转换？

作为雷克萨斯的营销经理，你需要什么信息以制定营销策略来增加市场份额？

选择数据分析方法

选择数据分析方法，必须首先考虑调研过程的前几个步骤：问题定义（第1步）、确定调研方案（第2步），以及进行调研设计（第3步）。应当以作为调研设计的一部分而制定的数据分析初步计划为出发点，再根据调研过程后面几个步骤所获得的其他信息进行必要的调整。

下一步就是考虑数据的已知特征。其中，所用的测量尺度将对选择何种统计技术产生很大影响（见第7章）。此外，想获取某类见解可能需要使用特定的分析方法。同时还需要考虑统计技术本身的特性，尤其是它们的目的和基本假设。例如，一些统计方法适用于分析变量之间的差异（t检验），另一些则适用于评估变量之间的相关性（相关分析和回归分析均在第12章讨论）。理解在数据准备过程中得到的数据，对选择数据分析方法很有价值。

最后，调研人员的背景与价值观也会影响数据分析方法的选择。有经验的、经过统计训练的调研人员将使用多种适宜对特定项目进行数据分析的统计技术。

调研概要

应当根据营销调研过程的前几个步骤、数据的已知特征、统计技术的特性，以及调研人员的背景和价值观等选择数据分析方法。使用的测量尺度也将对统计技术的选择有重大影响，想获取某类见解需要使用特定的分析方法。考虑统计技术本身的特性，尤其是它们的目的和基本假设也是很重要的。

国际营销调研

在国际营销调研中，对现场工作人员的选择、培训、监督和评估非常重要。很多国家缺乏当地的现场工作机构。因此，可能需要招募与培训当地的现场工作人员或者引入国外训练有素的工作人员。最好能够使用当地的现场工作人员，因为他们熟悉当地的语言和文化，能够营造轻松的访谈氛围，对调查对象的顾虑更为敏感。可能需要进行广泛的培训和严格的监督。正如在很多国家观察到的那样，访问员趋向于帮助调查对象回答问题，根据个人的考虑而不是抽样计划来选取家庭或抽样单位。最后，在一些国家，访问员的作弊行为比在美国更为严重。对现场工作进行核实至关重要。恰当地使用现场工作程序可以较好地解决上述难题，得到一致的和有用的发现。

在分析数据之前，调研人员应当确保测量单位可以在不同国家或文化单元之间进行比较。例如，必须调整数据以建立货币等价性或计量等价性，进而得到一致的结果。

调研实践

世界各地对冰激凌的喜爱

冰激凌品牌哈根达斯是美国最火爆的出口商品。它在亚洲、英国、法国和德国的销售量增长神速。截至 2015 年，世界各地的消费者每年消费哈根达斯产品超过 20 亿美元。有一半以上的销量来自国际市场。这些是如何实现的呢？吸引国外消费者购买的战略比较简单。在几个欧洲国家（英国、法国、德国）、亚洲国家和地区（日本、新加坡、中国台湾）进行的营销调研显示，消费者渴望具有卓越品牌形象的高质量冰激凌，并愿意为之支付高价。在对每个国家和地区的冰激凌按相同的基础重新定价之后，发现了上述一致性的结论。必须重新定价是因为其价格是按不同地区的货币确定的，需要有相同的基础以便对不同国家和地区进行比较。此外，在每个国家和地区，必须相对于竞争品牌的价格来定义溢价水平。重新定价可实现上述两个目标。

根据这些发现，哈根达斯首先进入少数高端的零售店，接着在人流量大的地方建设自营店，最后进入便利店和超市。首先进入高端零售店，使得它保持了卓越的品牌声誉。哈根达斯也为零售商提供免费的冷柜。由于对高质量产品的渴望，在英国每品脱哈根达斯冰激凌的价格是 5 美元，是英国国内品牌冰激凌价格的 2～3 倍。在美国，尽管受到激烈的竞争和部分消费者对于健康的顾虑的影响，哈根达斯依然流行，这使它进入国外市场的动力增强。[2]

调研概要

在进行国际调研时，可能需要招募和培训当地的现场工作人员，或引入训练有素的国外工作人员。在分析数据前，应当保证测量单位可以在不同国家或文化单元之间进行比较。

营销调研和社交媒体

进行电话或人员访谈的访问员通常是兼职人员或合同工。然而，收集和分析社交媒体数据的调研人员一般是营销调研公司的全职员工。被分配到一个社交媒体项目的操作员工或现场工作人员可能会较少（只有 2～3 名）。这些因素导致现场工作人员的选择、培训、监督、核实和评估更加精简，虽然涉及的大多数问题和传统的现场工作遇到的问题一样。

调研人员面临的另外一个挑战是与客户密切合作以做出其他的现场工作决策。

在收集定性数据时，需要做出一些决策，而这些决策应当由调研人员和客户共同完成。这些决策包括：确定要监控的社交媒体的类型和详细说明；开发一套标准化的术语、交流类型、内容类型；建立一套标准化的编码方案；设置标准检查程序。因此，现场工作的关键是从客户和调研组织中抽出人员组成一个核心团队。

社交媒体数据的收集和分析是一个动态的过程。与传统的数据收集不同，调查对象不是仅仅对问题或刺激做出回应，而是通过共同参与来产生和编辑数据。简单来说，社交媒体的调查对象共创内容。因此，调查对象作为参与者，保留设置议程的权利而不仅仅是回应它。虽然数据准备过程和之前讨论过的基本一致，仍然有一些社交媒体的数据收集的独特之处，KDPaine & Partners 为佐治亚理工学院（Georgia Tech）实施的下列调研项目就说明了这一点。

调研实践

佐治亚理工学院：利用社交媒体进行比较

KDPaine & Partners 提供定制的调研，以测量社交媒体和传统公共关系的有效性。这家调研公司执行了一个项目，来清晰地确定佐治亚理工学院（www.gatech.edu）及其同类机构在社交媒体上的现状和活动。现场工作的组织如下：两名佐治亚理工学院传播/营销团队的高级成员、KDPaine & Partners 的 CEO、KDPaine 的调研总监以及 KDPaine 教育团队的主管组成了一个核心团队，共同工作以确定项目的目标、方法和时间表。建立目标和项目远景之后，KDPaine 的调研总监和教育团队主管完成了编码指南。完成编码指南后，教育团队主管用测试项目对阅读人员（现场工作人员）进行培训，直到他们在所有主要变量上达到可接受的可靠性标准。接着，KDPaine 的调研总监和教育团队主管确定并获取需要的总体和样本大小。一旦获得需要的样本并培训好编码人员，就启动正式的社交媒体网站的阅读（数据收集），并通过间断性地进行编码者的可靠性测试（比较不同阅读人员的编码内容）来保证准确性。每个月，结果被汇总起来形成报告以设置基准，并随时间的推移进行检查。KDPaine 和佐治亚理工学院之间经常举行团队会议，讨论现场工作方法的效率，保证结果的准确性。

2012 年，KDPaine & Partners 兼并了 Salience Insight（www.salienceinsight.com）。Salience Insight 是 News Group International 公司的媒体洞察部门，是商业情报和媒体资源服务的全球供应商。[3]

调研概要

在社交媒体上进行现场工作时，对访问员的选择、培训、监督、核实与评估更加优化，虽然遇到的很多问题和传统的现场工作相同。与客户共同进行的决策包括：确定需要监控的社交媒体的类型和详细说明；开发标准化的术语、交流类型和内容类型；建立标准化的编码方案；设置标准的检查程序。与传统的数据收集不同的是，调查对象不是仅仅对问题或刺激做出回应，而是通过共同参与来产生和编辑数据。

营销调研伦理

无论是由内部营销调研部门还是由外部现场工作机构来收集数据，都需要遵守严格的伦理标准。调研人员和现场工作人员应当通过消除调查对象的顾虑让他们感到舒适。在访谈开始时，向调查对象提供关于调研机构和项目的充分信息、回答他们的问题、明确说明现场工作人员和调查对象的责任和预期，是增加调查对象舒适感的方法之一。调查对象应当被告知他们没有义务回答感觉不舒服的问题，而且只要他们感觉不舒服，可以在访谈的任意一个时间点结束访谈。调研人员和现场工作人员有伦理上的责任去尊重调查对象的隐私、情感和尊严。应让调查对象有一个正面和愉快的体验。这会增加调查对象的好感和未来合作的意愿。由本章第一个"调研实践"专栏可知，美国营销调研协会已经强调过这一点。

调研人员和现场工作机构也要通过遵循已确定的流程来选择、培训、监督、核实和评估现场工作人员，以对客户负责。他们必须保证数据收集过程的完整性。现场工作过程需要详细的记录，并提供给客户。解决现场工作中的伦理问题有助于调研人员和现场工作机构采取恰当的行为，有关Burke的调研实践说明了这一点。

> **调研实践**
>
> **Burke：提升数据收集中的道德水平**
>
> 回复800电话、使用信用卡或购买产品所产生的信息经常被用来制作顾客和潜在顾客的列表。这些列表很少销售给电话营销或直销机构。然而，公众有不同的看法，很多人认为营销人员和机构错误地使用了所收集的信息。这种误解给营销调研造成了负面的印象。
>
> 为了更正这种错误的看法，很多营销调研人员和现场工作机构在访谈开始时就正面说明了这些问题。Burke（www.burke.com）是国际领先的调研和咨询企业之一。在接触潜在的调查对象时，Burke为他们提供企业自己和营销调研项目的相关信息，向调查人员保证Burke会在伦理规范的范围内运作。一些营销调研企业和现场工作机构为潜在调查对象提供一个免费的电话号码，这样他们就可以打电话获得更多的信息，或者核实现场工作人员提供的信息。这些行动使得调查对象感觉更安心、更加了解公司情况，从而提供更高质量的数据。[4]

在营销调研过程的数据准备和分析步骤中产生的伦理问题主要与调研人员有关。在对数据进行检查、编辑、编码、转换和清理时，调研人员应关注数据的质量。应当努力识别那些提供了质量上有问题的数据的调查对象。举个例子来说，一位调查对象在回答测量其对观看体育比赛的态度的问题时，在 7 点李克特量表上对所有 20 个题项全部选择了"7"。显然，该调查对象并没有意识到有些陈述是反向的，有些陈述是正向的。因此，他的答案显示：在正向陈述上表现出对体育比赛极端肯定的态度，当陈述倒置时表现出极端否定的态度。此类问卷是否应被剔除（即不纳入分析）将引起伦理问题。一个不错的经验原则是，在进行数据分析之前的数据准备过程中就做好这样的决策。

假设调研人员在进行数据分析前没有发现不合格的调查对象，调研结果没有证实预期的关系，即对观看体育比赛的态度并不影响是否实际观看体育比赛。然后，调研人员决定检查所获取的数据的质量。在问卷检查中，调研人员发现了有不合格数据的少数调查对象。除了前面提到的不合格的回答类型外，还有其他有问题的答案类型。例如，一些调查对象对测量对观看体育比赛的态度的所有 20 个题项都选择答案"4"，也就是"既不同意也不反对"。当剔除这些调查对象的问卷，再对缩小后的数据集进行分析时，获得了预期结果，也就是态度对是否实际观看体育比赛有正向影响。在进行数据分析之后再剔除调查对象会引起伦理问题，尤其是在报告中未说明最初的分析是无效的之时。应当清晰地披露用来确认不合格调查对象的程序和剔除的调查对象的数量。

调研概要

调研人员和现场工作人员应当通过消除调查对象的顾虑、提供关于调研企业和项目的充分信息，让调查对象感到安心。他们应当尊重调查对象的隐私、情感和尊严。他们还要通过遵循已经确定的程序来选择、培训、监督、核实和评估现场工作人员，以对客户负责。在营销调研过程的数据准备和分析步骤中产生的伦理问题主要与调研人员有关。应当清晰地披露用来确认不合格的调查对象的程序和剔除的调查对象的数量。

软件应用

一些主流的统计软件包，如 SPSS（www.spss.com）和 Excel（www.microsoft.com/office/Excel）都有自己的网站提供各种信息。应用这些软件包还可以处理缺失值，并对数据进行统计上的调整。此外，目前在互联网上还可以找到许多统计软件包。尽管其中一些程序不能提供整合的数据分析和管理，但对执行特定的统计分析来说仍然十分有用。本书主要介绍 SPSS 和 Excel 两款软件。

SPSS 和 Excel 计算机演示视频

我们开发了计算机演示视频，给出了本书讨论的所有 SPSS 和 Excel 程序的分步运行指南。可以从本书辅导网站下载这些演示视频。资料 10—1 中给出了这些演示视频的运行说明。

资料 10—1

计算机演示视频的运行说明

为了在观看 SPSS 和 Excel 演示时获得最好的效果，应当将计算机的分辨率设置为 1 280×1 024 像素。在计算机的控制面板下点击分辨率图标，以检查分辨率。虽然我们只给出了 SPSS 演示视频的运行说明，但这些对于 Excel 也同样适用。要在本书的辅导网站上运行演示视频，只要简单地点击相关的文件即可。如果需要下载演示视频在计算机上播放，请遵守以下说明。

对于每个程序，你都可以下载文件夹包含的单个 PDF 文件或一套 HTML 文件。下载 PDF 文件比较简单，你需要 Acrobat 9 或以上的版本来运行文件。要下载 HTML 文件，选择名称正确的文件夹即可。例如，要在表 10—1 的数据上运行一个变量转换，使用 "IBM SPSS 20 Ch10 variable respecification" 文件夹。每个文件夹含有几份文件。很重要的一点是：你需要下载一个文件夹的全部文件，并保存在一个单独的文件夹中。要运行一个演示视频，需要该文件夹中的所有文件。你需要选择后缀名为 ".htm" 的文件来运行演示视频。例如，如果你需要运行一个使用 SPSS 对表 10—1 中的数据进行变量转换的一个演示视频，在 "IBM SPSS 20 Ch10 variable respecification" 文件夹中双击文件 "IBM SPSS 20 CH10 variable respecification demo movie"。双击后，IE 浏览器（或你的默认浏览器）就会加载并开始自动播放演示视频。需要注意的是，其他的文件也需要放在同一个文件夹里。

如果你想要在演示视频的任一时间点停止为播放，单击暂停按钮 ■。演示视频就会停在那个点。此时，按钮会变为 ▶。想从该点继续观看演示视频，可单击播放按钮 ▶。想快进视频内容，可单击快进按钮 ▶。如果你需要跳过一大段内容，可单击该按钮多次。要回放视频，可单击回放按钮 ◀，如果你需要倒回一大段内容，可单击该按钮多次。如果在任一时间点，你需要从头开始重播演示视频，可单击重播按钮 ⟲。最后，你也可以左右移动滑动钮 ━━━ 进行演示导航。滑动钮的功能与快进和回放按钮相同。

带注解的 SPSS 和 Excel 屏幕截图

带注解的屏幕截图也给出了本书讨论的不同的 SPSS 和 Excel 程序的分步运行指南。可以从本书的辅导网站下载这些屏幕截图。

SPSS 窗口

使用 SPSS 的基本模块，可以通过 SELECT IF 命令来选择超过范围的值。可以使用 LIST 或 PRINT 命令显示出这些个案，包括识别信息（对象 ID、变量名、变量值）。PRINT 命令可以将激活的个案存储在外部文件中。如果需要一张格式化列表，可以使用 SUMMARIZE 命令。

详细步骤：概述

可以在本书的辅导网站下载本章提到的运行 SPSS 程序进行数据分析的详细分步指南，有两种形式：（1）计算机演示视频；（2）带注解的屏幕截图。你也可以参考学生资源手册。接下来将说明这些步骤。这些步骤适用于 IBM SPSS STATISTICS 20 或 IBM SPSS STATISTICS 21，它们在这两个版本中是完全相同的。早期版本中的步骤也基本一样，只是一些对话框的标签略有不同。

详细步骤：数据输入

我们会讲解如何使用 SPSS 输入表 10—1 中的数据。在 SPSS 中，通过列和行对数据进行组织。每一行代表一个调查对象或一个个案。列代表变量。所涉及的步骤如下所示。

1. 双击"IBM SPSS Statistics 21"图标。

2. 默认情况下，程序被设置为"OPEN AN EXISTING DATA SOURCE"（打开现有的数据源）。因为你是第一次输入编码后的数据，单击"TYPE IN DATA"（输入数据）按钮，再单击"OK"（确定）。

3. 要创建变量，单击位于屏幕左下角的"VARIABLE VIEW"（变量视图）。你将会看到一个"VARIABLE VIEW"界面。

4. 默认情况下，列显示如下："NAME"（名称）、"TYPE"（类型）、"WIDTH"（宽度）、"DECIMALS"（小数）、"LABEL"（标签）、"VALUE"（值）、"MISSING"（缺失）、"COLUMN"（列）、"ALIGN"（对齐）、"MEASURE"（度量标准）、"ROLE"（角色）。在"NAME"这一列下，在第 1 行输入"ID"、第 2 行输入"偏好"、第 3 行输入"质量"、第 4 行输入"多样性"、第 5 行输入"价值"、第 6 行输入"服务"、第 7 行输入"收入"。

5. "TYPE"是指数据的类型，设置为"NEMERIC"（数值型），是默认的选项。"WIDTH"设置为 8，也是默认的选项。

6. 将"DECIMALS"设置为 0。如果你单击"DECIMALS"下的第一行，会出现一个上下选择箭头。双击向下的箭头，将"DECIMALS"设置为 0。复制第一个单元格的内容，粘贴到第 2～第 7 行"DECIMALS"下的所有单元格内。

7. 在"LABEL"列，对每个变量输入一个描述型标签。例如，对于 ID，输入"调查对象的身份号码"；对于偏好，输入"对于百货商店的偏好"；等等。其他变量的标签请参见表 10—2。

8. 单击 SPSS 文件中的"VALUE"这一列，打开一个"VALUE LABLE"（值标签）对话框。"VALUE LABLE"是分配给一个变量的每一个可能取值的独一无二的标签。例如，对于第 2 行的"偏好"，1 表示弱偏好，7 表示强偏好。在"VALUE LABLE"对话框中，在"VALUE"中输入 1，在"LABLE"中输入"弱偏好"。单击"ADD"（添加）。然后在"VALUE"中输入 7，在"LABLE"中输入"强偏好"，再单击"ADD"。最后单击"OK"。以同样的方式添加其他变量的值标签。见表10—2。

9. 将"MISSING"列设为"无",是默认选项。

10. 将"COLUMN"设置为8,是默认选项。

11. 将全部输入数据的"ALIGN"设置为右,是默认选项。

12. "MEASURE"是指尺度的类型,对于定距尺度和定比尺度数据设置为"SCALE"(度量)。点击进入第1行,然后点击向下箭头,设置为"NOMINAL"(定类),点击进入第2行,然后点击向下箭头,设置为"SCALE"。将第二个单元格的内容复制粘贴到"MEASURE"的第3～第6行。需要将收入设置为"ORDINAL"(定序)。

13. 将"ROLE"设置为"INPUT"(输入),是默认选项,因为数据是输入到表格中的。

14. 单击左下角的"DATA VIEW"(数据视图)。输入调查对象的答案,一个调查对象的所有答案输入单独的一行。

15. 保存文件。单击"FILE"(文件),选择"SAVE"(保存)或"SAVE AS"(另存为)。

详细步骤:变量转换

我们将说明如何使用基础模块并使用表10—1中的数据创造一个新变量。打开表10—1的SPSS数据文件。我们想要创造一个"百货商店总体评价(总体评价)"变量,用来对质量、多样性、价值、服务的评分加总。因此有:

$$总体评价=质量+多样性+价值+服务$$

步骤如下:

1. 单击"TRANSFORM"(转换)。

2. 单击"COMPUTE VARIABLE"(计算变量)。

3. 在"TARGET VARIABLE"(目标变量)框中输入"总体评价"。

4. 单击"Quality of Merchandise [quality]",将其移到"NUMERIC EXPRESSION"(数字表达式)框中。

5. 单击符号"+"。

6. 单击"Variety of Merchandise [variety]",将其移到"NUMERIC EXPRESSION"框中。

7. 单击符号"+"。

8. 单击"Value for Money [value]",将其移到"NUMERIC EXPRESSION"框中。

9. 单击符号"+"。

10. 单击"In-Store Service [service]",将其移到"NUMERIC EXPRESSION"框中。

11. 单击"TARGET VARIABLE"框下的"TYPE & LABLE"(类型和标签),输入"总体评价"。单击"CONTINUE"(继续)。

12. 单击"OK"。

详细步骤：对变量重新编码

我们还将利用表 10—1 中的数据说明如何对变量重新编码以产生一个新变量。收入类别 1 只出现了 1 次，收入类别 6 只出现了 2 次。因此，我们想合并收入类别 1 和收入类别 2，以及收入类别 5 和收入类别 6，创造一个新变量"rincome"，标签名是"Recoded Income"（重新编码后的收入）。注意"rincome"只有 4 个类别，编码为 1~4。打开表 10—1 的 SPSS 数据文件。

1. 单击"TRANSFORM"。
2. 单击"RECODE INTO DIFFERENT VARIABLES"（重新编码为不同变量）。
3. 单击"Household Income [income]"，将其移到"INPUT VARIABLE→OUTPUT VARIABLE"（输入变量→输出变量）框中。
4. 在"OUTPUT VARIABLE NAME"（输出变量名称）框中输入"rincome"。
5. 在"OUTPUT VARIABLE LABEL"（输出变量标签）框中输入"Recoded Income"。
6. 单击"OLD AND NEW VALUES"（旧值和新值）选项。
7. 在左边的"OLD VALUES"（旧值）对话框中，单击"RANGE"（范围），将 1 和 2 输入范围框。在右边的"NEW VALUES"（新值）对话框中，单击"VALUE"（值），将 1 输入值框。单击"ADD"。
8. 在左边的"OLD VALUES"对话框中，单击"RANGE"，将 3 输入范围框。在右边的"NEW VALUES"对话框中，单击"VALUE"，将 2 输入值框。单击"ADD"。
9. 在左边的"OLD VALUES"对话框中，单击"RANGE"，将 4 输入范围框。在右边的"NEW VALUES"对话框中，单击"VALUE"，将 3 输入值框。单击"ADD"。
10. 在左边的"OLD VALUES"对话框中，单击"RANGE"，将 5 和 6 输入范围框。在右边的"NEW VALUES"对话框中，单击"VALUE"，将 4 输入值框。单击"ADD"。
11. 单击"CONTINULE"。
12. 单击"CHANGE"（变换）。
13. 单击"OK"。

Excel

虽然 Excel 是有效的电子表格程序，但是它不能像 SPSS 那样提供关系型数据库。因此，不能直接生成变量的分布，数据的重新编码必须通过 IF-THEN 语法实现。

详细步骤：概述

可以在本书的辅导网站下载本章提到的运行 Excel 程序进行数据分析的详细分步指南，有两种形式：（1）计算机演示视频；（2）带注解的屏幕截图。你也可以参考学生资源手册。接下来说明这些步骤。这些步骤适用于 Excel 2007、Excel 2010 或 Excel 2013，它们在这些版本中是完全相同的。早期版本中的步骤也基本一样，只是在如何打开"数据分析"以及一些对话框的标签上略有不同。

详细步骤：数据输入

我们会讲解如何使用 Excel 输入表 10—1 中的数据。在 Excel 中，通过列和行对数据进行组织。每一行代表一个调查对象或一个个案。列代表变量。所涉及的步骤如下所示。

1. 双击"Excel"图标或打开一个空白的工作簿。
2. 在第 1 行中，在第 1 列输入"ID"，第 2 列输入"偏好"，第 3 列输入"质量"，第 4 列输入"多样性"，第 5 列输入"价值"，第 6 列输入"服务"，第 7 列输入"收入"。你也许需要调整某些列的宽度。
3. 从第 2 行开始，输入调查对象的答案，每个调查对象的所有答案占单独一行。因此，20 个调查对象的数据输入第 2～第 21 行。
4. 保存文件。单击"FILE"，选择"SAVE"或"SAVE AS"。

详细步骤：变量转换

我们将说明如何利用 Excel 并使用表 10—1 中的数据创造一个新变量。我们想要创造一个"百货商店总体评价（总体评价）"变量，用来对质量、多样性、价值、服务的评分加总。打开表 10—1（Excel 文件），步骤如下。

1. 单击单元格 H1。
2. 在单元格 H1 中输入"New Variable"（新变量）。
3. 在单元格 H2 中输入"＝C2＋D2＋E2＋F2"。
4. 单击"Accept formula value"（接受公式值）或输入符号"√"。
5. 在单元格 H2 上单击右键，弹出 Excel 菜单。
6. 选择"COPY"（复制）菜单选项。
7. 选择（加亮）单元格 H3 到单元格 H21。
8. 在任意一个加亮的单元格上单击右键，弹出 Excel 菜单。
9. 选择"PASTE"（粘贴）菜单选项。
10. 新变量的值将出现在单元格 H2 至单元格 H21 中。

详细步骤：对变量重新编码

我们还将利用表 10—1 中的数据说明如何使用 Excel 对变量重新编码以得到新的变量。我们将收入重新编码成 4 个类别（如前面使用 SPSS 时说明的那样）。打开表 10—1 的 Excel 数据文件。

1. 单击单元格 H1。
2. 在单元格 H1 中输入"RINCOME"。
3. 仔细地将下面的公式"=IF（G2=6，4，IF（G2=5，4，IF（G2=4，3，IF（G2=3，2，IF（G2=2，1，IF（G2=1，1，1))))))"正确输入单元格 H2。
4. 单击"接受公式值"或输入符号"√"。
5. 在单元格 H2 上单击右键，弹出 Excel 菜单。
6. 选择"COPY"菜单选项。
7. 选择（加亮）单元格 H3 到单元格 H21。
8. 在任意一个加亮的单元格上单击右键，弹出 Excel 菜单。
9. 选择"PASTE"菜单选项。
10. 重新编码后的值将出现在单元格 H2 到单元格 H21 中。

戴尔运营案例

回顾本书末尾给出的戴尔案例（案例 1.1）和问卷。

购买笔记本电脑的感觉如何？设计一份调查问卷，以确定学生的笔记本电脑购买行为。将问卷发放给校园中 5 名学生。

1. 接近这些调查对象时你的感觉如何？
2. 对于调查对象来说最有挑战性的部分是什么？
3. 如果雇用其他的学生来为该调查项目收集数据，应该如何对他们进行培训？
4. 如果雇用其他的学生来为该调查项目收集数据，应该如何对他们进行监督？
5. 将你设计的问卷或问卷的链接放在你的 Facebook 账户上，邀请你的朋友参与问卷调查。你会遇到哪些现场工作相关的问题？

访问本书的辅导网站，下载戴尔的数据文件，回答下面的问题。

6. 根据每周总的上网时间（q1），将调查对象的回答重新编码为两个组：5 小时或更少（轻度用户）和 6 小时或更多（重度用户）。
7. 根据每周总的上网时间（q1），将调查对象的回答重新编码为三个组：5 小时或更少（轻度用户）、6～10 小时（中度用户）和 11 小时或更多（重度用户）。
8. 根据 q2_1 到 q2_7 生成一个新变量，代表人们在线做的事情的总数量。注意，q2_1 到 q2_7 的缺失值被编码为 0。
9. 将 q4（总体满意度）重新编码为两个组：非常满意（评分为 1），有点满意或不满意（评分为 2、3、4）。
10. 将 q5（推荐意向）重新编码为两个组：肯定推荐（评分为 1），可能或不太可能推荐（评分为 2、3、4）。
11. 将 q6（选择戴尔的意向）重新编码为两个组：肯定选择（评分为 1），可能选择或不太可能选择（评分为 2、3、4）。
12. 将 q9_5per（q9A）重新编码为三个组：肯定会或可能会购买（评分为 1 和 2），不确定是否会购买（评分为 3），可能不会或肯定不会购买（评分为 4 和 5）。

13. 将 q9_10per（q9B）重新编码为三个组：肯定会或可能会购买（评分为 1 和 2），不确定是否会购买（评分为 3），可能不会购买（评分为 4），肯定不会购买（评分为 5）。

14. 重新编码的人口统计特征如下：

a. 将教育水平最低的两个类别（q11）合并为一个单一类别。因此，将"高中辍学或在读及以下"和"高中毕业"合并为一个单一变量"高中或高中以下学历"。

b. 将年龄（q12）重新编码为四个新的类别：18～29 岁、30～39 岁、40～49 岁、50 岁及以上。

c. 将收入最低的两个类别（q13）合并为一个单一类别，标签为"低于 30 000 美元"。

本章小结

调研人员有两种收集数据的途径：利用他们自己的组织或与现场工作机构签订合同。无论何种情况，数据收集都包含使用访问员、督导员和其他数据收集人员等现场工作人员。在可能的情况下，选择访问员应当匹配调查对象的特征、问题的性质与数据收集方法的类型。应当就现场工作的重要方面对他们进行培训，包括进行最初的接触、提问、追问、记录答案和结束访谈。对现场工作人员的监督包括：质量控制和编辑、抽样控制、作弊行为控制和中心办公室控制。对现场工作的核实可以通过打电话给 10%～25% 的被确认为调查对象的人，并询问他们是否接受过访谈来完成。需要根据成本和时间、应答率、访谈质量和数据质量来评估现场工作人员。

数据准备工作从回顾数据分析的初步计划开始，紧接着要初步检查所有问卷的完整性和访谈质量。然后对数据进行更彻底的编辑。编辑包括筛选问卷找出模糊、不完整、不一致或模棱两可的答案。这些不合格答案的处理方式包括：将问卷返回现场，分配缺失值，剔除不合格的调查对象。

下一步是编码。分配数字或字母的代码来代表每个问题的特定答案，以及代码所占的列位置。编码后的数据将通过键盘输入、机读卡、光学扫描、计算机控制的传感器或其他技术存入磁盘或输入计算机。

进行数据清理时要检查数据的一致性并处理缺失值。处理缺失值的方法包括：用均值等中立值替代、整例删除和成对删除。使用变量转换、重新编码等统计上的调整方法常常能够提高数据分析的质量。应当根据营销调研过程的前几个步骤、数据的已知特征、统计技术的特性与调研人员的背景和价值观等来选择数据分析方法。

在国际营销调研中，对现场工作人员的选择、培训、监督和评估更加重要，因为许多国家缺乏当地的现场工作机构。在国际营销调研中，调研人员在分析数据之前，首先应该确保测量单位在不同国家或文化单元之间是可以比较的。

在社交媒体中开展现场工作时，对现场工作人员的选择、培训、监督、核实和评估更为优化，尽管遇到的很多问题和传统的现场工作中遇到的相同。与传统的数据收集不同，采用社交媒体的调查对象并不仅仅对问题或刺激做出回应，他们通过共同参与来产生和编辑数据。

伦理问题包括在数据收集过程中让调查对象感觉放松，这样他们的体验是积极的。必须不遗余力地确保数据收集是高质量的。

数据准备过程也会产生伦理问题，尤其是在剔除不合适的调查对象时。

关键术语

现场工作（field work）
现场工作人员（field workers）
追问（probing）
抽样控制（sampling control）
应答率（response rate）
编辑（editing）
编码（coding）
编码字典（codebook）

数据清理（data cleaning）
一致性检查（consistency checks）
缺失值（missing responses）
整例删除（casewise deletion）
成对删除（pairwise deletion）
变量转换（variable respecification）
标准化（standardization）
重新编码（recoding）

复习题

1. 调研人员收集数据有哪些选择？
2. 描述现场工作/数据收集过程。
3. 提问的指导原则是什么？
4. 什么是追问？
5. 应该怎样记录非结构性问题的答案？
6. 监督现场工作人员涉及哪些方面？
7. 什么是现场工作的核实？这是怎样完成的？
8. 描述评估现场工作人员时应当使用的标准。
9. 描述数据准备过程。
10. 对从现场返回的问卷进行初步检查涉及哪些活动？
11. 编辑问卷意味着什么？
12. 你将如何处理在编辑过程中发现的不合格的回答？
13. 描述对非结构性问题进行编码的原则。
14. 数据转录涉及哪些内容？
15. 处理缺失值有哪些方法？
16. 有时需要对数据进行哪些类型的统计上的调整？
17. 选择数据分析方法时需要考虑哪些因素？
18. 将社交媒体调研中的现场工作和传统的现场工作进行比较。

应用题

1. 为学生开展的人员入户访谈提供访问员指南。如果调查通过社交网络进行，这个指南会有什么变化？
2. 对下面的现场情境进行评论，并推荐纠正措施。
    a. 一位访问员在人员入户访谈中有过高的拒访率。
    b. 在CATI情境下，第一次拨打很多电话号码都是忙音。
    c. 一位访问员报告说，在访谈结束时，很多调查对象询问自己是否正确地回答了问题。
    d. 在核实现场工作时，一位调查对象称自己不记得是否接受过电话访谈，但是访问员坚称进行过该访谈。
3. 下面显示的是用来确定消费者对于数码相机偏好的问卷的一部分。对下面的三个问题（Q9、Q10、Q11）建立一个编码方案。需要注意的是，前面的八个问题没有包含在内。

Q9. 请为你购买一台新的数码相机时考虑的以下特征的重要性进行评分。

	不太重要				非常重要
a. 像素	1	2	3	4	5
b. 快门速度	1	2	3	4	5
c. 光学变焦	1	2	3	4	5
d. 自动对焦	1	2	3	4	5

Q10. 如果你要买一台新的数码相机，你会去下面哪一个地方？（多选）

a. _____ 杂货店

b. _____ 相机店

c. _____ 折扣店/综合零售店

d. _____ 消费电子商店

e. _____ 互联网商店/购物站点

f. _____ 其他

Q11. 你的大部分照片是在哪里冲洗的？请只选择一个选项。

a. _____ 杂货店

b. _____ 小型实验室

c. _____ 相机店

d. _____ 折扣店/综合零售店

e. _____ 消费电子商店

f. _____ 邮寄订单/互联网

g. _____ 小摊/其他

注释

[1] www.marketingresearch.org, accessed January 10, 2013; Reg Baker, "Nobody's Talking," *Marketing Research. A Magazine of Management & Applications* 8(1) (Spring 1996): 22-24; "Study Tracks Trends in Refusal Rates," *Quirk's Marketing Research Review* (August–September 1989): 16-18, 42-43.

[2] www.haagendazs.com, accessed January 17, 2013; David Kilburn, "Häagen-Dazs Is Flavor of Month," *Marketing Week* 20(23) (September 4, 1997): 30; and Mark Maremont, "They're All Screaming for Häagen-Dazs," *Business week* (October 14, 1991).

[3] www.gatech.edu, accessed January 17, 2013; Society for New Communications Research, "Division: Academic, Category· Online Reputation Management, Georgia Institute of technology," Report, 2009.

[4] www.burke.com, accessed February 12, 2013.

第11章 数据分析：频数分布、假设检验和列联表

> 对营销者来说，列联表仍然是最常使用的数据分析技术。然而，单独的列联表遗留了未被探索的大量信息，并没有挖掘出调研的预期价值。因此，你需要超越列联表寻求更加复杂的统计技术。
>
> ——铭略远迅管理咨询有限公司高级执行官威廉·尼尔（William Neal）

本章概要

一旦完成了数据准备工作（见第 10 章），调研人员就应该进行一些基础的数据分析，一般包括计算频数、百分比、均值以及构建表格来检验两个变量的不同取值的共生问题。本章将介绍基本的数据分析方法，包括频数分布、假设检验和列联表。

首先介绍单一变量的频数分布，并解释它如何显示超出范围值、缺失值或极端值的数，以及有关数据分布的集中趋势和变动趋势。然后介绍假设检验的一般过程，接下来讨论使用列联表来帮助理解两个变量之间的关联性。尽管关联性能够通过观察表格获知，但统计方法能够用来检验关联性的显著性和强度。图 11—1 简单解释了本章重点讨论的营销调研过程的步骤。

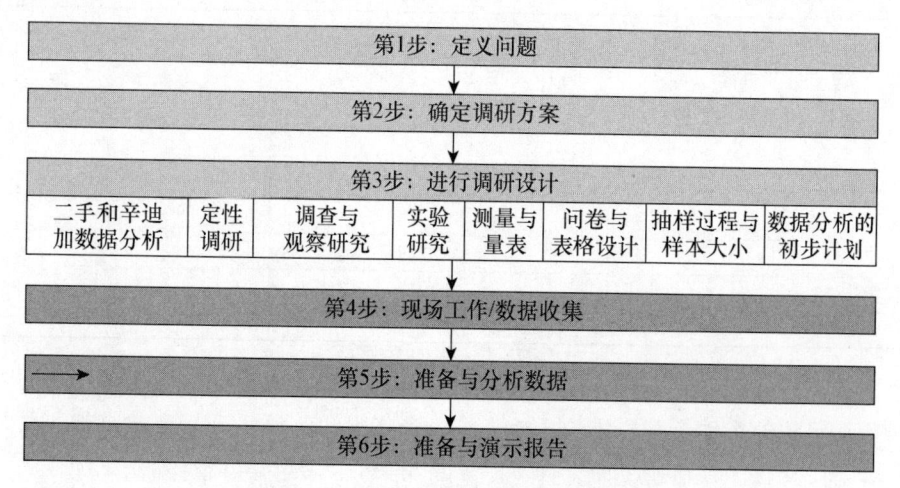

图 11—1 本章与营销调研过程的关系

我们从以下四个方面为读者运行本章所使用的 SPSS 与 Excel 程序提供帮助：(1) 本章后面部分给出了详细的分步指南；(2) 你可以从本书的辅导网站下载展示这些分步指南的计算机演示视频；(3) 你可以下载展示这些分步指南的带注解的屏幕截图；(4) 你可以参考发布在本书辅导网站上的学生资源手册。

许多商业性营销调研项目常局限于基础的数据分析。通常以图表的形式对调研发现加以展示，第 13 章将进一步探讨这一点。不仅基础分析的结果本身有价值，而且从这些基础分析中获得的见解有助于解释由更复杂的统计技术得出的结果。因此，在进行更高级的统计分析之前，做一些基础分析是有用的。为了使读者初步了解这些统计技术，我们首先用一个实例说明频数分布表的运用。

学习目标

阅读本章后，学生应当能够：
1. 理解进行初步数据分析的重要性，以及初步数据分析所能获得的信息类型。
2. 解释频数计数的含义以及与该分析方式相联系的测量方法。
3. 描述假设检验的一般过程和涉及的步骤。
4. 讨论如何进行列联表分析，介绍相关的统计量。
5. 理解卡方统计量及其使用目的。
6. 探讨用于评价两个变量之间关联性的其他统计方法及其使用条件。
7. 描述可用于进行频数和列联表分析的 SPSS 和 Excel 程序。

调研实践

西点军校：选择它是出于爱国主义吗

在对 1 150 名准备上大学的美国青少年进行的调查中，有 168 人表示考虑上西点军校。他们考虑上该校的主要原因的频数分布如下表所示。

原因	数量	百分比
教育质量/学术水平高	44	26
传授生活经验/价值观/纪律	35	21
职业准备（军事或者其他）	34	20
想加入军队	17	10
爱国主义	13	8
良好的声誉	12	7
其他原因	13	8
总计	168	100

申请美国西点军校的人数呈逐年下降的趋势。为了招募到最优秀的考生，行政机构应强调西点军校教育质量高，传授生活经验、价值观和纪律，而且为学员选择的职业做准备，如实习岗位。以前使用的爱国诉求不再有效，因为仅有 8% 的考虑加入西点军校的学生提到爱国主义。[1]

这个例子说明了基础数据分析本身是有用的。频数分析使我们能够获得关于加入西点军校的原因的详细结论。我们使用表11—1中的数据说明这些概念和本章讨论的其他概念，表格列出了汤米·希尔费格（Tommy Hilfiger）用户样本对该品牌服装的态度、使用情况、性别等。使用7点李克特量表（1＝非常不赞同，7＝非常赞同）来测量态度。用1、2、3对使用者进行编码，分别代表汤米·希尔费格服装的轻度使用者、中度使用者、重度使用者。性别编码是：1代表女性，2代表男性。作为简单示例，我们只选取了一小部分的观察数据。在实践中，频数、列联表和假设检验是基于更大的样本量，比如本书列出的带有真实数据的戴尔运营案例和其他案例。作为分析的第一步，检查相关变量的频数分布情况通常是有用的。

表 11—1　　　　　　　　　　　对汤米·希尔费格的使用情况和态度

编号	用户组	性别	态度
1	3	2	7
2	1	1	2
3	1	1	3
4	3	2	6
5	3	2	5
6	2	2	4
7	2	1	5
8	1	1	2
9	2	2	4
10	1	1	3
11	3	2	6
12	3	2	6
13	1	1	2
14	3	2	6
15	1	2	4
16	1	2	3
17	3	1	7
18	2	1	6
19	1	1	1
20	3	1	5
21	3	2	6
22	2	2	2
23	1	1	1
24	3	1	6
25	1	2	3
26	2	2	5
27	3	2	7
28	2	1	5
29	1	1	9
30	2	2	5
31	1	2	1

续前表

编号	用户组	性别	态度
32	1	2	4
33	2	1	3
34	2	1	4
35	3	1	5
36	3	1	6
37	3	2	6
38	3	2	5
39	3	2	7
40	1	1	4
41	1	1	2
42	1	1	1
43	1	1	2
44	1	1	3
45	1	1	1

频数分布

营销调研人员经常需要回答关于单一变量的问题，比如：
- 市场中重度使用者、中度使用者、轻度使用者和非使用者的百分比各是多少？
- 品牌使用者的收入分布情况如何？这个分布倾向于低收入者吗？

要获得这些问题的答案，可以考察频数分布。**频数分布**（frequency distribution）一次只考察一个变量，目的是了解该变量在不同取值下的回答的数量。变量不同取值的相对发生率或者相对频率以百分比的形式加以展现，如本章关于西点军校的调研实践所示。一个变量的频数分布可以产生关于变量所有值的频数计数、百分比和累计百分比的列表。图11—2列出了频数分析过程所涉及的步骤。

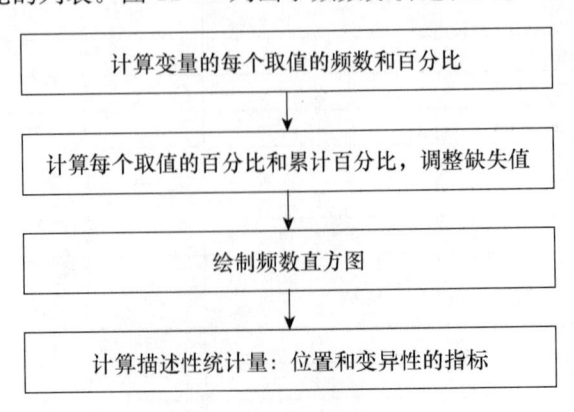

```
计算变量的每个取值的频数和百分比
        ↓
计算每个取值的百分比和累计百分比，调整缺失值
        ↓
绘制频数直方图
        ↓
计算描述性统计量：位置和变异性的指标
```

图11—2 频率分析

表 11—2 给出了根据表 11—1 中的数据以及通过使用统计程序包（SPSS 或者 Excel）获得的对汤米·希尔费格服装的态度的频数分布表。表中第一列是对变量的不同类别分配的标签，第二列（取值）是对每个标签或者类别分配的编码或取值。第三列（频数）给出了选择每个取值的调查对象的人数，包括缺失值。

表 11—2　　　　　　　　　对汤米·希尔费格的态度的频数分布

值标签	取值	频数	百分比	有效百分比	累计百分比
非常不赞同	1	5	11.1	11.4	11.4
	2	6	13.3	13.6	25.0
	3	6	13.3	13.6	38.6
	4	6	13.3	13.6	52.3
	5	8	17.8	18.2	70.5
	6	9	20.0	20.5	90.9
非常赞同	7	4	8.9	9.1	100.0
缺失值	9	1	2.2	缺失值	____
	合计	45	100.0	100.0	

比如，在参与汤米·希尔费格调查项目的 45 个调查对象中，有 6 人选择取值 2，表明了不赞同的态度。一个调查对象没有回答，因此作为缺失值取值为 9。第四列（百分比）显示了选择每个取值的调查对象的百分比。这些百分比是通过将第三列的频数除以 45 得到的。第五列（有效百分比）表示剔除具有缺失值的个案后计算的百分比，该例中通过将第三列的频数除以 44（即 45-1）得到。可以看出，8 个调查对象（18.2%）选择了态度值 5。如果没有缺失值，那么第四列和第五列的数值相同。最后一列表示剔除具有缺失值的个案后的累计百分比。取值的累计百分比表示小于或者等于该数值的回答的百分比。与取值 5 对应的累计百分比是 70.5%。换句话说，70.5% 的调查对象选择取值 5 或者更小的值。可以从本书的辅导网站下载表 11—1 中的数据以及带注解的 SPSS 和 Excel 输出结果。

频数分布有助于确定不合格答案的范围。值 0 和 8 就是不合格的答案或错误值。具有这些值的个案会被识别出来并采取补救措施。也能够检验出具有极端取值的个案，即离群值。在一个家庭规模的频数分布表中，家庭规模等于或超过 9 的少数孤立的家庭可以被视为离群值。频数分布还可以显示变量的经验分布形状。根据频数数据，可以画出直方图或者柱状图，其中 x 轴表示变量的取值，y 轴表示取值的绝对或相对频数。

图 11—3 就是根据表 11—2 中的数据绘制的直方图。从这个直方图，我们可以判断观察到的分布与预期或假设的分布是否一致。因为涉及数字，频数分布可以用于计算描述性或概括性统计量。下一节将讨论一些与频数分布相关的统计量。本章前面的"调研实践"专栏说明了为了解加入西点军校者的动机而进行的频数分析。

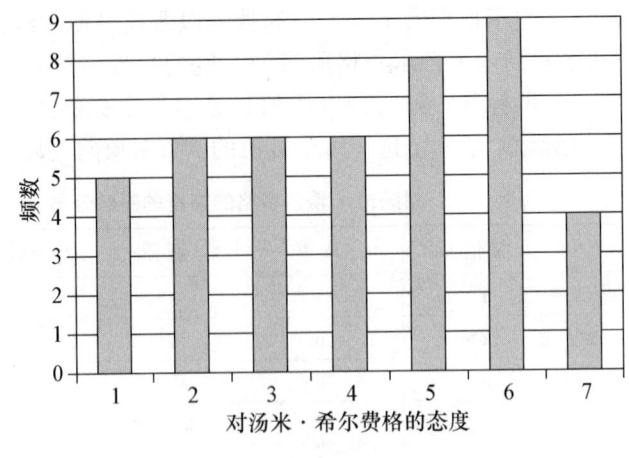

图 11—3 频数直方图

调研概要

频数分布一次只考察一个变量,并产生与变量相联系的所有取值的频率计数、百分比和累计百分比的表格。频数分布可以显示变量的经验分布形状,帮助你确定不合格答案的范围和存在的离群值。

与频数分布有关的统计量

如前所述,通过频数分布可以很方便地观察变量的取值情况。频数表清楚易读,并能提供一些基本信息,但有时这些信息可能过于详细,调研人员必须使用描述性统计量对其进行概括。与频数分布有关的最常用的统计量包括位置指标(均值、众数、中位数)和变异性指标(全距和标准差)。

位置指标

本节所讨论的**位置指标**(measure of location)是对集中趋势的测量,因为这些指标都被用于描述分布的中心。如果通过对每个观测值加上一个固定常数来改变整个样本,均值、众数、中位数也以同样的幅度变化。假设对表 11—1 中表达了对汤米·希尔费格的态度的所有调查对象(45-1=44)的评分加 10,在这种情况下,均值、众数和中位数也都会增加 10。

均值 均值(mean)或者平均数,是集中趋势或者分布中心最常用的指标,被用于估计使用定距或者定比尺度收集的数据的平均值(见第 7 章)。数据应该显示出一定的集中趋势,大部分答案应该分布在均值附近。

均值 $\bar{X}$ 的计算公式为:

$$\overline{X} = \sum_{i=1}^{n} X_i / n$$

式中，X_i——变量 X 的观测值；

n——观察数量（样本规模）。

因此，为了计算均值，我们要把变量所有的观测值相加再除以观察数量。一般来说，均值是一个相对稳定的指标，增加或者删除部分数据值对其影响不会很大。对于表 11—2 给出的频数分布，可以使用 SPSS 或 Excel 计算得到均值：

$$\overline{X} = 4.11$$

众数 众数（mode）是最频繁出现的数值，它代表分布的最高峰。当变量为类别数据或被重新分为若干类别时，众数是一个很好的位置指标。表 11—2 中的众数为 6，因为这个值以 9 次的最高频率出现（在如图 11—3 所示的直方图中也可以看到）。

中位数 样本的**中位数**（median）是把所有数据按照升序或者降序排列后居中的数值（见第 7 章）。如果样本数为偶数，则中位数为居中的两个数值的均值——两个中间数值相加之和再除以 2。有 50% 的值大于中间值，有 50% 小于该值。因此，中位数是第 50 个百分位数。对定序数据来说，中位数是一个合适的集中趋势指标。表 11—2 中，中间值是当数据以升序或者降序排列后位于第 22 位和第 23 位的观测值的平均数。该平均数为 4，因此中位数为 4。运用频数表中的累计百分比，能够很容易地计算出该中位数。可以观测到当取值为 4 时，累计百分数为 52.3%，但是当取值为 3 时，累计百分数是 38.6%。因此，50% 这一数据点应该出现在取值为 4 的时候。

如表 11—2 所示，该分布的三个集中趋势指标各不相同（均值＝4.11，众数＝6，中位数＝4）。这并不奇怪，因为每个指标以不同的方式对集中趋势进行定义。只有当分布对称时，这三个值才相等。在一个对称分布中，所有的值等可能地出现在分布中心的两侧，均值、众数、中位数是相等的（见图 11—4）。

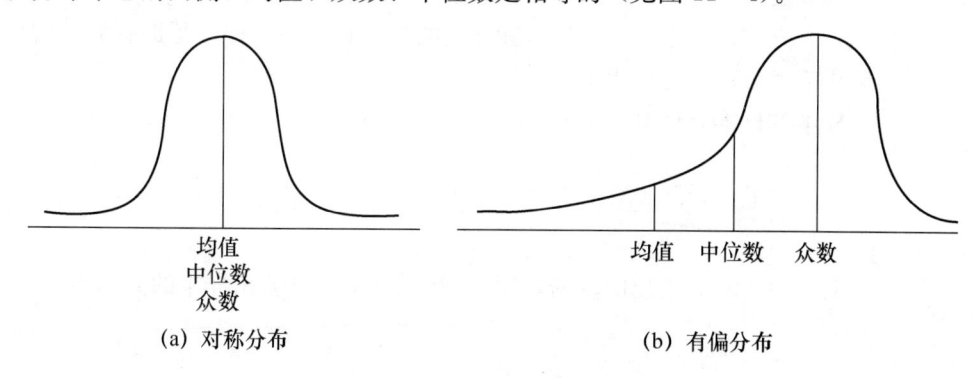

(a) 对称分布　　　　　　　　　(b) 有偏分布

图 11—4　对称和有偏的分布

计算所有三个集中趋势指标的好处在于，我们可以据此判断分布是否对称。比如表 11—2 的非对称分布也可以从如图 11—3 所示的直方图中看出。

如果分布是非对称的，到底应该使用哪个指标呢？这取决于变量的测量水平

（见第 7 章）。如果变量是用定类尺度测量的，就应该使用众数。如果变量是用定序尺度测量的，就应该使用中位数。如果变量是用定距或定比尺度测量的，则众数是集中趋势的一个糟糕指标，这一点从表 11—2 中可以看出。尽管 6 这个众数值的出现次数最多，但只代表 20.5% 的样本。对于定距或定比数据而言，中位数通常是一个比众数更好的集中趋势指标，尽管它也忽略了一些已知的变量信息，即忽略了大于或者小于中位数的变量值。对于定距或定比数据而言，均值应该是最合适的集中趋势指标，它是根据所有样本数值计算出的，因此能够利用所有已知信息。

变异性指标

变异性指标（measures of variability）显示了分布的分散情况。使用定距或定比数据计算的最常见的指标包括全距、方差和标准差。

全距 全距（range）测量的是数据的范围，就是样本中最大值和最小值之差。因此，全距直接受离群值的影响。

$$全距 = X_{最大值} - X_{最小值}$$

如果数据中所有取值乘以一个常数，那么全距也会乘以相同的常数。表 11—2 中的全距是 $7-1=6$。

方差和标准差 均值和观测值之差被称为离均差。**方差**（variance）就是离均差的均方值，也就是所有值的离均差的平方的平均值。方差不可能为负。当数据点集中在均值周围时，方差较小；当数据点分布分散时，方差较大。方差帮助我们理解数据点相似或不同的程度。如果数据点相似，那么方差就小，它们的分布紧密聚集在均值周围。如果数据点在取值上有很大的不同，那么方差就大，它们的分布广泛分散在均值周围。如果所有数据值乘以一个常数，则方差就乘以这个常数的平方。

标准差（standard deviation）就是方差的平方根，因此，标准差和数据的单位相同，而方差用平方单位表达。标准差的作用和方差一样，帮助我们了解数据点如何聚集或者分散在均值周围。

样本的标准差计算如下：

$$s_x = \sqrt{\sum_{i=1}^{n} \frac{(X_i - \overline{X})^2}{n-1}}$$

对于表 11—2 给出的数据，用 SPSS 或 Excel 计算出样本的方差为：

$$s_x^2 = 3.59$$

因此，标准差计算如下：

$$标准差 = s_x = \sqrt{3.59} = 1.90$$

样本的方差用 s^2 表示，总体方差用 σ^2 表示，以便对比（见表 11—3）。

表 11—3　　　　　　　　　　　　总体和样本变量的符号

变量	总体	样本
均值	μ	$\bar{X}$
比例	π	p
方差	σ^2	s^2
标准差	σ	s
大小	N	n
均值的标准误	$\sigma_{\bar{X}}$	$s_{\bar{X}}$
比例的标准误	σ_p	s_p
标准化变量（z）	$\dfrac{X-\mu}{\sigma}$	$\dfrac{X-\bar{X}}{s_{\bar{X}}}$

调研概要

最常用的与频数相关的位置指标为均值、众数和中位数。只有当分布对称时，这三个指标才相等。当分布不对称时，合适的位置指标取决于变量的测量水平。如果变量是用定类尺度测量的，就应该使用众数。如果变量是用定序尺度测量的，则中位数是合适的。如果变量是用定距或定比尺度测量的，应当使用均值，因为它是最合适的集中趋势指标。最常用的变异性指标是全距和标准差，这两个指标都假设数据是用定距或定比尺度测量的。

互联网调研

地铁乘客：谁是重度使用者

作为地铁公司的营销总监，你如何锁定快餐店的重度使用者？

访问 www.subway.com，并搜索互联网，包括社交媒体和图书馆在线数据库，获得关于快餐店的重度使用者的信息。在一项为地铁公司做的调查中，获取了每月乘坐地铁的人数的信息。你如何识别地铁的重度使用者，你会计算什么统计量去概括每个月乘坐地铁的人数？

假设检验简介

在第 2 章中已经定义和阐述了假设。回想一下，假设是未经证实的调研人员感兴趣的陈述或命题。假设是陈述性的并且能用统计方法检验。一般来说，假设是研究问题的可能答案。基础的分析总是包括一些假设检验。下面是营销调研中所产生的假设的例子。

- 每个家庭平均拥有 1.8 台电脑。
- 百货商店能获得 10% 以上的家庭的惠顾。

- 一个品牌的重度使用者和轻度使用者在心理统计特征上存在差异。
- 一个酒店比其直接竞争对手拥有更高端的形象。
- 对一家餐厅的熟悉能带来对其更强的偏好。

下一节我们将介绍假设检验的一般步骤,该步骤可用于检验各种不同的假设。

假设检验的一般步骤

假设检验包括以下步骤(见图11—5):
1. 建立零假设和备择假设。
2. 选择恰当的统计检验方法和相应的检验统计量。
3. 选择显著性水平(α)。
4. 确定样本规模并收集数据,计算检验统计量的值。
5. 确定零假设条件下由样本数据计算出的与检验统计量有关的概率。
6. 将检验统计量的概率与根据步骤3选择的显著性水平进行比较。
7. 做出统计判断,决定是否拒绝零假设。
8. 得出结论,根据营销调研问题表述统计判断。

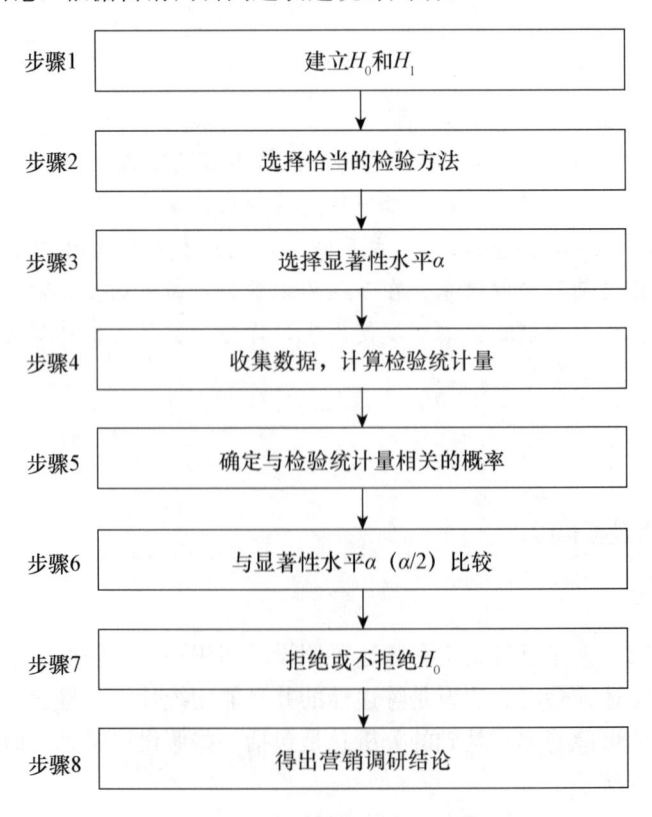

步骤1	建立H_0和H_1
步骤2	选择恰当的检验方法
步骤3	选择显著性水平α
步骤4	收集数据,计算检验统计量
步骤5	确定与检验统计量相关的概率
步骤6	与显著性水平α ($\alpha/2$) 比较
步骤7	拒绝或不拒绝H_0
步骤8	得出营销调研结论

图11—5 假设检验的一般步骤

第1步：建立假设

第一步是建立零假设和备择假设。**零假设**（null hypothesis）就是对没有差异或没有影响的一种现状的陈述。如果零假设未被拒绝，就不会有变化。**备择假设**（alternative hypothesis）就是预期存在一些差异或影响的状态。如果接受了备择假设，就会导致观点或行动的改变。因此，备择假设与零假设是对立的。

零假设一般是有待检验的假设，涉及总体参数的特定值（如μ、σ、π），而不是样本统计量（如$\bar{X}$）。表11—3列出了常用的总体变量和样本变量的符号。零假设可能被拒绝，但不能只通过一个检验就接受零假设。统计检验可能产生两种结果：其一是拒绝零假设，接受备择假设；其二是根据现有证据无法拒绝零假设。但是，仅凭无法拒绝零假设就认为它是正确的，这种结论是错误的。在经典的假设检验中，无法确定零假设是否为真。①

在营销调研中，建立的零假设一旦被拒绝，就能接受想要的结论。备择假设代表试图寻找的证据所支持的结论。例如，汤米·希尔费格正考虑是否推出新的退货政策。如果超过40%的消费者拥护该政策，则应推出该新政策。建立假设的恰当方式为：

$H_0: \pi \leq 0.40$

$H_1: \pi > 0.40$

式中，π表示支持新政策的消费者占总体的比例。这里，零假设是支持新政策的消费者占总体的比例小于或等于0.40，而备择假设是支持新政策的消费者占总体的比例大于0.40。如果零假设H_0被拒绝，就会接受备择假设，即新的退货政策将被推出。但是，如果零假设没有被拒绝，就不应该推出新政策，除非获得了其他证据。

这一零假设的检验是**单尾检验**（one-tailed test），因为备择假设是以单方向的形式表述的，即表示支持的消费者的比例大于0.40。然而，如果调研人员想确定新的退货政策与40%的消费者支持的现行政策是否有差异（优于或者次于），就要进行**双尾检验**（two-tailed test）。假设的表述方式变为：

$H_0: \pi = 0.40$

$H_1: \pi \neq 0.40$

在商业性营销调研中，单尾检验比双尾检验更为常用。通常，调研收集的证据所支持的结论都有某种倾向。例如，利润、销售额和产品质量越高越好。

在汤米·希尔费格的例子中，进行的是比例的单样本检验。如第4步所述，仅从一个样本中收集数据。

调研概要

一般来说需要建立假设，零假设就是对一种没有差异或没有影响的状态的陈述。而备

---

① 从技术上讲，不能接受零假设。零假设要么被拒绝，要么不能被拒绝。但是，在应用研究中这种区别无足轻重。

择假设就是预期存在一些差异或影响的状态,接受备择假设将导致观点或行动的改变。因此,备择假设与零假设是对立的。

零假设一般是有待检验的假设,涉及总体参数的特定值(如 μ、σ、π),而不是样本统计量(如 $\bar{X}$)。如果备择假设是以单方向的形式表述的,就用单尾检验。如果备择假设是双向的,就用双尾检验。

第2步:选择恰当的检验方法

为了检验零假设,有必要选择恰当的统计方法。调研人员需要考虑检验统计量的计算方法以及样本统计量(如均值)服从的抽样分布。**检验统计量**(test statistic)能够测量样本与零假设的接近程度。检验统计量通常服从某种众所周知的分布,比如正态分布、t 分布或者卡方分布。本章后面以及第 12 章将讨论选择恰当的检验或统计方法的指导原则。

在汤米·希尔费格的例子中,选用的是 z 统计量,它服从标准正态分布。**正态分布**(normal distribution)是钟形的和对称的。其均值、中位数、众数是相同的。该统计量可用于进行基于标准正态分布的 z 检验,其计算方法如下:

$$z = \frac{p - \pi}{\sigma_p}$$

式中,p 表示样本中支持新退货政策的消费者所占比例,π 表示零假设下这些消费者占总体的比例,σ_p 表示标准差,用下列公式计算:

$$\sigma_p = \sqrt{\frac{\pi(1-\pi)}{n}}$$

注意,z 的计算公式本质上就是在第 10 章讨论的标准化公式。

第3步:选择显著性水平

无论何时,对总体进行推断都会有得出错误结论的风险。通常可能犯两类错误。

第一类错误 第一类错误(type I error)是指样本结果拒绝了实际上正确的零假设。在本例中,如果我们通过样本数据得出结论,认为偏好新的退货政策的消费者的比例大于 0.40,而实际比例却等于或小于 0.40,我们就犯了第一类错误。第一类错误发生的概率(α)被称为**显著性水平**(level of significance)。可以通过建立拒绝真实零假设的可容忍的风险水平,来控制第一类错误。选择适当的风险水平要视发生第一类错误的损失而定。通常,选择 0.05 作为 α 的值。

第二类错误 第二类错误(type II error)是指样本结果没有拒绝实际上错误的零假设。在本例中,如果我们根据样本数据得出结论,认为支持新的退货政策的消费者的比例等于或小于 0.40,而实际比例却大于 0.40,我们就犯了第二类错误。第二类错误发生的概率用 β 表示。与 α 是由调研人员决定的不同,β 的大小取决于总体参数(即均值或比例)的真实值。第二类错误的发生概率的互补值($1-\beta$)被称为**检验力**(power of test)。它是当零假设实际上是错误的、应被拒绝时,拒绝该假设的概率。

> **调研概要**
>
> 第一类错误是指样本结果拒绝了实际上正确的零假设。第一类错误发生的概率（α）被称为显著性水平。通常把 α 设定为 0.05。第二类错误是指没有拒绝实际上错误的零假设。它的概率 β 取决于总体参数的真实值。检验力为 $1-\beta$。

第 4 步：收集数据

按照第 9 章解释的方法来确定样本规模。收集所需的数据并计算检验统计量。本例中，假设调查了 500 名消费者，其中 220 名表达了对新退货政策的支持。因此，样本比例值为 $2\,220/500 = 0.44$。

σ_p 的值计算如下：

$$\sigma_p = \sqrt{\frac{\pi(1-\pi)}{n}} = \sqrt{\frac{0.40 \times 0.6}{500}} = 0.021\,9$$

检验统计量 z 的计算如下：

$$z = \frac{p - \pi}{\sigma_p} = \frac{0.44 - 0.40}{0.021\,9} = 1.83$$

第 5 步：确定概率

利用标准正态分布表可以计算出 z 值为 1.83 的概率为 0.033 6（见图 11—6）。大多数计算机程序（包括 SPSS 和 Excel）都会自动计算出该值。它也叫 **p 值**（p value），是假设零假设成立时，观测到检验统计量的值等于或者大于实际观测值的概率。一些统计软件包把 p 值记作"≤PROB"或者"PROB="。

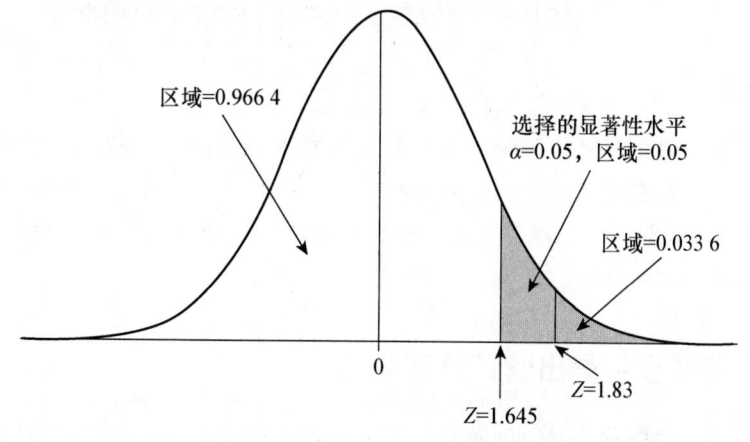

图 11—6 单尾检验中 Z 的概率

第 6 步和第 7 步：比较概率并做出决定

根据样本数据得到的检验统计量的计算值或观测值所对应的概率为 0.033 6。

当 $\pi=0.40$ 时,取得 p 值为 0.44 的概率小于显著性水平 0.05,因此拒绝零假设。请注意,在单尾检验中,如果与检验统计量的计算值或观测值对应的概率小于显著性水平(α),则拒绝零假设,因为拒绝零假设的否定域仅仅分布在一侧(见图 11—7(a))。但是在双尾检验中,备择假设并不是单向的而是双向的。因此,在双尾检验中,如果与检验统计量的计算值或观测值对应的概率小于显著性水平的 1/2($\alpha/2$),则拒绝零假设(见图 11—7(b))。因此,双尾检验比对应的单尾检验更加保守。如果一个假设被双尾检验拒绝,那么它一定被对应的单尾检验拒绝。逻辑上来说,如果检验统计量的计算值或观测值对应的概率小于 $\alpha/2$,就一定也小于 α。这一点可参见图 11—7。

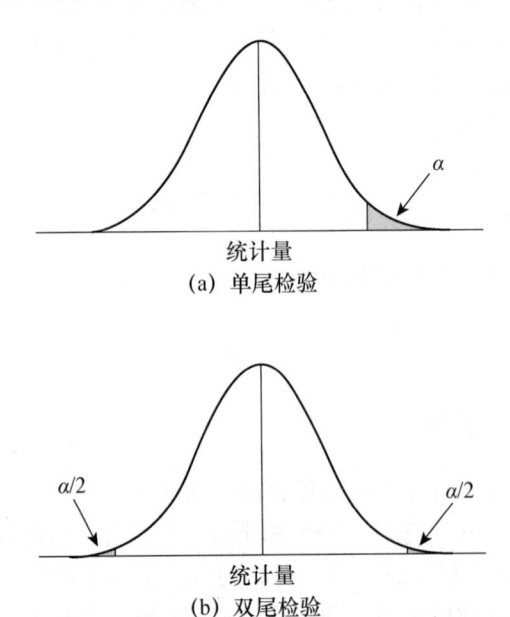

图 11—7 拒绝零假设的决定:单尾检验和双尾检验

调研概要

在单尾检验中,如果检验统计量的计算值或观测值对应的概率小于显著性水平(α),则拒绝零假设。而在双尾检验中,如果检验统计量的计算值或观测值对应的概率小于显著性水平的 1/2($\alpha/2$),则拒绝零假设。因此,如果一个假设被双尾检验拒绝,那么它一定被对应的单尾检验拒绝。

第 8 步:得出营销调研结论

必须根据营销调研问题和应当采取的管理活动等对通过假设检验得出的结论进行表述。本例得出的结论是:支持新的退货政策的消费者的比例显著大于 0.40,故建议推行新的退货政策。"调研实践"专栏介绍的假日酒店(Holiday Inn)是一个假设检验的例子。

> **调研实践**
>
> ### 假日酒店：很"in"的事
>
> 假日酒店是洲际酒店集团（InterContinental Hotels Group，IHG）旗下的连锁店。截至2014年，IHG（www.ihg.com）在全世界近100个国家拥有超过4 150家酒店。尽管IHG有1 880万个房间，但它仅占据3%的市场份额。为了增加市场份额，IHG考虑为中产阶层顾客开放拥有更时尚客房的其他连锁酒店。管理分析表明，如果超过20%的目标顾客更喜欢时尚的客房，则这个想法是可行的。建立如下假设：
>
> $H_0: \pi \leq 0.20$
>
> $H_1: \pi > 0.20$
>
> 注意这是一个单尾检验。IHG让索福瑞（www.tnsglobal.com）去调查三大洲的14 000名旅游者。调查结果令人吃惊：40%的中产阶层顾客关注酒店房间的风格和设计，因此拒绝零假设。
>
> 根据这一调查结果，IHG推出了几种不同类型的"品牌"酒店，比如假日靛蓝、五分戏院家庭套房、假日阳光度假村和花园庭院假日酒店。这些连锁店的主要目的是利用那些愿意消费奢侈品和服务的中产阶层顾客获利。每一家连锁酒店都是个性化的、独特的，以应对抗酒店业产品和服务的同质化。经过假设检验，IHG发现了在变化的市场上其顾客的需求。它将能够迎合这些需求并使其酒店差异化以获得竞争优势。[2]

假设检验过程的分类

假设检验可以检验关联性，也可以检验差异（见图11—8）。在关联性的检验中，零假设为变量之间没有联系（H_0：……与……不相关）。在差异的检验中，零假设为变量之间没有差异（H_0：……与……无差异）。差异的检验可能与均值或比例有关。我们首先讨论在列联表情形下的关联性假设。

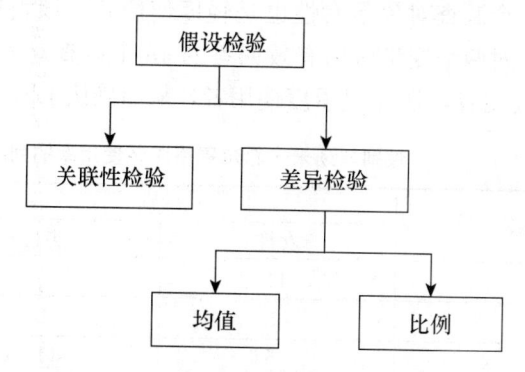

图11—8　假设检验过程的一个宽泛分类

列联表

尽管回答一个变量的相关问题也很有趣，但这些回答也常常会引发关于如何把这个变量与其他变量联系起来的新问题。为了介绍频数分布表，我们曾提出了两个代表性的营销调研问题。在此基础上，调研人员也可以提出有关这个变量与其他变量之间关系的其他问题。例如：

- 产品的使用量（用重度使用者、中度使用者、轻度使用者和非使用者来测量）与对户外活动的兴趣（高、中、低）是否相关？
- 品牌使用者的收入（高、中、低）与他们居住的地理区域（北、南、东、西）是否相关？

要回答这些问题，可以采用列联表进行分析。频数分布表每次只描述一个变量的情况，而**列联表**（cross-tabulation）可同时描述两个或两个以上变量的情况。列联表显示的是有限的类别或取值下的两个或两个以上变量的联合分布。对一个变量的类别和一个或更多其他变量的类别进行交叉分类。因此，按其他变量的取值或类别对某个变量的频数分布进一步细分。请注意，列联表检验的是变量间的关联性，而不是因果关系。要检验因果关系，应当使用因果性调研设计框架（见第3章和第6章）。

假设汤米·希尔费格希望了解性别与汤米·希尔费格服装的使用程度是否有关。在表11—1中，根据报告的使用率，调查对象被分为三个类别：轻度使用者（用1表示）、中度使用者（用2表示）或重度使用者（用3表示）。有19个轻度使用者、10个中度使用者、16个重度使用者。尽管有一个调查对象的态度数据缺失，但所有调查对象的使用率和性别的信息是可用的。性别的编码为：1表示女性，2表示男性。样本包括24个女性和21个男性。

列联表如表11—4所示。列联表中，两个变量的类别的每一种组合占据一个单元格。每个单元格中的数字代表有多少调查对象的回答同时符合这两个类别。在表11—4中，14个调查对象是女性也是轻度使用者。该表边际合计（列合计与行合计）显示，在对两个变量做出有效回答的45个调查对象中，19个是轻度使用者，10个是中度使用者，16个是重度使用者，从而确认了所采用的分类过程。

表11—4　性别与汤米·希尔费格服装使用率的列联表

使用率	性别		合计
	女性	男性	
轻度使用者	14	5	19
中度使用者	5	5	10
重度使用者	5	11	16
合计	24	21	

21个调查对象是男性，24个是女性。请注意，通过每个变量单独的频数分布表也可以获得这些信息。总体而言，对每个变量来说，列联表中的信息与频数分布表中的信息相同。列联表又称**相依表**（contingency table）。我们将讨论两个变量的列联表，这也是最常见的使用形式。

有两个变量的列联表也被称为**双变量列联表**（bivariate cross-tabulation）。仍以表11—4所示的性别与汤米·希尔费格服装的使用率的交叉分类为例，汤米·希尔费格服装的使用率和性别有关吗？也许如此。从表11—4中我们可以看出，男性中更多的是重度使用者，女性中更多的是轻度使用者。计算百分比可以提供更多的信息。

由于将两个变量进行了交叉分类，因此可以基于列总和按列（见表11—5）或基于行总和按行（见表11—6）计算百分比。

表11—5　　　不同性别消费者的汤米·希尔费格服装使用情况

使用率	性别	
	女性	男性
轻度使用者	58.4%	23.8%
中度使用者	20.8%	23.8%
重度使用者	20.8%	52.4%
列合计	100.0%	100.0%

表11—6　　　不同汤米·希尔费格使用率对应的性别情况

使用率	性别		行合计
	女性	男性	
轻度使用者	73.7%	26.3%	100.0%
中度使用者	50.0%	50.0%	100.0%
重度使用者	31.2%	68.8%	100.0%

到底哪张表更有用？答案取决于哪个变量是自变量，哪个变量是因变量。一般原则是，沿着自变量的方向计算不同因变量的百分比。在我们的分析中，性别被看做自变量，使用率被看做因变量。因此，表11—5显示了计算百分比的正确方法。请注意，男性中有52.4%为重度使用者，女性中只有20.8%是重度使用者。这似乎表明，与女性相比，男性更可能成为汤米·希尔费格服装的重度使用者。对管理者的建议就是，对女性加大促销力度以提高使用率，或者对男性加大促销力度以防止品牌忠诚度下降。很显然，在管理者对这些变量采取行动之前，需要分析额外的变量。然而，这也说明了应当如何将假设检验与管理活动方面的建议相联系。

请注意，表11—6显示了沿着因变量的方向计算的不同自变量的百分比，这对于本研究来说是没有意义的。表11—6意味着汤米·希尔费格服装的重度使用导致人们成为男性，这个结果显然毫无意义。该列联表相应的SPSS和Excel输出结果及其注解可以从本书网站下载。请思考以下"调研实践"专栏中关于老年模特的一项调研。

> **调研实践**
>
> ### 越老越有价值吗
>
> 一项调研考察了在电视广告中是否以消极的方式描述老年模特。调研人员分析了来源于三大网络、一家本地广播电台、五家有线电视公司的广告。研究结果如下表，显示了以正面或负面方式描述的不同年龄组的模特的数量和百分比。
>
> | 对模特的描述 | 模特年龄 | | | | | |
> |---|---|---|---|---|---|---|
> | | 45 岁以下 | | 45~64 岁 | | 65 岁及以上 | |
> | | 数量 | 百分比 | 数量 | 百分比 | 数量 | 百分比 |
> | 正面描述 | 415 | 83.1 | 64 | 66.0 | 28 | 54.0 |
> | 负面描述 | 85 | 16.9 | 33 | 34.0 | 24 | 46.0 |
> | 总计 | 500 | 100 | 97 | 100 | 52 | 100 |
>
> 请注意，随着模特年龄的增长，负面描述的百分比也在增加。因此，研究结果表明，广告倾向于以消极的方式来描述老年的模特。因此，一些营销人员可能通过不恰当地描述老年消费者，来追求可能适得其反的策略。营销人员应该注意到，控制着大量收入和财富的老年消费者代表着一个庞大的日益增长的细分群体。[3]

> **调研概要**
>
> 列联表同时描述两个或更多变量，表中显示的是有限的类别或取值下的两个或更多变量的联合分布。列联表考察变量之间的关联性，而不是因果关系。通过计算百分比可以理解这种关联性的模式。应沿着自变量的方向计算不同因变量的百分比。

与列联表有关的统计量

这一节讨论用来评价列联表中变量关联性的统计显著性和强度的常用统计量。通常用卡方统计量测量观察到的关联性的统计显著性，所以我们将首先讨论卡方检验。从实践角度和管理角度看，关联性强度或关联性程度是很重要的。一般而言，只有在关联性具有统计上的显著性时，才有必要测量关联性的强度。可以通过 ϕ 系数、列联系数和 Cramer's V 来测量关联性的强度。

卡方

卡方统计量（chi-square statistic）（χ^2）用于检验列联表中观察到的关联性的统计显著性，可用于判断两个变量之间是否存在系统的关联性。零假设为变量之间没有关联。所使用的统计软件会自动计算出卡方统计量的值。

为了确定是否存在系统的关联性，需要估计卡方值等于或大于列联表计算出的卡方值的概率（见图 11—5 的第 5 步）。卡方统计量的一个重要特征表现在与其相关的自由度（df）的数值上。与正态分布不同，**卡方分布**（chi-square distribution）是一个偏态分布，其形状只随自由度数值的变化而变化（见图 11—9）。随着自由度的增加，卡方分布也趋向于更加对称。在列联表中，卡方统计量的自由度等于行数（r）减 1 与列数（c）减 1 的乘积，也就是 $df=(r-1)\times(c-1)$。只有在与检验统计量相关的概率小于相应自由度下的显著性水平（α）时，才能拒绝两个变量之间没有关联的零假设（H_0），如图 11—9 所示（见图 11—5 中的第 6 和第 7 步）。

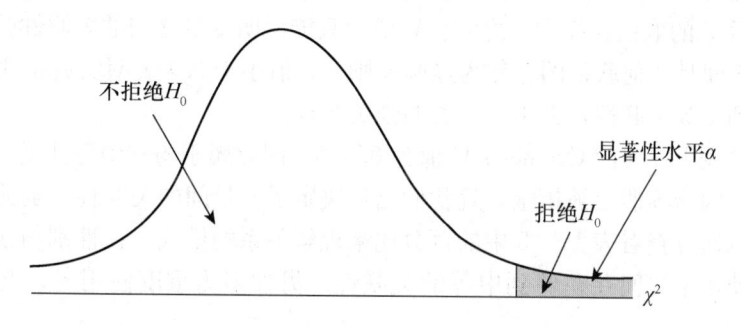

图 11—9 关联性的卡方检验

如表 11—4 所示的列联表中，自由度为 $(3-1)\times(2-1)=2$，计算出的卡方统计量值为 6.33，相关概率为 0.042（由 SPSS 或 Excel 确定）。因为相关概率小于 0.05，所以拒绝没有关联这一零假设，即说明这种关联性在 0.05 的水平下在统计上是显著的。

只能使用记数数据来计算卡方统计量。当数据为百分比形式时，需要先将它们转化为绝对计数或数字。一般来说，当没有关联这一零假设未被拒绝时，关联性强度没有意义，因此不用计算。如果两个变量之间没有关联性，就没有强度。如果卡方检验显示关联性在统计上是显著的，那么关联性的强度可以用 ϕ 系数、列联系数和 Cramer's V 来测量。

ϕ 系数

ϕ 系数（phi coefficient）用于测量 2 行、2 列的表格（2×2 表格）这种特殊情况下的关联性强度。当变量之间没有关联时，ϕ 系数为 0，此时卡方值也为 0。当变量之间完全相关时，值为 1，且所有观测值都位于一条主对角线或副对角线上。（在一些计算机程序中，当变量之间为完全负相关关系时，值为 -1，而不是 1。）在表格具有任意大小等更加普遍的情形下，可以用列联系数来评价关联性的强度。

列联系数

ϕ 系数专门用于 2×2 表格，**列联系数**（contingency coefficient）则可用于评价任意大小的表格中关联性的强度。列联系数的取值范围为 0~1。当变量之间没有关联时取值为 0（也就是说，变量在统计上是独立的），但永远无法达到最大值 1。确切地说，列联系数的最大值由表格的大小（行数和列数）决定。因此，它只能用于比较相同大小的表格。

在本例中，零假设被拒绝，因此计算列联系数是有意义的。表 11—4 的列联系数值为 0.351，这可由 SPSS 和 Excel 软件计算得到。这个 C 值表明变量之间的关联性不是很强。

Cramer's V

Cramer's V 是一个修正的相关系数，用于大于 2×2 的表格。对大于 2×2 的表格进行计算时，其取值没有上限。对值进行调整后就可以得到 Cramer's V，因此调整后 V 的取值在 0 和 1 之间。V 值大只能说明变量之间的关联性强，但不能说明变量之间是如何联系的。作为经验原则，V 值小于 0.3 表明弱关联性，0.3~0.6 表明低到中等关联性，大于 0.6 表明强关联性。

表 11—4 的 Cramer's V 值为 0.375，因此属于弱到中等强度的关联性。

因为零假设被拒绝，且我们已经决定了变量间的关联性为弱到中等程度，因此可以通过查看表 11—5 中的百分比来理解关系的模式。在性别与汤米·希尔费格服装使用率之间存在弱到中等的关联性。男性多为重度使用者，女性则多为轻度使用者。

列联表的实际应用

在实际中进行列联表分析时，遵循以下步骤会很有用（见图 11—10）：

```
建立列联表数据
        ↓
计算卡方统计量，检验没有关联这一零假设
        ↓
    拒绝 H₀?
    否 ↙   ↘ 是
没有关联     用恰当的统计量
            确定关联性的强度
                ↓
通过沿着自变量的方向计算因变量的百分比，来解释关系的模式
```

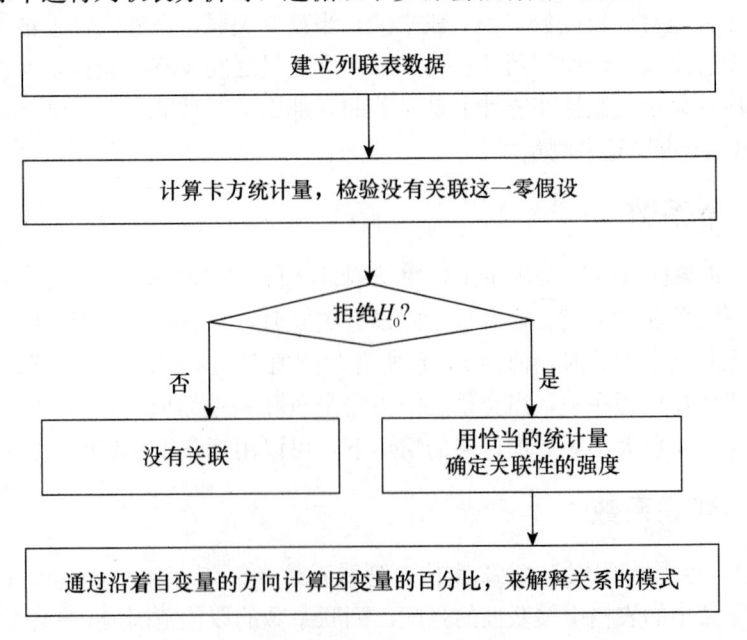

图 11—10　列联表中的假设检验

1. 建立列联表。
2. 用卡方统计量检验变量之间没有关联这一零假设（见图 11—5 中描述的步骤）。
3. 如果无法拒绝零假设，则变量之间没有关联。
4. 正如本章前面讨论的，如果零假设被拒绝，就要采用恰当的统计量（ϕ 系数、列联系数、Cramer's V）考察关联性的强度。
5. 如果零假设被拒绝，则通过沿着自变量的方向计算不同因变量的百分比，来解释两者关系的模式，得出营销结论。

调研概要

用卡方（χ^2）统计量来检验列联表中观测到的关联性的统计显著性，自由度为列数减 1 乘以行数减 1，即 $df=(r-1)(c-1)$。如果两个变量间没有关联这一零假设被拒绝，就用 ϕ 系数、列联系数或者 Cramer's V 来测量关联性的强度。ϕ 系数适用于 2×2 表格，Cramer's V 适合更大的表格。列联系数只能用于比较两个相同大小的表格。

互联网调研

分析化妆品使用率并非无用功

访问 www.loreal.com，并搜索互联网，包括社交媒体和图书馆在线数据库，获得化妆品的重度使用者、轻度使用者和非使用者方面的信息。你如何分析这些数据，来判断化妆品的重度使用者、轻度使用者和非使用者在人口统计特征上是否存在差异？

作为欧莱雅的营销总监，你将分别对化妆品的重度使用者、轻度使用者和非使用者采取何种营销策略？

软件应用

SPSS 和 Excel 都有计算频数分布、展示列联表和假设检验的程序。我们将在下面几节中讨论如何使用统计软件包进行频数分析和列联表分析。考察差异的假设检验将在第 12 章中讨论。

SPSS 和 Excel 计算机演示视频

我们制作了计算机演示视频，给出本章讨论的所有 SPSS 和 Excel 程序的分步操作指南。可以从本书辅导网站下载这些演示视频。资料 10—1 中提供了运行这些视频的使用指南。

带注解的 SPSS 和 Excel 屏幕截图

本章中讨论的不同 SPSS 和 Excel 程序的分步操作指南还用带适当注解的屏幕

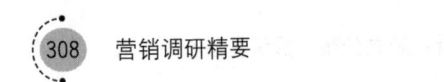

截图进行了描述。可以从本书的辅导网站下载这些屏幕截图。

SPSS 窗口

本节讨论了本章讨论的数据分析的 SPSS 程序的详细操作步骤。

详细步骤：概述

可以从本书的辅导网站下载本章提到的运行 SPSS 程序进行数据分析的详细分步指南和演示，有两种形式：(1) 计算机演示视频；(2) 带注解的屏幕截图。你也可以参考学生资源手册。接下来将说明这些步骤。这些步骤适用于 IBM SPSS STATISTICS 20 或 IBM SPSS STATISTICS 21，它们在这两个版本中是完全相同的。早期版本中的步骤也基本一样，只是一些对话框的标签略有不同。

详细步骤：频数

就人们对汤米·希尔费格的态度进行频数分析（见表 11—1）和绘制直方图（见图 11—3）的具体步骤如下。打开表 11—1 的 SPSS 数据文件。

1. 在 SPSS 菜单栏上选择"ANALYZE"（分析）。
2. 点击"DESCRIPTIVE STATISTICS"（描述统计），选择"FREQUENCIES"（频率）。
3. 将变量"Attitude toward Tommy Hilfiger [attitude]"移到"VARIABLE(S)"（变量）框中。
4. 点击"STATISTICS"（统计量）。
5. 选择"MEAN"（均值）、"MEDIAN"（中位数）、"MOOE"（众数）、"STD. DEVIATION"（标准差）、"VARIANCE"（方差）和"RANGE"（范围）。
6. 点击"CONTINUE"（继续）。
7. 点击"CHARTS"（图）。
8. 点击"HISTOGRAMS"（直方图），然后点击"CONTINUE"。
9. 点击"OK"（确认）。

详细步骤：列联表

我们给出针对表 11—4 中性别与汤米·希尔费格服装使用率运行列联表并计算卡方、列联系数和 Cramer's V 的详细步骤。打开表 11—1 的 SPSS 数据文件。

1. 在 SPSS 菜单栏上选择"ANALYZE"。
2. 点击"DESCRIPTIVE STATISTICS"，选择"CROSSTABS"（交叉表）。
3. 将变量"User Group [usergr]"移到"ROW(S)"（行）框中。
4. 将变量"Sex [Sex]"移到"COLUMN(S)"（列）框中。
5. 点击"CELLS"（单元格）。

6. 选择"COUNTS"（计数）下的"OBSERVED"（观测值），并且选择"PERCENTAGES"（百分比）下的"COLUMN"。

7. 点击"CONTINUE"。
8. 点击"STATISTICS"（统计量）。
9. 点击"CHI-SQUARE"（卡方）、PHI 和 CRAMER'S V。
10. 点击"CONTINUE"。
11. 点击"OK"。

Excel

本节讨论了本章讨论的数据分析的 Excel 程序的详细操作步骤。

详细步骤：概述

可以从本书的辅导网站下载本章提到的运行 Excel 程序进行数据分析的详细分步指南，有两种形式：（1）计算机演示视频；（2）带注解的屏幕截图。你也可以参考学生资源手册。接下来将说明这些步骤。这些步骤适用于 Excel 2007、Excel 2010 或 Excel 2013，它们在这些版本中是完全相同的。早期版本中的步骤也基本一样，只是在如何打开"数据分析"以及某些对话框的标签略有不同。

详细步骤：频数

我们给出对汤米·希尔费格的态度进行频数分析的具体操作步骤（见表11—1）。打开表11—1 的 Excel 数据文件。

1. 在列 E 中插入一个新列，标签为"BIN"，在单元格 E2 到单元格 E8 中输入 1~7。
2. 选择"DATA"（数据）键。
3. 在"ANALYSIS"下选择"DATA ANALYSIS"（数据分析）。
4. "DATA ANALYSIS"窗口弹出。
5. 从"DATA ANALYSIS"窗口中选择"HISTOGRAM"。
6. 点击"OK"。
7. "HISTOGRAM"窗口出现在屏幕上。
8. "HISTOGRAM"窗口有两个部分：
a. INPUT（输入）
b. OUTPUT OPTIONS（输出选项）
9. INPUT 部分要求两个输入：
a. 在"INPUT"下点击"INPUT RANGE"（输入范围）对话框，选择（加亮）变量"ATTITUDE"（态度）下的所有 45 行（单元格 D2 到单元格 D46）。"＄D＄2：＄D＄46"应当出现在输入范围框中。

b. 在"BIN RANGE"（BIN 范围）框中，选择（加亮）BIN 下的所有 7 列（单元格 E2 到单元格 E8）。"＄E＄2：＄E＄8"应当出现在"BIN RANGE"框中。

10. 在弹窗的"OUTPUT OPTIONS"中，选择以下选项：
   a. NEW WORKBOOK（新工作簿）
   b. CUMULATIVE PERCENTAGE（累计百分比）
   c. CHART OUTPUT（图输出）

11. 点击"OK"。

12. 请注意，默认的图表输出尺寸很小。单击直方图，在角上拉动它来放大，直到你认为看起来更好。

详细步骤：列联表

我们展示表 11—4 中关于性别与汤米·希尔费格服装使用率的列联表的具体运行步骤。打开表 11—1 的 Excel 数据文件。

1. 选择"INSERT"（插入）（Alt ＋N）。
2. 点击"PIVOT TABLE"（数据透视表），"CREATE PIVOT TABLE"（创建数据透视表）窗口弹出。
3. 选择 A 列到 D 列和第 1 到第 46 行；"＄A＄1：＄D＄46"将出现在范围框中。
4. 在"CREATE PIVOT TABLE"窗口下选择"NEW WORKHEET"。
5. 点击"OK"。
6. 将变量拉入如下格式中的左侧。

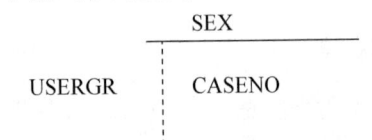

	SEX
USERGR	CASENO

7. 在右下角点击"SUM OF CASENO"（CASENO 之和），选择"VALUE FIELD SETTINGS"（值字段设置）。
8. 在"SUMMARIZE VALUE BY"（总结值）下选择"COUNT"（计算）。
9. 点击"OK"。

戴尔运营案例

回顾本书末尾给出的戴尔案例（案例 1.1）和问卷。从本书的辅导网站下载戴尔的数据文件。

1. 计算数据文件夹中每个变量的频数分布。观察数据分布以获得对数据的感觉。
2. 对重新编码的问题——q4（戴尔的整体满意度）、q5（推荐戴尔）、q6（选择戴尔的可能性）——分别与重新编码的人口统计特征进行列联表分析，并解释结果。
3. 对重新编码的关于价格敏感性（q9＿5per（q9A）和 q9＿10per（q9B））的问题与重新编码的人口统计特征进行列联表分析，并解释结果。

本章小结

基础的数据分析能够提供有价值的见解，并指导下一步数据分析以及结果解释。对数据中的每个变量都要进行频数分布分析。该分析可生成与该变量所有取值有关的频数、百分比和累计百分比的表格。它显示了特殊值、缺失值和极端值。频数分布的均值、中位数和众数是位置指标。分布的差异则由全距、方差或标准差来描述。

假设检验一般包括八个步骤：建立零假设和备择假设；选择恰当的检验统计量；选择显著性水平（α）；计算检验统计量的值；确定零假设条件下由样本数据计算出的与检验统计量有关的概率；将检验统计量的概率和选择的显著性水平进行比较；做出是否拒绝零假设的决定；得出营销调研结论。

列联表就是反映两个或多个变量的联合频数分布的表格。在列联表中，可以以列合计为基数按列或以行合计为基数按行计算单元格百分比。通常原则是，沿着自变量的方向计算各个因变量的百分比。卡方统计量可用来检验列联表中观察到的关联性的统计显著性。ϕ系数、列联系数、Cramer's V系数则可用来测量变量之间关联性的强度。

关键术语

频数分布（frequency distribution）
位置指标（measures of location）
均值（mean）
众数（mode）
中位数（median）
变异性测量（measures of variability）
全距（range）
方差（variance）
标准差（standard deviation）
零假设（null hypothesis）
备择假设（alternative hypothesis）
单尾检验（one-tailed test）
双尾检验（two-tailed test）
检验统计量（test statistic）
正态分布（normal distribution）

z检验（z test）
第一类错误（type Ⅰ error）
显著性水平（level of significance）
第二类错误（type Ⅱ error）
检验力（power of a test）
p值（p value）
列联表（cross-tabulation）
相依表（contingency table）
双变量列联表（bivariate cross-tabulation）
卡方统计量（chi-square statistic）
卡方分布（chi-square distribution）
ϕ系数（phi coefficient）
列联系数（contingency coefficient）
Cramer's V

复习题

1. 讨论基础的数据分析的作用。
2. 描述计算频数的过程。
3. 对频数而言，通常计算的位置指标有哪些？
4. 应使用哪种位置测量指标？
5. 对频数而言，通常计算的变异性指

标有哪些？

6. 列联表和频数分布的主要区别是什么？

7. 在列联表中计算百分比的一般规则是什么？

8. 描述卡方分布。

9. 何时确定列联表中关联性的强度是有意义的？

10. 可以用来确定列联表中关联性强度的统计指标有哪些？

11. 讨论列联表如此常用的原因。其局限性有哪些？

应用题

1. 在以下情况下，建立零假设和备择假设。

   a. 当目标市场上超过70％的消费者偏好某种新产品时，就推广该产品。

   b. 如果用7点量表测量的平均偏好超过了5.8，就投放新的广告。

   c. 如果超过55％的消费者表达了对在线购物的偏好，那么该企业将开始在网上售卖产品。

   d. 市场上一条牛仔裤的平均价格超过了45美元。

   e. 不到40％的人支持奥巴马担任总统。

   f. 用7点量表测量的对银行的平均熟悉度不等于4。

2. 在以下情况下，说明你可能进行的统计分析和应当使用的检验或检验统计量。

   a. 在一项对1 000个家庭进行的调查中，把调查对象分为冰激凌的重度使用者、中度使用者、轻度使用者或非使用者。同时，调查对象被分为高收入、中等收入或低收入群体。冰激凌的消费量与收入水平有关吗？

   b. 从索福瑞消费者固定样本组中选取了2 000个家庭作为代表性样本，对其进行调查。要求调查对象描述是否更喜欢在西尔斯购物。根据家庭规模中间值将样本分为大家庭和小家庭。在西尔斯购物的偏好会受到家庭规模的影响吗？

3. 如果不到30％的消费者喜欢某重要软饮料品牌的广告，该公司就会改变现有的广告策略。

   a. 建立零假设和备择假设。

   b. 讨论假设检验中可能出现的第一类错误和第二类错误。

4. 一家大型连锁百货商店对冰箱进行特卖。特卖期间，在10个样本商店售出的冰箱数（单位：台）为：80、110、0、40、70、80、100、50、80、30。

   a. 均值、众数、中位数分别为多少？此例中哪种集中趋势的测量指标更合适？为什么？

   b. 方差和标准差分别为多少？

   c. 绘制直方图，并讨论变量是否服从正态分布。

5. 在一项测量家庭对网上下载图片的熟悉程度的调研中，得到以下结果（1＝一点也不熟悉，7＝非常熟悉）。

熟悉程度	家庭数
1	22
2	26
3	34
4	40
5	32
6	28
7	18

   a. 将家庭数量转化为百分比。

   b. 计算累计百分比。

   c. 绘制直方图，x轴表示熟悉程度，y轴表示频率。

d. 该分布的均值、中位数和众数分别为多少?

6. 一个调研项目考察了收入对精美食物的消费的影响。每一个变量被分为三个水平：高、中、低。结果如下表：

		收入		
		低	中	高
精美食物的消费	低	25	15	10
	中	10	25	15
	高	15	10	25

收入和精美食物的消费之间的关系模式是怎样的？

7. 对30位被调查对象进行预调研，考察互联网使用的私人（非职业）原因。下面的表格显示了结果，包括：调查对象的性别（1=男性，2=女性）；对互联网的熟悉程度（1=非常不熟悉，7=非常熟悉）；每周使用互联网的小时数；对互联网和技术的态度，二者都用7点量表测量（1=非常不赞同，7=非常赞同）；调查对象是否在网上购物或者办理银行业务（1=有，2=没有）。

互联网使用数据							
调查对象编号	性别	熟悉程度	每周使用的小时数	对互联网的态度	对技术的态度	使用互联网：购物	使用互联网：办理银行业务
1	1	7	14	7	6	1	1
2	2	2	2	3	3	2	2
3	2	3	3	4	3	1	2
4	2	3	3	7	5	1	2
5	1	7	13	7	7	1	1
6	2	4	6	5	4	1	2
7	2	2	2	4	5	2	2
8	2	3	6	5	4	2	2
9	2	3	6	6	4	1	2
10	1	9	15	7	6	1	2
11	2	4	3	4	3	2	2
12	2	5	4	6	4	2	2
13	1	6	9	6	5	2	1
14	1	6	8	3	2	2	2
15	1	6	5	5	4	1	2
16	2	4	3	4	3	2	2
17	1	6	9	5	3	1	1
18	1	4	4	5	4	1	2
19	1	7	14	6	6	1	1
20	2	6	6	6	4	2	2
21	1	6	9	4	2	2	2
22	1	5	5	5	4	2	1
23	2	3	2	4	2	2	2
24	1	7	15	6	6	1	1
25	2	6	6	5	3	1	2
26	1	6	13	6	6	1	2
27	2	5	4	5	5	1	1
28	2	4	2	3	2	2	2
29	1	4	4	5	3	1	2
30	1	3	3	7	5	1	2

a. 获得对互联网熟悉程度的频数分布。计算相关的统计量。

b. 为了制作列联表，将调查对象分为轻度使用者或重度使用者。那些报告使用时间等于或小于 5 小时的应当归类于轻度使用者，余下的都为重度使用者。绘制性别和互联网使用的列联表。解释结果。网络使用是否与性别有关？

注释

[1] **www.usma.edu**, accessed July 5, 2013; Harvard Business School, "The U.S. Military Academy at West Point," Case number 9-512-012.

[2] **www.ihg.com**, accessed October 11, 2013; "Holiday Inn Brand Experience," **www.ihg.com/holidayinn/hotels/us/en/global/exp/exp_home**, accessed October 11, 2013.

[3] Abbey Klaassen, "Ads for the People, by the People," *Advertising Age,* 77(9) (February 27, 2006): 1–59; Robin T. Peterson and Douglas T. Ross, "A Content Analysis of the Portrayal of Mature Individuals in Television Commercials," *Journal of Business Ethics*, 16 (1997): 425–433.

第12章 数据分析：关于差异的假设检验、相关分析和回归分析

> 尽管品牌的使用者群体或非使用者群体在许多方面相似，但对不同群体对品牌的态度进行统计上的比较也是极有启发意义的。
> ——威瑞森信息服务公司营销服务总监珍妮弗·加维（Jennifer Garvey）

本章概要

第11章描述了基础的数据分析，涉及频数分布、列联表、假设检验的一般步骤，包括变量间关联性的检验。正如上一章所讲，假设检验分为关联性检验和差异检验。本章解释如何检验与差异相关的假设。

在本章中提出的检验假定数据至少是以定距尺度测量的（见第7章），因此称为参数检验。我们首先讨论单样本均值差异检验，然后讨论两个样本的假设检验。我们也考察比例差异的假设检验，描述相关分析和回归分析。图12—1解释了本章所聚焦的营销调研过程的步骤。

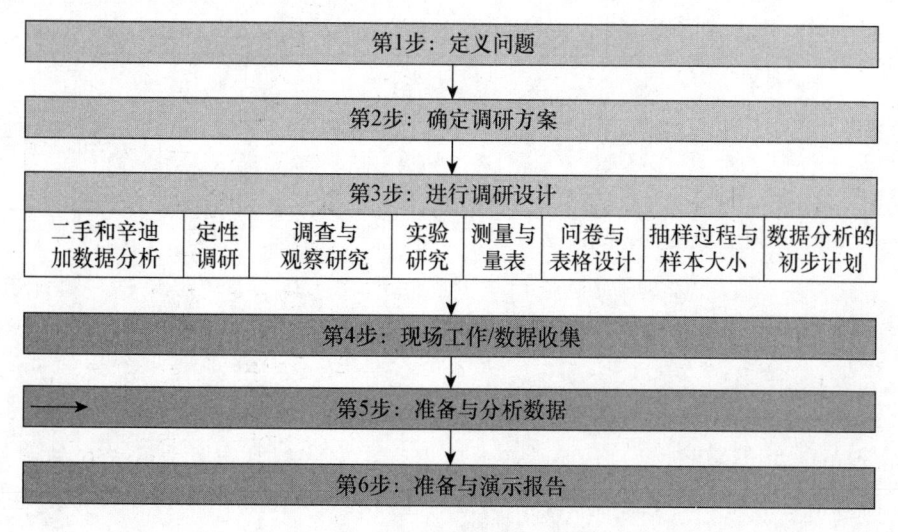

第1步：定义问题
第2步：确定调研方案

第3步：进行调研设计						
二手和辛迪加数据分析	定性调研	调查与观察研究	实验研究	测量与量表	问卷与表格设计	抽样过程与样本大小	数据分析的初步计划

第4步：现场工作/数据收集
第5步：准备与分析数据
第6步：准备与演示报告

图12—1 本章与营销调研过程的关系

我们从以下四个方面为读者运行本章所使用的 SPSS 和 Excel 程序提供帮助：(1) 本

章后面部分给出了详细的分步操作指南；(2) 你可以从本书的辅导网站下载展示这些分步指南的计算机演示视频；(3) 你可以下载展示这些分步指南的带注解的屏幕截图；(4) 你可以参考发布在本书辅导网站上的学生资源手册。

为了让你了解与差异相关的假设检验，我们将举例说明两个独立样本 t 检验的使用。

学习目标

阅读本章后，学生应该能够：

1. 理解 t 分布在关于差异的假设检验中的作用。
2. 解释如何进行单样本假设检验。
3. 描述当存在两个而不是一个独立样本，以及检验的是比例差异而不是均值差异时，假设检验如何变化。
4. 讨论如何对配对样本进行假设检验。
5. 解释相关分析和回归分析的基本概念。
6. 描述进行差异的假设检验、相关分析和回归分析的 SPSS 和 Excel 程序。

调研实践

千禧一代的在线评论的性别差异

千禧一代也称 Y 一代，是指出生在 1981—1994 年的人。他们是社交媒体的重度使用者并影响着它的发展，因此现在社交媒体也成为他们获得产品信息的一个重要来源。2011 年春，在美国一家重点大学的行为实验室内，对 227 名千禧一代进行了一次调查。调查对象被要求在 10 点量表上表示自己在线发表的积极评论和消极评论，其中，0 代表从不评论，10 代表非常频繁。使用两个独立样本 t 检验考察了男女性别的差异。结果如下表：

在线评论的平均数

评论类型	男	女
所有评论*	5.14	3.81
积极评论	4.96	3.98
消极评论*	4.35	3.05

*在该类别上，不同性别给出的分数有显著的差异。显著性水平=0.05。

与所预想的相反，调查对象更倾向于发表积极评论而不是消极评论。相对于女性，男性更倾向于发表所有类型的评论，并且更倾向发表消极评论。然而，男性和女性在积极评论上的差异并不显著。

将千禧一代作为目标的公司应当仔细监控在线发表的评论。这也是亚马逊（www.amazon.com）成功的原因之一。亚马逊鼓励用户在它的网站上发表评论，并利用积极评论，同时根据消极评论努力提高服务质量。亚马逊还针对不同性别设计了差异化的市场营销策略。[1]

关于差异的假设检验

第11章介绍了关于关联性的假设检验，这些假设中两个变量是相关的，或者一个变量与另一个相联系。例如，所购买房产的价值与购买者的收入相关。这里将关注差异的假设检验。这些假设是以两个变量存在差异的形式出现，比如，住在郊区的人收入高于住在市中心的人。考察差异的假设检验方法的分类见图12—2。这些方法可用来考察均值或比例的差异。

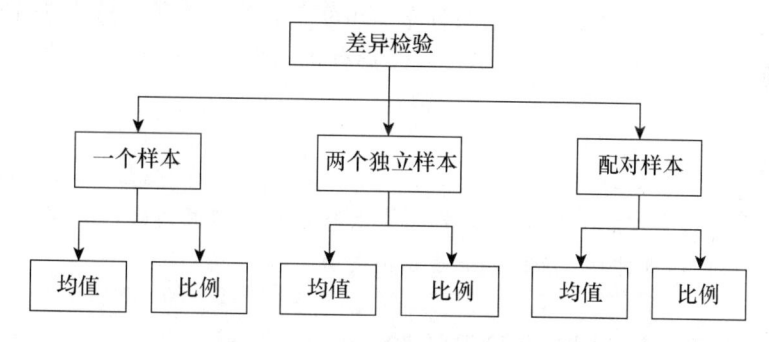

图12—2 关于差异的假设检验

首先，我们关注均值差异的假设检验方法。这些方法也称**参数检验**（parametric test），因为它们假设调研变量的值是计量的。计量变量是用定距尺度或定比尺度测量的（见第7章），比如，在手机服务上的平均家庭支出每月超过100美元。这里，用定比尺度来测量在手机服务上每月支出的费用。最常用的参数检验是用于考察均值假设的 t 检验。t 检验可以针对一个或两个观测样本的均值来进行。在两个样本的情况下，样本可能是独立的，也可能是配对的。前面的"调研实践"专栏中介绍了两个独立样本——男性和女性——的均值差异 t 检验的应用。所有的 t 检验都以 t 分布为基础。

调研概要

关于差异的假设检验是比较不同的两个变量。可进行 t 检验，以考察有关一个或两个观测样本的均值的假设。在两个样本的情况下，样本之间可能是独立的，也可能是配对的。

t 分布

参数检验有助于我们进行推断，从而对母总体的均值做出陈述。t 检验（t test）就是实现这一目标的一种常用的方法，它是以 t 统计量为基础的。**t 统计量**（t statistics）的计算假设变量服从正态分布，均值已知，同时总体方差可以从样本中估计。假设随机变量 X 服从正态分布，已知均值为 μ，未知总体方差 σ^2 可以用

样本方差 s^2 估计（见第 11 章表 11—3 有关样本和总体的符号的定义）。样本均值的标准差 $\overline{X}$，也称均值的**标准误**（standard error）（见第 11 章表 11—3），被估计为：

$$s_{\bar{x}} = s/\sqrt{n}$$

所以，$t = (\overline{X} - \mu)/s_{\bar{x}}$ 服从 t 分布，自由度为 $n-1$，其中 n 为样本大小。

t 分布（t distribution）的图形与正态分布类似。两种分布都是钟形且对称的。但是，与正态分布相比，t 分布尾部的区域更大，中间区域更小，这是因为总体方差未知，是由样本方差估计得到的。由于值存在不确定性，t 的观测值比 z 的观测值变化更大。因此，与正态分布的情形相比，我们要从零点开始接近更大的标准差，这样才能将从 t 分布中获取的一定比例的值包括进来。但是，随着自由度增加，t 分布逐渐接近正态分布。事实上，当样本等于或大于 120 后，t 分布和正态分布几乎没有差异。尽管假设具有正态性，但偏离正态性对 t 检验的影响不太大。

调研概要

t 检验基于 t 统计量，通过假设变量是正态分布，均值已知，且总体方差未知但可以用样本方差估计，来计算 t 统计量。自由度为 $n-1$。

基于 t 统计量的假设检验

对于使用 t 统计量的特殊情况，可以运用第 11 章讨论的假设检验的一般步骤（见图 11—5），如图 12—3 所示：

1. 建立零假设（H_0）和备择假设（H_1）。
2. 选择恰当的 t 检验统计量公式。
3. 选择用于检验 H_0 的显著性水平 α，通常选择 0.05。
4. 选择一个或两个样本，计算每个样本的均值和标准差。在假设为真的情况下，计算 t 统计量。计算自由度。
5. 在假设为真的情况下，估计观测到检验统计量的值等于或大于实际观测值的概率。该值也叫做 p 值。在 SPSS 和 Excel 中，该概率会被软件自动计算出来。
6. 将第 5 步计算出来的概率与第 3 步选取的显著性水平进行比较。注意 p 值应与 α 或 $\alpha/2$ 进行比较。单尾检验中 p 值应当与 α 进行比较，双尾检验中 p 值应当与 $\alpha/2$ 进行比较（见第 11 章图 11—7）。
7. 做出是否拒绝零假设的统计结论。如果第 5 步计算出的概率（p 值）小于第 6 步中选择的显著性水平（α 或 $\alpha/2$），则拒绝 H_0。如果概率大于显著性水平，则不能拒绝 H_0。不能拒绝 H_0 并不能说明 H_0 成立，只能说明真实情况与假设的情况没有显著差异。[①]
8. 根据营销调研问题表述 t 检验得出的结论。

[①] 从技术上讲，不能接受零假设。零假设要么被拒绝，要么不能被拒绝。但是，在应用研究中，这种区别无足轻重。

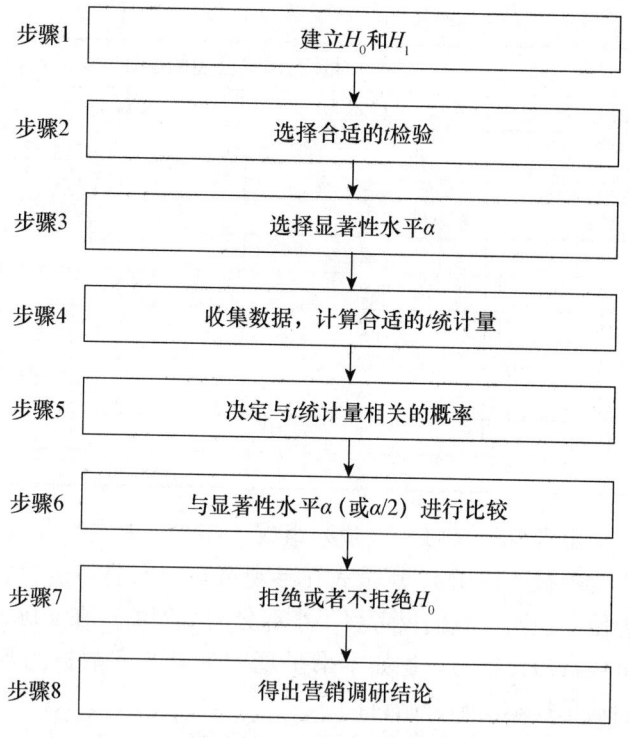

第12章 数据分析：关于差异的假设检验、相关分析和回归分析

```
步骤1  →  建立 H_0 和 H_1
步骤2  →  选择合适的 t 检验
步骤3  →  选择显著性水平 α
步骤4  →  收集数据，计算合适的 t 统计量
步骤5  →  决定与 t 统计量相关的概率
步骤6  →  与显著性水平 α（或 α/2）进行比较
步骤7  →  拒绝或者不拒绝 H_0
步骤8  →  得出营销调研结论
```

图 12—3　进行 t 检验

调研概要

如果与 t 统计量相关的概率（即 p 值）比合适的显著性水平（α 或 $\alpha/2$）小，则拒绝 H_0。如果 p 值大于显著性水平，则不能拒绝 H_0。单尾检验中 p 值与 α 进行比较，双尾检验中 p 值与 $\alpha/2$ 进行比较。

接下来将通过使用表 12—1 中的数据说明进行 t 检验的一般步骤。该表包括两个样本的数据，每个样本由 10 个调查对象组成。

表 12—1　　　　　　　　参观黄石国家公园前后对它的偏好

对黄石国家公园的偏好			
编号	样本	参观前	参观后
1	1	7	9
2	1	6	8
3	1	5	8
4	1	6	9
5	1	4	7
6	1	6	8
7	1	5	7
8	1	4	7
9	1	7	9
10	1	5	7

续前表

对黄石国家公园的偏好			
编号	样本	参观前	参观后
11	2	3	7
12	2	4	8
13	2	4	7
14	2	3	6
15	2	6	8
16	2	5	8
17	2	4	9
18	2	3	6
19	2	3	7
20	2	5	9

样本1由青少年（13~19岁）组成，样本2由成年人（20岁或20岁以上）组成。调查对象被要求用10点量表在参观黄石国家公园前后立即表明他们对公园的偏好。为便于说明，我们仅考察了小部分的观测值。在实际研究中，将基于更大的样本数量执行假设检验，比如本书呈现的带有真实数据的戴尔运营案例和其他案例。我们从单样本情形开始讨论。

单样本检验

在营销调研中，调研人员经常需要根据已知或给定的标准对单个变量做出陈述。这类陈述的例子如下：

- 至少65%的顾客会喜欢新的包装设计。
- 平均每月用于生活用品的家庭开支超过500美元。

这些陈述可以转化为能通过单样本检验（如 z 检验和 t 检验）进行检验的零假设。在单一均值 t 检验的情形中，调研人员感兴趣的是检验总体均值是否与给定假设（H_0）一致。在前面的"调研实践"专栏的例子中，对"男性所有评论的平均评分超过5.0"这一假设可以使用单样本检验。

均值

我们用表12—1中的数据来演示单样本 t 检验。基于先前的调查，零假设是样本1（青少年）在参观黄石国家公园前的偏好均值为5.0。在参观后，对黄石国家公园的偏好可能会增加或者减少，因此，备择假设是样本1在参观黄石国家公园前的偏好均值不等于5.0，假设如下：

$$H_0: \mu = 5.0$$
$$H_1: \mu \neq 5.0$$

单样本 t 检验可以使用统计软件进行。结果如表 12—2 所示。可以从本书的辅导网站下载相应的带注解的 SPSS 和 Excel 输出结果。从表 12—2 可以看出，在参观黄石国家公园前样本的偏好均值为 5.5，标准差为 1.08，t 值为 1.46。自由度为 9（$n-1$）时，超过 t 值的概率（即 p 值）为 0.177，大于双尾检验的 0.025，因此不能拒绝零假设。换句话说，在参观黄石国家公园前样本 1 的偏好均值与 5.0 没有差异。根据上述分析结果，在调查之后，青少年的偏好并没有改变。注意 5.5 与 5.0 并没有显著差异，这是由于有相对较大的标准差和相对较小的样本量。

表 12—2　　　　　　　　　　　　　单样本 t 检验

变量	个案数量	均值	标准差	均值标准误
VAR00002	10	5.500 0	1.080	0.342
检验值＝5				
均值差	t 值	自由度	双尾显著性	
0.50	1.46	9	0.177	

调研概要

在检验单个均值假设的单样本 t 检验中，比较样本均值和零假设中设定的均值。t 统计量的自由度为 $n-1$。

比例

这类假设与单个总体的比例或者百分比相关。例如，"可口可乐的品牌忠诚使用者的比例超过 0.2"或"70% 的家庭每周至少外出用餐一次"。第 11 章"假设检验的一般步骤"一节中阐述了与单样本比例有关的假设检验的步骤。正如第 11 章所述，单个比例的单样本检验基于服从标准正态分布的 z 统计量。在零假设下总体均值和方差被假定是已知的。请参考第 11 章的详细介绍。

调研概要

使用 z 统计量进行单个比例的单样本检验，该统计量服从标准正态分布。在零假设下总体均值和方差被假定是已知的。

两个独立样本的检验

正如图 12—2 所示，两个样本可以是独立的，也可以是配对的。假设和相关的检验与检验均值或比例的差异有关。

从不同总体中随机选取的样本被称为**独立样本**（independent samples）。市场营销中的一些假设与两个不同总体的参数有关：

- 高收入消费者会比低收入消费者在娱乐上花费更多。

- 在美国拥有网络连接的家庭的比例超过德国。

在上述每一个假设中，我们都有两个不同的总体：高收入消费者和低收入消费者，美国和德国。从这些总体中随机选取的样本为独立样本。在关于千禧一代在线评论的调研实践中，男性和女性构成两个独立的样本。为了便于分析，不同的调查对象群体（如男性和女性）的数据一般被视为独立样本，即使数据来源于同一项调查。与单样本的情况一样，假设可与均值或者比例有关。在本节的介绍中提出的第一个假设与均值相关，第二个则与比例相关。

均值

在有两个独立样本的均值的情况下，假设采用如下形式：

$H_0: \mu_1 = \mu_2$

$H_1: \mu_1 \neq \mu_2$

零假设 H_0 表明两个总体均值相等，备择假设 H_1 则表明二者不相等。为两个独立样本进行 t 检验的步骤如图 12—4 所示。从两个总体中抽样，然后根据样本规模 n_1 和 n_2 计算均值和方差。如果发现两个总体具有相同的方差，则根据两个样本方差计算合并方差估计值。可以通过之前给出的公式计算出 t 的合适值。在这种情况下，自由度为 $(n_1 + n_2 - 2)$。

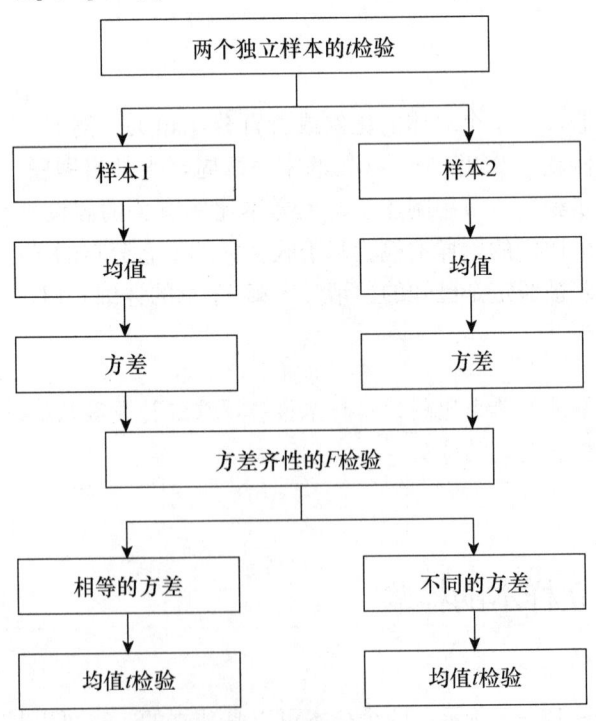

图 12—4 两个独立样本的 t 检验

如果两个总体的方差不相等，就无法为样本均值的差异计算准确的 t 值。在这种情况下，可以计算近似的 t 值。这种情况下的自由度也不是整数，但是通过四舍五入到最接近的整数，可以得到相当准确的概率。

如果不知道两个总体方差是否相等，则可对样本方差进行 **F 检验**（F test）。此时假设为：

$$H_0: \sigma_1^2 = \sigma_2^2$$
$$H_1: \sigma_1^2 \neq \sigma_2^2$$

零假设 H_0 表明两个总体方差相等，备择假设 H_1 则表明方差不相等。**F 统计量**（F statistic）通过用较大的样本方差除以较小的样本方差计算得到。**F 分布**（F distribution）由两组自由度——分子的自由度和分母的自由度——决定。样本 1 的分子的自由度为 $n_1 - 1$，样本 2 的分母的自由度为 $n_2 - 1$，其中样本 1 为方差较大的样本。如果 F 的概率（p 值）大于显著性水平 $\alpha/2$，就不能拒绝 H_0，并且可以使用根据合并方差估计值计算的 t 值。但是，如果 F 的概率小于或等于 $\alpha/2$，则拒绝 H_0，并且应使用根据各自的方差计算的 t 值。

利用表 12—1 中的数据，我们可以判断青少年和成年人在参观黄石国家公园前偏好上是否存在差异。可以使用两个独立样本的 t 检验。由于差异可能在两个方向出现，因此使用双尾检验。使用统计软件进行两个样本的 t 检验，结果见表 12—3；可以从本书的辅导网站下载相应的带注解的 SPSS 和 Excel 输出结果。

表 12—3　　　　　　　　　　独立样本 t 检验

变量样本	样本数量	均值	标准差	均值标准误
青少年	10	5.500 0	1.080	0.342
成年人	10	4.000 0	1.054	0.333

均值差异 = 1.500 0
Levene 方差齐性检验：$F = 1.05$, $p = 0.472$

均值相等 t 检验

方差	t 值	自由度	双尾显著性	差值标准误
相等	3.14	18	0.006	0.477
不相等	3.14	17.99	0.006	0.477

用于检验方差齐性的 F 统计量的值为：

$$F_{9,9} = 1.05$$

请注意，样本方差的 F 检验的概率为 0.472，大于 0.025。因此，相等方差的零假设不能被拒绝，应当使用根据合并方差估计值计算的 t 值。

在零假设成立的情况下，t 统计量的值为 3.14，自由度为 $20 - 2 = 18$。概率为 0.006，小于双尾检验的显著性水平 $0.05/2 = 0.025$。因此，拒绝均值相等的零假设，结论为青少年和成年人在参观黄石国家公园前对公园的偏好是不同的。由于大多数计算机软件自动进行两种方式的 t 检验，因此表 12—3 也显示了使用独立方差估计值进行的 t 检验。

假设我们想确定青少年对黄石国家公园的偏好是否高于成年人。在这种情况下，应当使用单尾检验而不是双尾检验，假设如下：

$$H_0: \mu_1 \leqslant \mu_2$$

$H_1: \mu_1 > \mu_2$

零假设 H_0 是指青少年对黄石国家公园的偏好低于或者等于成年人。备择假设 H_1 是指青少年对黄石国家公园的偏好高于成年人。t 统计量的计算方法与双尾检验的完全一致。然而，单尾检验的显著性水平为 α（见图 11—7）。在本例中，p 值也小于 0.05，得到了与之前相似的结论。

双尾检验比相对应的单尾检验更加保守。如果使用双尾检验拒绝了一个假设，那么在使用对应的单尾检验时也会拒绝该假设。正如第 11 章所解释的，单尾检验的显著性水平为 α，双尾检验的为 $\alpha/2$（见图 11—7）。作为 t 检验的另一项应用，下面的"调研实践"专栏中考察了 X 一代和婴儿潮一代在奢侈品需求上的差异。

调研实践

X 一代和婴儿潮一代的奢侈品需求的比较

对随机拦截的 500 名富有的美国消费者进行了关于美国运通白金奢侈品的调查，其中包括 250 名"婴儿潮"时期出生的人（出生在 1946—1964 年）和 250 名 X 一代的人（出生在 1964—1980 年），这两类调查对象都是从年均家庭收入为 125 000～199 999 美元的同一收入群里选出的。该调查通过几种渠道进行，包括在奢侈品店的一对一访谈。研究结果发现，在许多奢侈品类别上，X 一代的年开支远远高于婴儿潮一代：
- 在香水、化妆品和美容产品上的开支多 60%（3 235 美元与 2 017 美元）；
- 在时尚饰品上的开支多 47%（6 066 美元与 4 116 美元）；
- 在服装上的开支多 36%（23 027 美元与 16 924 美元）；
- 在酒类上的开支多 32%（3 922 美元与 2 966 美元）；
- 在娱乐上的开支多 33%（3 629 美元与 2 722 美元）；
- 在个人/健康服务上的开支多 17%（3 324 美元与 2 838 美元）。

两个样本的 t 检验表明，上述所有的差异在 0.05 水平上是统计上显著的。结论是：豪华高端产品比如古驰、路易威登、爱马仕、卡地亚、迪奥等应将 X 一代作为目标市场，同时通过营销活动或者持续的高质量服务来维持和婴儿潮一代的关系。[2]

调研概要

在两个独立样本均值的 t 检验中，首先应当使用 F 检验判断两个总体的方差是否相等。F 统计量通过用较大的样本方差除以较小的样本方差计算得到。分子的自由度为 $n_1 - 1$，分母的自由度为 $n_2 - 1$，其中 n_1 是有较大方差的样本的大小。

如果方差相等的零假设未被拒绝，则使用根据合并方差估计值计算的 t 值。如果零假设被拒绝，则使用根据单独的方差估计值计算的 t 值。自由度为 $n_1 + n_2 - 2$。

在关于 X 一代和婴儿潮一代的调研实践中，我们检验了均值的差异。相似的检验也可用于检验两个独立样本的比例之间的差异。

比例

表 12—4 提供了涉及两个独立样本的比例的案例，显示了在美国和香港穿牛仔裤者与不穿牛仔裤者的人数。那么在美国和香港的样本中穿牛仔裤者的比例是否相同呢？

表 12—4　美国和香港的穿牛仔裤者的比较

样本	穿牛仔裤者		
	穿牛仔裤者	不穿牛仔裤者	行合计
美国	160	40	200
香港	120	80	200
列合计	280	120	

零假设和备择假设为：

$H_0 : \pi_1 = \pi_2$

$H_1 : \pi_1 \neq \pi_2$

零假设 H_0 表明两个总体比例相等，备择假设 H_1 则表明总体比例不相等。z 检验用于单样本的比例检验（见第 11 章）。选择显著性水平为 $\alpha=0.05$。使用表 12—4 中的数据和统计软件程序，检验统计量计算如下：

$z = 0.2/0.04583 = 4.36$

在双尾检验下，应当将 p 值与 $\alpha/2$ 或者 0.025 进行比较。与 z 值相关的概率（p 值）小于 0.025。因此，应当拒绝零假设，两个样本中穿牛仔裤者的比例有显著差异（美国为 0.8，香港为 0.6）。

作为之前讨论的参数 z 检验的替代方法，也可以使用列联表的步骤进行卡方检验，尤其是当样本不大时。在本例中，有一个 2×2 表格。使用一个变量代表样本，样本 1 设定为值 1，样本 2 设定为值 2。另一个变量是有待研究的二分变量。本例中的 t 检验等效于 2×2 相依表中的独立性卡方检验。对于大样本，t 分布更趋近正态分布，因此 t 检验和 z 检验是等效的。

调研概要

在对两个独立样本的比例进行的 t 检验中，与检验单样本的比例一样，可使用 z 检验。或者，你也可以使用列联表的步骤进行卡方检验。

互联网调研

谁是使用数码相机的专家和新手

作为尼康的营销总监，你将如何细分数码相机市场？

访问 www.nikon.com，并搜索互联网，包括社交媒体和图书馆在线数据库，获取美国家庭数码相机使用方面的信息。作为就职于尼康的营销调研分析师，你将如何确定对数码相机的两个细分市场（专家和新手）用 7 点量表测量的 10 项心理统计特征是否存在差异？

配对样本检验

在许多营销调研中,两个组的观测值可能并非来自独立样本,而是来自**配对样本**(paired samples),因为两组观测值与相同的调查对象有关。与配对样本相关的假设举例如下:

- 在购买时尚服装时,购物者认为品牌比价格更重要。
- 持有支票账户的银行顾客所占比例大于持有储蓄账户的顾客所占比例。

以上假设涉及相同的人群。第一个假设与均值相关,而第二个与比例相关。

均值

一个调查对象的样本可以评价两个竞争性品牌,指出一种产品的两个属性的相对重要性,或者分两次评价一个品牌。在这些情况下,可以用**配对样本 t 检验**(paired samples t test)来考察差异。对配对样本计算 t 值时,需要先形成配对差异变量(D),并计算其均值和方差。然后计算 t 统计量。此时自由度为 $n-1$,其中 n 为对数。相应的假设如下:

$$H_0: \mu_D = 0$$
$$H_1: \mu_D \neq 0$$

零假设 H_0 表明,配对差异变量(D)的总体均值等于 0,也就是说,配对的变量均值相等。备择假设 H_1 表明,配对差异变量(D)的总体均值不等于 0,也就是说,配对的变量均值不相等。对于表 12—1 中的数据,配对 t 检验可以用来确定样本 1 中的调查对象在参观黄石国家公园前后的偏好是否存在差异。使用统计软件进行配对样本 t 检验,输出结果见表 12—5。我们能够看到:变量间的均值差为 -2.4,标准差为 0.516,标准误为 0.163。t 统计量值为 -14.7,自由度为 $10-1=9$,概率(p 值)小于 0.001。因为 p 值小于 0.025,所以拒绝零假设。因此,青少年在参观黄石国家公园前后的偏好存在显著差异。参观公园前的偏好均值和参观后的偏好均值的比较显示,参观公园后偏好更高。因此,参观者喜欢他们所看到的。

表 12—5　　配对样本 t 检验

变量	对数	相关系数	双尾显著性	均值	标准差	均值标准误
参观前的偏好	10	0.881	0.001	5.500 0	1.080	0.342
参观后的偏好				7.900 0	0.876	0.277

配对的差异

均值	标准差	均值标准误	t 值	自由度	双尾显著性
$-2.400\ 0$	0.516	0.163	-14.70	9	0.000

可以从本书的辅导网站下载对应的带注解的 SPSS 和 Excel 输出结果。单尾检

验也有同样的 t 统计量的值，但显著性水平为 α 而不是 $\alpha/2$（见图 11—7）。因此，如果我们想检验参观公园后的偏好是否显著高于参观前，单尾检验仍然会拒绝零假设。

$$H_0 : \mu_D \leqslant 0$$
$$H_1 : \mu_D > 0$$

其中　　$D=$ 参观后的偏好—参观前的偏好

请注意，计算机程序检验的是参观前的偏好减去参观后的偏好的差异，因此在表 12—5 中输出负的均值差和负的 t 值。"调研实践"专栏提供了在判断可汗（Cole Haan）的广告有效性的情形下的一个应用案例。

> **调研实践**
>
> **可汗吹捧自己生产的鞋**
>
> 2014 年，可汗（www.colehaan.com）吹捧自家鞋子的款式和走路的舒适性。它在媒体上投放广告前对商业广告以及平面广告进行了认真测试。200 名男士被要求回答 10 个量表的一系列问题，以测量其对可汗鞋的态度。接着让他们观看植入娱乐节目的商业广告。看完节目之后，再使用同样 10 个量表测量他们对可汗鞋的态度（见第 6 章中的单组前测—后测设计）。配对 t 检验表明，在观看商业广告后态度显著地变好。商业广告和平面广告不仅在测试中表现很好，并且成功地促进了实际的销售增长。[3]

调研概要

为进行配对样本均值的 t 检验，应形成配对差异变量（D），并计算其均值和方差。然后计算 t 统计量。自由度为 $n-1$，其中 n 为对数。

比例

可使用卡方检验进行配对样本比例的差异检验，如第 11 章所述。这里，一个变量表示一个样本，样本的第一次测量设为值 1，同一样本的第二次测量设为值 2。另一个变量则是调研人员感兴趣的比例，也被编码为 1 和 2（或者 0 和 1）。表 12—6 总结了考察均值和比例差异的各种假设检验方法。

表 12—6　　假设检验总结

样本	检验/评价
单样本	
均值	t 检验，如果方差未知
	z 检验，如果方差已知
比例	z 检验

续前表

样本	检验/评价
两个独立样本	
均值	两组 t 检验
	方差齐性的 F 检验
比例	z 检验
	卡方检验
配对样本	
均值	配对 t 检验
比例	卡方检验

调研概要

为了进行配对样本比例的 t 检验，可使用卡方检验。

互联网调研

盖普：独立和配对（t 检验）

作为盖普的营销总监，你将如何提高盖普的形象和竞争地位？

访问 www.gap.com，并搜索互联网，包括社交媒体和图书馆在线数据库，获得消费者用来评价休闲服饰竞争性品牌的因素方面的信息。这些因素和以下句子中的因素如何进行比较？盖普的使用者和非使用者使用李克特量表基于四个因素对品牌进行评价：舒适度、持久性、风格、形象。你如何使用两个独立样本和配对样本 t 检验来分析这些数据？

相 关

积矩相关（product moment correlation）是概括两个计量（定距或定比尺度，见第 7 章）变量（如 X 和 Y）之间线性关联性的强度与方向的最常用的统计量。它用来确定 X 和 Y 之间是否存在线性或直线关系，以及一个变量 X 与另一个变量 Y 相关的程度。由于它最早是由卡尔·皮尔逊（Karl Pearson）提出的，因此也被称为皮尔逊相关系数。表示积矩相关的其他术语有：简单相关、双变量相关、相关系数或者相关性。积矩相关系数用 r 表示，介于 -1.0 与 $+1.0$ 之间，值接近 $+1.0$ 表明强正相关，值接近 -1.0 表明强负相关。

对总体而不是样本计算的积矩相关系数用希腊字母表示。用 r 能方便地测量两个变量之间关系的统计显著性。根据本章之前列出的原则，零假设是 H_0 为 0，备择假设是 H_1 不等于 0。该检验统计量服从自由度为 $n-2$ 的 t 分布。如果双尾

第 12 章 数据分析：关于差异的假设检验、相关分析和回归分析

检验中 p 值小于 0.025，则拒绝零假设，可得出两个变量之间的线性关系显著这一结论。r 的符号（＋或－）表明关系是正相关还是负相关，r 的大小表明关系的强度。

例如，假设一名调研人员想要以调查对象拥有摩托车的年数（持续期）来解释对摩托车的态度。采用 11 点量表（1＝不喜欢摩托车，11＝非常喜欢摩托车）来测量态度，以调查对象拥有一辆或者更多摩托车的年数来测量拥有摩托车的持续期。调研人员还用 11 点量表收集了对性能的重视程度方面的信息。在对 12 个调查对象进行的预调查中，获取的数据见表 12—7。

表 12—7　　　　　　　　　　　　　解释对摩托车的态度

调查对象编号	对摩托车的态度	拥有摩托车的持续期	对性能的重视程度
1	6	10	3
2	9	12	11
3	3	12	4
4	3	4	1
5	10	12	11
6	4	6	1
7	5	3	7
8	2	2	4
9	11	18	3
10	9	9	10
11	10	17	3
12	2	2	5

使用统计软件比如 SPSS 和 Excel，根据表 12—7 中的数据计算出态度和持续期之间的相关系数为 0.936 1，且在统计上是显著的（p 值小于 0.025）。可以从本书的辅导网站下载对应的带注解的 SPSS 和 Excel 的输出结果。本例中，r 的值为 0.936 1，接近 1，说明调查对象拥有摩托车的年数与其对摩托车的态度密切相关。因此，拥有摩托车的时间长度与对摩托车的态度相关。此外，r 的符号为正，说明关系是正向的，也就是拥有摩托车的时间越长，对摩托车越有好感，反之亦然。比如，汤姆比鲍勃拥有摩托车的时间更长，那么汤姆比鲍勃更喜欢摩托车。汤姆拥有摩托车多年，将之视为珍贵的资产。反之，鲍勃刚买了一辆摩托车，还没有对它产生那么强烈的感情。

调研概要

计算积矩相关系数来概括两个计量变量之间关联性的强度和方向，并且判断它们之间是否存在线性或直线关系。积矩相关系数是绝对数，介于－1.0 与＋1.0 之间，值接近＋1.0（或－1.0）表明强正（或负）相关。使用自由度为 $n-2$ 的 t 检验可以检验关联性的统计显著性。

回归分析

回归分析（regression analysis）是分析一个计量因变量与一个或多个计量自变量之间的相关关系的方法。**二元回归**（bivariate regression）是在一个计量因变量与一个计量自变量之间建立线性数学关系等式的过程。在二元回归中，只有一个自变量，而在**多元回归**（multiple regression）中，有两个或者更多（多元）自变量。比如，二元回归能回答以下问题：市场份额的差异能用销售人员的规模来解释吗？然而，多元回归可用于解释市场份额的差异是否取决于销售人员的规模、广告支出金额和销售促进预算额。尽管自变量可以解释因变量的变化，但并不必然意味着因果关系（见第3章与第6章，了解因果性调研）。

多元回归模型

多元回归模型的一般形式如下：

$$Y = \beta_0 + \beta_1 X_1 + \beta_2 X_2 + \beta_3 X_3 + \cdots + \beta_k X_k + e$$

该模型通过以下公式进行估计：

$$\hat{Y} = a + b_1 X_1 + b_2 X_2 + b_3 X_3 + \cdots + b_k X_k$$

式中，Y 为因变量，X_1 到 X_k 为自变量，β_k 为系数，e 为误差项。自变量的个数为 k，样本大小为 n。$\hat{Y}$ 为因变量的预测值。参数 a 表示截距，b 为偏回归系数。统计软件以总误差最小化的方法估计这些参数（a 和 b 值），同时使实际值 Y 与预测值之间的相关性最大化。当对自变量和因变量都进行标准化时（参见第10章了解标准化），截距取值为0。**β系数**（beta coefficient）或权重则被用来表示标准化回归系数。有时是需要标准化的，因为相对于非标准化的或原始的系数，对 β 系数进行比较更容易。

关联性的强度

可以用多元相关系数的平方来测量多元回归中关联性的强度，R^2 也被称为**多元可决系数**（coefficient of multiple determination）。多元相关系数 R 还可以看做 Y 和 $\hat{Y}$ 之间的简单相关系数 r。回归方程引入了更多自变量，R^2 不可能降低。但是，的确存在收益递减，以至于除了前几个变量外，其他自变量的贡献并不大，因此，可以根据自变量的数量和样本规模对 R^2 进行调整，以计算**调整的 R^2**（adjusted R^2）。因为该调整为负，所以调整的 R^2 不可能高于 R^2。

显著性检验

显著性检验包括总体回归方程的显著性检验和特定偏回归系数的显著性检验。

第12章 数据分析：关于差异的假设检验、相关分析和回归分析

总体检验的零假设为总体的多元可决系数为 0。总体检验可以用 F 统计量来进行，F 统计量服从 F 分布，自由度为 k 和 $n-k-1$。

如果总体零假设被拒绝，说明一个或多个总体偏回归系数取值不为 0。为了确定哪个具体的系数（b_i）是非零的，需要进行其他的检验。可以使用服从 t 分布且自由度为 $n-k-1$ 的 t 检验来检验 b_i 的显著性。t 检验和 F 检验在本章前面都有所讨论。

对表 12—7 中的数据，我们可以用拥有摩托车的持续期和对性能的重视程度来解释对摩托车的态度。多元回归分析的结果见表 12—8。可以从本书辅导网站下载对应的带注解的 SPSS 和 Excel 输出结果。截距值为 0.337 3，持续期（偏回归系数 X_1）为 0.481 1。对应的 β 系数为 0.763 6。对性能的重视程度 X_2 的偏回归系数为 0.288 7，对应的 β 系数为 0.313 8。估计的回归方程为：

$$\hat{Y} = 0.337\,3 + 0.481\,1 X_1 + 0.288\,7 X_2$$

或者　　态度＝0.337 3＋0.481 1（持续期）＋0.288 7（重视程度）

表 12—8　　　　　　　　　　　　多元回归

多元 R	0.972 1
R^2	0.945 0
调整的 R^2	0.933 0
标准误	0.859 7

方差分析			
	自由度	平方和	均方值
回归	2	114.264 3	57.132 1
残值	9	6.652 4	0.739 2
F＝77.293 6		F 的显著性＝0.000 0	

方程中的变量					
变量	系数	系数标准误	β 系数	T	sig. T
重视程度	0.288 7	0.086 08	0.313 8	3.353	0.008 5
持续期	0.481 1	0.058 95	0.763 6	8.160	0.000 0
（常数）	0.337 3	0.567 36		0.595	0.566 8

R^2 的值为 0.945 0，是显著的；调整的 R^2 估计为 0.933 0。当然，R^2 应是显著的，较大的值比较小的值更理想。注意，调整的 R^2 值与 R^2 十分相近。这说明两个自变量都对解释对摩托车态度的变化做出了贡献。事实上，表 12—8 的结果表明，两个自变量的系数都是显著的。因此，拥有摩托车的持续期和对性能的重视程度都解释了对摩托车的态度。但是，如果任何一个回归系数不显著，那么都应该被视为 0。

调研概要

在回归分析中，只有一个计量因变量。在二元回归中，只有一个计量自变量，而在多元回归中，有两个或者更多（多元）计量自变量。在多元回归中，用多元相关系数的平方

来测量关联性的强度,也被称为多元可决系数。可以根据自变量的数量和样本规模对 R^2 进行调整,以计算调整的 R^2。因为该调整为负,因此调整的 R^2 不可能高于 R^2。

可用自由度为 k 和 $n-k-1$ 的 F 检验来判断总体回归方程的显著性。如果总体回归方程显著,那么可以用自由度为 $n-k-1$ 的 t 检验来判断单个 b_i 的显著性。

软件应用

SPSS 和 Excel 都有相应的程序可用来进行本章中讨论的所有检验。我们将具体描述如何运行这些程序。

SPSS 和 Excel 计算机演示视频

我们制作了本章讨论的所有 SPSS 和 Excel 程序的分步操作指南的计算机演示视频。可以从本书的辅导网站下载这些演示视频。在资料 10—1 中给出了运行这些演示视频的使用指南。

带注解的 SPSS 和 Excel 屏幕截图

本章中讨论的不同 SPSS 和 Excel 程序的分步操作指南也用带适当注解的屏幕截图进行了说明。可以从本书辅导网站下载这些截图。

SPSS 窗口

我们先给出使用 SPSS 进行数据分析的具体步骤的概述,然后将提供对单样本 t 检验、两个独立样本 t 检验、配对样本 t 检验、相关分析和回归分析的分步的详细指南。

详细步骤:概述

可以从本书的辅导网站下载本章提到的运行 SPSS 程序进行数据分析的分步详细指南,有两种形式:(1) 计算机演示视频;(2) 带注解的屏幕截图。你也可以参考学生资源手册。接下来将说明这些步骤。这些步骤适用于 IBM SPSS STATISTICS 20 和 IBM SPSS STATISTICS 21,它们在这两个版本中是完全相同的。早期版本中的步骤也基本一样,只是一些对话框的标签略有不同。

详细步骤:单样本 t 检验

此处将介绍对表 12—1 中的数据进行单样本检验的具体操作步骤。零假设是样本1在参观黄石国家公园前的偏好均值为5.0。打开表12—1的SPSS数据文件。

 1. 在SPSS菜单栏里选择"DATA"（数据）。

 2. 点击"SELECT CASES"（选择个案）。

 3. 勾选"IF CONDITION IS SATISFIED"（如果条件满足），然后点击"IF"（如果）按钮。

 4. 将"SAMPLE［sample］"移到"SELECT CASES：IF"（选择个案：如果）框内。点击"="，再点击"1"。

 5. 点击"CONTINUE"（继续）。

 6. 勾选"FILTER OUT UNSELECTED CASES"（过滤掉未选定的个案）。

 7. 点击"OK"（确认）。

 8. 在SPSS菜单栏里选择"ANALYZE"（分析）。

 9. 点击"COMPARE MEANS"（比较均值），然后选择"ONE-SAMPLE T TEST"（单样本 t 检验）。

 10. 将变量"Preference Before Visiting［pref1］"移到"TEST VARIABLE(S)"（检验变量）框中。

 11. 在"TEST VALUE"（检验值）的框内输入"5"。

 12. 点击"OK"。

详细步骤：两个独立样本 t 检验

下面介绍对表12—1中的数据进行两个独立样本 t 检验的具体操作步骤。零假设为成年人和青少年在参观黄石国家公园前的偏好均值是相同的。打开表12—1的SPSS数据文件。首先，确保所有的个案被包括在内。

 菜单栏
  "DATA"（数据）
   选择"CASES"。
    选择"ALL CASES"。
     点击"OK"。

分析的步骤如下：

 1. 在SPSS菜单栏里选择"ANALYZE"。

 2. 点击"COMPARE MAENS"，然后点击"INDEPENDENT SAMPLES T TEST"（独立样本 t 检验）。

 3. 将"Preference Before Visiting［pref1］"移到"TEST VARIABLES"框内。

 4. 将"Sample［sample］"移到"GROOUPING VARIABLE"（分组变量）框内。

 5. 点击"DEFINE GROUPS"（定义组）。

 6. 在GROUP 1（组1）框内输入"1"，在GROUP 2（组2）中输入"2"。

 7. 点击"CONTINUE"。

8. 点击"OK"。

详细步骤：配对样本 t 检验

下面介绍对表 12—1 中的数据进行配对样本 t 检验的具体操作步骤。零假设为青少年在参观黄石国家公园前后的偏好均值没有差异。打开表 12—1 的 SPSS 数据文件。

1. 在 SPSS 菜单栏里选择"DATA"。
2. 点击"SELECT CASES"。
3. 勾选"IF CONDITION IS SATISFIED"，然后点击"IF"键。
4. 将"SAMPLE［sample］"移到"SELECT CASES：IF"框内，点击"="，再点击 1。
5. 点击"CONTIUNE"。
6. 点击"OK"。
7. 在 SPSS 菜单栏里选择"ANALYZE"。
8. 点击"COMPARE MEANS"，然后点击"PAIRED-SAMPLES T TEST"（配对样本 t 检验）。
9. 选择"Preference Before Visiting［pref1］"和"Preference After Visiting［pref2］"，并将它们分别移到"PAIRED VARIABLES"（配对变量）框内。
10. 点击"OK"。

详细步骤：相关分析

下面介绍就对摩托车的态度和持有摩托车的持续期进行相关分析的具体操作步骤。打开表 12—7 的 SPSS 数据文件。

1. 在 SPSS 菜单栏里选择"ANALYZE"。
2. 点击"CORRELATE"（相关），然后点击"BIVARIATE"（二元）。
3. 将"Attitude［attitude］"和"Duration［duration］"分别移到"VARIABLES"（变量）框内。
4. 在"CORRELATION COFFICIENTS"（相关系数）下勾选"PEARSON"（皮尔逊）。
5. 在"TEST OF SIGNIFICANCE"（显著性检验）下勾选"ONE-TAILED"（单尾）。
6. 勾选"FLAG SIGNIFICANT CORRELATIONS"（标记显著相关性）。
7. 点击"OK"。

详细步骤：二元回归和多元回归

下面介绍对表 12—7 中的数据进行二元回归的具体操作步骤，其中，对摩托车的态度为因变量，持有摩托车的持续期为自变量。打开表 12—7 的 SPSS 数据文件。

1. 在 SPSS 菜单栏里选择"ANALYZE"。
2. 点击"REGRESSION"（回归），然后点击"LINEAR"（线性）。

3. 将"Attitude [attitude]"移到"DEPENDENT"(因变量)框内。
4. 将"Duration [duration]"移到"INDEPENDENT"(自变量)框内。
5. 在"METHOD"(方法)框内选择"ENTER"(进入)(默认选项)。
6. 点击"STATISTICS"(统计),并勾选"REGRESSION COEFFICIENTS"(回归系数)下的"ESTIMATES"(估计值)。
7. 勾选"MODEL FIT"(模型拟合)。
8. 点击"CONTINUE"。
9. 点击"OK"。

除了第 4 步以外,多元回归的操作步骤与之相似。在第 4 步中,将"Duration [duration]"和"Important [importance]"移到"INDEPENDENT"框内。

Excel

我们先给出使用 Excel 进行数据分析的具体步骤的概览,然后提供单样本 t 检验、两个独立样本 t 检验、配对样本 t 检验、相关分析和回归分析的分步的详细指南。

详细步骤:概述

可以从本书的辅导网站下载本章提到的运行 SPSS 程序进行数据分析的分步详细指南,有两种形式:(1)计算机演示视频;(2)带注解的屏幕截图。你也可以参考学生资源手册。接下来将说明这些步骤。这些步骤适用于 Excel 2007、Excel 2010 和 Excel 2013,它们在这些版本中是完全相同的。早期版本中的步骤也基本一样,只是如何打开"数据分析"和某些对话框的标签略有不同。

详细步骤:单样本 t 检验

下面介绍对表 12—1 中的数据进行单样本检验的具体操作步骤。零假设是样本 1 在参观黄石国家公园前的偏好均值为 5.0。打开表 12—1 的 Excel 数据文件。

1. 在 PREF2 旁插入一列并命名为"Dummy",并在前 10 行(单元格 E2 到单元格 E11)输入"5"。
2. 选择"DATA"标签。
3. 在"ANALYSIS"标签下选择"DATA ANALYSIS"(数据分析)。
4. "DATA ANALYSIS"窗口弹出。
5. 在"DATA ANALYSIS"窗口下选择"T-TEST: PAIRED TWO SAMPLE FOR MEANS"(t 检验:配对两个样本均值)。
6. 点击"OK"。

7. "T-TEST：PAIRED TWO SAMPLE FOR MEANS"窗口出现在屏幕上。

8. 该窗口有两个部分。

a. INPUT（输入）

b. OUTPUT OPTIONS（输出选项）

9. "INPUT"选项有两个输入：

a. 点击"VARIABLE 1 RANGE"（变量1范围）框。选择（加亮）"PREF1"下的前10行数据。"VARIABLE 1 RANGE"框内出现"＄C＄2：＄C＄11"。

b. 点击"VARIABLE 2 RANGE"（变量2范围）框。选择（加亮）"Dummy"下的前10行数据。"VARIABLE 2 RANGE"框内出现"＄E＄2：＄E＄11"。

c. 将"HYPOTHESIZE MEAN DIFFERENCE"（假设均值差）和"LABELS"（标签）留白。

d. ALPHA缺失值为0.05，在"ALPHA"框内可见。令ALPHA值保持原样。

10. 在"OUTPUT OPTIONS"弹出窗口内选择"NEW WORKBOOK"（新工作簿）。

11. 点击"OK"。

详细步骤：两个独立样本 t 检验

下面介绍对表12—1中的数据进行两个独立样本 t 检验的具体操作步骤。零假设为成年人和青少年在参观黄石国家公园前的偏好均值是相同的。打开表12—1的Excel数据文件。

1. 选择"DATA"标签。

2. 在"ANALYSIS"标签下选择"DATA ANALYSIS"。

3. "DATA ANALYSIS"窗口弹出。

4. 在"DATA ANALYSIS"窗口下选择"T-TEST：TWO-SAMPLE ASSUMING EQUAL VARIANCES"（t 检验：两个样本假定方差相同）。

5. 点击"OK"。

6. "T-TEST：TWO-SAMPLE ASSUMING EQUAL VARIANCES"窗口出现。

7. 该窗口有两个部分：

a. INPUT

b. OUTPUT OPTIONS

8. "INPUT"选项有两个输入：

a. 点击"VARIABLE 1 RANGE"框。选择（加亮）"PREF1"下的前10行数据。"VARIABLE 1 RANGE"框内出现"＄C＄2：＄C＄11"。

b. 点击"VARIABLE 2 RANGE"框。选择（加亮）"PREF1"下的后10行数据。"VARIABLE 2 RANGE"框内出现"＄C＄12：＄C＄21"。

c. 将"HYPOTHESIZE MEAN DIFFERENCE"和"LABELS"留白。

d. ALPHA缺失值为0.05，在"ALPHA"框内可见。令ALPHA值保持原样。

9. 在"OUTPUT OPTIONS"弹出窗口内选择"NEW WORKBOOK"。

10. 点击"OK"。

详细步骤：配对样本 t 检验

下面介绍对表12—1中的数据进行配对样本 t 检验的具体操作步骤。零假设为青少年在参观黄石国家公园前后的偏好均值没有差异。打开表12—1的Excel数据文件。

1. 选择"DATA"标签。

2. 在"ANALYSIS"标签下选择"DATA ANALYSIS"。

3. "DATA ANALYSIS"窗口弹出。

4. 在"DATA ANALYSIS"窗口下选择"T-TEST：PIARED TWO SAMPLE FOR MEANS"（t 检验：检验两个配对样本均值）。

5. 点击"OK"。

6. "T-TEST：PIARED TWO SAMPLE FOR MEANS"窗口出现。

7. 该窗口有两个部分：

a. INPUT

b. OUTPUT OPTIONS

8. "INPUT"选项有两个输入：

a. 点击"VARIABLE 1 RANGE"框。选择（加亮）"PREF1"下的前10行数据。"VARIABLE 1 RANGE"框内出现"＄C＄2：＄C＄11"。

b. 点击"VARIABLE 2 RANGE"框。选择（加亮）"PREF2"下的前10行数据。"VARIABLE 2 RANGE"框内出现"＄D＄2：＄D＄11"。

c. 将"HYPOTHESIZE MEAN DIFFERENCE"和"LABELS"留白。

d. ALPHA缺失值为0.05，在"ALPHA"框内可见。令ALPHA值保持原样。

9. 在"OUTPUT OPTIONS"弹出窗口内选择"NEW WORKBOOK"。

10. 点击"OK"。

详细步骤：相关分析

下面介绍就对摩托车的态度和拥有摩托车的持续期进行相关分析的具体操作步骤。打开表12—7的Excel数据文件。

1. 选择"DATA"标签。

2. 在"ANALYSIS"标签下选择"DATA ANALYSIS"。

3. "DATA ANALYSIS"窗口弹出。

4. 在"DATA ANALYSIS"窗口上选择"CORRELATION"（相关）。

5. 点击"OK"。

6. "CORRELATION"窗口出现在屏幕上。

7. 该窗口有两个部分：

a. INPUT

b. OUTPUT OPTIONS

8. "INPUT"选项有两个输入：

a. 点击"INPUT RANGE"（输入范围）框。选择（加亮）"ATTITUDE"（态度）和"DURATION"（持续期）下的所有的行数据。"INPUT RANGE"框内出现"＄B＄2：＄C＄13"。

b. 点击"GROUPED BY"（分类）旁的"COLUMNS"（列）。

c. 将"LABELS IN FIRST ROW"（第一行标签）留白。

9. 在"OUTPUT OPTIONS"弹出窗口内选择"NEW WORKBOOK"。

10. 点击"OK"。

详细步骤：双元回归和多元回归

下面介绍对表12—7中的数据进行二元回归的具体操作步骤。其中，对摩托车的态度为因变量，拥有摩托车的持续期为自变量。打开表12—7的Excel数据文件。

1. 选择"DATA"标签。
2. 在"ANALYSIS"标签下选择"DATA ANALYSIS"。
3. "DATA ANALYSIS"窗口弹出。
4. 在"DATA ANALYSIS"窗口上选择"REGRESSION"。
5. 点击"OK"。
6. "REGRESSION"窗口出现在屏幕上。
7. 该窗口有四个部分：

a. INPUT

b. OUTPUT OPTIONS

c. RESIDUALS（残值）

d. NORMAL PROBABILITY（正态概率）

8. "INPUT"选项要求以下几个步骤：

a. 点击"INPUT Y RANGE"（输入Y范围）框。选择（加亮）"ATTITUDE"下的所有的行数据。"INPUT RANGE"框内出现"＄B＄2：＄B＄13"。

b. 点击"INPUT Y RANGE"框。选择（加亮）"DURATION"下的所有的行数据。"INPUT RANGE"框内出现"＄C＄2：＄C＄13"。

c. 将"LABELS"（标签）和"CONSTANT IS ZERO"（常数为0）留白。置信水平应该为 95%。

9. 在"OUTPUT OPTIONS"弹出窗口内选择"NEW WORKBOOK"。

10. 点击"OK"。

除了第8（b）步外，多元回归的操作步骤与之相似。在第8（b）步，点击"INPUT X RANGE"（输入X范围）框，选择（加亮）"Duration"和"Importance"下的所有行数据。这时"＄C＄2：＄D＄13"将出现在"INPUT X RANGE

框内。

戴尔运营案例

回顾本书末尾给出的戴尔案例（案例1.1）和问卷。从本书的辅导网站下载戴尔数据文件。

1. 对戴尔的哪些方面的评价（q8_1到q8_13）的均值超过5.0（量表的中点）？

2. 如第10章所述，根据对q4的重新编码，可得出总体满意度的两个组。这两个组对戴尔的各方面的评价（q8_1到q8_13）是否存在差异？

3. 如第10章所述，根据对q5的重新编码，可得出推荐意向的两个组。这两个组对戴尔的评价（q8_1到q8_13）是否存在差异？

4. 如第10章所述，根据对q6的重新编码，可得出选购戴尔的意向的两个组。这两个组对戴尔的评价（q8_1到q8_13）是否存在差异？

5. q8_1（使订购计算机系统更容易）和q8_2（让消费者根据他们的要求定制计算机系统）的均值是否存在差异？

6. q8_9（将合适的软件与计算机进行绑定）和q8_10（将互联网接入与计算机进行绑定）的均值是否存在差异？

7. q8_6（拥有能快速运行的计算机）和q8_7（拥有无技术性问题的高质量计算机）的均值是否存在差异？

8. 当单独考虑自变量时，总体满意度（q4）是否可以用对戴尔的所有13项评价（q8_1到q8_13）解释？当同时考虑自变量时呢？解释结果。

9. 当单独考虑自变量时，选择戴尔的意向（q6）是否可以用对戴尔的所有13项评价（q8_1到q8_13）解释？当同时考虑自变量时呢？解释结果。

本章小结

与总体均值的差异相关的假设可以用t分布进行检验。基于t统计量的假设检验遵循第11章所讨论的假设检验的一般步骤。t分布在形态上与正态分布相似。随着自由度的增大，t分布趋于接近正态分布。t统计量是在假设变量服从正态分布，均值已知，且总体方差通过样本进行估计的情况下计算出来的。

不同形式的t检验适合检验基于单样本、两个独立样本或配对样本的假设。单样本假设检验中，如果总体方差未知，则使用t检验；如果方差已知，则使用z检验。z检验可用于单样本的比例检验。

从不同的总体中随机抽选的样本称为独立样本。为了达到分析的目的，来源不同的调查对象群体（如男性和女性）一般被视为独立样本，即使数据源于同一调查。检验两个独立样本间均值的差异时，使用两组t检验，但是正确的使用形式取决于两个总体的样本方差是否相等。用F检验判断方差是否相等。比例差异的检验可使用z检验或者卡方检验。

配对样本是指两组观测值来源相同的调查对象。在这种情况下，均值差异的检验应当使用配对t检验。然而，比例差异的检验应当使用卡方检验。

积矩相关系数测量的是两个计量变量之间的线性关系。二元回归就是在一个计量自变量和一个计量因变量之间以直线的形式建立一个数学方程。多元回归涉及一个计量因变量和两个或更多（多元）计量自变量。可用多元可决系数测量关联性的强度。总体回归方程显著性的检验可以使用总体 F 检验，单个偏回归系数显著性的检验则可以使用 t 检验。

关键术语

参数检验（parametric test）
t 检验（t test）
t 统计量（t statistic）
标准误（standard error）
t 分布（t distribution）
独立样本（independent samples）
F 检验（F test）
F 统计量（F statistic）
F 分布（F distribution）
配对样本（paired samples）
配对样本 t 检验（paired-samples t test）
积矩相关系数（product moment correlation）
回归分析（regression analysis）
二元回归（bivariate regression）
多元回归（multiple regression）
β 系数（beta coefficient）
多元可决系数（coefficient of multiple determination）
调整的 R^2（adjusted R^2）

复习题

1. 对假设检验方法进行分类。
2. 描述进行 t 检验的一般步骤。
3. 描述当检验与单个均值相关的假设时 t 统计量的使用。
4. 描述与单样本比例相关的假设检验的步骤。
5. 描述当检验与两个独立样本均值相关的假设时 t 统计量的使用。
6. 描述与两个独立样本比例相关的假设检验的步骤。
7. 描述当检验与配对样本的均值相关的假设时 t 统计量的使用。
8. 描述与配对样本比例相关的假设检验的步骤。
9. 什么是积矩相关系数？
10. 给出一个二元回归模型的例子，并指出因变量和自变量。
11. 什么是多元回归？它与二元回归有什么不同？

应用题

1. 在以下情况下，说明你将进行的统计分析和应当使用的合适的检验方法或检验统计量。

    a. 用11点李克特量表测量消费者对可口可乐的偏好，然后让同一批消费者观看一段关于可口可乐的商业广告。看完后，再次测量他们对可口可乐的偏好。该商业广告是否成功改变了他们的偏好？

    b. 在一项对1 000个家庭进行的调查中，要求调查对象在一个定距量表上指出他们在国内航空旅行的频率。他们也被分为高收入或低收入两类。国内航空旅行的频率和收入水平有关系吗？

c. 在一项对 3 000 个家庭的代表性样本进行的电话调查中，要求调查对象用 7 点李克特量表表明他们对快餐店的偏好。根据家庭人数将样本分为小规模家庭和大规模家庭。对快餐店的偏好是否因家庭规模不同而不同？

2. 一个大汽车品牌的现有广告活动如果只有不足 70% 的消费者喜欢，就将被改变。

a. 建立零假设和备择假设。

b. 你会使用什么统计检验方法？为什么？

3. 一家主要的计算机制造商正对计算机降价销售。在此期间 10 个样本商店销售出的计算机数量为：800 台、1 100 台、0、400 台、700 台、800 台、1 000 台、500 台、800 台、300 台。

a. 这些数据是否说明这次降价销售期间，每家商店平均售出的计算机多于 500 台？用 SPSS 或者 Excel 软件进行合适的检验，采用 α=0.05。

b. 进行这一检验所需的假设有哪些？

4. 在接到读者的投诉后，你们学校的校报决定重新设计版面。将设计的新版面 B 和当前的版面 A 对比。随机选择 100 名学生，给每一种版面随机地分配 50 名学生。要求学生在 11 点量表（1＝差劲，11＝优秀）上评价该版面的有效性。新的版面比现在的版面好吗？

a. 陈述零假设。

b. 你应该使用什么统计检验方法？

5. 根据第 11 章的应用题 7 提供的网络使用数据，进行以下分析。

a. 检验"对互联网的平均熟悉程度超过 4.0"这一假设。

b. 男性和女性的网络使用是否存在差异？建立零假设和备择假设，并进行检验。

c. 男性和女性使用网络进行购物的比例是相同的吗？建立零假设和备择假设，并进行检验。

d. 调查对象对互联网和对技术的态度存在差异吗？建立零假设和备择假设，并进行检验。

6. 在一项预测试中，要求 30 名调查对象用 7 点量表（1＝非常不喜欢，7＝非常喜欢）表达他们对户外生活方式的偏好（V1）。还要求他们用 7 点量表表示下列变量的重要程度（1＝非常不重要，7＝非常重要）。

V2＝享受大自然

V3＝享受天气

V4＝与环境和谐共处

V5＝定期锻炼

V6＝与其他人会面

调查对象的性别（V7）的编码为：1＝女性，2＝男性。居住地点（V8）的编码为：1＝市中心，2＝郊区，3＝乡村。数据如下表所示：

调查对象号码	V1	V2	V3	V4	V5	V6	V7	V8
1	7	3	6	4	5	2	1	1
2	1	1	1	2	1	2	1	1
3	6	2	5	4	4	5	1	1
4	4	3	4	6	3	2	1	1
5	1	2	2	3	1	2	1	1
6	6	3	5	4	6	2	1	1
7	5	3	4	3	4	5	1	1
8	6	4	5	4	5	1	1	1
9	3	3	2	2	2	2	1	1
10	2	4	2	6	2	2	1	1
11	6	4	5	3	5	5	1	2

续前表

调查对象号码	V1	V2	V3	V4	V5	V6	V7	V8
12	2	3	1	4	2	1	1	2
13	7	2	6	4	5	6	1	2
14	4	6	4	5	3	3	1	2
15	1	3	1	2	1	4	1	2
16	6	6	6	3	4	5	2	2
17	5	5	6	4	4	6	2	2
18	7	7	4	4	7	7	2	2
19	2	6	3	7	4	3	2	2
20	3	7	3	6	4	4	2	2
21	1	5	2	6	3	3	2	3
22	5	6	4	7	5	2	2	3
23	2	4	1	5	4	4	2	3
24	4	7	4	7	4	6	2	3
25	6	7	4	2	1	7	2	3
26	3	6	4	6	4	4	2	3
27	4	7	7	4	2	5	2	3
28	3	7	2	6	4	3	2	3
29	4	6	3	7	2	7	2	3
30	5	6	2	6	7	2	2	3

使用你所选择的统计软件，回答下列问题。在每一种情况下，建立零假设和备择假设并进行合适的统计检验。

a. 对户外生活方式的偏好均值超过 3.0 吗？

b. 享受自然的重要性均值超过 3.5 吗？

c. 男性和女性对户外生活方式的偏好均值存在差异吗？

d. 对 V2~V6 的重视程度在男性和女性之间存在差异吗？

e. 相对于享受天气，调查对象更重视享受大自然吗？

f. 相对于与其他人会面，调查对象更重视享受天气吗？

g. 相对于定期锻炼，调查对象更重视与环境和谐共处吗？

7. 根据第 11 章的应用题 7 提供的网络使用数据进行以下分析。

a. 计算以下变量组之间的简单相关系数：互联网的使用率和对互联网的态度、互联网的使用率和对技术的态度、对互联网的态度和对技术的态度，并解释结果。

b. 进行二元回归，网络使用率作为因变量，对互联网的态度作为自变量，并解释结果。

c. 进行二元回归，网络使用率作为因变量，对技术的态度作为自变量，并解释结果。

d. 进行多元回归，网络使用率作为因变量，对互联网的态度和对技术的态度作为自变量，并解释结果。

8. 根据本章应用题 6 中提供的对户外生活方式的偏好数据进行以下分析。

a. 计算 V1~V6 的简单相关系数，并解释结果。

b. 进行二元回归，将对户外生活方式的偏好（V1）作为因变量，享受大自然的重要程度（V2）作为自变量，并解释结果。

c. 进行多元回归，将对户外生活方式的偏好作为因变量，V2~V6 作为自变量，并解释结果。比较二元回归和多元回归中的回归系数。

注释

[1] W. Glynn Mangold and Katherine Taken Smith, "Selling to Millennials with Online Reviews," *Business Horizons* (March–April 2012):141–153.
[2] **www.americanexpress.com**, accessed January 17, 2013; American Express, "American Express Platinum Luxury Survey Shows Wealthy Gen X Consumers Are Mighty in Luxury Buying Power, Spending More Than Baby Boomer Population," **www.prnewswire.com/news-releases/american-express-platinum-luxury-survey-shows-wealthy-gen-x-consumers-are-mighty-in-luxury-buying-power-spending-more-than-baby-boomer-population-54546962.html**, accessed November 15, 2013.
[3] Based on **www.colehaan.com**, accessed January 17, 2013.

第13章 报告准备与演示

在任何报告或演示中，都要直接点出为什么这些结果对公司是重要的。新手倾向于报告所有的结果和数据，而不管它们是否重要。分析人员的作用是归纳、过滤和提炼，以便受众能够获得精华。

——Decision Analyst 公司总裁、首席执行官 杰里·托马斯（Jerry Thomas）

本章概要

报告的准备和演示构成了营销调研项目的第6步，也是最后一步。它紧跟在定义调研问题、确定调研方案、进行调研设计、现场工作以及准备与分析数据之后。本章描述了营销调研的最后一步即报告的准备和演示的重要性及其过程。图13—1解释了本章与营销调研过程的关系。

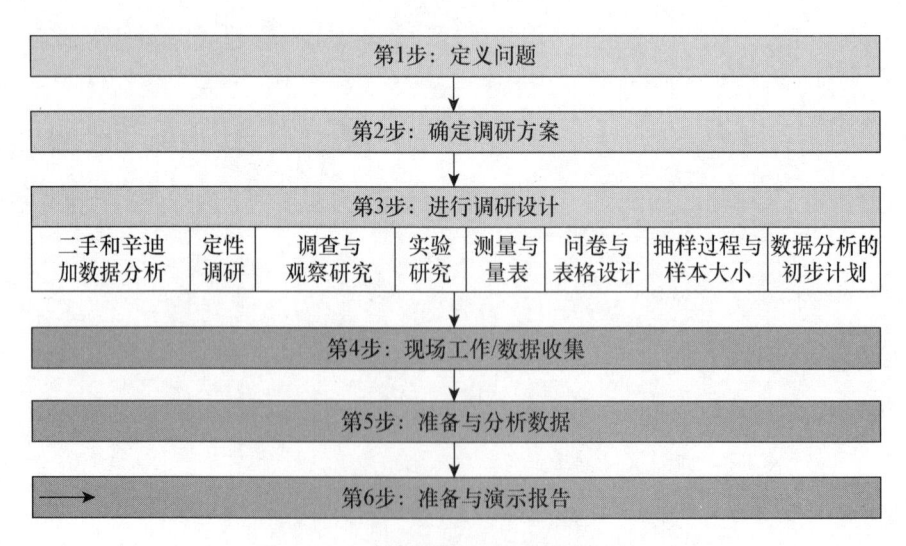

| 第1步：定义问题 |
| 第2步：确定调研方案 |
| 第3步：进行调研设计 |
| 二手和辛迪加数据分析 | 定性调研 | 调查与观察研究 | 实验研究 | 测量与量表 | 问卷与表格设计 | 抽样过程与样本大小 | 数据分析的初步计划 |
| 第4步：现场工作/数据收集 |
| 第5步：准备与分析数据 |
| → 第6步：准备与演示报告 |

图13—1 本章与营销调研过程的关系

本章提供了包括报告撰写与图表准备等在内的报告准备工作的指南，讨论了对报告的口头演示，描述了包括支持客户与评价调研过程在内的调研后续工作。本章也讨论了国际营销调研中报告的准备和演示、社交媒体的使用和伦理等方面应考虑的特殊问题。我们先通过联合航空的实例来让读者了解一下本章的内容。

学习目标

阅读本章后，学生应当能够：

1. 了解准备和演示最终报告应当遵循的过程。
2. 解释报告撰写（包括图表制作）的基本要求。
3. 描述如何做口头演示及其原则。
4. 讨论跟进客户的重要性，以及在执行和评价调研项目中应向客户提供的帮助。
5. 解释国际营销调研中的报告准备和演示过程有何不同。
6. 描述社交媒体如何帮助和促进报告准备和演示。
7. 讨论与调研过程和结果的解释和报告相关的伦理问题。

调研实践

联合航空：报告友好的航空体验

2010年10月1日与大陆航空合并后，联合航空公司（www.united.com）成为全球最大的航空公司。该公司十分重视顾客的满意度。在航班顾客满意度的追踪调查项目中，联合航空使用一份四页纸的可扫描问卷，每月对900名乘客进行调查。到现在，前往40个国家旅行的乘客以九种语言填写了192 000份问卷。该项调查涉及整个航空旅行体验过程，包括：预订、机场服务、飞机乘务员、食品服务和机舱本身。

联合航空营销调研部门每个月准备一份报告来汇总顾客满意度，并提交给世界各地的约100个人，包括机场、国家和区域管理者，高级管理层，以及在美国总部的其他人员。该报告十分详尽，包括以下所有的部分：标题页、内容目录、执行总结、问题定义、方案、调研设计、数据分析、结果、结论与建议。还包括一些图表，以使结果更加清晰。报告结果也可在线获取。

每月报告发布后，营销调研部门需要对来自内部顾客（即联合航空内部各个部门）的一些要求进行额外分析。例如，营销调研部门也许要求对顾客满意度评分按照指定路线（如芝加哥到洛杉矶）的人口统计特征进行分解。因为这些数据能够与运营数据（比如到达和出发时间以及乘客数量）联系起来，所以联合航空调研人员可以深入挖掘以回答内部顾客的问题。联合航空的营销调研高级分析师亚历克斯·马吉（Alex Maggi）谈到："我们常常观察顾客组合，通过将调查数据和运营数据相联系，使用数据去识别是哪些原因导致了在机场之间或细分市场之间的评分存在差异。例如，我们抽取给定的航班的评分，并将其和该市场上的航班准时起飞绩效相联系，由此可以发现，当准时起飞绩效下降时，特定类别的评分也会降低。"

关于顾客满意度的每月报告及其产生的后续活动都帮助联合航空成为更加以顾客为中心的企业，因此提高了公司的竞争地位，并且将其友好的航空体验变得更加友好。[1]

报告和演示的重要性

报告（report）是针对特定受众的关于调研过程、结果、建议/结论的书面/口头的演示。书面报告和口头演示是调研的可见成果，调研报告相当于该调研项目的历史记录。如果没有充分地注意到这一步，则对管理层来说，整个项目的价值将大大降低。许多营销经理仅仅在书面报告和口头演示阶段介入项目，这些管理者根据报告和演示来评价整个营销调研项目的质量。对报告和演示的有用性的判断将影响管理层今后是否进行营销调研或是否再次选择某一特定的营销调研公司的决定。出于这些原因，报告的准备和演示被认为是非常重要的。

调研概要

不要低估报告及其演示的重要性。许多管理者对整个项目的了解和评价都是基于报告和演示的质量。

报告准备和演示过程

图13—2描绘了报告准备和演示的过程。这一过程始于根据营销调研问题、调研方案、调研设计和现场工作对数据分析的结果进行解释。

```
问题定义、方案、调研设计和现场工作
         ↓
       数据分析
         ↓
   解释、结论和建议
         ↓
       报告准备
         ↓
       口头演示
         ↓
      客户阅读报告
         ↓
      调研的后续工作
```

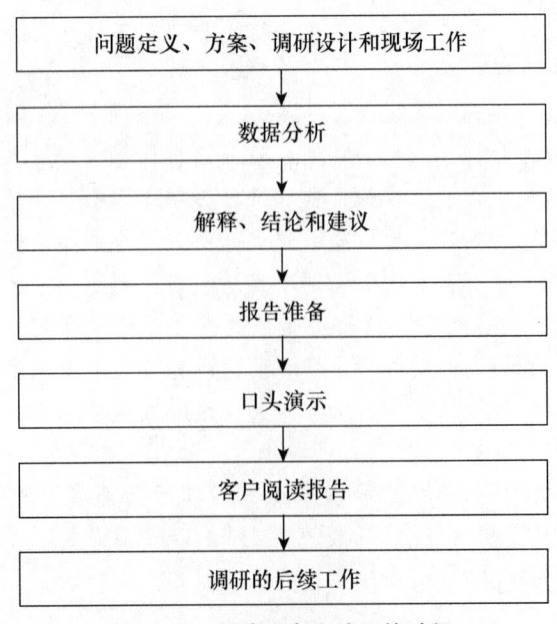

图13—2 报告准备和演示的过程

调研人员不应仅仅总结统计结果，而应当演示调研发现从而使这些发现能够直接用于决策。只要条件允许，应该得出结论，并提出管理者能够付诸行动的建议。在撰写报告之前，调研人员应该与客户的关键决策者一起讨论调研的主要结果、结论和建议。这些讨论在保证报告满足客户需要并最终得到认可的过程中发挥着重要的作用。这些讨论还应当确定提交书面报告与其他数据的具体日期。

整个营销调研项目应当用一份单独的书面报告进行总结，也可针对不同的阅读者分别撰写几份报告。比如，针对高层管理者准备的报告应该强调该调研项目的战略层面而不是运作的细节。为运营经理准备的报告则需要强调运作的细节。一般来说，口头演示是对书面报告的补充。在演示之后，应使客户有机会思考报告和项目。之后，调研人员应采取一些必要的后续行动。这在本章前面的"调研实践"专栏中有所描述，该案例中，联合航空营销调研部门处理了附加数据分析的几个请求。调研人员应帮助客户理解报告，将调研结果付诸实施，做进一步的研究，并对调研过程作出事后评价。

调研概要

为特定的读者准备报告。可能需要为不同的阅读者准备不同的报告。作为一名调研人员，你应该积极参与报告的准备和演示。

报告的准备

不同调研人员准备调研报告的方法是迥然不同的。调研人员的个性、背景、专业技能和责任感与接收报告的决策者相互作用，赋予每一份报告独一无二的特质。在简短的或重复的项目中，也许无须准备在此描述的正式书面报告。但是，在确定格式、撰写报告以及设计图表方面，仍然需要遵循统一的规则。

报告的格式

报告的格式会因执行调研项目的调研人员或营销调研公司、客户与项目本身的性质不同而有所不同。因此，我们提供一些指导原则，以帮助调研人员为手头的调研报告设计具体的格式。正如前面有关联合航空公司的案例所示，大多数正式的调研报告包括表13—1中提到的大部分要素。

如该表所示，第1～第9节是前言部分，第10～第16节是主体部分，第17节是附录部分。这一格式严格遵循了营销调研过程的前几个步骤。但是该格式比较灵活，能够适应特定项目的独有特征。比如，可以用报告中的较长篇幅阐述调研结果。例如，在一项全国性的调查中，可能先对整个样本进行数据分析，然后对四个地区的数据分别加以分析。这样一来，调研结果就可能分五节而不是在一节中阐述。另一方面，对于一些在线或者自动报告的项目，表13—1中的许多要素（特别

表 13—1　　　　调研报告的要素

要素	部分
1. 标题页 2. 提交信 3. 授权信 4. 内容目录 5. 表目录 6. 图目录 7. 附件目录 8. 资料目录 9. 执行总结 　● 主要发现 　● 结论 　● 建议	前言部分
10. 问题定义 　● 问题的背景 　● 问题的陈述 11. 调研方案 12. 调研设计 　● 调研设计的类型 　● 信息要求 　● 二手数据收集 　● 原始数据收集 　● 量表技术 　● 问卷设计和预测试 　● 抽样技术 　● 现场工作 13. 数据分析 　● 数据分析方法 　● 数据分析方案 14. 调研结果 15. 调研局限和忠告 16. 结论和建议	主体部分
17. 附件 　● 问卷和表格 　● 统计输出结果 　● 清单 　● 参考文献	附录部分

是前言部分和附录部分的要素）会被省略。这也同样适用于不太正式的报告和内部营销调研部门准备的报告。下面我们简单描述表 13—1 中的要素。

标题页　标题页应包括报告题目、实施调研的人员或组织的相关信息（姓名或名称、邮寄地址、电子邮箱地址、网址和电话号码）、客户名称和报告发布日期。报告的题目还应指明调研项目的性质。

提交信　正式的报告一般包括一封**提交信**（letter of transmittal）。这主要是为了将报告交付给客户，总结调研人员实施项目的整个过程。信中还应确认客户需要采取的进一步的行动，比如说调研结果的实施或应当进行的进一步的研究。

授权信　授权信是由客户在调研项目开始实施之前写给调研人员的。它授权调研人员开始执行调研项目，并确定项目的范围和合同条款。

内容目录 内容目录应该列出涉及的主题和相应的页码。在大多数报告中，只列出主要的标题和子标题。紧接在内容目录之后的是表目录、图目录、附件目录和资料目录。

执行总结 执行总结是报告中极其重要的部分，因为高层管理人员通常只阅读报告的这一部分。执行总结应尽可能准确地描述调研问题、调研方案、调研设计、主要结果、结论和建议。

问题定义 这一部分提供问题的背景，强调与决策者和行业专家进行的讨论，并讨论二手数据分析、定性分析以及考虑的各个因素。这一部分应清楚地阐述管理决策问题和营销调研问题（见第 2 章）。

调研方案 这一部分应讨论解决问题所采用的整体方案。还应包括对已形成的分析框架和模型、研究问题和假设的描述以及所需信息的说明。

调研设计 这一部分应详尽说明调研是如何进行的（见第 3～第 10 章），包括所采用的调研设计的性质、二手数据和原始数据的收集、量表技术、问卷设计和预测试、抽样技术和现场工作。应尽量采用一种非技术性的、易于理解的方式阐述这些主题。技术性的细节可包含在附录中。报告的这一部分应当证明所选择的特定方法是合理的。

数据分析 这一部分应描述数据分析方案，并证明所采用的数据分析策略和技术是合理的。应使用简单、非技术性的语言描述所使用的分析技术。

调研结果 这一部分通常是报告中最长的部分，可以包括许多内容。通常来说，结果不仅会在总体的层面上进行展示，还会在子群体（细分市场、地理区域等）的层面上进行展示。应当以一种连贯、合乎逻辑的方式组织调研结果。调研结果的阐述应与营销调研问题的组成部分和所确认的信息需求直接相关。主要的调研发现在正文中讨论，细节则通过图表来展示。

调研局限和忠告 由于时间、预算和其他的组织约束，所有的营销调研项目都具有一些局限性，这些局限性可能较为严重，有必要进一步讨论。应该以认真的态度和公正的视角去撰写报告的这一部分。一方面，调研人员必须保证管理层不会过于依赖调研结果或把结果应用于调研目的以外的领域，比如说把调研结果延伸到调研项目之外的总体。另一方面，这一部分不应损害对调研的信心或不恰当地降低调研的重要性。

结论和建议 仅仅对统计分析结果进行总结是不够的。调研人员应根据所调研的问题来理解调研结果，并得出主要的结论。在调研结果和结论的基础上，调研人员可以向决策制定者提出建议。有时，调研人员在调研中只涉及一个领域，因而无法理解客户企业更广泛的情况，在这种情形下就不需要提出建议了。如果提出了建议，那么它们应该是可行的、实际的、可操作的，并可直接用于管理决策的制定。应当在提出结论和建议前与客户进行讨论。写好一个结论性调研项目（见第 3 章）的报告十分重要，只有这样才能将结果用于管理决策的制定，否则报告不可能获得管理层足够的重视，正如下面的"调研实践"专栏所述。

> **调研实践**
>
> ### 管理层阅读营销调研报告吗
>
> 每一个职业都有一些烦人的小问题。老师有时想要知道学生是否真的学到了什么；警察偶尔也怀疑他们能否真正减少犯罪；营销调研人员也会担心没有人会阅读他们的报告。
>
> 为了解决这一疑问，一位营销调研人员在他的报告中插入了一张自己在近期办公室聚会上拍的非常不庄重的照片。在将报告分发给品牌和品类经理们数周后，他仍没有收到回应。最后，广告部的高级副总裁打电话，询问该营销调研人员是否需要休假。显然，这位高级副总裁是唯一一个仔细阅读报告的人。
>
> 当调研报告被无视时，由谁来承担责任——调研部门还是经理们？广告研究基金（thearf.org）和美国营销调研协会（www.marketingpower.com）最近发布的一项研究结果表明，大多数营销经理相信营销调研确实是有价值的。他们也声称，大多数报告并未提供他们制定商业决策时所需的那一类信息。因此，撰写一份有阅读价值的报告的责任就落在了营销调研人员的身上。[2]

调研概要

报告的格式可能会因为执行调研项目的调研人员或营销调研公司、客户与项目本身的性质不同而有所不同。由外部营销调研公司所撰写的大多数正式的调研报告应包括表13—1中的大部分要素。

报告的撰写

报告应该写给特定的阅读者——那些将要使用调研结果的营销管理者。报告应该考虑这些阅读者的技术水平和对调研项目的兴趣，以及他们在什么情况下阅读报告和他们将如何使用报告。

应该避免使用技术术语。调研人员经常被要求去迎合那些具有不同技术水平和对项目的兴趣程度不同的阅读者的需要。为了满足这些相互冲突的需要，可以在一份报告中包括针对不同阅读者的不同部分，或干脆准备几份单独的报告。

报告应该易于理解。报告应该在结构上具有逻辑性并且叙述清楚。一种检查报告明晰度的好方法是请两三位不熟悉项目的人阅读报告，并提出批评意见。在最终的报告定稿之前，对报告进行几次修订是很有必要的。

客观性是指导报告撰写的重要准则。报告应该准确地阐述项目的方法、结果和结论，而不应该歪曲调研结果以迎合管理层的期望。

用图表、图片、地图和其他视觉工具来强化正文中的关键信息是非常重要的。视觉工具可以在很大程度上促进沟通，并提高报告的明晰度和影响力。一份报告的外观也是很重要的。应该使用质量好的纸张，打印和装订要体现专业性。下面将讨论图表的绘制规则。

调研概要

针对特定客户客观地撰写报告。报告应易于理解，应包括图表和其他视觉工具。

互联网调研

盖洛普的报告

访问 www.gallup.com，并搜寻该网站上发布的近期报告。从这些报告中你能得到报告撰写方面的什么启发？从调研人员的角度批判性地评价该网站上发布的一份报告的格式。作为该报告想要针对的营销经理（或阅读者），你认为该报告有多大作用？

制表规则

统计表格是报告的重要组成部分，应当特别关注（见前面介绍的联合航空的调研实践）。我们使用表13—2和表13—3中报告的惠普销售量的数据，来说明制表的规则。下面段落中括号内的数字指的是表13—2中的编号。

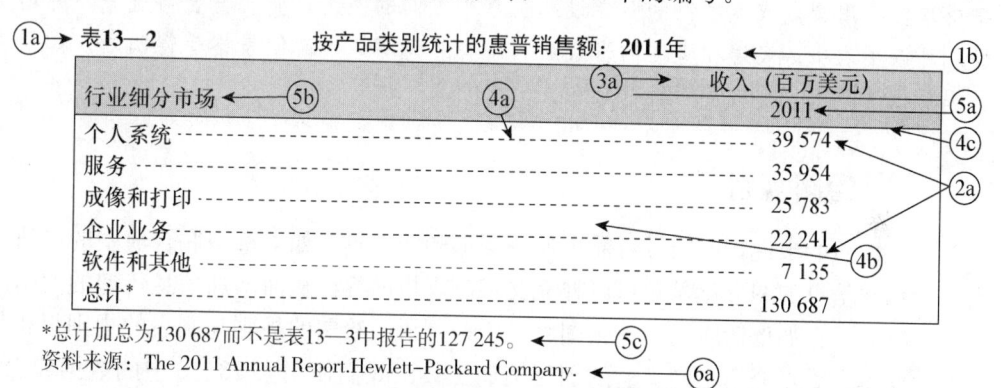

①a→ 表13—2　　　　　按产品类别统计的惠普销售额：2011年　　　　　←①b

行业细分市场 ←⑤b	④a　　③a→ 收入（百万美元）
	2011　　←⑤a
个人系统	39 574　　←④c
服务	35 954
成像和打印	25 783　　←②a
企业业务	22 241
软件和其他	7 135　　④b
总计*	130 687

*总计加总为130 687而不是表13—3中报告的127 245。　←⑤c
资料来源：The 2011 Annual Report.Hewlett-Packard Company.　⑥a

表13—3　　　　　惠普销售额：2007—2011年

年份	净收入（百万美元）
2007	104 286
2008	118 364
2009	114 552
2010	126 033
2011	127 245

资料来源：The 2009—2011 Annual Reports，Hewlett-Packard Company.

标题和编号　每一张表都应该有编号（1a）和标题（1b）。标题应该简短，但要清晰描述表中所提供的信息。用阿拉伯数字对表格进行编号，以便在正文中引用它们。

数据项目的排列　表格中数据的排列应强调数据最重要的方面。例如，当数据与时间相关时，项目应该按适当的时期进行排列。当大小次序最重要时，数据项目应该按大小次序进行排列（2a）。如果查找项目的方便性很关键，则按字母顺序进行排列最为适宜。

测量基础 应该清楚地注明测量基础或单位（3a）。

引导线、分隔线和空格 引导线（leaders）即指引水平方向阅读的圆点或连字符，可以使表格显得统一，增加可读性（4a）。最好用空白区（4b）来安排数据项，而不是用垂直或水平分割线。在不同部分的数据之后加空行也可以有助于阅读。表头之后通常加水平线（4c）。

解释与说明 可以用表头、表端和脚注的形式进行解释与说明，从而使表格变得明晰。竖列的名称叫做表头（5a），放在左边一列的名称叫做**表端**（stubs）（5b）。应该用脚注（5c）对无法包含在表格内的信息加以解释。应该用字母或符号而不是数字来表示某个地方加了脚注。脚注应该放在主体表格之后、数据来源注释之前。

数据来源 如果表中的数据是二手数据，则应注明数据来源（6a）。

调研概要

每一张表都应该有编号和标题。数据的排列应强调最重要的方面。清楚地注明测量基础或单位。用圆点或连字符的引导线指引水平方向的阅读，使表格显得统一，并增加可读性。可以用表头、表端和脚注的形式进行解释和说明，从而使表格变得明晰。如果表中的数据是二手数据，则应注明数据来源。

绘图规则

总的来说，应当尽可能地使用图形辅助工具，如本章中联合航空的调研实践所示。信息的图形化显示可以补充文字和表格内容，从而增加信息传递的明晰度和影响力。正如俗话所说，一张图胜过千言万语。绘图的规则与制表的规则很相似，因此本节重点介绍不同类型的图形辅助工具。我们使用表13—2中的数据和表13—3中惠普的其他数据，来说明这些图形辅助工具。

地理地图和其他地图 地理地图和其他地图（如产品定位图）可以传递相对位置和其他比较性信息。地理地图可以是关于国家、州、县、销售区域或其他方面的。例如，假设调研人员想显示美国各州各产业细分市场上惠普收入的百分比，就可以用一张地图来传递这一信息。在这张地图中，每一个州按照惠普每个主要产品线的销售额占比情况等比例地划分成五个部分：个人系统、服务、成像和打印、企业业务、软件和其他。每一部分用不同的颜色或图案来显示。

饼图 饼图（pie chart），也叫圆形图，其中每个部分的面积占圆形总面积的百分比反映了与某一特定变量的取值相关的百分比。饼图不能用于表示不同时期或不同变量的关系。一般原则是，饼图不应包含七个以上的部分。图13—3是一张显示惠普2011年各业务细分市场收入情况（如表13—2所示）的饼图。

折线图 折线图（line chart）用连续的线连接一连串的数据点。折线图适于描绘跨时期的趋势和变化。图13—4显示了一张根据表13—3绘制的关于惠普2007—2011年收入的折线图。可以在同一张图中对几串数据进行比较，并从中得出预测、插值和推断。如果同时显示几串数据，则每条线应该有不同的颜色或形式。

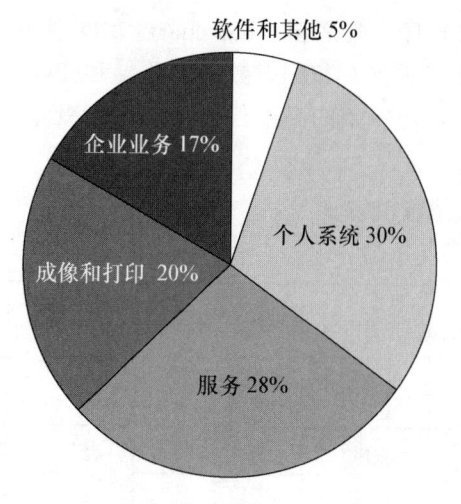

图 13—3　2011 年惠普不同业务细分市场上收入的饼图

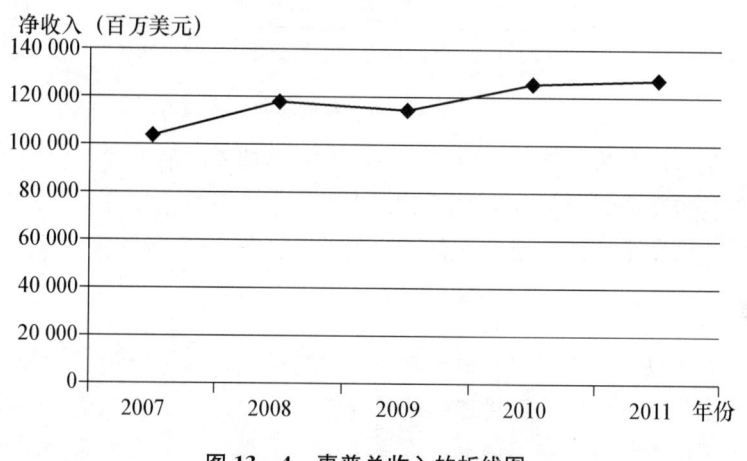

图 13—4　惠普总收入的折线图

象形图　象形图（pictograph）用小图形或符号来显示数据。图 13—5 展示了一张描述惠普 2007—2011 年收入的象形图。正如该图所示，象形图不能精确地描述结果。因此，应谨慎地使用象形图。

图 13—5　惠普销售额的象形图

直方图和条形图 条形图（bar chart）用水平或垂直的不同条形来显示数据。条形图可以用来表示绝对和相对数量、差异和变化。**直方图**（histogram）是垂直的条形图，其中，每一条的高度代表某一特定变量的相对或累计发生频率（见图 13—6）。

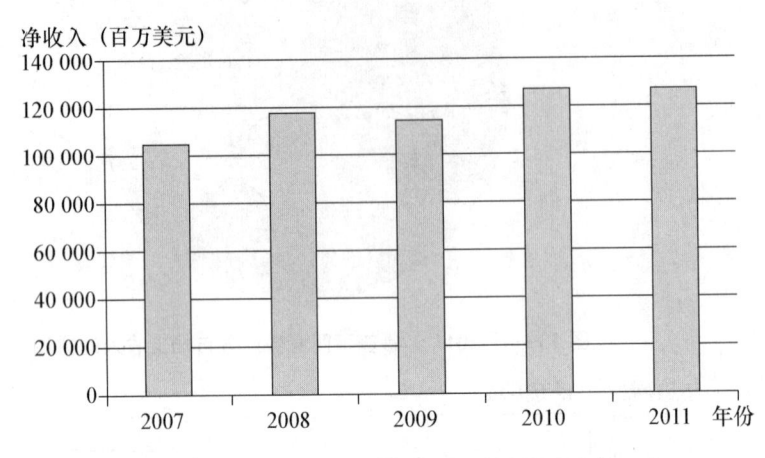

图 13—6 惠普总收入的直方图

示意图和流程图 示意图和流程图有多种不同的形式。它们可以用来展示某一过程的步骤或组成部分，如图 13—2 所示，或者被用作分类图。第 3 章提供了划分二手数据和辛迪加数据的分类图的例子（见图 3—6 到图 3—9）。

调研概要

地理地图可以是关于国家、州、县、销售区域或其他方面的。一般原则是，饼图不应包括七个以上的部分。折线图用连续的线连接一连串的数据点，适于描绘跨时期的趋势和变化。象形图不能精确地描述结果，应当谨慎地使用。直方图和条形图可以用来表示绝对和相对数量、差异和变化。示意图和流程图可以用来展示某一过程的步骤或组成部分，也可以用作分类图。

互联网调研

有关百事可乐的报告

访问 www.pepsi.com，并搜索互联网，寻找公司最新的年报。批判性地评价在最近的百事年报中图表的使用。你想绘制何种其他的图？

作为市场营销副总监，你认为百事可乐的年报中图的作用有多大？

口头演示和传播

调研人员应将整个营销调研项目向客户公司的管理层进行演示。这一演示将有助于管理层理解和接受书面报告。在演示过程中可以对管理层可能会产生的任何初步问题进行解答。因为许多管理者根据演示来形成对项目的第一印象，所以演示的重要性再怎么强调也不为过。有效演示的关键在于准备。应该按所写报告的格式准备书面草稿或详细的提纲。演示必须适合于特定的受众。为了实现这一目的，调研人员应当确定受众成员的背景、兴趣、对项目的关注程度，以及他们可能受报告影响的程度。比如，针对广告部门准备的演示应该将重点更多地放到广告决策上，包括预算、媒体、复制和执行细节。在向管理层进行演示之前，应该预演几次。

诸如图表之类的视觉辅助工具应该借助多种媒体工具进行展示。在演示过程中，保持与受众的目光交流并与受众互动是十分重要的。在演示中和演示后，应给受众足够的机会来提问。应该借助适当的故事、例子、体验和引语，使演示变得有趣和可信。应该避免使用诸如"唔"、"你知道的"、"不错"之类的填充词。

总分总原则（"tell'em" principle）对于将一场演示结构化是很有效的。这一原则是指：(1) 告诉他们你将要讲什么；(2) 讲给他们听；(3) 告诉他们你讲了些什么。另一个有用的原则是**简洁直接/KISS 原则**（"KISS'em" principle），KISS 是指：keep（让）、it（演示）、simple（简洁）和 straightforward（直接）。

身体语言也很重要。它能帮助演示者更有效地传达他们的观点。身体语言能强化演示者试图与受众沟通的问题或观点。演示者在讲话过程中应使音量、音调、音色、语速和节奏有所变化。演示应该以一个强有力的结尾结束。为了强调演示的重要性，演示应该得到客户公司的高层管理者的支持。

调研结果的传播应不仅限于口头演示。应当将营销调研报告或者至少是其中的部分章节广泛分发给客户公司的关键管理者并可随时索取，比如通过在线传播。（联合航空公司就将每月顾客满意度报告发布在网络上。）传播后，应当给客户公司的关键管理者留出时间，使他能在后续活动启动之前仔细阅读报告。

调研概要

有效的演示的关键是准备。诸如图表之类的视觉辅助工具应该借助多种媒体工具进行展示。应当遵循总分总原则和简洁直接原则。演示者在讲话过程中应使音量、音调、音色、语速和节奏有所变化。

调研的后续工作

调研人员的工作并没有随口头演示的结束而告终，还有另外两项任务需要完成。第一，调研人员应帮助客户理解和执行调研的结果并采取后续行动。第二，调研人员应当在自己对项目的记忆仍清晰时对整个营销调研项目作出评价。

帮助客户

在客户详细地审阅报告之后，可能会产生一些问题。客户可能没有理解报告的某些部分，特别是有关技术事项的那些部分。调研人员应该为他们提供所需的任何帮助，正如联合航空公司营销调研部门的常规做法那样。有时调研人员还要帮助执行调研结果。客户经常聘请调研人员帮助他们选择新产品或广告代理商、制定定价策略、细分市场或进行其他营销活动。客户跟进的一个重要原因是讨论进一步的调研项目。例如，调研人员和管理层可能达成协议，在两年后再次进行这项调研。

评价调研项目

尽管营销调研是科学的，但也涉及创造力、直觉和专业知识。因此，每一个营销调研项目都提供了一个学习的机会，调研人员应该批判性地评价整个调研项目，从而获得新的启示和知识。需要考虑的关键性问题是："有没有可能更有效/更高效地完成这一项目？"当然，这个问题可以细化为几个更具体的问题。比如：问题是否可以有不同的定义，从而便于增加项目对委托方的价值或降低成本？采用不同的方法是否可以带来更好的结果？该调研设计是最好的吗？所采用的数据收集方法效果如何？是否应该采用商场拦截访谈而不是电话访谈？所采用的抽样方案是最合适的吗？是否正确预计和控制（至少在定性意义上）了可能的设计误差来源？如果不是，可能做出什么改变？怎样改进对现场工作人员的选择、培训和管理，从而改进数据的收集？数据分析策略在获取对于决策制定有用的信息方面是否有效？结论和建议是否恰当并且对客户有用？报告是否被恰当地撰写和演示？项目是否在给定的时间和预算内完成？如果不是，出现了什么问题？由此得到的启示将有益于调研人员和以后执行的项目。

调研概要

应该帮助客户理解和应用结果并且开展后续行动，还应该评价整个营销调研项目。

国际营销调研

尽管为不同国家的管理层用不同的语言准备报告使得报告准备工作更为复杂，但本章前面所述的规则同样适用于国际营销调研。在国际营销调研中，调研人员应该准备不同版本的报告，每份报告针对特定的阅读者。不同的报告尽管格式可能不同，但应该是可比的。口头演示的规则也与之前给出的规则类似，只不过增加了一个附带条件：演示者应该对文化规范敏感。例如，开玩笑这种在美国很常用的手段，并不是在所有文化背景下都是合适的。

大多数营销决策是借助营销调研所得到的事实和数据制定出来的，但是这些数据必须经过决策者的逻辑思维、主观体验和个人感受的检验并受其约束。不同国家的管理者的主观体验和个人感受可能有很大不同，因此在不同国家应当提出关于执行调研结果的不同建议。当提出革新性或创造性的建议时，这一点尤为重要，正如下面的"调研实践"专栏中麦当劳在澳大利亚的例子所示。

> **调研实践**
>
> ### 麦当劳在澳大利亚的增长
>
> PlusOne Marketing（www.plusone.com.au）是澳大利亚的一家综合性机构，它提供一系列的创新服务，比如营销、媒体和沟通方面的服务。在为位于澳大利亚的麦当劳准备的一份报告中，公司建议该快餐巨头发起一项短信代金券活动。这一建议的依据是对1 000名消费者进行的一项在线调查，该调查表明，大部分调查对象更喜欢代金券而不是礼物卡。77%的调查对象想用代金券消费。消费者使用代金券不会有自己花钱的负疚感，因为不用从自己的储蓄账户或者工资中支出。另一项影响该建议的调研结果是，在澳大利亚总的手机使用率特别是短信的使用率显著提高。该报告中的图表强调了这些事实。
>
> 根据这些建议，麦当劳在昆士兰州班达伯格市开展了一项短信代金券活动，并将之整合到当地的广播电台举办的竞赛活动中。听众通过发送短信参加广播竞赛，作为回报，他们会收到参加活动的确认信息并附带一张短信代金券。他们拿着该代金券到班达伯格市的麦当劳餐厅就可以获得三种食品中的一种。顾客也被要求对短信代金券回复"Y"以获得更多的麦当劳产品，大多数的短信接受者回复了"Y"。麦当劳发现，短信代金券的使用率很高，其产品销量和利润有了良性增长。[4]

> **调研概要**
>
> 用不同的语言为不同国家的管理者准备不同版本的报告非常有必要。尽管格式可能不同，但报告应该是可比的。做口头演示时，应该对文化规范敏感。针对不同国家应提出执行调研结果的不同建议。

营销调研和社交媒体

社交媒体，特别是博客和Twitter，在传播报告、营销调研项目的结果和根据结果做出的公司决策中起着关键作用。Nielsen Wire是尼尔森公司的博客，其特征是：拥有来自大量出版机构和研究单位，覆盖了消费者行为、媒体和营销趋势方面的最新且每日更新的重要信息。尼尔森很好地利用自己的Twitter平台，发布其最新研究、全球新闻和有关公司最新研究的观点。谷歌也广泛利用社交媒体，向公众通报其新举措和其他信息。谷歌购买了知名的博客平台Blogspot（www.blogger.com），允许个人和公司向他人免费发布信息。谷歌有自己的博客

(www.googleblog.blogspot.com)，用于向消费者发布新信息和观点，进行技术升级。谷歌也将公司文化整合到博客中。博客能提供一种渠道，使企业获得消费者对调研结果的反应，以及消费者对公司根据调研结果做出的决策和采取的行动的反馈。

使用图表，比如 Twitter 趋势统计图，能有效地展示社交媒体调研结果。当被用于报告或管理者演示时，社交媒体社区成员的故事经常成为统计结果的有效论证。下面的"调研实践"专栏中强生的例子说明了上述观点。

调研实践

谁哭到最后——强生而不是妈妈们

强生是一家著名的《财富》500 强公司。其产品包括圣约瑟夫阿斯匹林、邦迪创可贴、婴儿爽身粉、泰诺以及美林。在众多止痛产品中，美林能缓解妈妈用背巾、抱袋等抱小宝宝时的疼痛。然而，该产品却在社区引起了妈妈们极大的愤怒。

YouTube 上强生的商业广告描述：

"有人说抱着离妈妈身体近的婴儿比其他宝宝哭得更少。"

然后广告中有人问道：

"那抱着婴儿的妈妈是不是比那些没有这样做的妈妈要哭得更多呢？"

仅 21 小时内美林广告的观看次数就达 27 000 次之多。妈妈们认为美林广告令人愤怒，并感觉自己被认定为这样的妈妈。她们一起在 Twitter 上表达了对美林广告的不满。最开始，这看起来只是一个小问题。然而，当 Twitter 统计图形成后，事实证明并非如此。下面的图清晰描述了美林相对于苹果和微软等 Twitter 热议品牌的趋势。在对美林广告产生愤怒之后，对美林的提及数量立即显著激增，超过苹果和微软的提及度，与其先前几乎无人问津形成了鲜明的对比。

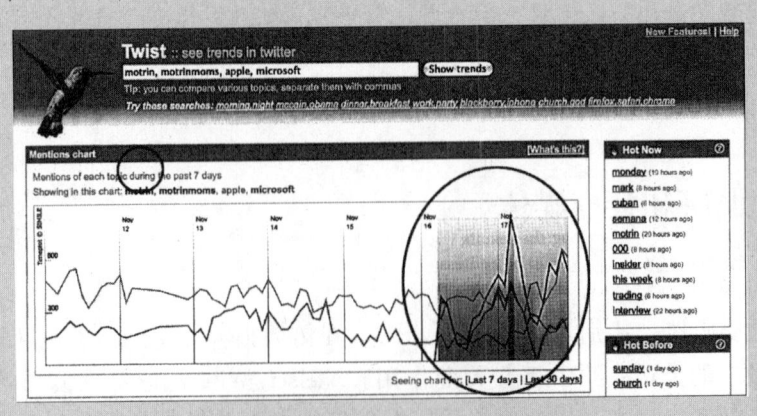

资料来源：www.Trendistic.com. Used with permission.

该案例中，生气的妈妈们在 Twitter 上聚集，一起讨论和评论，甚至试图抵制美林的这类令人生厌的广告。一些评论和"呼声"如下：

> 那条广告对（用背巾）把宝宝挂在身上的妈妈来说太讨厌了！ #美林妈妈
> 2分钟前来自网络回复
> 哦，美林，错误的营销方式。我的背巾解救了我，现在已经用了15个月了。难道你们一天到晚抱着小孩吗？ #美林妈妈
> 2分钟前
> 我同意对美林说"不"。一般的布洛芬对我就很有效，而且把儿子挂在身上从来没让我背疼。
> 7分钟前来自网络回复
> 显然在制作广告时，他们没有询问任何一位真正的妈妈……这是耻辱。 #美林妈妈
> 2分钟前回复
> 我不敢相信美林没有想过在人群中测试一下这条广告。该广告是怎么通过头脑风暴产生的呢？ #美林妈妈
> 1分钟前来自网络
> 我很激动。我希望他们将制作该广告的公司换掉。
> 4分钟前来自网络回复

定性评论支持的Twitter趋势统计图的力量令人折服，因此强生以最快速度撤掉了美林的这条广告。这表明公司应该倾听消费者的声音，并留意社交媒体上关于自己品牌的信息。[5]

营销调研伦理

报告的准备和演示过程会产生若干伦理问题，包括在得出结论或提出建议时忽视相关数据、不报告相关信息（比如低应答率）、故意错用统计方法、伪造数字、更改调研结果、为了反对或支持个人或公司的观点而曲解调研结果等。应以令人满意的方式处理这些问题，为此，调研人员应当准确完整地记录所有过程和发现的细节，以准备报告。

和调研人员一样，客户同样对完整和准确地公开调研结果负有责任，并且有义务诚实地使用这些调研结果。例如，一些客户歪曲调研结果，在广告中提出对自己更有利的声明，这将损害公众的利益。当客户企业（如烟草公司）使用营销调研结果去制定有问题的营销计划时，也会产生伦理问题。

调研实践

烟草业是"冒烟的枪"

众所周知，吸烟与美国30%的癌症患者死亡有关，也是造成心脏病的元凶，还与感冒、胃溃疡、慢性支气管炎、肺气肿和其他疾病相关。但烟草公司对这一后果承担伦理责任了吗？利用营销调研去创造一个对目标市场有强烈吸引力的迷人的香烟形象，这种做法对于烟草公司来说是合乎伦理的吗？

> 多项调研发现，在美国，烟草业所做的广告每天引诱超过 3 000 名青少年成为烟民。借助老乔（Old Joe）这一骆驼香烟广告中的卡通人物，骆驼香烟在非法的儿童香烟市场上的份额从 0.5% 提高到 32.8%，这意味着年销售额增加大约 5 亿美元。
>
> 这种有害的后果不仅限于美国。烟草业不仅引诱儿童吸烟，而且瞄准了其他信息匮乏的人群，比如说欠发达国家的人们。这就提出了一个疑问：烟草公司是否想使用这些策略来挽回那些戒烟或死去的美国烟民？[6]

调研概要

当得出结论或提出建议时忽视相关数据、不报告相关信息（比如低应答率）、故意错用统计方法、伪造数字、更改调研结果、为了反对或支持个人或公司的观点而曲解调研结果等都是违背伦理的，任何时候都应当避免。客户同样对完整和准确地公开调研结果负有责任，并且有义务合乎伦理地使用调研结果。

软件应用

主要的统计软件包都有绘制图表和准备报告的程序。在 SPSS 中，可以在菜单栏上找到 "GRAPHS"（图）。还有一个名为 "REPORTING"（报告）的单独程序能够用来以理想的格式呈现结果。Excel 有很强的制图能力，可通过菜单栏上的 "INSERT"（插入）实现。Excel 通过 Microsoft Office 为报告的准备和演示提供与 Word 和 PowerPoint 的直接链接。

戴尔运营案例

回顾本书末尾给出的戴尔案例（案例 1.1）和问卷。

1. 为戴尔管理层撰写一份报告，总结你的分析结果。用 Excel 绘制一系列图。你如何运用社交媒体提升你的报告质量？
2. 对戴尔的管理层，你有什么建议？
3. 你能在 10 分钟内进行一场引人入胜的商业演示吗？使用不超过 10 页幻灯片，准备一个面向戴尔管理层的 10 分钟演示。
4. 在正式的场景下和同班学生（代表戴尔管理者）分享你最后的演示。
5. 在准备、排练和进行演示时，最具挑战的部分是什么？
6. 根据本次体验式学习的收获，你在下一次演示时会有哪些不同的表现？

本章小结

报告的准备和演示是营销调研项目的最后一步。这一过程从回顾营销调研过程的前面的步骤开始。应特别强调数据分析结果的解释以及结论和建议。接着,撰写正式的报告并做口头演示。在管理层审阅了报告之后,调研人员应进行后续工作,帮助管理层并对营销调研项目进行全面的评价。

在国际营销调研中,由于需要为不同国家的管理者用不同的语言准备报告,因此报告的准备工作变得较为复杂。社交媒体和可用软件的使用能极大地促进报告准备、演示和传播。社交媒体社区成员的故事往往能够在报告或者演示中作为统计结果的有效例证。这一过程涉及一些伦理问题,特别是在向客户解释和报告调研过程和结果以及客户随后使用这些结果等方面。

关键术语

报告(report)
提交信(letter of transmittal)
领导者(leader)
表端(stubs)
饼图(pie chart)
折线图(line chart)

象形图(pictograph)
条形图(bar chart)
直方图(histogram)
总分总原则("tell'em" principle)
简洁直接原则("KISS'em" principle)

复习题

1. 描述报告准备的过程。
2. 描述撰写营销调研报告常用的格式。
3. 描述报告的下列部分:标题页、内容目录、执行总结、问题定义、调研设计、数据分析、结论和建议。
4. 为什么报告中应包括"局限和忠告"这一部分?
5. 讨论撰写营销调研报告时客观性的重要性。
6. 描述报告撰写的规则。
7. 在表格中应当如何排列数据项?
8. 什么是饼图?哪种形式的信息适宜用饼图?哪种形式的信息不适宜用饼图?
9. 描述折线图。哪种信息通常用这种图来表示?
10. 描述象形图的作用。条形图和直方图之间有何关系?
11. 口头演示的目的是什么?口头演示应遵循什么原则?
12. 描述总分总原则和简单直接原则。
13. 描述事后对营销调研项目进行的评价。
14. 如何使用社交媒体促进报告准备和演示?

应用题

1. 下面这段话选自一份营销调研报告。这份报告是为一个企业家群体准备的,他们管理着小规模的家族企业,但没有受过正规的商业教育。

为了测试酒店业的形象,我们采用了两种不同的量表技术。第一种是一系列语义差异量表。第二种是一组李克特量表。采用两种不同的测量技术的理由在于：需要评估调研结果的聚合效度。使用这两种技术时所得到的数据被视为定距尺度数据。计算两组评分间的皮尔逊积矩相关系数。产生的相关系数很高，这表明聚合效度的水平很高。

重写这一段，使之适合包括在给这些企业家的报告中。

2. 用图来描述下面一段话所述的消费者决策过程：

消费者首先意识到某种需要，然后同时从几个来源寻找信息：零售商、广告、口碑、独立出版物、社交媒体和网络，接下来确立评价市场上现有品牌的标准。以评价结果为基础，消费者挑选出最喜爱的品牌。

3. 对于表 13—2 和表 13—3 给出的数据，使用图形软件包或电子表格程序（如 Excel），制作下列图形：

a. 饼图
b. 折线图
c. 条形图

注释

[1] www.united.com, accessed March 11, 2013; "United Airlines Enhances Easy Check-in Self-Service Units," *Airline Industry Information* (December 5, 2003): 1; Steve Raabe, "United Airlines Passengers Report Improvement in Customer Service," *Knight Ridder Tribune Business News* (December 20, 2002): 1; Joseph Rydholm, "Surveying the Friendly Skies," *Quirk's Marketing Research Review* (May 1996): 11, 33–35.

[2] "How to Write a Good Market Research Report," www.allaboutmarketresearch.com/articles/art080.htm, accessed April 16, 2013; Gillian Christie, "Golden Rules of Writing Well," *Chartered Accountants Journal*, 86(11) (December 2007): 60–61; Naomi R. Henderson, "In Defense of Clients," *Marketing Research: A Magazine of Management and Applications*, 15(2) (Summer 2003): 38; Jeannine Bergers Everett, "Value-Added Research Begins Where the Marketplace Meets Management," *Marketing Research. A Magazine of Management and Applications*, 9(1) (Spring 1997): 33–36.

[3] www.hp.com, accessed March 22, 2013.

[4] Based on PlusOne, "How SMS is building business," www.plusone.com.au/smsstudies.php, accessed March 13, 2013.

[5] A. Kapin, "Motrin's Pain: Viral Video Disaster," www.fastcompany.com/blog/allyson-kapin/radical-tech/motrins-pain-viral-video-disaster, accessed July 10, 2013; C. L. Owens, "Johnson & Johnson—Presentation Transcript," www.slideshare.net/guest901f5569/johnson-johnson-2591972, accessed July 10, 2013; M. Roumen, "The Motrin Case: The Voice of the Crowd," www.viralblog.com/social-media/the-motrin-case-the-voice-of-the-crowd, accessed July 10, 2013.

[6] www.tma.org, accessed March 3, 2013; Anonymous, "States to Sue Reynolds American over Cigarette Ad," *Wall Street Journal* (Eastern edition), 250(132) (December 5, 2007): B4; Lindsey Tanner, "Tobacco Firms Put on Pressure," *Marketing News*, 36(19) (September 16, 2002): 44; Elise Truly Sautter and Nancy A. Oretskin, "Tobacco Targeting: The Ethical Complexity of Marketing to Minorities," *Journal of Business Ethics*, 16(10) (July 1997): 1011–1017; Kenman L. Wong, "Tobacco Advertising and Children: The Limits of First Amendment Protection," *Journal of Business Ethics*, 15(10) (October 1996): 1051–1064; S. Rapp, "Cigarettes: A Question of Ethics," *Marketing* (November 5, 1992): 17. See also Waymond Rodgers and Susana Gago, "Biblical Scriptures Underlying Six Ethical Models Influencing Organizational Practices," *Journal of Business Ethics*, 64 (2006): 125–136.

带有真实数据和问卷的运营案例

案例1.1　　　　　　　　　　戴　尔

戴尔公司是一家通过子公司在全球范围内经营业务的控股公司。戴尔公司设计、开发、制造、营销、销售并支持根据个体顾客的需求而量身定制的多样化产品。公司的产品包括移动性产品、个人电脑、软件与外围设备、服务器与网络产品、服务以及存储产品。

迈克尔·戴尔（Michael Dell），戴尔公司的创始人兼董事长，早在得克萨斯大学读医学预科专业时就抽时间去创业，为IBM公司销售随机存取存储器（RAM）芯片和磁盘驱动器。当时IBM要求其经销商每月订购大量个人电脑，于是戴尔从IBM经销商处以成本价购入积压的产品，然后在报纸和计算机杂志上刊登广告，以低于零售价10%~15%的价格出售。到1984年4月，戴尔每月的收入大约为80 000美元，这足以说服他放弃学业。不久，他以PC's Limited为品牌开始制造和销售产品。戴尔直接向消费者出售设备，而不是像其他大多数制造商那样通过零售终端销售。通过消除零售加价，戴尔能够以IBM价格的40%出售其个人电脑。

1987年，戴尔把他的公司重新命名为"戴尔电脑"并增设了国际销售办公室。1988年，公司开始向更大的客户（包括政府机构）出售产品。同年，戴尔电脑上市。1996年，戴尔开始通过其网站来售卖个人电脑和笔记本电脑。这种确认订单、配送和处理产品的渠道一直有效地满足了戴尔的消费者和企业客户的需求。1997年，戴尔进军工作站市场，将消费者业务从小业务单元中分离出来并为消费者创设了租赁项目，以此来加强消费者业务。为了增加收入来源，2001年戴尔同意转售EMC的系统，同时扩大其存储产品业务。为了壮大其服务业务，2002年戴尔聘用了微软技术支持专家。

尽管成功地夺取了个人电脑的市场份额，戴尔仍继续争夺新的市场。戴尔越来越重视企业使用的服务器和存储设备。为了进一步拓展个人电脑以外的业务，戴尔又引进了掌上电脑和以太网交换机生产线，以及消费类电子产品，如数码音乐播放器和液晶电视机。戴尔最初与利盟公司（Lexmark）合作，一起开发戴尔品牌打印机产品线，此外还建立了其他的伙伴关系以快速壮大打印机产品线。在服务端，戴尔沿用了其硬件销售中的方法，包括为数据迁移和存储系统设备等设立一个固定定价模型。戴尔公司目前正把目光投向全球，而不是盯着个人电脑已经饱和的美国市场。

由于不断下降的价格和商品化席卷了个人电脑产业，戴尔公司一直苗壮成长，使得公司顾客从中受益并重创其竞争对手。不像惠普和IBM公司那样试图通过专营来对抗竞争浪潮，戴尔公司利用其低成本的直销模式在竞争中激流勇进。2008年，戴尔公司宣布了"直接合作伙伴计划"，这是一个将其现有合作伙伴举措整合到同一框架下的全球项目。戴尔公司想在全球范围内扩张这个项目。在继续实施其战略致力于更好地满足顾客需求的同时，2008财年，公司在美洲、欧洲和亚洲的一些国家的零售店中开始出售精选商品。这些行动代表了戴尔零售战略的第一步，使得公司可以拓展其业务模式来抵达那些以前无法直接接触的顾客。

2009—2014年，戴尔公司通过在关键知识产权和人才方面的内部和外部投资来增强其解决方案的技巧与能力。2009年，公司收购了Perot Systems，推出了一项名为"戴尔服务"的新业务，该业务为顾客提供点对点的一体化技术（IT）服务来帮助降低他们的IT总成本。戴尔借助中国移动公司推出Mini3i进入了智能手机市场。2011年2月，戴尔收购了Compellent Technologies，同年8月又收购了Force10 Networks。2012年2月，戴尔收购了AppAssure，继而又在4月收购了Clerity Solutions。2013年5月6日，戴尔宣布收购Enstratius，这是一家能实现混合云和单一云管理能力的软件和咨询服务的供应商。到2014年，戴尔公司拥有了前所未有的最佳解决方案组合。

2014年，随着争夺市场份额和吸引顾客光顾的竞争加剧，戴尔公司对个人电脑和笔记本电脑的购买者进行了一项调查。戴尔想要了解顾客使用电脑的主要用途，如上网或做其他事情。戴尔也想了解顾客对戴尔产品的满意度。戴尔想要估计顾客再次购买戴尔产品的可能性，以及现有顾客向亲朋好友推荐戴尔产品的程度。最后，戴尔想要了解已经确定的这些使用因素和顾客类别中潜在的人口统计因素之间是否存在关联性。下面是戴尔曾使用过的一份调查问卷，数据文件可以从本书的网站下载。

戴尔电脑的网络调查

感谢您对我们的调查感兴趣。

Burke是一家独立的营销调研公司，戴尔已经委托本公司去收集戴尔个人电脑的最近购买者的真实意见。请您提供您对戴尔的想法并描述您的网络使用情况。

本调查可能会占用您几分钟时间。只要完成本次调查，您将获得一张价值100美元的礼品券，可在各大网上零售店使用。即使您没有完成本次调查，也可以通过发送邮件来争取获得礼品券的资格，邮件地址包括在邀请您参与这个项目的邮件中。

如果您在调查结束时不允许我们将您的姓名随您的作答一起发给戴尔公司，那么您的个人信息将得到保密。

网络使用情况

Q1：您每周大约花多少小时上网？下面是您可能会花的总时间的所有区间。

不足1小时□—1　　　　1~5小时□—2　　　　6~10小时□—3
11~20小时□—4　　　21~40小时□—5　　　41小时或更多□—6

Q2A：下面列出了人们在网上可以做的一些事情。请选出您曾经在网上做过哪些。（轮换选项。）

不清楚填0

		是	否
_____	通过新闻组或聊天室与他人交流	□—1	□—2
_____	求职	□—1	□—2
_____	规划或预订旅行	□—1	□—2
_____	下载照片或图表	□—1	□—2
_____	下载声音文件或音频剪辑	□—1	□—2
_____	查阅电视节目或电影信息	□—1	□—2
_____	下载视频片段	□—1	□—2

Q3：您还利用互联网做过其他什么事情？

戴尔满意度和忠诚度

Q4：总的来说，您对戴尔电脑系统的满意程度如何？
非常满意☐—1　　有点满意☐—2　　有点不满意☐—3　　非常不满意☐—4

Q5：您是否会向亲朋好友推荐戴尔产品？
肯定会☐—1　　大概会☐—2　　看情况☐—3　　大概不会☐—4　　肯定不会☐—5

Q6：假如您可以再次做出购买电脑的决定，您是否会选择戴尔？
肯定会☐—1　　大概会☐—2　　看情况☐—3　　大概不会☐—4　　肯定不会☐—5

Q7：(已删除的开放式问题) _____

电脑制造商重要性/绩效评估

Q8：下面是一组关于个人电脑制造商的陈述。对于每条陈述，请首先表明您认为戴尔电脑满足此项要求的程度。

请用9点量表来答这道题，其中，1表示您完全不同意此条陈述，9表示您完全同意。当然，您可以选1~9的任意数字来最恰当地描述您对此条陈述的同意程度。

不清楚填0

A．您在多大程度上认同戴尔电脑_____（插入陈述）？
（轮换陈述。）

陈述	评价
使订购计算机系统变得容易	_____
让消费者根据他们的要求定制计算机系统	_____
快速地配送其产品	_____
其产品价格有竞争力	_____
以设计具有吸引力的计算机系统组件为特色	_____
拥有能快速运行的计算机	_____
拥有无技术性问题的高质量计算机	_____
拥有高质量的外围设备（如显示屏、键盘、鼠标、音箱、磁盘驱动器）	_____
将合适的软件与计算机进行绑定	_____
将互联网接入和计算机进行绑定	_____
让用户方便地组装电脑配件	_____
拥有可由用户快捷地升级的计算机系统	_____
提供轻松可得的技术支持	_____

Q9A：若您所购买的戴尔电脑系统的价格上涨了5%，而其他所有个人电脑的价格没有变，您仍选择购买戴尔电脑系统的可能性会有多大？
肯定会购买☐—1　　可能会购买☐—2　　不确定是否会购买☐—3
可能不会购买☐—4　　肯定不会购买☐—5

Q9B：若您所购买的戴尔电脑系统的价格上涨了10%，而其他所有个人电脑的价格没有变，您仍选择购买戴尔电脑系统的可能性会有多大？
肯定会购买☐—1　　可能会购买☐—2　　不确定是否会购买☐—3
可能不会购买☐—4　　肯定不会购买☐—5

早期接受者的特征

Q10：下面是一组人们可能用来形容自己的陈述。请表明您同意或不同意这些陈述形容您的程度。请用 7 点量表来答这道题，其中，1 表示您完全不同意此条陈述，7 表示您完全同意。当然，您可以选 1～7 的任意数字。

不清楚填 0

第一条/下一条陈述是_____（插入陈述）。1～7 的哪个数字能最恰当地表明您对此条陈述同意或不同意的程度？

市场专家　　　　　　　　　　　　　　　　　　　　　　　　　　　　评价

我喜欢向我的朋友们介绍新的品牌和产品　　　　　　　　　　　　　　_____

我喜欢通过提供很多类型产品的信息来帮助人们　　　　　　　　　　　_____

人们向我咨询关于产品、购物地点或减价出售方面的信息　　　　　　　_____

当涉及新产品或减价销售时，我的朋友们将我视为好的信息来源　　　　_____

创新精神

我喜欢冒险　　　　　　　　　　　　　　　　　　　　　　　　　　　_____

购买一款未经实践检验的新产品通常是在浪费时间和金钱　　　　　　　_____

如果人们停止浪费时间去做试验，我们会变得更加熟练　　　　　　　　_____

我喜欢尝试新奇的与众不同的事物　　　　　　　　　　　　　　　　　_____

我经常比我的朋友和邻居更早去尝试新品牌　　　　　　　　　　　　　_____

我喜欢尝试用新的方式去做事情　　　　　　　　　　　　　　　　　　_____

意见领袖

我的朋友们在选择电脑相关产品时，很可能会征求我的意见　　　　　　_____

我的朋友和邻居经常向我征询有关电脑相关产品的建议　　　　　　　　_____

我经常告诉我的朋友们我对电脑相关产品的看法　　　　　　　　　　　_____

人口统计资料

接下来的这些问题是关于您和您的家庭的，仅用于对我们的调查进行分组。

Q11：您的受教育水平是怎样的？

高中辍学或在读及以下□—1　　　　　高中毕业□—2

大学/技校辍学或在读□—3　　　　　大学毕业及以上□—4

Q12：您的年龄是多大？

18～19 岁□—1　　20～24 岁□—2　　25～29 岁□—3　　30～34 岁□—4

35～39 岁□—5　　40～44 岁□—6　　45～49 岁□—7　　50～54 岁□—8

55～59 岁□—9　　60～64 岁□—10　 65～69 岁□—11　 70～74 岁□—12

75～79 岁□—13　 80 岁及上□—14

Q13：您的家庭税前总年收入是多少？

低于 20 000 美元□—1　　　20 000～29 999 美元□—2　　30 000～49 999 美元□—3

50 000～74 999 美元□—4　　75 000～99 999 美元□—5　　100 000 美元及以上□—6

没有回答填 0

Q14：您的性别是____？

男□—1　　　　　　　　　女□—2

已完成所有问题，非常感谢您对本次调查的帮助！

问题

问题在本书各章末的"戴尔经营案例"专栏中给出。

参考资料

1. www.gartner.com,accessed July 3,2013.
2. www.dell.com,accessed July 3,2013.

注:本案例只是为了供课堂讨论而准备的,不代表戴尔公司及其附属公司的观点。问题情境是假设的且掩饰了真实公司的名称。但是,所提供的问卷和数据是真实的。有些问题已经被删除,还有其他一些问题的数据因为专利的原因而没有提供。

综合的批判性思维案例

案例 2.1 《美国偶像》
——对营销调研的一次重大打击

在弗吉尼亚州维也纳市靠近公司总部的一家星巴克，梅丽莎·马塞洛（Melissa Marcello）对她的生意伙伴朱莉·利曾伯格（Julie Litzenberger）说："这可能比我们之前认为的更具挑战性。"利曾伯格点头表示同意，放下了手中的咖啡。

2013年，当马塞洛和利曾伯格在星巴克会面时，她们已在调研领域打拼多年。马塞洛是一家调研机构的CEO，而利曾伯格在营销传播公司Sage Communications（www.sagecommunications.com）领导着公共关系部。两家公司的总部均在华盛顿地区。

利曾伯格吃完最后一口肉桂司康饼，抿了一口拿铁。在开口说话之前，她隔着双人餐桌再次向马塞洛点点头。"最成功的提升经济效益的调查要求调研公司使用科学可靠的方法，提出恰当的问题，并向委托公司提供所需的见解来充分降低决策风险。"利曾伯格说，"简言之，有效的营销调研的目的就是改善决策。"

这些年来，马塞洛和利曾伯格目睹了一些潜在的委托公司声称不愿进行营销调研。专业营销调研的质疑者有时会说他们"对顾客足够了解从而能够做出决策"。有时，质疑者会质疑调研的抽样方法而企图否定调研结论。在其他情况下，质疑者仅声称收集顾客对这些问题的回答成本太高。总之，进行专业的营销调研被认为是不切实际的。

马塞洛和利曾伯格正试图应对客户发展方面的一项挑战。具体而言，她们正试图在不泄露之前合作过的客户的隐私的情况下，获得证据来与专业营销调研的质疑者对质。除了与她们签订了调研合同的客户外，和任何其他人分享以前调研的结果都是不合适的。

在考虑过去三周项目开发头脑风暴会议产生的数十个创意的同时，马塞洛和利曾伯格现在把精力放在一个向潜在客户证明营销调研有用性的项目上。调研问题是："对于热播电视节目《美国偶像》的观众和参赛选手的投票人，还需了解哪些信息？"

《美国偶像》（www.americanidol.com）是一档年度电视歌唱比赛节目，第一季开始于2002年。该节目致力于发现美国最佳年轻歌手。每年，在全美范围内进行一系列海选之后，播出依据观众投票而晋级到下周比赛的歌手的演唱。纵观这个节目的历史，3~4名评委对每周幸存的参赛选手的演唱进行点评，"好人"瑞安·西克雷斯特（Ryan Seacrest）每年会主持该节目。第十二季（2013年）的评委分别是玛丽亚·凯莉（Mariah Carey）、兰迪·杰克逊（Randy Jackson）、妮琪·米娜（Nicki Minaj）以及凯斯·艾尔本（Keith Urban）。

2013年《美国偶像》决赛的收视率跌至该老牌节目12年来最低。根据尼尔森公司（www.nielsen.com）的数据，有1 430万名观众观看了康蒂丝·葛拉佛（Candice Glover）击败卡莉·哈里森（Kree Harrison）的比赛。这个数字比2012年减少了33%。《美国偶像》在2012赛季（第十一季）同样出现了收视率下跌的情况。根据福克斯的全国收视数据，《美国偶像》的观众人数是2 149万，比2011年的2 929万减少了24%。2010赛季有2 422万名观众观看李·狄怀兹（Lee DeWyze）和克里斯托·鲍尔索克斯（Crystal Bowersox）的决赛之争，而上一赛季（2009年）有2 884万名观众。尽管存在这些问题，仍然缺乏第三方调研数据来更多地了解谁是真正的观众或者他们对《美国偶像》参赛选手进行投票的动机。

"我们在开玩笑吗？"马塞洛对利曾伯格表示质疑，"谁会在意一项针对《美国偶像》观众的调研？"

"那么就这档节目的赞助商进行调研如何？"利曾伯格迅速反驳道。"百事可乐公司之前没有赞助过节目，但后来决定冒险投资 1 000 万美元，成为《美国偶像》第一季的赞助商之一。这是一笔不小的开支，在这个变化迅速的广播电视世界里要承担很大的风险！"

"你是对的。"马塞洛说，"我后来在《今日美国》中看到，凯莉·克莱森（Kelly Clarkson）被选为第一位美国偶像，但可口可乐公司才是真正的赢家。所以，可能百事可乐公司才是真正的失败者。可口可乐和福特公司现在每年投入数千万美元，不仅仅是想成为赞助商，还为了进行捆绑促销。"

"但是这个节目的理念还能维持多久呢？"利曾伯格在喝完拿铁后问道。"要是我们发现投票者是刚进入青春期的女孩子怎么办？要是我们发现成年人不为参赛选手投票或者他们对评委的观点不信服怎么办？"

"新闻媒体应该觉得答案比我在收银机旁边的玻璃箱中看到的南瓜饼更加美味，"马塞洛说。"记者们几乎总会报道他们认为的大众文化中重要的且可量化的趋势。"

利曾伯格探身过去问道："那你是如何计划这项调研的呢？"

"在我的公司已经为此花了超过一周的时间，提出了至今为止我们认为最佳的想法。"马塞洛说。"我们可以在 ORC International 公司的卡拉万（CARAVAN）（www.orcinternational.com）全国综合性电话调查中设置六个问题，来找出住在美国的 18 岁及以上的成年人中谁观看了 2013 赛季的《美国偶像》并在此期间投票。这样的综合性调查可以在 2013 年 5 月末的 3 天内通过电话完成。"

"不错，那么如何取样呢？"利曾伯格说。"你清楚我们可能会因此受到攻击。而且这项调查的成本也很高，我们负担得起吗？"

"若我们这样去做，可以负担得起。"马塞洛说。"每个问题将花费大约 1 000 美元。我们将委托 Opinion Research Corporation 和其他那些赞助公司向随机选择的全美 1 045 个男女均衡的成年人样本询问我们的问题。由于总样本容量超过 1 000，我们将有 95% 的把握认为调研结果的精确度在 ±3% 的范围内。这超过了关于媒体偏好调查的可以接受的标准。"

"所以，如果我们的样本中只有 10% 的人称给《美国偶像》的参赛选手投了票，那么我们将有 95% 的把握认为投票的成年人总体的真实比例大概为 7%～13% 吗？"利曾伯格问道。

"没错。"马塞洛肯定地说，"当然，这一比例也可能更低或者更高，现在没有人能够确切地知道。认为是其他比例的人仅仅是猜测。"

现在两位调研人员沉默了，因为她们在思考未来会采取的行动方案。她们可以放弃证明营销调研有用性的整个想法。她们也可以坚持进行这项关于《美国偶像》节目的调研，如果是这样，应该向调查对象询问什么问题呢？为什么？她们应该继续考虑这项调研的其他想法，并且以后再执行吗？她们应该做些什么？为什么？

批判性思维问题

1. 马塞洛和利曾伯格认为进行这项调研很重要，原因是_____。
（陈述相关背景信息，以证明她们工作的合理性。）
2. 马塞洛和利曾伯格的调研的主要目的是_____。
（尽可能准确地陈述进行这项调研的目的。）
3. 马塞洛和利曾伯格想要解决的关键问题是_____。
（以本案例主人公的思维来识别关键问题。）
4. 回答她们的关键问题所用的方法是_____。
（描述所用的一般方法，要包含帮助评估调研结果的质量的细节，如样本容量等。）
5. 本案例中最重要的信息是_____。
（找出马塞洛和利曾伯格用来支持她们结论的事实、观察结果/数据。进行定量分析。）
6. 通过将结果与_____进行比较，可以把调研结果放在相关的语境中来讨论。
（通过以百分比来表示或者把它们与可以直观理解的值相比较——如足球场的两倍大——来将量化的调研结果放在易于理解的语境中。）
7. 本案例的主要推论/结论是_____。
（找出本案例主人公呈现的关键结论。）
8. 若我们认真采取这种推理思路，那么启示是_____。
（假如人们重视马塞洛和利曾伯格的推理，可能出现的结果是什么？）

技术性问题

第1章
9. 在设计这项调研时，马塞洛和利曾伯格应该如何说明社交媒体的作用？
10. 本案例认为营销调研在营销决策中的作用是什么？

第2章
11. 界定马塞洛和利曾伯格所面临的管理决策问题以及相应的营销调研问题，并说明这两者之间的关系。

第3章
12. 若马塞洛和利曾伯格决定实施这项调研，那么她们应该采用什么调研设计？将调研设计的不同阶段与营销调研问题的具体方面联系起来。
13. 什么类型的二手数据和辛迪加数据会有助于解决马塞洛和利曾伯格提出的问题？这种数据的作用是什么？

第4章
14. 讨论定量调研在更好地理解人们观看《美国偶像》节目的原因中的作用。从对社交媒体的分析中可以得到什么见解？

第5章
15. 本案例中，电话调查是最合适的方法吗？如果不是，你会推荐什么调查方法？

第6章
16. 为什么马塞洛和利曾伯格不考虑做一项实验？做实验的话，应该研究《美国偶像》节目的观众哪些方面的信息？

第 7 章

17. 讨论测量和量表在评估观众对《美国偶像》节目的反应中的作用。

第 8 章

18. 批判性地评价下面这个问题的措词："谁是你最喜欢的美国偶像?"

第 9 章

19. 描述 Opinion Research Corporation 的卡拉万（CARAVAN）所采用的抽样过程。（提示：访问 www.orcinternational.com。）

第 10 章

20. 假如你是 CARAVAN 电话访谈人员的督导员，你将面临什么挑战？

第 13 章

21. 作为制作《美国偶像》节目的福克斯管理团队的一分子，你会如何评价马塞洛和利曾伯格的调研报告？这项提议的研究将怎样帮助你做出关于该节目的决策？

参考资料

1. www.americanidol.com, accessed January 5, 2013.

2. http://en.wikipedia.org/wiki/American_Idol, accessed July 19, 2013.

3. James Hibberd, "*American Idol* Premiere Ratings: Biggest Drop Ever" (January 19, 2012), http://insidetv.ew.com/2012/01/19/american-idol-premiere-ratings/, accessed April 18, 2012.

4. Adapted from Melissa Marcello and Julie Litzenberger, "Fascinating Findings," *Quirk's Marketing Research Review*, 21 (3) (March 2007): 58-62.

注：特别感谢马克·皮特森（Mark Peterson）教授对编写本案例所做出的贡献。

带有真实数据和问卷的综合性案例

案例 3.1

摩根大通集团
——通过并购来寻求发展

摩根大通集团（www.jpmorgan.com）是一家领先的全球金融服务公司，提供广泛的投资银行服务，对消费者、小型企业和商业银行的金融服务，以及金融交易处理、资产管理、私募股权服务。截至 2014 年，摩根大通集团在 100 多个国家经营业务，为数千万美国消费者以及许多世界最著名的公司、机构和政府客户提供服务。摩根大通是道琼斯工业平均指数的成份股，并且是美国四大银行之一，其他三大银行分别是美国银行、花旗银行和富国银行。该公司不仅目前经营得很好，总资产达 2.3 万亿美元，前途一片光明，而且有一段值得关注的历史。

1799 年，摩根大通公司的前身在纽约创立。该公司是在将近 1 000 家机构的基础上建立的，它们合并在一起多年形成了如今的公司。下面是公司近些年发展历程中的一些亮点和促使摩根大通集团形成的重大交易：

- 1991 年，纽约化学银行（Chemical Bank Corp.）与汉华实业公司（Manufacturers Hanover Corp.）合并，保留了"化学银行"这一公司名称。
- 1995 年，第一芝加哥公司（First Chicago Corp.）和底特律国家银行（National Bank of Detroit）的母公司 NBD Bancorp. 合并，成立了 First Chicago NBD，这是总部设在美国中西部的最大的银行。
- 1996 年，大通曼哈顿银行兼并了化学银行，创立了当时美国最大的银行控股公司。
- 1998 年，Banc One Corp. 并购了 First Chicago NBD，采用 "Bank One Corp." 作为公司的名称。随后又兼并了路易斯安那州的 First Commerce Corp.，Bank One 成为中西部地区最大的金融服务公司、美国第四大银行，同时也是世界最大的维萨信用卡发行银行。
- 2000 年，摩根公司并购了大通曼哈顿银行，至此，纽约四家最大的历史最悠久的货币中心银行机构（摩根公司、大通曼哈顿银行、化学银行、汉华实业公司）完成合并，形成一个公司——摩根大通集团。
- 2004 年，摩根大通兼并了 Bank One。
- 2008 年，摩根大通集团收购了贝尔斯登公司（The Bear Stearns Companies Inc.），增强了在多种业务上的能力，包括大宗经纪、现金结算以及全球能源贸易。
- 2008 年，在美国历史上最大的银行华盛顿互惠银行（Washington Mutual）倒闭之后，摩根大通取得该银行 19 亿美元的储蓄额。
- 2010 年，摩根大通获得了它在英国的合资企业摩根大通嘉城（J. P. Morgan Cazenove）全部的所有权，该公司是英国最好的投资银行之一。

并购其他公司是摩根扩张的主要方法之一，公司在整合这些并购公司以提升广泛的商业银行和投资银行的能力方面具有优势。2011 年，摩根庆祝公司进军中国 90 周年。2013 年 7 月，其市值在全球银行中居第三位，仅次于美国富国银行和中国工商银行。在《机构投资者》（*Institutional Investor*）杂志每年关于美国股权分析的调查中，摩根大通连续多年总体排名靠前。

为了维持在战略和长远计划中极其重要的扩张,摩根大通集团进行了一项调研,来了解消费者及其生活方式,以及在投资产品和服务需求方面细分顾客的可能性。下面是摩根大通曾经使用的一份问卷,数据文件可以从本书网站下载。这项调研的结果和分析应该可以帮助摩根大通集团制定扩张计划并成功地执行。

年度金融服务调查问卷

简介

本调查问及一些关于金融服务,即关于投资和银行的问题。主要的金融服务提供商(公司)是指存放您的家庭最大部分投资和储蓄/支票资产的公司。

非常感谢您的合作。

金融服务提供商

1. 假如您今天正在选择一家主要的金融服务提供商(公司),下面每一条陈述对您的重要性程度如何?(每条陈述勾选一个方框。)

	非常重要	很重要	有点重要	不太重要	完全不重要
a. 对该服务提供商投资的绩效	5☐	4☐	3☐	2☐	1☐
b. 收取的费用或佣金	5☐	4☐	3☐	2☐	1☐
c. 满足您投资需求的产品和服务的深度	5☐	4☐	3☐	2☐	1☐
d. 解决问题的能力	5☐	4☐	3☐	2☐	1☐
e. 提供的在线服务	5☐	4☐	3☐	2☐	1☐
f. 多个服务提供商的产品可供选择	5☐	4☐	3☐	2☐	1☐
g. 建议的质量	5☐	4☐	3☐	2☐	1☐
h. 与您打交道的代理商或顾问的知识水平	5☐	4☐	3☐	2☐	1☐
i. 代理商了解您的总体情况和需求	5☐	4☐	3☐	2☐	1☐
j. 其他专业资源的获取	5☐	4☐	3☐	2☐	1☐
k. 我的服务提供商了解我的程度	5☐	4☐	3☐	2☐	1☐
l. 服务质量	5☐	4☐	3☐	2☐	1☐

	极其可能	非常可能	有点可能	不太可能	非常不可能
2. 您向认识的人推荐您的主要服务提供商的可能性有多大?(勾选一个方框。)	5☐	4☐	3☐	2☐	1☐
3. 至少在与当前相同的水平上您继续使用主要服务提供应商的可能性有多大?(勾选一个方框。)	5☐	4☐	3☐	2☐	1☐
4. 您或您的家庭减少或更换主要服务提供商的可能性有多大?(勾选一个方框。)	5☐	4☐	3☐	2☐	1☐
5. 您将如何评价使用主要服务提供商而非其他金融服务提供商给您带来的利益?(勾选一个方框。)	很大 5☐	较大 4☐	有点大 3☐	很少 2☐	没有 1☐

6. 您会如何评价以下关于您的主要金融服务提供商(公司)的陈述?如果不合适,请选"NA"。(每条陈述勾选一个方框。)

	极好	很好	好	一般	差	NA
a. 对主要服务提供商的总体满意度	6☐	5☐	4☐	3☐	2☐	1☐
b. 对该服务提供商投资的绩效	6☐	5☐	4☐	3☐	2☐	1☐
c. 收取的费用或佣金	6☐	5☐	4☐	3☐	2☐	1☐
d. 满足您投资需求的产品和服务的深度	6☐	5☐	4☐	3☐	2☐	1☐
e. 解决问题的能力	6☐	5☐	4☐	3☐	2☐	1☐
f. 提供的在线服务	6☐	5☐	4☐	3☐	2☐	1☐
g. 多个服务提供商的产品可供选择	6☐	5☐	4☐	3☐	2☐	1☐
h. 建议的质量	6☐	5☐	4☐	3☐	2☐	1☐
i. 与您打交道的代理商或顾问的知识水平	6☐	5☐	4☐	3☐	2☐	1☐
j. 代理商了解您的总体情况和需求	6☐	5☐	4☐	3☐	2☐	1☐
k. 其他专业资源的获取	6☐	5☐	4☐	3☐	2☐	1☐
l. 我的服务提供商了解我的程度	6☐	5☐	4☐	3☐	2☐	1☐
m. 服务质量	6☐	5☐	4☐	3☐	2☐	1☐

7. 在过去的12个月内，您或您家任何人有把部分资产（除了活期账户资产）从一家投资/储蓄服务提供商转到另一家吗？（不包括在同一家经纪或投资公司把钱从一项个人投资如股票或债券转到另一项。）排除"401（k）"、"403（b）"、"457"等计划中的资产或类似定义的退休账户。

    1☐是   2☐否

8. 下面是在建议和投资决策方面您/您的家人可能会采取的一些不同的方法。请了解每种方法，然后回答下面的问题。

1）您通过利用各种网上或线下的信息资源，在没有投资专业人士或顾问的帮助下独自做出投资决策。

2）您通过利用各种网上或线下的信息资源，独自做出大部分投资决策，而仅在有特殊需求时，寻求投资专业人士或顾问的帮助（如另类投资或税务建议）。

3）您经常向投资专业人士或顾问提出咨询，而且您自己也可能会去搜寻额外的信息，但是您会做出大部分最终的决策。

4）您依靠投资专业人士或顾问，来做出您大部分或所有的投资决策。

对于您的大部分资产，上述方法中哪一种最恰当地描述了您最喜欢的方法？
____（填1~4中的一个数字。）

您对下面问题的回答将被用于帮助我们理解您所提供的信息。

9. 您的年龄是____岁？（填数字。）

10. 您的性别是____？

    1☐男   2☐女

11. 您目前的婚姻状况是怎样的？（勾选一个方框。）

    1☐已婚   2☐寡居   3☐离异
    4☐分居   5☐单身，从未结婚   6☐同居，未结婚

12. 您的家庭中有几个需要抚养的子女？____（填数字。）

13. 对于下面这种金融交易，请指出谁负主要责任，或者共同承担责任。（勾选一个方框。）

	家里的男主人	家里的女主人	平等分担	其他
投资决策	1 □	2 □	3 □	4 □

14. 您现有的最高教育水平是怎样的？（勾选一个方框。）
    01 □ 高中在读/辍学   06 □ 研究生在读/辍学
    02 □ 高中毕业   07 □ 硕士
    03 □ 职业或技术学校在读/学徒 08 □ 法学院毕业
    04 □ 大学在读/辍学   09 □ 牙科/医学院毕业
    05 □ 大学毕业   10 □ 博士

15. 您的退休状态是怎样的？（勾选一个方框。）
    1 □ 已退休   2 □ 半退休   3 □ 未退休

问题

第1章

1. 讨论社交媒体调研在帮助摩根大通集团制定合理的营销战略方面所起的作用。

第2章

2. 管理部门想要让摩根大通进一步扩大在消费者市场上的市场份额。定义管理决策问题。

3. 依据你已经确定的管理决策问题，定义一个恰当的营销调研问题。

第3章

4. 确定一个恰当的调研设计，来探讨你在第2章的问题3中界定的营销调研问题。

5. 使用互联网来确定过去一个日历年内各大银行的市场份额。

6. 什么类型的辛迪加数据会对摩根大通集团有用？

第4章

7. 讨论焦点小组与深度访谈在帮助摩根大通扩大市场份额方面的作用。从对社交媒体的分析中可以得到什么见解？

第5章

8. 如果要进行一项调查来确定消费者对银行的偏好，应该使用什么调查方法？为什么？

第6章

9. 讨论预实验设计与真实验设计在帮助摩根大通拓展其产品方面的作用。

第7章

10. 举例说明配对比较量表与固定总数量表在测量消费者对银行的偏好中的应用。应当使用这些量表吗？

11. 请设计一张李克特量表，以测量消费者对摩根大通银行的态度。

第8章

12. 批判性地评价为摩根大通的调查所设计的问卷。

第 9 章

13. 对于第 5 章的问题 8 中你决定使用的调查方法，应该采用什么抽样方案？应该如何确定样本容量？

第 10 章

14. 你将如何去监督和评价现场工作人员，以实施你在第 5 章的问题 8 中决定采用的调查方法？

15. 很多重要性题项（Q1）的缺失值超过 10%。找出这些题项。你将如何处理这些缺失值？

16. 将以下人口统计特征重新编码为规定的类别：(a) 年龄（Q9）（27～57＝1，58～68＝2，69～75＝3，76～90＝4）；(b) 婚姻状况（Q11）（已婚＝1，所有其他情形即未婚＝2）；(c) 抚养子女的数量（Q12）（3～10＝3）；(d) 受教育程度（Q14）（把高中辍学或在读、高中毕业、职业或技术学校毕业归为一类；再把法学院毕业、牙科/医学院毕业与博士归为一类）。

17. 把通过主要的服务提供商得到的利益（Q5）重新编码为两类（1～3＝1［小利益］，4～5＝2［大利益］）。

18. 把对服务提供商的总体满意度（Q6_a）重新编码为三类（2～4＝1，5＝2，6＝3）。

第 11 章

19. 通过对 Q6 中所有的 13 个项目（Q6_a 到 Q6_m）的评分进行求和，计算出主要金融服务提供商的总评分。获取频数分布和汇总统计数据。解释调研结果。

20. 决策方法（Q8）和某些人口统计特征（Q9 到 Q15，其中一些是按照第 10 章的规定进行了重新编码）有关联吗？

21. 通过重新编码后的主要服务提供商获得的利益（重新编码后的 Q5）与某些重新编码后的人口统计特征有关联吗？

第 12 章

22. 认为其主要服务提供商具有大利益的人相对于认为具有小利益（按照第 10 章的规定进行重新编码后的 Q5）的人，对重要性变量（Q1_a 到 Q1_l）的评分有差异吗？建立零假设和备择假设，并进行恰当的检验。

23. 认为其主要服务提供商具有大利益的人相对于认为具有小利益（按照第 10 章的规定进行重新编码后的 Q5）的人，对主要金融服务提供商的评分（Q6_a 到 Q6_m）有差异吗？建立零假设和备择假设，并进行恰当的检验。

24. "对该服务提供商投资的绩效"（Q1_a）比"提供的在线服务"（Q1_e）更重要吗？建立零假设和备择假设，并进行恰当的检验。

25. "您向认识的人推荐您的主要服务提供商"（Q2）的可能性要低于"至少在与当前相同的水平上继续使用主要服务提供商"（Q3）的可能性吗？建立零假设和备择假设，并进行恰当的检验。

26. 当同时考虑主要金融服务提供商的评分（Q6_a 到 Q6_m）时，这些评分可以解释"您向认识的人推荐您的主要服务提供商"（Q2）的可能性吗？

27. 当同时考虑主要金融服务提供商的评分（Q6_a 到 Q6_m）时，这些评分可以释"至少在与当前相同的水平上继续使用主要服务提供商"（Q3）的可能性吗？

第 13 章

28. 根据你已完成的所有分析，为摩根大通集团撰写一份报告。为了使摩根大通集团继续壮大，你有何建议？

29. 如果在阿根廷实施摩根大通所进行的调查，应该如何进行营销调研？

参考资料

1. www.jpmorganchase.com，accessed July 18，2013.

2. www.jpmorganchase.com/cm/cs?pagename＝Chase/Href&urlname＝jpmc/about/history，accessed July 18，2013.

3. www.jpmorganchase.com/cm/BlobServer?blobtable＝Document&blobcol＝urlblob&blobkey＝name&blobheader＝application/pdf&blobnocache＝true&blobwhere＝jpmc/about/history/shorthistory.pdf，accessed July 18，2013.

4. http://files.shareholder.com/downloads/ONE/468644334x0x184756/31e544ec-a273-4228-8c2a-8e46127783f8/2007ARComplete.pdf，accessed July 18，2013.

5. Francos, Alex. "ICBC Loses Bank Crown to U.S.," *The Wall Street Journal* (Asia Edition) (July 24, 2013): 1, 22.

注：本案例只是为了供课堂讨论而准备的，不代表摩根大通及其附属公司的观点。问题情境是假设的且掩饰了真实公司的名称。但是，所提供的问卷和数据是真实的。有些问题已经被删除，还有其他一些问题的数据因为专利的原因而没有提供。

案例 3.2　温迪国际快餐连锁集团
——后戴夫·托马斯时代的历史和命运

到 2014 年，温迪（www.wendys.com）已经成为全球第三大汉堡快餐公司。温迪在美国和其他 27 个国家拥有超过 6 500 家特许经营店和自营餐厅。温迪餐厅提供一份包括汉堡包和鸡脯肉三明治的标准菜单，根据客户选择的调味品进行下单，此外还有鸡块、辣椒、烤土豆、炸薯条、沙拉、甜点、饮料和儿童餐。

1956 年，温迪的创始人戴夫·托马斯（Dave Thomas）开始了他的快餐职业生涯，当时他和菲尔·克劳斯（Phil Clauss）在田纳西州诺克斯维尔市开了一家烧烤店。1969 年，他凭借这一经验开了第一家温迪餐厅，这家餐厅以他女儿的名字命名。托马斯只接单定做汉堡、辣椒和奶昔，收费比竞争对手汉堡王和麦当劳略高。餐厅用地毯、木镶板和蒂芙尼风格的灯具进行装饰，强调相对高档的主题。20 世纪 70 年代初，公司开始通过特许经营来加速扩张。它还成立了管理学院，在操作技术方面对所有者和管理者进行培训。1975 年，温迪第一家国外店在加拿大开业。1976 年，温迪上市，当年年底，它声称拥有 500 家餐馆。它的第一条全国性商业广告于 1977 年播出。两年后，连锁店的菜单中增加了沙拉。

1982 年，戴夫·托马斯从董事长的位置上退休，但获得了高级董事长的头衔。温迪投入 800 万美元推出了一则电视广告，代言的著名影星克拉拉·佩乐问的那句"牛肉在哪里？"传遍了千家万户。1984 年，其市场占有率跃升到 12%。当麦当劳和汉堡王采取行动回应时，温迪引入了早餐菜单（1985 年）、诸如大经典汉堡等新产品（1986 年）和超级酒吧自助餐（1987 年），却没能帮助公司挽回被侵蚀的市场份额（1987 年下降到 9%）。1989 年，一位观众以其诚实的态度和谦逊的演讲，被托马斯挖掘而成为温迪的电视发言人。该公司甚至把当时盈利的反弹归功于他的出现。

1990 年，温迪通过推出烤鸡肉三明治，来回应消费者对营养的日益关注。它还以 99 美分的超值菜单吸引了精打细算的消费者。到 1992 年，温迪拥有 4 000 家餐馆，同年它的菜单中增加了沙拉。第二年，原本高中辍学的托马斯取得了毕业证，他所在的班级投票将他选为最有可能成功的人。

2002 年初戴夫·托马斯的去世对于公司来说是一个沉重的打击，也是快餐业的损失。即使失去了创始人，温迪在接下来的三年里依旧表现良好。2004 年 11 月，温迪决定终止其不成功的广告活动，因为这些活动使人们的注意力并未放在食物本身上。这揭示了温迪一直面对的一个困境：如何在后托马斯时代建设公司品牌。2005 年 11 月下旬，公司发布了一系列戴夫·托马斯的静态照片作为广告，来纪念连锁店成立 35 周年，但有关其定位的问题依然存在。2005 年，为了响应"做美味的东西"这一口号，公司开展了一项活动，凸显出温迪 35 年来提供美味的、高质量的食品的传统。该活动的特点是有不同类型的广告与目标受众相匹配，包括促销特定菜单的广告，以及支持温迪整体品牌的执行活动。

2006 年中期，温迪国际开创了营销的新领域，引领了温迪的品牌创新。温迪的营销部门的作用得到扩展，包括建立涵盖研发、战略洞察和创新、业务创新的一个创新和战略小组。

2007年10月，温迪推出了战略发展计划，确定了2008年的十项紧迫任务。紧迫任务聚焦于"做对顾客而言正确的事"。这十项紧迫任务建立在温迪的"成功秘诀"的基础上，其重点是振兴温迪的品牌，精简和改善运营，重建创新领导者地位，加强对特许加盟商的承诺，捕捉新的机会（如国际化发展），并且鼓励绩效驱动的企业文化。

2008年8月，温迪开始向囊中羞涩的消费者提供售价99美分的高品质三明治套餐。它还推出了99美分的双层芝士汉堡，并大力推广这个单品，以及广受欢迎的99美分初级培根汉堡和99美分脆皮鸡三明治。2008年9月29日，Triarc公司——阿拜（Arby's）餐厅的特许经营人——完成了其先前宣布的与温迪国际的并购。合并后的公司更名为"温迪/阿拜集团股份有限公司"。Triarc随后在2011年出售了阿拜。

被Triarc收购后不久，温迪在2009年和2010年访问了10 000名消费者，进行了系统的调查研究。研究结果表明，消费者喜欢尽可能少加工和使用熟悉的食材制作的新鲜食物。这些发现促使温迪全面更新了核心菜单。撤掉了传统的淋上番茄和洋葱的冰山生菜，代之以四个新品种沙拉，搭配11种不同的蔬菜和新的成分，如苹果、胡桃和阿齐亚戈干奶酪。2011年，温迪将注意力转向炸薯条，从使用多种马铃薯转为只用Russet品种的马铃薯，带皮进行切片，并撒上海盐。2012年3月，温迪推出新的香辣鸡酱大杂烩，以一种风味沙拉酱——鳄梨酱——来增加新口味，并据此开发出一种大且异常美味的三明治。之后，温迪改进了它的汉堡产品，改用牛肉松使汉堡更厚、更多汁。公司还修改了自己的商标，将图中的方形汉堡的边缘柔化，使之有更新、更吸引人的外观。如今，温迪正以大胆的餐厅设计、新颖的食品和改善的顾客服务策划其品牌转型战略。

为了在竞争残酷的快餐业生存下去，温迪进行了另一项调查。温迪想研究顾客人口统计特征及不同的竞争性快餐连锁店的知晓度，在家庭取向、舒适、价格、快捷服务、健康食物、清洁等方面的消费者满意度，顾客在店内消费和得来速方面的惠顾偏好。以下问卷是温迪用来获取这些信息的，数据文件可以从本书网站下载。基于对收集的数据进行分析和研究，温迪试图改进其服务和品牌定位。

温迪委托的调研之在线调查问卷

2013年7月8日

感谢您参与我们的调查。 RID _____

S1. 首先，请问您的年龄属于哪一组？（限选一项。）

 1 18岁以下 [结束QS1]
 2 18～24岁
 3 25～29岁
 4 30～34岁
 5 35～39岁
 6 40～45岁
 7 46岁及以上 [结束QS1]
 —拒绝回答 [结束QS1]

S2. 您是____？（限选一项。）

1　男性
2　女性

S3. 略

S3A. 在过去的 4 周里，您自己大概在快餐店吃过几次？[只接受整数，不接受范围][范围：0~99]

_____

不知道或者拒绝回答[结束 QS3A]

[如果是 0，结束 QS3A]

1. [略]
2. [略]
3. [略]

3a. 您已经表示听说过这些餐厅，如果您自己曾经在每一家吃过，最后一次是什么时候？[请为每一个餐厅选择一个时间段][网格格式：包含从 Q1 开始的回答]

1　在过去的 4 周以内
2　在前 4 周到前 3 个月之间
3　3 个月以前
4　从未

4. [略]
5. [略]
6. [略]
7. [略]

8. 对下面列出的每一个餐厅，请表明与一年前相比，您自己在那里就餐的频率是更高、更低还是差不多一样。[仅展示给 Q3a 选 1 或 2 的调查对象]

	频率更高	差不多	频率更低
插入品牌	1	2	3

9. 我们希望您用 10 点量表给自己在过去 3 个月内吃过的餐厅打分，其中，10 表示您认为它很完美，1 表示您认为它很糟糕。综合考虑您对快餐店的关注事项，您会为以下每一项如何打分？[展示给 Q3a 选 1 或 2 的调查对象]

1（很糟糕）	2	3	4	5	6	7	8	9	10（很完美）
○	○	○	○	○	○	○	○	○	○

10. [略]
11. [略]
12. [略]

13. 有时，人们很难决定去哪家快餐店。想想当您去一家快餐店时的情形。一般来说，下列哪一种陈述能最好地描述您决定去哪一家餐厅的困难程度？（限选一项。）

1　我总是确切地知道自己要去哪家快餐店。

2　我通常确切地知道自己要去哪家快餐店。
　　3　我通常不知道自己要去哪家快餐店。
　　4　我总是不知道自己要去哪家快餐店。

14. 下面是一个陈述列表，这些陈述可能可以用来描述您的一般情况，也可能不适用。请使用完全不同意、有点不同意、既非同意也非不同意、有点同意、完全同意或不适用（N/A）的量表，说明你对每条陈述同意或不同意的程度。（为每一条陈述选择一个答案。）

完全不同意	有点不同意	既非同意也非不同意	有点同意	完全同意	N/A
○	○	○	○	○	○

　　1　我努力紧跟当前最新的健康和营养信息。
　　2　我会阅读自己购买的大多数产品上的营养标签。
　　3　我更努力地去了解自己在快餐店吃的食物的营养成分。
　　4　我关注自己在快餐店吃的食物中的脂肪量。
　　5　我关注自己的孩子在快餐店吃的食物中的脂肪量。
　　6　我一直在努力寻找比自己过去选择的食物有更高营养价值的快餐食品。
　　7　我较少在快餐店吃东西，因为我担心快餐店食物的脂肪含量太高。

以下最后几个问题仅用于分类。

D1. 在快餐店消费时，您最常使用以下哪一种方法？您的付款方式是怎样的？（限选一项。）

　　1　现金
　　2　信用卡
　　3　借记卡
　　4　支票
　　5　其他

D2. ［略］

D3. ［略］

D3A. 有多少属于下列各年龄段的人住在你家里？（请为每个年龄段输入一个数字。如果您的家庭没人在此范围，请输入"0"。）

　　A　18岁以上的成年人［范围：1～15人］
　　B　5岁以下的孩子［范围：0～9人］
　　C　6～11岁的孩子［范围：0～9人］
　　D　12～17岁的孩子［范围：0～9人］

D4. ［略］

D5. 下列哪个最能代表您接受的最高层次的教育水平？（限选一项。）

　　1　高中在读/辍学或更低
　　2　高中毕业
　　3　大学在读/辍学

4　大学毕业

5　研究生

—　不愿作答

D6. 下列哪一项最能描述您家庭的税前年收入？（限选一项。）

1　25 000 美元以下

2　25 000～50 000 美元

3　50 000～75 000 美元

4　75 000～100 000 美元

5　100 000～150 000 美元

6　150 000～200 000 美元

7　200 000 美元及以上

—　不愿回答

D7. 下列哪一项最能描述您的就业状况？（限选一项。）

1　全职

2　兼职

3　退休

4　学生

5　家庭主妇

6　无业

—　不愿回答

D8. 您是____?

1　单身、分居、离婚、寡居

0　已婚/同居

—　不愿回答

感谢您抽出时间参与我们的调查！

	Q1
阿拜	1
Atlanta Bread Company	2
A&W	3
Baja Fresh	4
Blimpie	5
Boston Chicken/Market	6
汉堡王	7
Captain D's	8
Carl's Jr.	9
Checker's Drive In	10
Chick-Fil-A	11
Chipotle Mexican Grill	12
Church's	13
Del Taco	14

续前表

	Q1
Domino's Pizza	15
EI Pollo Loco	16
Grandy's	17
Green Burrito	18
Hardee's	19
In-N-Out Burger	20
Jack in the Box	21
肯德基	22
La Salsa	23
Little Caesears	24
Long John Silvers	25
麦当劳	26
Panda Express	27
Panera Bread	28
Papa John's	41
Pick Up Stix	29
Pizza Hut	30
Popeye's	31
Quiznos	32
Rally's	33
Rubio's	34
Sonic	35
Subway	36
塔可钟	37
Taco Bueno	38
温迪	39
Whataburger	40
[略—其他说明]	
无	42

问题

第1章

1. 探讨社交媒体调研在帮助如温迪等快餐店制定健全的营销策略的过程中的作用。

第2章

2. 温迪正在考虑在美国的进一步扩张。定义管理决策问题。
3. 根据你已经确定的管理决策问题，定义一个合适的营销调研问题。

第3章

4. 为调查你在第2章问题3所定义的营销调研问题，确定一个合适的调研设计。
5. 利用互联网来确定上一个日历年内主要的全国性快餐连锁店所占的市场份额。
6. 什么类型的辛迪加数据对温迪是有用的？

第 4 章

7. 讨论定性调研在帮助温迪在美国进一步扩张方面的作用。从社交媒体的分析中可以得到什么启示？

第 5 章

8. 温迪已经开发出一种新的具有独特的卡津风味的鱼肉三明治。它想在将这种新三明治推向市场之前确定消费者的反应。如果开展一项调查来确定消费者的偏好，应当使用哪种调查方法？解释你的选择。

第 6 章

9. 讨论实验在帮助温迪确定其广告支出的最佳水平方面的作用。

第 7 章

10. 举例说明主要类型量表在测量消费者对快餐店的偏好时的应用。

11. 举例说明李克特量表、语义差异量表和斯坦普量表在测量消费者对快餐店的偏好时的应用。

第 8 章

12. 设计一份问卷，以评估消费者对快餐店的偏好。

第 9 章

13. 对第 5 章问题 8 中你选择的调查，应当采用什么抽样方案？应当如何确定样本大小？

第 10 章

14. 应如何选择和培训现场工作人员，为你在第 5 章的问题 8 中选择的调查进行实地实施？

15. 如何处理以下人口统计变量的缺失值：受教育程度（D5）、收入（D6）、就业状况（D7）、婚姻状况（D8）？

16. 通过将借记卡、支票和其他合并为一类，重新编码付款方式（D1）。

17. 对家庭人数（D3A）按照以下规则重新编码：对于 18 岁以上的成年人，四人或上应该被合并为一个类别，标签是 4+；对于其余三个年龄组（5 岁以下、6~11 岁和 12~17 岁），两人或以上应该被合并为一个类别，标签是 2+。

18. 通过合并得分最低的两种分类并标记为"完成高中或以下学业"来重新编码受教育程度（D5）。

19. 通过合并得分最高的三种分类并标记为"100 000 美元或以上"来重新编码收入（D6）。

20. 通过将家庭主妇、退休职工、失业人员合并为一个类别来重新编码就业状况（D7）。

21. 根据 S3A 的频数分布，将调查对象分为轻、中、重度快餐使用者：在过去的 4 周里，你自己大概在快餐店吃过几次？使用以下分类标准：1~4 次＝轻，5~8 次＝中，9 次或更多＝重。

第 11 章

22. 对除了调查对象 ID（回答）以外的所有变量进行频数分布分析。为什么这种分析是有用的？

23. 制作快餐消费分类（重新编码的 S3A，见上述第 10 章列出的问题）与以下人口统计特征（一些按上述第 10 章中的规定被重新编码）的列联表：年龄（S1）、性别（S2）、付款方式（D1）、家庭人数（D3A）、受教育程度（D5）、收入（D6）、就业（D7）、婚姻状况（D8）和区域。对结果进行解释。

24. 制作付款方式（重新编码的 D1）与以下人口统计特征（一些按上述第 10 章中的规定被重新编码）的列联表：年龄（S1）、性别（S2）、家庭人数（D3A）、受教育程度（D5）、收入（D6）、就业（D7）、婚姻状况（D8）和区域。对结果进行解释。

25. 制作较一年前就餐更频繁、更不频繁或差不多的人（q8_1, q8_7, q8_26, q8_36, q8_39）与以下人口统计特征（一些按上述第 10 章中的规定被重新编码）的列联表：年龄（S1）、性别（S2）、付款方式（D1）、家庭人数（D3A）、受教育程度（D5）、收入（D6）、就业（D7）、婚姻状况（D8）和区域。对结果进行解释。

第 12 章

26. 在心理统计陈述的评分上（q14_1, q14_2, q14_3, q14_4, q14_5, q14_6, q14_7），男性和女性（S2）是否不同？建立零假设和备择假设，并进行恰当的检验。

27. 与"我关注自己的孩子在快餐店吃的食物中的脂肪量"（q14_5）相比，调查对象是否更赞同"我一直在努力寻找比自己过去选择的食物具有更高营养价值的快餐食品"（q14_6）？建立零假设和备择假设，并进行恰当的检验。

28. 当同时考虑这些陈述时，每一个餐厅的评分（q9_1, q9_7, q9_26, q9_36, q9_39）能否用心理统计陈述的评分（q14_1, q14_2, q14_3, q14_4, q14_5, q14_6 和 q14_7）来解释？

第 13 章

29. 为温迪的管理层写一份报告，总结你的分析结果。你对温迪的管理层有什么建议？

30. 如果这项调查是在马来西亚而不是在美国进行的，调研过程将有什么不同？

31. 在马来西亚的样本容量是否应当与在美国的样本容量相同？在两个国家是否应当使用相同的抽样程序？

参考资料

1. www.wendys.com，accessed July 19，2013.

2. Julie Jargon, "Wendy's Stages a Palace Coup: Despite Fewer U. S. Locations, Chain Set to Unseat Burger King as No. 2 in Sales," *Wall Street Journal* (December 21, 2011): B1-B2.

注：本案例只是为了供课堂讨论而准备的，不代表温迪及其附属公司的观点。问题情境是假设的且掩饰了真实公司的名称。但是，所提供的问卷和数据是真实的。有些问题已经被删除，还有其他一些问题的数据因为专利的原因而没有提供。

区域信息不在调查问卷中显示，但在数据文件中按照以下规则编码：1＝东北部，2＝中西部，3＝南部，4＝西部。

Authorized translation from the English language edition, entitled Essentials of Marketing Research: A Hands-On Orientation, 1e, 9780137066735 by Naresh K. Malhotra, published by Pearson Education, Inc. , Copyright © 2015, 2012, 2009 by Pearson Education, Inc.

All rights reserved. No part of this book may be reproduced or transmitted in any form or by any means, electronic or mechanical, including photocopying, recording or by any information storage retrieval system, without permission from Pearson Education, Inc.

CHINESE SIMPLIFIED language edition published by CHINA RENMIN UNIVERSITY PRESS CO. , LTD. Copyright © 2021.

本书中文简体字版由培生教育出版公司授权中国人民大学出版社出版，未经出版者书面许可，不得以任何形式复制或抄袭本书的任何部分。

本书封面贴有Pearson Education（培生教育出版集团）激光防伪标签。无标签者不得销售。

Pearson

尊敬的老师：

您好！

为了确保您及时有效地申请培生整体教学资源，请您务必完整填写如下表格，加盖学院的公章后以电子扫描件等形式发我们，我们将会在 2～3 个工作日内为您处理。

请填写所需教辅的信息：

采用教材					☐ 中文版　☐ 英文版　☐ 双语版
作　者				出版社	
版　次				ISBN	
课程时间	始于	年　月　日		学生人数	
	止于	年　月　日		学生年级	☐ 专科　　　☐ 本科 1/2 年级 ☐ 研究生　　☐ 本科 3/4 年级

请填写您的个人信息：

学　校			
院系/专业			
姓　名		职　称	☐ 助教 ☐ 讲师 ☐ 副教授 ☐ 教授
通信地址/邮编			
手　机		电　话	
传　真			
official email（必填） (eg: ×××@ruc.edu.cn)		email (eg: ×××@163.com)	
是否愿意接受我们定期的新书讯息通知：		☐ 是　　☐ 否	

系/院主任：_____（签字）

（系／院办公室章）

___年___月___日

资源介绍：

——教材、常规教辅资源（PPT、教师手册、题库等）：请访问 www.pearsonhighered.com/educator。（免费）

——MyLabs/Mastering 系列在线平台：适合老师和学生共同使用；访问需要 Access Code。　　（付费）

地址：北京市东城区东北三环东路 36 号环球贸易中心 D 座 1208 室（100013）

Please send this form to：copub.hed@pearson.com

Website：www.pearson.com

教师教学服务说明

中国人民大学出版社管理分社以出版经典、高品质的工商管理、统计、市场营销、人力资源管理、运营管理、物流管理、旅游管理等领域的各层次教材为宗旨。

为了更好地为一线教师服务，近年来管理分社着力建设了一批数字化、立体化的网络教学资源。教师可以通过以下方式获得免费下载教学资源的权限：

在中国人民大学出版社网站 www.crup.com.cn 进行注册，注册后进入"会员中心"，在左侧点击"我的教师认证"，填写相关信息，提交后等待审核。我们将在一个工作日内为您开通相关资源的下载权限。

如您急需教学资源或需要其他帮助，请在工作时间与我们联络：

中国人民大学出版社　管理分社

联系电话：010-82501048，62515782，62515735

电子邮箱：glcbfs@crup.com.cn

通讯地址：北京市海淀区中关村大街甲 59 号文化大厦 1501 室（100872）